世界心脏大师
百年通览

Masters of 20th Century Cardiology and Cardiac Surgery

[美] 阎 鹏 编 著

Peng Yan

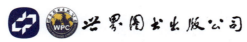

世界图书出版公司

上海 · 西安 · 北京 · 广州

图书在版编目(CIP)数据

世界心脏大师百年通览 / (美)阎鹏编著. —上海：
上海世界图书出版公司, 2019.8
ISBN 978-7-5192-6406-2

Ⅰ.①世… Ⅱ.①阎… Ⅲ.①医学家—生平事迹—世
界 Ⅳ.①K816.2

中国版本图书馆CIP数据核字(2019)第147416号

书　　名	世界心脏大师百年通览	
	Shijie Xinzang Dashi Bainian Tonglan	
编　　著	[美]阎　鹏	
责任编辑	施　维　孙妍捷	
出版发行	上海世界图书出版公司	
地　　址	上海市广中路88号9–10楼	
邮　　编	200083	
网　　址	http://www.wpcsh.com	
经　　销	新华书店	
印　　刷	杭州恒力通印务有限公司	
开　　本	787 mm × 1092 mm　1/16	
印　　张	28.25	
字　　数	524千字	
版　　次	2019年8月第1版　2019年8月第1次印刷	
书　　号	ISBN 978–7–5192–6406–2/K·26	
定　　价	288.00元	

作者简介

阎鹏,美国西北大学医学院,芝加哥卢瑞儿童医院心脏中心

阎鹏,美国芝加哥卢瑞儿童医院(Lurie Children's Hospital of Chicago)心脏超声诊断师。美国超声心动图学会资深委员(Fellow of American Society of Echocardiography, FASE),北美中华心脏协会(Chinese American Academy of Cardiology, CAAC)副主席,北京市儿童医院超声科名誉主任,天津泰达国际心血管病医院客座教授。1988年毕业于亚利桑那州立大学,亚利桑那心脏研究所心脏超声学校。之后通过"美国心脏超声诊断师注册"考试,从而成为首位来自中国内地的美国注册心脏超声诊断师(小儿及成人双注册)。在过去的30年里,发表中、英文学术论文30余篇,出版专著《小儿超声心动图学指南》(人民卫生出版社2000年出版),同时还是*The Pediatric Echocardiographer's Pocket Reference*(《小儿超声心动图学参考》)的共同作者(1995年第一版,2000年第二版,2002年第三版)。此外,2007年在华盛顿州西雅图市,获得美国超声心动图学会颁发的"心超病例报告竞赛优胜奖",并在2005年、2006年及2008年连续三年获大芝加哥地区超声心动图学会征文"最佳病例报告一等奖",2011年获美国超声心动图学会授予"小儿超声心动图操作指南和标准"翻译奖。

序 一

　　医学是生命科学的重要组成部分，是一门探讨疾病的发生和发展规律，研究和提出其诊断、治疗和预防对策的科学。自人类在地球上诞生以来，与疾病作斗争以维护和增进自身健康、延长寿命就成为人类历史中重要的一章，于是医学成为一门历史悠久、称得上是最古老的科学。公元前5至公元前3世纪的古希腊时期，希波克拉底（Hippocrates）就以实践为基础，创立了医学理论，撰写了众多的医学论著，奠定了后来发展成为西方现代医学的基础；此时我国春秋战国时代也有托名黄帝所写的医学专著《内经》问世，总结了我国古代人民长期与疾病作斗争的经验和理论基础，奠定了后来发展为中医学的我国传统医学的理论基础。

　　随着岁月的流逝，科学的发达，促使构筑在科学实验基础上的现代医学不断地发展，并于19世纪初传入我国，而且落地生根、枝叶繁茂。其医术逐渐推广，从医者和就医者逐渐增多，培训从医者的医学院校、收容就医者的医院和诊疗中心不断建立，成为我国卫生工作中的重要力量，也就是新中国成立初期我国卫生工作方针所提到的"团结中西医"和1996年我国新时期卫生工作方针所提到的"中西医并重"中的西医。由于现代医学的观念不断地更新，其实践不断地改进成为一门不断创新的学科，并以其"不断的变化"作为它"永恒不变的规律"，在全球推广。医学科学不断地发展，它所探索的范围不断地扩展和深入。至19世纪初，现代医学已逐渐发展为基础医学、临床医学和预防医学三大领域，通常被称为医学的一级学科。其中临床医学又分为内科学、外科学、妇产科学、儿科学、眼科学、耳鼻咽喉科学、皮肤科学和口腔医学等学科，通常被称为二级学科。20世纪30年代以来特别是50年代以后，临床医学发展更迅速，上述这些学科进一步各自分化为门类众多的专业学科(专科)。例如内科学按患病的系统或器官来分科,分为神经病学、精神病学、呼吸病学、心血管病学、消化病学、肾病学、血液病学、内分泌病学、营养和代谢病学、风湿病学、老年病学、传染病学等专科,通常被称为三级学科;外科学也据此分为相应的外科专科。心血管病学和胸心外科学分别是内科学和外科学的重要专科,它们是以专门研究心脏和血管疾病的诊断、治疗和预防而为患者服务的专科;也同时进行或合作进行与心脏和血管有关的基础医学研究,深入探讨和血管有关的基础医学研究,深入探讨心血管病的病因和发展规律,提高对心血管病的认识,从而进一步提高诊断、治疗和预防心血管病的水平,更好地为患者服务。内科学和外科学领域的专科化使临床医学发展更加深入,并且不断创新,尤其是基础医学的最新研究得以转化到临床,高精确度先进的诊断技术得以在临床推广应用,高效的治疗手段得以在临床推陈出新,最终患者得到益处。

医学科学的创新和发展要依靠所有从事医学科学工作的学者和临床医生们的努力,尤其是他(她)们当中取得出色成就的专家和大师,让后学者了解他(她)们的工作历程,学习他(她)们对本学科发展做出的贡献,借鉴由他(她)们奠定基础的成果,追随他(她)们在荆棘丛中走过的路,启发后学者能更有目标地继续走上创新和发展之路,从而发掘出更新的基础理论知识、临床诊治方法和预防手段,这样后继有人,事业发展和创新才能持续不断。有鉴于此,旅美学者阎鹏教授编写了《世界心脏大师百年通览》一书,这是一本阐述国际上心血管病学内、外科专家发展史的教科书,叙述了20世纪心血管病学基础理论知识、临床诊断、治疗技术的发展历史。根据我国自古以来就有的以人写史的传统习惯(例如《史记》),本书以在心血管病学历史上做出开创性、先行性业绩的学者为主线,叙述他(她)们在特定历史时期的成就和进步。书中还通过对大师们的品格、道德、勤奋、诚实和敬业精神的记述,起到使读者受到教育、提高修养的作用。所以本书也是一本20世纪心血管病学伟大人物的风采录。

本书叙述的内容相当广泛:有从历史上最早解决其诊断治疗问题的先天性心脏病到瓣膜病的外科手术方法,从冠状动脉血运重建手术到心脏移植手术的历史发展过程,从无创伤性的影像学诊断技术到有创伤性的影像学和电生理学的诊断技术,从西方心血管病诊治的发展到中国现代心血管病学的发展,以及海外华裔专家们对心血管病学所做的贡献。本书以时间为顺序,以心血管病外科专科发展为主要切入点，兼论心血管病内科专科、心血管病理形态学和影像学的进展，逐一介绍各种心血管病手术名称和来源、术式及其应用的目的和范围。

编者用15个章节分别介绍100多位心血管病内、外科领域的重量级人物，通过严谨的原始文献（508个）搜索，叙述每一位大师的突出贡献，从而使读者了解20世纪心血管病学发展的整个概况。书中还首次阐明和回答了一些学术上的疑问和澄清了一些误解。此外，本书还着意介绍各位大师的个人履历、兴趣爱好、世界观和座右铭，以及他（她）们执着的创业精神和严谨的治学态度。

本书有插图和照片210幅，可谓图文并茂，集学术性、历史性和趣味性为一体。编者嘱我作序，我有幸得以先读全书，深觉本书是心血管病学内、外科专家、从业医生、护士和技术人员、医学院校学生学习和参考的好书。她的出版将会受到读者的欢迎，故乐为作序并向读者推荐。

陈灏珠

中国工程院院士

复旦大学附属中山医院内科教授，博士研究生导师

上海市心血管病研究所名誉所长

世界卫生组织心血管病研究和培训合作中心主任

2018年8月于上海

序 二

　　由阎鹏教授编著的《世界心脏大师百年通览》一书是一部叙述20世纪心血管病学及技术发展的学术史，同时也是一部20世纪心血管学界重要人物的风采录。本书内容广泛，从先天性心脏病到瓣膜病的外科手术方法，从冠状动脉搭桥到心脏移植术的历史发展过程，从无创诊断到影像学技术，从西方心血管病诊治的发展到中国心血管病学的发展，以及海外华裔心血管病学专家们的贡献。该书以时间为顺序，以心血管外科为脊梁，包括心内科学、心脏病理形态学和放射-影像学的进展，在此基础上逐一介绍各种手术名称的来源、术式方法及其应用的目的和范围。著者用15个章节分别介绍100多位心脏病学领域的重量级人物；并搜集了大量原始文献及照片作为史料佐证，以供读者研究和参考。本书由阎鹏教授编著，图文并茂，集学术性、历史性和趣味性为一体，颇具特色；还包含了大师们的个人履历、兴趣爱好及其世界观和座右铭。

　　祝贺并相信，本书的出版对促进国内及国际有关领域的心血管病学及相关专业的发展将起到积极作用。

刘玉清

中国工程院院士

中国医学科学院，北京协和医学院医学影像中心主任

北京协和医学院阜外医院，心血管病研究所放射学教授

2018年9月26日于北京

前　言

　　20世纪是人类科学技术迅猛发展、速度惊人的历史时代。在医学界，特别是在心血管领域，其发展千变万化，成就壮丽辉煌，并涌现出大量名高累世的卓越人才。笔者涉足心坛35载，旅居美国1/4世纪，有幸结识了众多中外胸心/血管界风云人物，聆听他们充满智慧的学术讲演及富有哲理的人生教诲；观赏他们巧夺天工的手术绝技；同时积累了大量的原始学术文献，研究笔记，与大师们的访谈记录、信件、电邮、合影及赠送的格言和照片。笔者共采访了42位传奇人物，阅读了19部个人传记、1 191篇医学文献，并从中引用了508篇附加在每一有关章节之后作为参考，还收集了许多杰出心脏病学家的个人照片（因年代久远，有些照片的清晰度不甚理想，还望读者海涵）。通过调研、考证和分析，不仅弄清了几乎所有心脏外科手术（包括心脏移植、心脏的介入诊/治方法）的来龙去脉（时间、地点及操作者），还发现了一些鲜为人知的故事及疑案。例如，谁是布莱洛克（Blalock）大师背后的依靠者，为何有些冠名［格伦（Glenn）］手术者并非是该手术的创始人或操作者，为何首位"开心大师"路易斯（Lewis）无用武之地，为何先心外科之父利乐海（Lillehei）被吊销了行医执照，谁是真正第一个心脏瓣膜成功置换者［并非斯塔尔（Starr）］，谁是被患者家属上诉法庭最多的大师，谁是手术死亡率最低的大师，是何原因使两位大师之间长期敌对40载，究竟谁是中国第一例冠状动脉造影术的实施者（陈灏珠，还是郑宗锷），103岁心外大师的长寿秘诀是什么等，本书都有详解。

　　88岁高龄的原日本国立循环器病研究所总所长川岛康生教授，在谈到此书时说："这是一部鲜有的将心血管病学术与原始文献相结合的好书，希望再有些欣赏性和趣味性则更加完美。"澳大利亚的罗杰·密（Roger Mee）大师和我讲："很佩服你一个人独担这么大的部头，千万别累着！我因早已退休，身边没有秘书且又不会电脑，很抱歉只能手写来完成你交给我的任务。"7周后果真收到他寄来的13页叙述他传奇一生的英文手稿。这让我非常感动，并决心一定要完成这一历史使命——填补心坛这一学术空白！每当应邀给年轻医生们讲述心血管病发展史时，笔者都会重新阅览大师们波澜壮阔和悲惨遭遇的非凡人生；体会他们在创新的智慧和勇气背后，所具有的超人的崇高境界及独特的人格悟性和持之以恒的敬业精神。同时在他们失败的教训中还领悟出"小器在才华，大器在修养"的道理。上述一切不但时时给人启迪，且常常叫人震撼，偶尔还催人泪下。

穿越世界百年时空，盘点心坛学术历史，惊觉全世界发表及出版有关胸心／血管疾病研究的文献和专著其数量之多浩如烟海，大师及名家之数多如星辰，穷毕生精力，也难一一述清。只有取重就轻，分类提炼，加以汇集，冀望编纂出版一部《世界心脏大师百年通览》，以给同道提供一本研究胸心／血管学术史及其原始文献的参考书。本书将叙述选自世界五大洲25个国家的一百多位心脏名医，并通过15个章节分别介绍：20世纪西方心脏病学发展史，现代心血管外科的伟大先行者，现代心外科的黎明，先天性心脏病姑息术的发展史，先天性心脏病根治术的发展史，人工心脏瓣发展史，心脏病介入诊治的历史，心脏移植、心肺联合移植及人工心脏史，杰出的心脏病理学大师，冠状动脉搭桥术的发展史，心脏电生理学界的伟大人物，超声心动图学的发展史，当代心外科的名家，中国心脏界伟大的立业者，海外华裔心脏界的佼佼者。

思绪发于胸臆之内，构想生于方寸之间。心血来潮，欣然命笔，并填拙词一首试图概括全书内容。

念 奴 娇

百年心界风云

群星灿烂，映医坛，多少风云人物。

屈指盘点，百年事，精彩辉煌壮丽。

姑息先心，搭桥换瓣，移植心肺血。

心界如画，一时无数豪杰。

遥想前辈当年，白手起家了，意气风发。

天翻地覆,一时间,英才遍及世界。

异土神游,使命常催人,图强奋发。

回首往事,笑谈蹉跎岁月。

　　由于学术视角有别,加之水平及精力有限,难免遗漏某些重要人物及事件,望同道多加谅解。最后真诚感谢德高望重、医术精湛的95岁高龄的中国工程院院士,北京协和医学院阜外医院/心血管病研究所原副院长、副所长刘玉清教授,和德高望重、医术精湛的中国工程院院士,上海市心血管病研究所原所长(现名誉所长)陈灏珠教授为本书作序。

　　本书内容纯为真人真事,真名真姓,没有任何虚构。特此说明。

阎　鹏

2018年12月9日于芝加哥

目 录

第一章

总论：20世纪西方心脏病学发展史

Cardiac History of Western Hemisphere in the 20th Century

自古以来，心血管病一直是人类致命的第一杀手。人们一提到心血管畸形或心脏疾病，如同谈虎色变。直到19世纪末期，医生们对心血管病知识的了解仍极为贫乏，最多也只能处理一些胸部刀伤[1,2]。但是进入20世纪初期后，医学家们便开始对心脏进行系统的研究和探索并取得了显著的成效。

1903年荷兰医生威廉·爱因托芬（Willem Einthoven）经过多年对心脏跳动的研究，终于发明了能够记录心跳的心电图机。爱因托芬还将描记在心电图机上的心电波形分别命名为P、Q、R、S、T、U波，该命名至今仍在使用[3]。1929年，年仅25岁的德国年轻医生沃纳·福斯曼（Werner Forssmann），为探测心腔内的资料，大胆地将一根导尿管经自己的肘前静脉送入右心房，并步行到X光机前作透视证实导管在心房的位置[4]。加拿大蒙特利尔（Montreal）麦吉尔（McGill）大学的女医生莫德·阿伯特（Maude Abbott），自1910年获医学学位后，便潜心研究心脏解剖。经过26载的辛勤努力，她于1936年出版了《先天性心脏病图谱》(*Atlas of Congenital Cardiac Disease*)[5]。该书对1 000例先天性心脏畸形标本进行了详细的分析和描述，为后人研究心血管病奠定了基础。1930年，约翰霍普金斯（Johns Hopkins）医学院的海伦·陶西（Helen Taussig）建立了全美第一个小儿心脏科，开始了对新生儿心脏病的研究和治疗，并于1960年出版了《心脏的先天性异常》(*Congenital Malformations of the Heart*)[6]。1938年8月26日，美国波士顿儿童医院的罗伯特·格罗斯（Robert Gross）首次开胸成功结扎未闭动脉导管，从此开创了心血管外科的新纪元[7]。1944年10月19日，瑞典医生克拉伦斯·克拉福德（Clarence Crafoord）为一名11岁男孩成功修补主动脉弓降部缩窄[8]。1944年11月29日约翰霍普金斯医学院的艾尔弗雷德·布莱洛克（Alfred Blalock）听取了海伦·陶西的建议，在黑人技师维恩·托马斯（Vivien Thomas）的鼎力协助下，为法洛四联症患儿成功施行锁骨下动脉与肺动脉吻合手术[9]，从而大大延长了这类"紫绀"心脏畸形患儿的生命。此创举被称为现代心外科的黎明。随之而后，以缓解症状及延长生命的众多姑息手术接踵而来[10,11,12]。1952年4月15日罗伯特·格罗斯在美国波士顿儿童医院应用心房橡胶井为一名9岁男孩成功进行心房间隔缺损修补术[13]。同年9月2日，美国明尼苏达州的约翰·刘易斯（John Lewis）应用深低温停循环（5分30秒），为一名5岁女孩成功进行直视心房间隔缺损（直径2厘米）修补术[14]。1954年3月26日，沃尔顿·利乐海（Walton Lillehei）应用交叉循环（患儿家长充当心肺机）为一名1岁男婴成功修补心室间隔缺损。之后，他又用同样方法成功完成法洛四联症及心内膜垫缺损等中高难度手术[15]。因此，利乐海被登顿·库利大师（Denton Cooley）称为"开心之父"[16]。1953年5月6日，美国费城托马斯杰弗逊大学（Thomas Jefferson University）的约翰·吉本（John Gibbon）经过20年的不懈努力，终于研制成功体外循环机（即体外人工心肺机），并应用该机成功进行了直视心房间隔缺损修补术[17]。如果说瓦特发明蒸汽机，给英国带来了工业革命，那么，约翰·吉本发明的体外循环机给医学界带来了心外科革命，从而使无数的心外科医生能够从容地为千百万心脏病患者进行各种类型的高难度手术。1958年耶鲁大学威廉·格伦医生（William Glenn）应用腔−肺分流术（上腔静脉与右肺动脉吻合，即部分右心转流术）成功修复了右心发育不全心脏病[18]。1958年，瑞典医生阿克·森宁（Ake Senning）应用心房转换术成功矫正右位型大动脉转位[19]。1960年5月11日，美国女心外科医生尼娜·布朗沃尔德（Nina Braunwald）成功将她亲手研制的人工二尖瓣替换给一位44岁患有严重二尖瓣反流的女患者。患者术后一帆风顺，恢复良好[20,21]。这是世界首次人工瓣临床置换成功术，它早于斯塔尔·爱德华兹（Starr Edwards）的球笼机械瓣（1960年9月21日）整整4个月之多[22]。1963年7月19日，迈克尔·德贝基（Michael DeBakey）和多明戈·黎澳塔（Domingo Liotta）共同研制发明左心辅助泵并成功用于人体，从而延长了末期心力衰竭患者的生命[23,24]。1967年5月，阿根廷籍医生雷内·法沃洛荣（Rene Favaloro）在美国克利夫兰医疗中心（Cleveland Clinic）应用大隐静脉为一冠心病患者成功实施冠状动脉搭桥术[25]。这一手术的发明给千百万冠心病患者架起了生命之桥。1967年12月3日，南非医生克里斯蒂安·巴纳德（Christiann Barnard）首次在人身上成功地进行了同种异体心脏移植：将一名因车祸脑死亡的25岁女性丹尼丝·达瓦尔（Denise Darvall）的心脏移植给了54岁患有严重心力衰竭的男性路易斯·沃什坎斯基（Louis Washkansky）[26]。这一创举震撼了全世界，因为它给那些末期或绝症心脏病患者带来了第二次生命。同时人们突然惊觉，原来心脏也可以更换。1969年4月4日，登顿·库利和多明戈·黎澳塔共同研制并首次将人工心脏成功植入人体，并在64小时之后又成功将另一同种异体心脏移植给同一患者。此创举再次震撼了全世界[27]。1968年4月25日，法国医生弗朗西斯·方坦（Francis Fontan）将体肺循环全部分开：将上腔静脉与右肺动脉吻合，再将右心房与肺动脉吻合（即全部右心转流术）。他应用该方法成功矫正了先天性三尖瓣闭锁[28]，从而使得所有患单心室患者有了长期生存的可能性。后人称为"方坦术"。1975年5月，巴西医生阿迪布·束廷（Adib Jetene）为患有大动脉转位且只有40天大的婴儿成功实施了"大动脉转换术"[29]。1981年1月2日，威廉·诺伍德（William Norwood）为患有左心发育不全且仅3天大的新生儿史蒂芬·克莱因（Stephen Klein）成功地将主肺动脉与残缺的主动脉吻合，并将锁骨下动脉与肺动脉远端吻合，从而使这类绝症先天性心脏病婴儿绝路逢生[30]。22年后，史蒂芬·克莱因写文章感谢威廉·诺伍德医生挽救了他的生命，并称自己是幸运儿[31]。1984年10月26日，美国加州罗马琳达大学（Loma Linda University）的伦纳德·贝利医生（Leonard Bailey）为一名初生仅11天且患有左心发育不全综合征的女婴斯蒂芬妮（Stephanie）置换了一颗狒狒的心脏。这颗狒狒的心脏帮助小女婴生存了整整21天[32]。贝利医生的这一创举又一次震撼了世界。之后，婴儿的母亲特蕾莎（Teresa）告诉贝利医生："继续对婴儿心脏移置进行研究，不要让斯蒂芬妮白白死去[33]。"20世纪70年代之后，以美国波士顿的理查德·范·普拉格（Richard Van Praagh）[34,35,36]和英国伦敦的罗伯特·安德森（Robert Anderson）[37,38]为代表的众多心脏病理形态学家们，为各类心脏病的病理解剖及其形态学变化进行分类和命名，为临床医生们提供了极为重要的帮助。

随着科学的不断发展，心脏病的诊断方法和手段也不断提高。20世纪40～50年代开始普及心导管检查，70年代心血管造影诊断开始应用。80年代二维实时超声心动图结合彩色多普勒血流显像技术的广泛应用，使得这一无创诊断技术成为心脏病诊断检查的首选方法。再后来经食管结合三维超声心动图的应用大大提高了心脏病诊断的精确性。加之，心血管计算机断层扫描（CT）、计算机断层造影（CTA）、磁共振成像（MRI）等影像诊断技术的发展以及心脏监测技术的提高，今天几乎可以确诊所有心血管畸形[39]。

医学家们与科学家们对心脏的病生理学和血流动力学认识的提高，以及对各类心脏病术前诊断精确度的提高，加之麻醉水平和术后处理水平的提高，使得心脏手术接受者的年龄和体重越来越小，手术难度越来越高，而手术后的并发症及死亡率则越来越低。法洛四联症手术在今天，只能算是中等难度手术，其手术死亡率在世界一流心脏中心低于1%。梅奥心脏中心的约翰·柯克林（John Kirklin）大师在总结他个人经验时写道："1955年，法洛四联症，其手术死亡率在50%以上。至1960年其手术死亡率降低到15%。到1970年降低到8%左右。1980年手术死亡率达到0。而在阿拉巴马心脏中心其法洛四联症手术死亡率在20世纪80年代期间，从未超过4%[40,41]。"20世纪90年代末期（1997—1999年）英国对11位心外科医生的先天性心脏病手术结果做了统计分析，其平均死亡率为4%。其中，67例大动脉转位手术死亡率为0，心室间隔缺损、主动脉弓降部缩窄、法洛四联症和心内膜垫缺损手术死亡率分别为0.6%、1.1%、2.3%和3.6%；而共同动脉干的手术死亡率非常高为28.6%[42]。而美国加州在对10年（1989—1999年）25 402例先天性心脏病手术结果做了统计分析，其平均死亡率为5.9%[43]。加拿大的安大略省（Ontario）和美国的宾夕法尼亚州（Pennsylvania）分别在1995年及2000年对冠状动脉搭桥手术死亡率做了统计分析，其结果分别为2.5%[44]和1.54%[45]。当今，世界一流心血管中心的手术死亡率均低于上述数字。以美国克利夫兰医疗中心的罗杰·密心脏大师为例，其先天性心脏病手术死亡率（20世纪90年代间）低于0.4%（540例中死亡2例）。其中包括271例大动脉转位转换手术（1例死亡），71例动脉及心房双转换手术[1]（1例死亡）。其余先天性心脏病手术死亡率都低于其他心脏中心[46,47]。

中国现代心脏医学大师们也曾到欧美学习，然后回国创业，如中国心脏病学之父——董承琅教授[48]、中国胸心外科学之父——吴英恺教授等[49]。有些则留在西方国家为自己所崇敬的心脏病学事业奋斗终生并为中华民族争得了荣誉，如曾为美国心脏学会主席的余南庚（Paul Yu）教授等[50]。本书将分章逐一介绍上述心脏大师们的辉煌成就，以及未提名的其他众多心界佼佼者们的宏伟业绩。

参考文献

[1] WILLIAMS DH. Stab wound of the heart, pericardium-Suture of the pericardium-Recovery-Patient alive three years afterward[J]. Med Record, 1897: 1–8.

[2] REHN L. On penetrating cardiac injuries and cardiac suturing[J]. Arch Klin Chir, 1897, 55: 315.

[3] WILLEM Einthoven. Father of electrocardiography[J]. Moukabary, T. Cardiology Journal, 2007, 14(3): 316–317.

[4] FORSSMAN W. Die Sondierung des rechten Herzens: Probing of the right heart[J]. Klin Wochenschr, 1929, 8: 2085–2087.

[5] ABBOTT ME. Atlas of Congenital Cardiac Disease[M]. New York, NY: The American Heart

---

1 为修复矫正型大动脉转位而实施的动脉及心房双转换手术，英文是 Double Switch Operation。

Association, 1936: 62.

[6] TAUSSIG HB. Congenital Malformations of the Heart, Vol. 1 and 2 [M]. Cambridge, Mass: Harvard University press, 1960: 1049.

[7] GROSS RE, HUBBARD JP. Surgical Ligation of a patent ductus arterosis: report of first successful case [J]. Am Med Assoc J, 1939, 112: 729−731.

[8] CRAFOORD C, NYHLIN G. Congenital coarctation of the aorta and its surgical management [J]. Thorac Surg, 1945, 14: 347−361.

[9] BLALOCK A, TAUSSIG HB. The surgical treatment of malformations of the heart in which there is pulmonary stenosis or pulmonary atresia [J]. Am Ned Assoc, 1945, 28: 189−192.

[10] POTTS, WILLIS J, et al. Anastomosis of the aorta to a pulmonary artery [J]. JAMA, 1946, 132: 627−631.

[11] WATERSTON DJ. The treatment of Fallot's tetralogy in infants under the age of one year [J]. Rozhl Chir, 1962, 41: 183.

[12] GAZZANIGA AB, ELLIOTT MP, SPERLING DR, et al. Microporous expanded polytetrafluoroethylene arterial prosthesis for construction of aortopulmonary shunts: experimental and clinical results [J]. Ann Thorac Surg, 1976, 21(4): 322−327.

[13] GROSS RE, et al. A method for surgical closure of interauricular septal defects [J]. Surg Gyn and Obst, 1953, 96(1).

[14] LEWIS FJ, TAUFIC M. Closure of atrial septal defects with the aid of hypothermia: experimental accomplishments with the report of one successful case [J]. Surgery, 1953, 33: 52−59.

[15] LILLEHEI CW, CHHEN M, WARDEN HE, et al. The Direct-Vision Intracardiac Correction of Congenital Anomalies by Controlled Cross Circulation. Results in 32 Patients with Ventricular Septal Defect, Tetralogy of Fallot, and Atrioventricularis Communis Defects [J]. Surgery, 1955, 38: 11−29.
LILLEHEI CW. Controlled cross circulation for direct-vision intra cardiac surgery: correction of ventricular septal defects, atrio-ventricular communis and tetralogy of Fallot [J]. Postgrad Med, 1955, 17: 388−396.

[16] DENTON A Cooley. In Memoriam C. Walton Lillehei, the "Father of Open Heart Surgery" [J]. In: Circulation, American Heart Association, 1999, 100: 1364−1365.

[17] GIBBON JH Jr. Application of a mechanical heart and lung apparatus to cardiac surgery [J]. Minn Med, 1954, 37: 171−180.

[18] WILLIAM WL. Glenn Circulatory Bypass of The Right Side of The Heart IV. Shunt between Superior Vena Cava and Distal Right Pulmonary Artery-Report of Clinical Application [J]. New England Journal of Medicine, 1958, 259: 117−120.

[19] JATENE Adib, et al. Anatomic correction of transposition of the great vessels [J]. Thorac Cardiovasc Surg, 1976, 72: 364−370.

[20] BRAUNWALD NS, COOPER T, MORROW AG. Complete replacement of the mitral valve: successful clinical application of a flexible polyurethane prosthesis [J]. Thorac Cardiovasc Surg, 1960, 40: 1−11.

[21] BRAUNWALD NS. It will work: the first successful mitral valve replacement [J]. Ann Thorac Surg, 1989, 48: S1−S3.

[22] STARR A, EDWARDS ML. Mitral replacement: clinical experience with a ball-valve

prosthesis[J]. Ann Surg, 1961, 154: 726–740.

[23] LIOTTA D, CRAWFORD ES, COOLEY DA, et al. Prolonged partial left ventricular bypass by means an intrathoracic pump implanted in the left chest[J]. Trans. Amer. Soc. Artif. Int. Organs, 1962, 8: 90.

[24] LIOTTA D. Artificial heart left ventricular assist devices (LVADs): a bridge-to-recovery—the novel LVAD III-intrathoracic small blood pump with atriostomy drainage for combination therapies[J]. Ann Thorac Cardiovasc Surg, 2008, 14(5): 271–273.

[25] FAVALORO RG. Saphenous vein autograft replacement of severe segmental coronary artery occlusion: operative technique[J]. Ann Thorac Surg, 1968, 5: 334–339.

[26] Heart transplantation[J]. S Afr Med J, 1967, 41: 1257–1278.

[27] COOLEY DA, LIOTTA D, HALLMAN GL, et al. First human implantation of cardiac prosthesis for total replacement of the heart[J]. Trans. Amer. Soc. Artif. Int. Organs, 1969, 15: 252.

[28] FONTAN F, BAUDET E. Surgical repair of tricuspid atresia[J]. Thorax, 1971, 26: 240–248.

[29] JATENE Adib, et al. Anatomic correction of transposition of the great vessels[J]. Thorac Cardiovasc Surg, 1976, 72: 364–370.

[30] NORWOOD WL, KIRKLIN JK, SANDERS SP. Hypoplastic left heart syndrome: experience with palliative surgery[J]. Am J Cardiol, 1980, 45: 87–91.

[31] JACK Rychik. Hypoplastic Left Heart Syndrome[M]. Kluwer Academic Publishers, 2003: 393.

[32] LEONARD L Bailey, SANDRA L, NEHLSEN Cannarella, et al. Baboon-to-Human Cardiac Xenotransplantation in a Neonate[J]. JAMA, 1985, 254(23): 3321–3329.

[33] RICHARD A Schaefer. Legacy Daring to Care: (Chapter 2 Legacy of Baby Fae)[M]. LLUAHSC: Legacy, 1990.

[34] VAN Praagh R. The segmental approach to diagnosis in congenital heart disease[J]. In: Bergsma D, ed. Birth Defects (Original Article Series), 1972, 8: 4–23.

[35] VAN Praagh R. Terminology of congenital heart disease: glossary and commentary[J]. Circulation, 1977, 56: 139–143.

[36] VAN Praagh R. Diagnosis of complex congenital heart disease: morphologic-anatomic method and terminology[J]. Cardiovasc Intervent Radiol, 1984, 7: 115–120.

[37] ROBERT HA, SIEW YH, BECKER AE. The surgical anatomy of the conduction tissues[J]. Thorax, 1983, 38: 408–420.

[38] ANDERSON RH, MACARTNEY FJ, SHINEBOURNE EA, et al. Paediatric Cardiology, Vol. 1[J]. Edinburgh, UK: Churchill Livingstone, 1987: 65–82.

[39] FREEDOM RM, YOO SJ, MIKAILIAN H WG. The Natural and Modified History of Congenital Heart Disease, 1 edition[J]. Wiley-Blackwell, 2003.

[40] KIRKLIN JW. Open-heart surgery at the Mayo Clinic. The 25th anniversary[J]. Mayo Clin Proc, 1980, 55(5): 339–341.

[41] STEPHEN Westaby. Landmarks in Cardiac Surgery ISIS Medical Media[M]. UK: Oxford Ox, 1997: 122.

[42] STARK J, GALLIVAN S, LOVEGROVE J, et al. Mortality rates after surgery for congenital heart defects in children and surgeons' performance[J]. Lancet, 2000, 355(9208): 1004–

1007.

[43] KLITZNER TS, LEE M, RODRIGUEZ S, et al. Sex-related Disparity in Surgical Mortality among Pediatric Patients [J]. Congenital Heart Disease, 2006, 1(3): 77.

[44] TU JV, NAYLOR CD. Coronary Artery Bypass Mortality Rates in Ontario Circulation [J]. 1996, 94: 2429–2433.

[45] ERIN L Nissley. Mortality rates dropping for coronary artery bypass surgery performed locally, throughout the state: Database: PA Heart Surgeon Mortality Rates [J]. 2011.

[46] MICHAEL Ruhlman. Walk on water Inside an Elite Pediatric Surgical Unit [M]. The Penguin Group, 2003: 46–47.

[47] MEE BB. The double switch operation with accent on the Senning component [J]. Semin Thorac Cardiovasc Surg Pediatr Card Surg Annu, 2005, 8: 57–65.

[48] WAN Song. Cardiothoracic Surgery in China: C. L Tung, Father of Modern Cardiology in China [M]. The Chinese University of Hong Kong, 2007: 211–220.

[49] Dr. Wu. Yingkai's Memoir Seventy Years (1927–1997) of Studying, Practicing and Teaching medicine [M]. China Science and Technology Press.

[50] COHEN J, CLARK SB, PAUL Yu. Remembered [M]. Meliora Press, 2003.

第二章
Chapter 2

现代心血管外科的伟大先行者
Great Pioneers of Modern Cardiovascular Surgery

　　俗话说"路是人走出来的"。为后人开路的先行者们值得人们永记史册。所有成功者们都具备三个基本因素：非凡的才华，无畏的胆量和天赐的机遇。若再具备良好的修养，则可称得上高尚的大师，即"小器在才华，大器在修养"。纵观百年心脏史，研读百位英雄豪杰，无不验证了修养的重要。此书将从本章起逐一介绍20世纪走在心脏科学之路的伟大开拓者和佼佼者及其各自的丰功伟绩和惋惜的教训。

一、罗伯特·格罗斯
Ⅰ. Robert Gross

罗伯特·格罗斯（Robert Edward Gross）
医学博士
1905年7月2日—1988年10月11日
美国哈佛大学医学院教授
波士顿儿童医院外科主任

图2-1　罗伯特·格罗斯
［照片由米尔顿·保罗（Milton Paul）教授提供］

履　历

1927年美国威斯康星大学学士学位

1931年哈佛大学医学院医学博士

1931—1933年哈佛大学病理科研究生

1934—1936年哈佛大学病理科讲师

1937—1938年英国皇家儿童医院学习

1938—1939年波士顿儿童医院外科总住院医生

1939—1942年外科助理医生

1942—1947年哈佛大学外科助理教授

1947—1966年哈佛大学外科讲席教授及外科主任

贡　献

1938年8月26日世界首位成功结扎未闭合的动脉导管

1945年世界首位成功离断先天性双主动脉弓畸形

1945年美国首位成功修补降主动脉弓缩窄（世界第二例）

1948年5月22日世界首位成功修补主-肺动脉间隔缺损

1952年4月15日非体外循环机的条件下，用橡胶并成功修补
房间隔缺损

发　表

发表论文240篇。专著3部：1941年的《婴幼儿腹部外科学》
（*Abdominal Surgery of Infancy and Childhood*），1953年的《婴幼儿
外科学》（*The Surgery of Infancy and Children*），1970年的《儿科外
科学图谱》（*An Atlas of Children's Surgery*）

荣　誉

1954年和1959年两获拉斯克奖（Lasker Award）（世界上唯
一两次获此奖的人）

美 国 胸 外 科 学 会（American Association for Thoracic
Surgery, AATH）主席（1963—1964年）

美 国 小 儿 外 科 协 会（American Pediatric Surgical

荣　誉	Association）首任主席（1970—1971 年） 　　1965 年获威廉·拉德奖（William Ladd Award）及其他奖章 26 枚
医　训	如果术中遇到困难，说明术者的方法不正确。(If an operation is difficult you are not doing it properly.[1]）此医训一直挂在手术室墙上。
最不幸	从小患有先天性单眼白内障，80 岁后患上老年痴呆症

天赐良机，大胆尝试

　　1938 年 8 月 26 日，年仅 33 岁的罗伯特·格罗斯只是个波士顿儿童医院的住院医生。他趁外科主任威廉·拉德[1]休假之际，将一位患有动脉导管未闭的 7 岁女孩洛兰·斯威妮（Lorraine Sweeney）送入手术室，并成功地结扎了这一直径 7 ～ 8 毫米、长 5 ～ 6 毫米的未闭合动脉导管。手术进展顺利，患者康复出院，没有任何并发症[2]。格罗斯的这一大胆创举，开了心外科的先河，震撼了世界，也使他一举成名。格罗斯深知，拉德主任绝对不会让他操作这个史无前例且惊天动地的大手术。晚年格罗斯在他的回忆录里写道："如果那个女患者发生任何闪失，我就会成为美国东北部某个地方的农民。"拉德主任始终没有原谅格罗斯，并终身忌恨在心。1945 年拉德退休时仍不让格罗斯接任他的外科主任位置。外科主任一职暂由神经外科医生弗兰克·英格拉哈姆（Franc Ingraham）教授代理，直到 1947 年，哈佛大学才任命格罗斯为外科主任并破格从助理教授直升正教授。

屡创心史，数填空白

　　格罗斯教授常向人们讲："在学术界工作的外科医生，必须每过几年就要有所作为。"他是这么说，也是这么做的。格罗斯继续改写外科历史，填补医学空白：

1　威廉·拉德（William Edwards Ladd），1880 年 9 月 8 日—1967 年 4 月 15 日，美国小儿外科之父。

1945年成功为一婴儿离断"先天性双主动脉弓畸形"并解除了该患儿的呼吸窘迫症（世界首次）[3]；1945年7月5日，为一名12岁女孩成功修补"先天性主动脉弓降部缩窄"（世界第二，美国首次）[4]；1948年5月22日，为一名4岁女孩成功修补主-肺动脉间隔缺损[5]；1952年4月15日，在没有体外循环机的条件下，通过自制橡胶井成功修补"先天性心房间隔缺损"[6]。格罗斯教授一生勤奋好学，共发表学术论文240篇，学术著作3部。其中1953年出版的《婴幼儿外科学》一书由他一人独自完成，全书整整1 000页，共发行4万余册，并被译成4国文字。该书常被称为婴幼儿外科学的"绿色圣经"。由于格罗斯教授一生成就斐然，故他两次被授予拉斯克奖（1954年和1959年），他是世界上唯一两次获此奖的人。

终身教训，追悔莫及

自格罗斯成功结扎未闭合的动脉导管之后，来自世界各地参观访问的人络绎不绝。其中有一位来自约翰霍普金斯医学院的女医生，名叫海伦·陶西。当时陶西医生正在设想为法洛四联症患儿建一根导管，以解决这类患儿的紫绀症状。陶西医生向格罗斯建议："你能成功地结扎一根从主动脉到肺动脉连接的导管，那么你能否建立一根从主动脉到肺动脉交通的导管以便解决这类法洛四联症患儿的紫绀症状？"格罗斯肯定地向陶西医生表示，他对此建议不感兴趣。海伦·陶西带着失望回到霍普金斯医学院。不久后，她便向刚刚到来的外科医生艾尔弗雷德·布莱洛克提出了同样的建议。布莱洛克采纳了陶西医生的建议，并经过多次动物实验后，于1944年11月29日成功实现了这一伟大创举。即以上述两人命名的B-T分流术（Blalock-Taussig Shunt），又称锁骨下动脉与肺动脉吻合手术，也叫体-肺分流术[7]。

从此，布莱洛克和陶西及霍普金斯医院的大名享誉全球。来自世界各地成百上千的"紫绀"患儿涌向霍普金斯医院，请求布莱洛克和陶西医生为他们治病。格罗斯对此事追悔莫及，此后他常常劝人要虚心听取别人的建议。

这里顺便说一下，中国胸心外科之父，吴英恺教授，于1941年至1943年在美国进修。他于1943年4月份专程去波士顿慕名访问格罗斯。格罗斯在他的办公室里会见了吴英恺医生，并送给吴教授从1938年以来有关动脉导管未闭的论文单行本。1944年春，吴英恺教授在重庆中央医院，做了中国首例动脉导管结扎术，同时也开创了中国心外科的先河[8,9]。

独眼教授，鲜为人知

1905年7月2日，罗伯特·格罗斯出生在美国马里兰州的巴尔的摩市。父亲是钢琴制造家，并随他的父亲于1856年从德国移民到巴尔的摩市。罗伯特是家中8个孩子中的第七个。当他还是儿童时，家里发现他只有一只眼睛有视力，便给他一个钟表，让他反复拆卸和组装，以训练他的手眼配合能力。此事无人知晓，直到有一天他的一个住院医生由于黑色素瘤而牺牲了一只眼睛。格罗斯教授写信鼓励他说："你知道吗？我一生中所做的全部事业都是用一只眼睛完成的。"格罗斯从小患有先天性单眼白内障，一直到他退休后才通过手术摘除。罗伯特·格罗斯有1个妻子玛丽·卢（Mary Lou）和2个女儿。他80岁后患有老年痴呆症，并于1988年10月11日在马萨诸塞州的普利茅斯市（Plymouth）逝世，终年83岁[1]。

正所谓

天赐良机斗胆试，先河开创史垂名。
数度改写外科史，著作等身凯歌行。
众人不识英雄事，万例手术独眼成。
大师难逃天然障，少壮聪颖老呆痴。

动脉导管未闭

动脉导管未闭是先天性心脏病常见类型之一，在各类先天性心脏病中占5%～10%，排名第五。胎儿期动脉导管被动开放是血液循环的重要通道，出生后约15小时发生功能性关闭，出生后3个月内应完全关闭。若持续开放，即称动脉导管未闭。此病名由意大利解剖学家李奥纳多·保塔罗于1895年在巴塞尔（Basel）国际会议上提出并一致通过。长期动脉导管未闭，可导致心内膜炎、肺炎和心脏衰竭[10]。

1937年3月6日，约翰·斯特赖德（John Strider）在美国麻省总医院，为一名22岁女患者实施了动脉导管分离术。但是，术后出现感染及心内膜炎，3日后死亡[11]。1938年8月26日，罗伯特·格罗斯在美国波士顿儿童医院成功结扎未闭动脉导管，患儿长期存活。1939年12月5日，奥斯瓦尔德·塔布斯（Oswald Tubbs）在英国伦敦成功结扎已感染的未闭动脉导管[12]。1941年5月，克拉伦斯·克拉福德在瑞典首都斯德哥尔摩，成功切断未闭动脉导管并缝合两端[13]。1944年春，吴英恺在中国重庆中央医院，成功实施了中国首例动脉导管结扎术[8,9]。1947年10月5日，美国医生汉克·巴恩森（Hank Bahnson）随同艾尔弗雷德·布莱洛克应邀到欧洲进行手术表演时，在法国巴黎的布鲁塞（Broussais）医院成功结扎了法国第一例未闭动脉导管[14]。1951年，日本的榊原仟（Shigeru Sakakibara）在东京妇女医院为一中国台湾地区的女孩成功结扎未闭动脉导管[15]。1966年，德国医生沃纳·波斯特曼（Werner Porstmann）在柏林洪堡大学（Humboldt University）为一名17岁患者成功实施了世界首例经皮导管封堵未闭动脉导管术[16]。1979年美国费城威廉·拉什金德（William Rashkind）报道一例婴幼儿经皮导管封堵未闭动脉导管术，该幼童体重仅3.5千克[17]。

二、克拉伦斯·克拉福德
II . Clarence Crafoord

克拉伦斯·克拉福德（Clarence Crafoord）
医学博士
1899年5月28日—1984年2月25日
瑞典斯德哥尔摩卡洛林斯卡（Carolinska）研究所

图2-2　克拉伦斯·克拉福德
[照片由亚历山大·马斯特（Alexander Muster）教授提供]

贡　献

1934年首先发明机械呼吸机
1935年应用肝素进行栓塞预防

贡 献

1941年行瑞典首例动脉导管结扎术

1944年10月19日为一名14岁男孩成功实施世界首例主动脉缩窄修补术

1946年成功结扎世界首例左冠状动脉至肺动脉瘘

1947年与瓦伊金·比约克(Viking Bjork)医生合作发明早期转碟氧合器

1954年8月14日与阿克·森宁医生、瓦伊金·比约克医生和安德森(Anderson)工程师合作,成功研制世界第二台克拉福德-森宁型(Crafoord-Senning Model)体外循环机,并用该机首次成功切除左房黏液瘤

发 表

共发表学术论文114篇

荣 誉

1962年获盖尔德纳国际基金会奖(Gairdner Foundation International Award)

究竟谁先,时间作证

瑞典医生克拉伦斯·克拉福德一生学术成就辉煌灿烂,获得众多瑞典第一、多个世界第二和数项世界第一。但是其中一项最重要的世界第一——主动脉缩窄修补术(1944年10月19日)[18],却经过很长时间才折服了众人。

故事是这样发生的。20世纪30年代末至40年代初,美国波士顿儿童医院的格罗斯、马里兰州霍普金斯医院的布莱洛克及瑞典斯德哥尔摩的克拉福德等心脏专家们,都在自己的动物实验室里先后用不同的方法,进行如何修补主动脉弓降部缩窄的研究[19,20,21]。自从1938年8月26日格罗斯成功结扎未闭动脉导管之后,来自世界各地参观访问的人络绎不绝,其中有一位就是克拉福德。根据美国国家科学院国家科学出版社出版的《罗伯特·格罗斯生平传记》介绍[22]:"1938年格罗斯受指示给住院医生查尔斯·胡夫纳格尔(Charles Hufnagel)演示主动脉缩窄的动物实验。1939年4月中旬,克拉福德从瑞典来到哈佛大学访问了格罗斯并参观了他的动物实

验室。格罗斯的助手查尔斯·胡夫纳格尔医生向克拉福德介绍了整个动物实验和研究情况，并打开笼子放出4条狗让它们自由跑动。格罗斯告诉克拉福德这些都是经过腹主动脉切断后再吻合的实验狗。克拉福德问道：'为什么它们跑动地非常平衡？'（言外之意，为什么降主动脉阻断后，没有损伤椎神经系统。）格罗斯回答道：'因为麻醉后便把它们仰卧在冰床上。'（把诀窍告诉了他。）而克拉福德自己在2004年12月7日的一次采访时曾说[23]'1939年，我去美国格罗斯那里观看了他结扎动脉导管的手术。然后去费城参观了约翰·吉本的体外循环机研究。我回来后，便实施了我的首例动脉导管结扎手术（1941年）。'"显然，克拉福德在2004年接受采访时，并未提及上述参观动物实验室的故事。几年之后，1944年10月19日，瑞典医生克拉福德为一名11岁男孩成功修补主动脉弓降部缩窄[1]。而8个半月后（1945年7月6日），格罗斯在波士顿儿童医院为一名12岁女孩成功修补主动脉弓降部缩窄[24]。由于当时第二次世界大战尚未结束，信息不通，故格罗斯称他的手术为世界首例。在之后的很长时间内，格罗斯虽改认自己为世界第二，却仍认为（但说不清）是克拉福德"学"走了他的技术。

其他贡献

1946年7月22日，克拉福德与冈纳·比奥克（Gunnar Biorck）合作，为一名15岁男孩成功结扎世界首例左冠状动脉至肺动脉瘘[25]。1954年8月14日，克拉福德在瑞典首都斯德哥尔摩成功应用本国制造的世界第二台克拉福德-森宁型体外循环机打开一名40岁女患者的左心房，世界首次成功切除黏液瘤[26]。该患者因此又健康地生活了40多年，82岁时仍然身体健壮，思路敏捷，且有32颗完整的牙齿[27]。

个人简史

1899年5月28日，克拉伦斯·克拉福德出生在瑞典的胡迪克斯瓦尔市（Hudiksvall）。父系9代都是军队高官。克拉福德从小聪颖且连续跳级，并于20岁毕业于斯德哥尔摩的卡洛林斯卡学院，1924年获医学博士学位。克拉福德还是一个具有音乐天赋的小提琴手，曾在斯德哥尔摩音乐学院受训。但是，他很早便立志学医，并坚定不移地坚持着自己的道路。克拉福德于1922年在斯德哥尔摩的摩比（Morby）医院［今叫丹德吕德（Danderyd）医院］开始他的外科生涯，指导老师是当时的外科主任克努特·哈拉尔德·吉尔茨（Knut Harald Giertz）。克拉福德和妻子卡琳·恩布鲁姆（Karin Enblom）于1921年结婚并将婚姻保持终身。由于他一生成就显赫，故世人称他为心血管外科的巨人[19]。1984年2月25日死于斯德哥尔摩郊外的丹德吕德市，终年84岁。

正所谓

> 血管巨星瑞典生，弓窄修补史留名。
> 北美经验借使用，心有灵机把事成。
> 玄机泄露无经意，学走技术不领情。
> 二战风云信息挡，哈佛教授误称雄。

主动脉缩窄

　　主动脉缩窄是指先天性主动脉弓降部局限性狭窄，在各类先天性心脏病中占5%～8%，排名第八位。1761年由意大利医生乔瓦尼·巴蒂斯塔·莫尔加尼（Giovanni Battista Morgagni）（1682—1771年）首次报道此病。它的主要病变是主动脉弓降部局限性短段管腔狭窄引致主动脉血流障碍。主动脉缩窄病变的部位绝大多数（95%以上）在主动脉弓远端与胸降主动脉连接处，即主动脉峡部，邻近动脉导管或动脉韧带区。但极少数病例缩窄段可位于胸降主动脉甚至腹主动脉。有时主动脉可有两处呈现缩窄。极少数患者有家族史。本病多见于男性，男女之比约为4∶1。常用分型：导管前型，导管后型，导管附近型。症状：①心力衰竭；②高血压；③上、下肢脉搏及血压的差异；④心脏杂音[10]。

参考文献

［1］ W Hardy Hendren. Harvard Medical School Office for Faculty Affairs (Memorial-Minutes).

［2］ GROSS Robert E, HUBBARD John P. Surgical ligation of a patent ductus arteriosus. Report of first successful case［J］. JAMA, 1939, 112: 729−731.

［3］ GROSS RE. Surgical relief for tracheal obstruction from a vascular ring［J］. N Engl J Med, 1945, 233: 586.

［4］ GROSS RE. Surgical correction for coarctation of the aorta［J］. Surgery, 1945, 18: 673−678.

［5］ GROSS RE. Surgical closure of an aortic septal defect［J］. Circulation, 1952, 5: 858.

［6］ GROSS RE, et al. A method for surgical closure of interauricular septal defects［J］. Surg Gyn and Obst, 1953, 96(1).

［7］ TAUSSIG HB. The Blalock-Taussig operation. In: Davila JC (ed). Second Henry Ford Hospital International Symposium on Cardiac Surgery［J］. New York: Appleton-Century-Crofts, 1977:

56—57.

［ 8 ］ 吴英恺.学医,行医,传70年(1927—1997)［M］.北京:中国科学技术出版社,1997:25.

［ 9 ］ WU YK. Ligation of Patent ductus arteriosus［J］. Chin Med J, 1947, 65: 71—76.

［10］ 阎鹏.小儿超声心动图学指南［M］.北京:人民卫生出版社,2000.

［11］ GRAYBIEL A, STRIEDER JW, BOYER NH. An attempt to obliterate the patent ductus in a patient with subacute endarteritis［J］. Am Heart J 1938, 15: 621.

［12］ TUBBS OS. The effect of ligation on infection of the patent ductus arteriosus［J］. Br J Surg, 1944, 32: 1—12.

［13］ CRAFOORD C, MANNHEIMER E, WEKLUND T. The diagnosis and treatment of patent ductus arteriosus (Botalli), in connection with 20 operated cases［J］. Acta Chir Scand, 1944, 91: 97—131.

［14］ STONEY WS. Pioneers of Cardiac Surgery［M］. Vanderbilt University Press, 2008: 17.

［15］ WESTABY S. Landmarks in Cardiac surgery［M］. Oxford: ISIS MEDICAL MEDIA, 1997: 92.

［16］ PORSTMANN W, WIERNY L, WARNKE H. The closure of the patent ductus arteriosus without thoractomy (Preliminary report)［J］. Thoraxchir Vask Chir, 1967, 15: 199—203.

［17］ RASHKIND WJ, CUASCO CC. Transcatheter closure of patent ductus arteriosus. Successful use in a 3. 5-kilogram infant［J］. Pediatr Cardiol, 1979, 1: 3—7.

［18］ CRAFOORD C, NYHLIN G. Congenital coarctation of the aorta and its surgical management ［J］. Thorac Surg, 1945, 14: 347—361.

［19］ KVITTING JP, CLARENCE Crafoord. A giant in cardiothoracic surgery, the first to repair aortic coarctation［J］. Ann Thorac Surg, 2009, 87(1): 342—346.

［20］ BLALOCK A, PARK EA. Surgical treatment of experimental coarctation (atresia) of aorta ［J］. Ann Surg, 1944, 199: 455.

［21］ GROSS RE, HUFNAGEL CA. Coarctation of the aorta. Experimental studies regarding its surgical correction［J］. N. Engl J Med, 1945, 233: 287.

［22］ FRANCIS D Moore, JUDAH Folkman. BIOGRAPHICAL MEMOIRS Robert Edward Gross July 2, 1905—October 11, 1988 The National Academies Press National Academy of Sciences.

［23］ Pioneer Interviews. Dr. Clarence Crafoord by W. Gerald Rainer, MD, Dec 7, 2004.

［24］ GROSS RE. Surgical correction of the aorta［J］. Surgery, 1945, 18: 673.

［25］ BIORCK G, CRAFOORD C. Arteriovenous aneurysm on the pulmonary artery simulating patent ductus arteriosus botalli［J］. Thorax, 1947, 2: 65—74.

［26］ CRAFOORD C. Discussion on mitral stenosis and mitral insufficiency. In: Lam C. R., ed. Proceedings of the International Symposium on Cardiovascular Surgery［M］. Henry Ford Hospital, Detroit, Michigan, Philadelphia: Saunders, 1955: 202—211.

［27］ WHITWOOD WR. Jr. Clarence Crafoord and the Flirst Sluccessful Resection of a Cardiac Myxoma［J］. Ann Thorac Slurg, 1992, 54: 997—998.

一、艾尔弗雷德·布莱洛克
I . Alfred Blalock

艾尔弗雷德·布莱洛克（Alfred Blalock）
1899年4月5日—1964年9月15日
美国约翰霍普金斯医学院教授
约翰霍普金斯医院外科主任

图3-1 艾尔弗雷德·布莱洛克
（照片由米尔顿·保罗教授提供）

履 历

1918年美国佐治亚（Georgia）大学学士学位

1922年约翰霍普金斯医学院医学博士

1922—1925年霍普金斯医院泌尿科住院医生

1925—1927年范德比尔特（Vanderbilt）大学医学院外科住

履　历	院医生
	1928—1930 年范德比尔特大学医院助理教授
	1930—1938 年范德比尔特大学医学院副教授
	1938—1941 年范德比尔特大学医学院教授
	1941—1964 年约翰霍普金斯医学院教授兼外科主任

贡　献	1944 年 11 月 29 日体-肺分流术（左锁骨下动脉-左肺动脉分流术）

发　表	学术论文 200 多篇，1940 年出版著作《外科处理的原则：休克及其他并发症》(Principles of Surgical Care: Shock and Other Problems)

荣　誉	1955 年获拉斯克奖，同时获奖的还有海伦·陶西和罗伯特·格罗斯
	1956 年美国外科学会主席
	1959 年获盖尔德纳国际基金会奖
	9 所大学荣誉学位

待　遇	年薪 16 000 美元（1941 年）

女人献策，黑人鼎力，布莱洛克创建"体-肺分流术"

　　1943 年初的一个上午，约翰霍普金斯医院的外科主任布莱洛克打电话告诉他的动物实验室黑人技术员维恩·托马斯（Vivien Thomas），说他和小儿心内科主任海伦·陶西即将来到实验室共商一个新的课题。陶西医生开门见山地向布莱洛克主任和托马斯讲到，她近来遇到了许多"紫绀"患儿，而这些患儿多患有"法洛四联症"。陶西医生建议：能否建一条由体动脉通向肺动脉的管道，使狭窄的肺动脉获得更多的血和氧，从而延长患儿的生命。布莱洛克主任认为有理，然后向托马斯布置任务：先在狗身上建立"紫绀"病生理动物模型，然后再建立一根锁骨下动脉-肺动脉管道。动物实验艰难曲折，天才的托马斯煞费苦心，制造器械，改装呼吸设备，还要建立肺动脉与肺静脉瘘或肺动脉与左房吻合，以便让狗出现"紫绀"。然后通过环带术使肺动脉狭窄，最后完成锁骨下动脉-肺动脉吻合术。耗时近2年之久，终于在狗身上实验成功[1]。1944年11月的一天，布莱洛克教授来到动物实验室并观摩了托马斯操作该实验的最后一步：锁骨下动脉-肺动脉端侧吻合术。布莱洛克教授曾对托马斯说："我先观摩你操作该动物实验，然后你再协助我在狗身上重复1~2次。"但此时，病房里正住着一名15个月大患有严重法洛四联症的女婴，体重只有4千克，名叫艾琳·撒克逊（Eileen Saxon）。小艾琳的病情越来越严重，布莱洛克教授认为，不能再等，须尽快安排手术。于是他决定取消自己的动物演练，直接给小艾琳实施体-肺分流术[1,2]。

手术成功，法四存活，现代心外科的黎明终于到来

1944年11月29日，一切安排就绪，麻醉后的小艾琳静静地躺在手术台上。

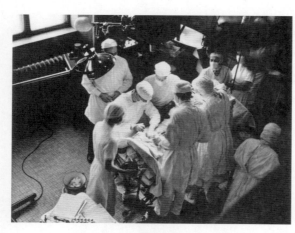

图3-2　布莱洛克教授进行手术

布莱洛克教授站在患者的左面，他的第一助手，住院医生威廉·朗迈尔站在教授的对面，实习医生登顿·库利作为第二助手站在威廉·朗迈尔旁。维恩·托马斯站在教授身后。
（摘自 Denton A. Cooley: 100,000 Hearts A Surgeon's Memoir 2012 第50页）

布莱洛克教授一迈进手术间，立刻说道："最好把维恩·托马斯叫来。"托马斯很快应召跑到手术间外的走廊里。布莱洛克教授马上说："维恩，你最好站到我的身后。"此时，布莱洛克教授站在患者的左面，他的第一助手，住院医生威廉·朗迈尔（William Longmire）站在布莱洛克教授的对面，实习医生登顿·库利作为第二助手，站在威廉·朗迈尔旁（图3-2）。而陶西医生则站在患者的头前并紧挨着麻醉师梅雷尔·哈默尔（Merel Harmel）。手术进展

并非十分顺利，小艾琳的血管比实验狗血管的一半还细。布莱洛克教授不时地问维恩·托马斯：维恩，你看这个横切口大小是否合适？维恩，你觉得锁骨下动脉的长度够不够？能否接到肺动脉上？这样做对不对，还是先从那边下手？……整整90分钟之后，左锁骨下动脉-左肺动脉吻合终于成功。当布莱洛克教授松开血管钳时，陶西医生立刻惊叫说："看，小艾琳的嘴唇变红了。"在场的许多人激动得热泪盈眶[1,3]。我们应当知道，那时还没有体外循环机，该手术是在没有体外循环、也没有气管插管的情况下完成的。两个半月之内，布莱洛克教授连续成功地实施了3例同样的手术（1944年11月29日15个月女婴，1945年2

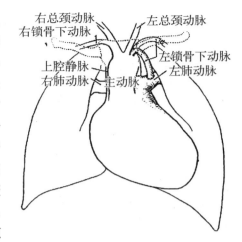

图3-3　左锁骨下动脉-左肺动脉吻合术
（摘自Blalock Alfred, Taussig Helen B. The surgical treatment of malformations of the heart in which there is pulmonary stenosis or atresia. JAMA, 1945, 128: 189−202）

月3日11岁半女孩，1945年2月10日9岁男孩），并将这3个病例发表在1945美国医学学会期刊上，题为"肺动脉狭窄或闭锁的心脏畸形及其外科治疗"，署名布莱洛克和陶西。

　　该手术自1962年之后，由德国医生沃纳·科里纳（Werner Klinner）进行了改良：他使用人工血管连接锁骨下动脉和肺动脉，从而可保留锁骨下动脉并增加肺动脉发育，减少肺动脉扭曲等许多并发症。

一举成功，天下皆知，欧洲表演，名震海外

　　艾尔弗雷德·布莱洛克和海伦·陶西从此一举成名天下知。而且，约翰霍普金斯医院也成为美国心脏病的中心，来自海内外慕名求医的患儿络绎不绝，还有来自世界各地前来参观学习的心脏病医生，一时间把霍普金斯医院的病房及附近的旅店挤满。同时，布莱洛克教授和陶西医生还先后收到许多外国同道们的邀请。盛情难却，1947年8月27日，布莱洛克教授携同夫人玛丽（Mary）和助手亨利·巴恩森（Henry Bahnson）夫妇等一行先在著名的英国伦敦盖伊医院（Guy's Hospital）逗留4周并做了13例体-肺分流术，然后去法国巴黎逗留2周并在布鲁赛（Broussais）医院做了8例手术（其中1例为动脉导管未闭）。由于布莱洛克教授数周连续进行讲演和手术，十分辛苦，没有休息，故让他的助手亨利·巴恩森上台操刀。1947年10月5日，年轻的巴恩森

医生毫不客气地接受了任务,并十分顺利地结扎了法国外科史上第一个动脉导管手术[4]。

盛名之下,其实难副,幸运大师,经久不衰

布莱洛克教授一生既勤奋,又幸运。勤奋使他发表了200多篇论文,但鲜有人知晓。幸运使他遇见了两位天才合作者:美国儿科心脏病学之母海伦·陶西和动物实验室黑人技术员维恩·托马斯。前者给他提供了英明的决策;后者为他设计及建立动物模型,制造手术器械并完成动物实验;从而使他名震心坛,经久不衰。直到70年后的今天,以他和陶西共同命名的"锁骨下动脉–肺动脉分流术"仍是严重肺窄或单心室患儿的必要治疗手段之一。其实,布莱洛克本人是一个有思想、有决断的外科教授,同时还是一个纪律性和原则性极高的人。但是,就他的手术技巧来讲,天赋并不高。根据一,当时他的助手登顿·库利在接受采访时说道:"他常在手术室里发牢骚,从手术技术上讲,他没有安全感,也不娴熟,更缺乏天赋。[5]"根据二,他当时的另一个助手亨利·巴恩森在接受采访时说:"他常常抱怨,但有时也道歉。从技术上说,他并不是一个卓越的外科医生,但他很有思想。[6]"根据三,他的黑人技术员维恩·托马斯在他的回忆录里讲道:"布莱洛克教授性情急躁、紧张,有时暴躁。他自己也意识到并承认,从技术角度上讲,他不是世界上最伟大的外科医生,而登顿·库利确实是一个有头脑、有技术天资的外科医生。因此,大大缩短了库利的实习期。[7]"

首例锁骨下动脉–肺动脉分流术幸存者的命运

艾琳·撒克逊(1943—1946年),性别女,于1943年8月3日在约翰霍普金斯医院妇产科出生。由于早产,初生时体重只有1 105克并出现轻度紫绀及心脏杂音。数周后因动脉导管闭合,患儿紫绀加重,尤其在饭后。经胸部X光透视结合临床检查,海伦·陶西医生诊断该患儿患有"法洛四联症"且合并严重肺动脉狭窄。艾琳·撒克逊住院4个月,出院时体重增到2 900克。由于小艾琳体重增长缓慢,紫绀严重,布莱洛克和陶西决定为艾琳·撒克逊行锁骨下动脉–肺动脉吻合术。1944年11月29日实施手术,艾琳于1945年1月25日出院。但是,数个月后,小艾琳再次出现紫绀。1946年夏,布莱洛克教授为艾琳实施了右锁骨下动脉–右肺动脉吻合术(第一次是左边)。可是术后不久,出现了并发症。小艾琳在她3周岁生日前去世。

第一只存活的实验狗,名叫安娜(Anna),它活了许多年。由于该手术的成

功,它也变成了"明星"。自1952年起,它的肖像被挂在霍普金斯医院的大厅内,同时它也成了霍普金斯医院的吉祥物。小狗安娜于1957年去世。

个人简史

艾尔弗雷德·布莱洛克于1899年4月5日出生在美国佐治亚州的一个富商家庭。但他从小对经贸不感兴趣,并立志长大后做一个科学家。1918年毕业于佐治亚大学,然后考入约翰霍普金斯医学院,并于1922年获医学博士。由于学习成绩一般,他没能留在该院做住院医生,只好接受了在位于田纳西州的范德比尔特大学医学院做外科住院医生。布莱洛克对科研非常感兴趣,从1925—1941年的16年中,他除了做手术、教课以外,将所有的时间和精力都投入到动物实验上。主要课题为:血清,血氧,出血及输血,创伤休克及其外科处理,肺动脉高压等。由于他巧遇黑人技术员维恩·托马斯,在托马斯的鼎力相助下,使他的所有实验都进展顺利,因此他发表了大量论文(200多篇,其中一半是在1941年前发表)及著作一部[8],从而变得小有名气。1941年6月,布莱洛克应聘出任约翰霍普金斯医学院教授兼外科主任一职(年薪为16 000美元)。同时他说服了托马斯和他一起来到巴尔的摩。进入霍普金斯医院后,他又幸运地遇到海伦·陶西及其他众多天才合作者和助手,如爱德华·帕克(Edwards Park),理查德·平(Richard Bing),罗林斯·翰隆(C. Rollins Hanlon),艾伯特·斯塔尔(Albert Starr),亚历克斯·哈勒(Alex Haller)等。在这些人的帮助下,他的事业一帆风顺,著书立说,名垂史册。尤其是他和陶西共同命名的"锁骨下动脉–肺动脉分流术"被人们认为是打开先天性心脏病外科治疗大门的一把钥匙,更常被称为现代心外科的黎明。艾尔弗雷德·布莱洛克于1964年9月15日去世,终年65岁。他被埋藏在位于马里兰州派克维尔(Pikesville)的德鲁伊岭墓地(Druid Ridge Cemetery)。遗有妻子艾丽斯(Alice Waters,1959年再婚)和两儿一女,第一任妻子玛丽于早年去世(1909—1958年)[8,9,10,11,12]。

正所谓

心外黎明终来到,布莱洛克苦功高。
体肺分流生存道,紫绀婴孩把命保。
陶西托马齐相助,幸运大师名远扬。
今日再有蓝婴症,实习医生可操刀。

法洛四联症

法洛四联症（Tetralogy of Fallot）因法国医生亚瑟·法洛（Arthur Fallot，1850年9月29日—1911年4月30日）于1888年首先描述而得名，又称紫绀四联症，是联合的先天性心脏血管畸形。本病包括室间隔缺损，肺动脉狭窄，主动脉右位（骑跨于缺损的心室间隔上）和右心室肥厚。本病是最常见的紫绀型先天性心脏血管病，发病率占先天性心脏病的8%～10%，排名第六位。男女比例相仿[13]。

沃纳·科里纳（Werner Klinner）
1923年11月28日—2013年2月2日
德国慕尼黑

图3-4 沃纳·科里纳
（照片由翁玉国教授提供）

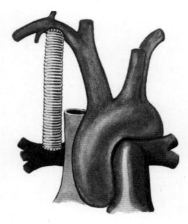

沃纳·科里纳是德国心脏及心肺联合移植先行者之一，也是德国胸心血管外科学会（German Society for Thoracic, Cardiac and Vascular Surgery）的创始人之一。1962年，科里纳对体-肺分流术进行了改良——使用人工血管连接锁骨下动脉和肺动脉[14]，从而可保留锁骨下动脉并增加肺动脉发育，减少肺动脉扭曲等许多并发症（见图3-5）。

图3-5 改良型锁骨下动脉与肺动脉分流术（1962年）

二、海伦·陶西
Ⅱ. Helen Taussig

海伦·陶西（Helen Brooke Taussig）
1898年5月24日—1986年5月20日
约翰霍普金斯医学院
美国儿科心脏病学之母

图3-6　海伦·陶西
（照片由米尔顿·保罗教授提供）

履　历

1921年毕业于加州大学伯克利分校

1927年毕业于约翰霍普金斯医学院

1930年在霍普金斯医学院建立全美第一个小儿心脏科

1930—1946年约翰霍普金斯医学院讲师

1946—1959年约翰霍普金斯医学院儿科副教授

1959—1963年约翰霍普金斯医学院儿科教授

1963—1986年约翰霍普金斯医学院荣誉教授

贡　献

1944年11月29日与布莱洛克创建"布莱洛克–陶西分流术（体–肺分流术）"

1949年与理查德·平发现"陶西–平畸形"

1952年与斯内伦及艾伯斯共同发现"陶西–斯内伦–艾伯斯综合征（Taussig–Snellen–Albers Syndrome）"（部分型肺静脉异常引流合并房间隔缺损）

发 表	学术论文至少115篇,1947年出版著作《心脏的先天性畸形》(*Congenital Malformations of the Heart*)(本书于1960再版)[15,16,17]

荣 誉	1955年获拉斯克奖(与艾尔弗雷德·布莱洛克一起) 1964年约翰逊总统授予陶西"总统自由勋章(President Medal of Freedom)" 1965年当选为美国心脏学会(American Heart Association, AHA)首任女主席 1972年美国医师学会首次授予女医生"大师"称号 1973年被收入国家妇女名人堂(National Women's Hall of Fame) 1973年获国家科学院奖(National Academy of Sciences) 1977年获国家科学奖章(National Medal of Science)等48个大奖及20多个大学的荣誉学位

业 余 爱 好	游泳,网球,养狗,种植花草

最崇敬 的 人	莫德·阿伯特(Maude Abbott)

最不幸	先天性阅读困难,严重耳背,终身未婚,无子女

高知出身,家教严格

1898年5月24日,海伦·陶西出生在马萨诸塞州剑桥市的一个传统的知识分子家庭。父亲弗兰克·陶西(Frank W. Taussig)博士是哈佛大学经济学教授。母亲伊迪丝·吉尔德(Edith T. Guild)是生物学家,其父乔治·吉尔德(George D.

Guild）是1848年哈佛大学法学院毕业的律师。海伦·陶西的爷爷威廉·陶西（William Taussig）在他20岁时从捷克斯洛伐克的布拉格（Prague）移民到美国，就读医学院，然后在圣路易斯（St. Louis）行医。海伦在家中最小，上有大哥和两个姐姐。学习是陶西家庭生活中重要的一部分。每天早晨起床后，第一件事就是学习。一年到头，雷打不动[18]。

坚强女性，经历坎坷

阅读障碍

海伦渴望学习，但读书对她确是一件艰难痛苦的事。她常常将字母"b"看成"d"，将字母"p"当成"q"，将261看成621。因此，当她看书时，常感到肚子痛。父母深知小海伦聪颖过人，但不知为什么，她的拼写和阅读总不及格。原来她患有一种称为"阅读困难"或"阅读障碍"综合征（Dyslexia Syndrome）。因此，海伦要比其他同学付出更多的努力，才能达到同等水平。雪上加霜，不幸的海伦又得了结核病。在长达3年的时间里，她只能用一半时间学习，一半时间养病。经过长期不懈的顽强努力，海伦·陶西的学习成绩逐渐跟了上来，最终达到年级一流水准。中学毕业成绩为主科全A（英语A，代数A，平面几何A），副科全B（法语B，拉丁语B+，德语B）[18]。

少年丧母

1909年海伦的母亲因病去世，当时她只有11岁。因此，无论是生活还是性格，她都过早地独立起来。她后来接受采访时说道："苦难是人生最好的老师，它能让你加深对他人的同情，也能告诉你百折不挠的价值。（Adversity is an excellent teacher to you. It deepened your compassion for others and taught you the value of persevering.）"

性别歧视

1921年海伦·陶西毕业于加州大学伯克利分校，并申请进入哈佛大学医学院读书。面试时，系主任米尔顿·罗西瑙（Milton J. Rosenau）明确告诉她当时哈佛大学医学院的院规（1945年之前）是只允许女生入读医学院学习，但不发给女学生毕业学位证书。海伦只好去波士顿大学学习解剖学。一年后（1924年）转入约翰霍普金斯大学医学院学习，直到1927年，终于获得医学博士学位证书，并于在校期间发表3篇学术论文，然后留任霍普金斯医院从事小儿心脏科工作。陶西医生工作努力，并克服严重耳背等困难，成就辉煌，发明创新，名震医坛，撰写巨著2部，论文百余篇，但是她的晋升机会总比他人来得晚。直到工作32年后的1959年，61岁高龄的陶西医生方晋升为教授[19,20]，只因她是一个女性。

巧遇伯乐,如鱼得水

爱德华·帕克(Edwards A. Park,1877—1969)是世界著名的儿科专家,佝偻病与维生素 B 缺乏症的发现者。1930年,时任儿科大主任的爱德华·帕克教授,看到刚刚医学院毕业 2 年的陶西医生对心脏研究很有兴趣,便支持陶西医生成立了全美第一个小儿心脏科,并分派给她技术员、社会工作者等助手,还添置了一台心电图机。帕克教授反复指示全体儿科医生,将所有患心脏病的儿童一律送到陶西医生那里去[21]。海伦·陶西从此如鱼得水,将自己的毕生精力与才华全部投入到小儿心脏病及先天性心脏病学之中,并终成大器。

出谋献策,名震医坛

在1935年至1939年期间,经过长期临床实践和尸体研究,陶西发现患有"紫绀"心脏病的患儿(即法洛四联症或严重肺动脉狭窄)在刚出生后几天内,紫绀并不明显且症状也很轻。但当动脉导管闭合后,患儿紫绀明显,症状加重,甚至出现非心力衰竭引起的死亡。于是她得出结论——这类"紫绀"型患儿需要在体动脉和肺动脉之间建立一根导管,增加肺脏的血氧,从而能够延长患儿的生命。当她在临床病理讨论会提出这一学术观点时,语惊四座。许多资深医生,包括著名教授威廉·麦卡勒姆(William McCallum)都目瞪口呆[21]。当陶西医生于1939年从美国医学文献上得知,波士顿儿童医院的罗伯特·格罗斯成功结扎了世界上第一例未闭的动脉导管时,便前往波士顿登门拜访格罗斯。陶西将自己的上述想法告诉了格罗斯并说道:"你能结扎未闭的动脉导管,你也应能为紫绀患儿建立一根动脉导管以延长他们的生命。"格罗斯听后表示,他只对结扎导管感兴趣,而对建立导管不感兴趣。陶西只得无获而归。1941年夏,艾尔弗雷德·布莱洛克应聘来到约翰霍普金斯医学院任教授兼外科主任。此时,陶西医生再次献策。机敏的布莱洛克接受了她的良策。在天才技术员维恩·托马斯的鼎力协助下,经过近 2 年的动物实验,终于在1944年11月29日这天,由布莱洛克教授亲自操刀,为一患有法洛四联症的 15 个月女婴艾琳成功建立了锁骨下动脉至肺动脉吻合手术[22]。如前所述,这一手术的成功不仅震撼人心,震撼医坛,而且也标志着心外科黎明的真正到来。从此以后,海伦·陶西与布莱洛克的大名响彻心坛,永垂史册。

屡建奇功,心坛增辉

1948年6月13日,陶西医生在芝加哥举行的第三届全美心脏病会议(Inter-

American Cardiological Congress）上报告了一个相似而非是"艾森曼格综合征"（Eisenmenger Syndrome）的罕见病例。当时引起了到会同道们的高度重视。这是一名5岁半女孩，嘴唇发紫，休息时呼吸困难，伴有收缩期杂音及杵状指趾。心电图显示窦性心律过速，律齐，电轴右偏，右室肥厚。理查德·平医生决定为该患儿做心导管检查。平医生在做心导管检查时发现：右心室血氧饱和度高于右心房，而肺动脉血氧饱和度又高于右心室，主动脉和肺动脉远端周围血管的氧饱和度又明显下降。平医生百思不解，便将这一病例告诉了陶西医生。陶西当时回想起1947年夏天她在挪威访问时遇到的同一类似病历，并立即得出结论。该患儿尸检报告为：主动脉转位且完全发自右心室，肺动脉瓣环大于主动脉瓣环且与其成左右并列，同时肺动脉瓣环骑跨在室间隔缺损之上，且接受来自左室和右室的共同血流。该病例报告发表在1949年美国心脏病学杂志（American Heart Journal）上[23]。位于芝加哥的著名心脏病理学大师莫里斯·列夫（Maurice Lev）看到文章后，立即称它为"陶西-平综合征（Taussig-Bing Syndrome）"[24]。1952年陶西医生又与斯内伦及艾伯斯共同发现"陶西-斯内伦-艾伯斯综合征"，即部分型肺静脉异常引流合并房间隔缺损[25]。

陶西-平畸形（Taussig-Bing Anomaly）的定义

右室双出口合并大动脉转位及半月瓣左/右并列，同时合并双侧动脉下圆锥及肺动脉瓣下型室间隔缺损[26]。

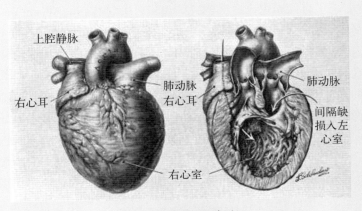

图3-7　陶西-平畸形
［摘自美国心脏病学杂志（Am Heart J, 1949, 37（4）: 551–559）］

陶西与布莱洛克及与理查德·平的职业关系

　　历史永远地将布莱洛克与陶西，及陶西与平的名字紧紧地绑在一起，使他们的名望在心脏届与日同辉，与世长存。但他们之间不和谐的关系却鲜为人知。理查德·平在他的《约翰霍普金斯：布莱洛克-陶西时代》文章里[27]，及在写给伊戈尔·康斯坦丁诺夫（Igor E. Konstantinov）医生的信里[28]都提到，他很难与陶西合作。陶西具有很强的疆域性和忌妒心，她曾讲过"没有心导管检查也可以做出正确诊断"，这是平离开约翰霍普金斯医院的原因之一[28]。登顿·库利在接受采访时也提到陶西与布莱洛克及与理查德·平的关系都很紧张，甚至布莱洛克竟然叫库利处理一切有关陶西工作的事务[29]。笔者在写到此时，特意查阅了一下上述3人发表的所有论文，结果发现：布莱洛克自1941年6月来到约翰霍普金斯，直至他1964年9月去世，期间共约发表论文100篇，只有1篇署名"布莱洛克与陶西"，即那篇1945年发表的著名文章[22]。而陶西一生共发表论文115篇，仅3篇署名"陶西与布莱洛克"[30,31,32]，只有一篇署名"陶西与平"[33]。理查德·平一生共发表论文400篇以上。他从1945—1951年在约翰霍普金斯医院工作，此期间他共发表43篇文章，只有2篇署有布莱洛克的名字[34,35]。以上材料说明他们3人之间合作关系并不融洽。

肖像风波

　　在约翰霍普金斯大学，校方通常聘请画师为一些对该校有巨大贡献的人或成就显赫的教授画肖像，然后挂在大厅、图书馆或走廊里。1963年夏，在海伦·陶西退休前，有着三代肖像画世家之称的画师杰米·韦思（Jamie Wyeth）应邀为陶西画肖像。在阅读了大量有关海伦·陶西的资料、采访了众多陶西的亲朋好友之后，韦思决定亲自登门拜访海伦·陶西。他和陶西无话不谈，常常一起漫步沙滩，有时一起共进晚餐。韦思想以图抓住陶西内在的性格，他在数周之后才开始用笔画线条，打底稿。1964年5月，陶西肖像揭幕仪式正式举行，约有200人前来祝贺。当覆盖在画像上的布被揭下时，人们不禁吃惊地尖叫起来。画像上的陶西，面无表情，头发蓬乱，两眼僵直，怒视前方，圆领衫斜坠到肩膀处，简直像个老巫婆。于是两位医生马上又将肖像遮盖起来。从此，这幅要价1 300美元（人工费1 000美元，材料费300美元）的陶西肖像画再也没有公开展示过。事后当人们问韦思为何将陶西画成此样时，他回答："这就是陶西的内在性格——严肃而有决断，坚强而有毅力。[36]"

正所谓

孤傲聪颖志如山，才女强人运偏难。

立业忘家断绝后，坎坷重重只等闲。

毕生献给先心病，辉煌成就史空前。

众贤不知陶西事，画师笔下吐真言。

非凡的陶西

海伦·陶西人高马大，个头一米七八。一生经历坎坷与众不同，因阅读障碍被师生误解、结核病、少年丧母、遭受性别歧视、严重耳背（31岁时患）等，从而使她的心态和个性与众不同。坚韧不拔的精神、追求完美的性格以及酷爱科学的态度，使她成就一生。同时她心胸狭窄，忌妒心强，固执己见，且有很强的疆域性和侵占性，从而也使她终生孤身独影，从未成婚，也无子女。总而言之，海伦·陶西是一个杰出的女性：美国医学院第一个女性正教授（1959年），美国心脏学会第一个女主席（1965年），美国医师学会授予的第一个女性大师（1972年），美国儿科心脏病学之母，美国医学界第一女士，伟大的人道主义者。陶西是无神论者，她有时称她的母亲是唯一神教派教徒，父亲有犹太血统。1986年5月20日，距陶西88岁生日仅4天，当她驾车驶出市政中心停车场进入街道时，与另外一辆车相撞。大约1小时后不幸死于切斯特县（Chester County）医院，地点宾夕法尼亚州的彭斯伯里镇（Pennsbury）肯尼特（Kennett）广场[37]。

1986年5月22日纽约时报海伦·陶西讣告原文摘要

The New York Times Obituaries: "Dr. Helen Brooke Taussig,...was killed in an automobile accident Tuesday near her home in Kennett Square, Pa. Dr. Taussig was leaving the parking lot of a municipal center in nearby Pennsbury Township when she drove her car into the path of another vehicle. She died about an hour later at Chester County Hospital."[37]

理查德·平（Richard John Bing）

1909年10月12日—2010年11月8日

　　理查德·平教授是美籍德国犹太裔,医生,科学家,作家,音乐家,作曲家。一生共发表科学论文545篇,著作有《心脏病学——科学与艺术的演变》(*Cardiology: The Evolution of the Science and the Art*)及其他4部小说,创立《分子与细胞心脏病学》(*The Journal of Molecular and Cellular Cardiology*,1965年)等3种杂志,作曲200多首,活了整整101岁[38]。

三、维恩·托马斯
Ⅲ. Vivien Thomas

维恩·托马斯(Vivien Theodore Thomas)
名誉博士
1910年8月29日—1985年11月26日
约翰霍普金斯大学医学院外科讲师
约翰霍普金斯大学医院外科实验室技术员

图3-8　维恩·托马斯
[图片摘自维恩·托马斯的自传《心脏搭档》(*Partners of the Heart*,1999年版)一书的封面]

履　历

　　1929年田纳西州纳什维尔的珀尔高中(Pearl High School)毕业

　　1930年2月—1941年6月田纳西州范德比尔特大学医学院外科实验室技术员

　　1941年7月1日—1976年6月30日约翰霍普金斯大学医院外科实验室技术员

　　1976年5月21日约翰霍普金斯大学名誉博士头衔(全美首位非裔授此头衔)

　　1977年1月26日约翰霍普金斯大学医学院外科讲师头衔

| 贡　献 | 1939年改造血管缝合技术，用于修补主动脉缩窄及日后的锁骨下动脉与肺动脉吻合术[39]

1942年创造主动脉血管阻断钳（布莱洛克钳），用于修补主动脉缩窄[39]

1944年成功建立"紫绀"动物模型及体-肺分流术的动物实验

1945年与理查德·平共同实施了约翰霍普金斯医院首例右心导管检查

1946年成功实施心房间隔造孔术的动物实验，为世界首例大动脉转位姑息术奠定了基础 |
|---|---|
| 发　表 | 论文6篇及著作2部：1985年出版的《外科休克及心血管外科的先驱研究》(*Pioneering Research in Surgical Shock and Cardiovascular Surgery*)和《心脏搭档》(*Partners of the Heart*) |
| 荣　誉 | 1971年2月27日霍普金斯大学为他画了肖像并挂在医院的大厅内，比肩布莱洛克肖像

1976年5月21日约翰霍普金斯大学正式向托马斯颁发荣誉博士证书

1977年1月26日约翰霍普金斯大学医学院向托马斯颁发外科讲师头衔证书 |

奴隶后代，无钱读书

维恩·托马斯是美国黑奴的后代，1910年8月29日出生在路易斯安那州的新伊比利亚市（New Iberia）。父亲是木匠，母亲是缝纫工。他是家里5个孩子中的第四个，上有大姐、大哥、二哥，还有1个小妹。父母盼他是女孩，故起了个女孩名维

恩（Vivien）。1929年高中毕业后，由于没有钱，他不能上大学读医学院，为了生存，于1930年2月来到范德比尔特大学医学院外科实验室做技术员。老板是艾尔弗雷德·布莱洛克医生。

外科手套，上帝之作

维恩聪颖勤奋，很快就掌握了外科基础实验及化学配方、计算等方法，并且能够将布莱洛克教授授予的众多理念转为现实且最终为临床应用，其中包括设计手术方案、发明手术器械、建立动物模型。因此，他成为布莱洛克教授不可缺少的鼎力助手，人称"布莱洛克教授的外科手套"。著名的锁骨下动脉与肺动脉吻合术完全是由维恩·托马斯自行设计，独立完成。除此之外，1946年的一天，布莱洛克教授让维恩设计并在动物身上实施心房间隔造孔术，以便为世界上第一例姑息大动脉转位患儿做准备。并让罗林斯·翰隆（C. Rollins Hanlon）医生观看维恩做实验。维恩共为31条狗做了心房间隔造孔术，所有狗都存活，并且是在非停循环下直视完成的。一天中午，布莱洛克教授来到实验室进行检查。他先让维恩解剖1条做完实验的狗，然后仔细检查。房间隔孔为中度大小，边缘完整平滑并由心内膜覆盖，伤口愈合良好，几乎看不见缝合线。布莱洛克教授一声不吭连续解剖了3条实验狗，其结果全都一样。然后他望着维恩·托马斯的双眼，突然打破沉默说："维恩，这真是你做的？看上去简直是上帝之作。(Vivien, are you sure you did this? Well, this looks like something the Lord made.)[40]"在布莱洛克教授和翰隆医生的授意下，托马斯又在70条狗身上成功实施了右肺静脉与右房及右肺静脉与上腔静脉吻合术（仅死1例）[41,42]。不久之后，维恩·托马斯的这一技术便应用于临床。1948年5月24日，布莱洛克教授与翰隆医生共同合作为一位患有大动脉转位的8个月女婴，成功实施了世界首例心房间隔造孔术。患儿2周后症状改善出院。接着在以后的一年多时间里，又为11例大动脉转位的患儿实施了同样手术，并于1950年将大动脉转位的这一姑息方法和结果（3例存活，成功率约25%）发表在外科杂志上，署名为布莱洛克与翰隆，而没有维恩·托马斯的名字[43,44]。

埋没的人，终被承认

根据维恩·托马斯所做的贡献，他有可能是20世纪40年代全世界手术技巧最高、经验最丰富的心外科能人[45]。1989年，库利大师在回答华盛顿杂志记者时说："你不会做手术没关系，只要看一眼维恩做手术，立刻就会。维恩的手术简单准确，没有任何多余或浪费的动作。"但是他的名字同他所有的成就几乎接近99%都没能写在医学文献上。维恩·托马斯与布莱洛克一起合作34年（1930—1964年），而布莱洛克一生共发表论文200余篇,其中只有两篇文章署有托马斯的名字,还是由海姆贝克(Heimbecker)医生和凯(Kay)医生分别在选写各自的文章时将托马斯和布莱洛克的名字一起带上[46,47]。"那是1951年,当海姆贝克将维恩·托马斯和布莱洛克的名字放在他的名字之后并发表在论文上时," 托马斯感慨万分地说,"这是20年来第一次看到自己的名字与布莱洛克教授的名字在一起刊登在论文上。[48]"

金榜题名,肖像生辉

1969年2月的一天,霍普金斯大学医学院外科主任乔治·朱伊德马(George Zuidema)告诉托马斯:"为了表达对你工作的认可,校委会成员一致同意为你画一幅油画肖像,并由职业肖像画家鲍勃·吉(Bob Gee)执笔。"1971年2月27日学校举行仪式并向全校师生及所有到会者列举了维恩·托马斯30年来对霍普金斯大学乃至于对整个心外科界所做的伟大贡献。托马斯平生第一次走到台上,激动地接过自己的画像,心里正在琢磨把它放在哪里。这时校长纳尔逊(Russel Nelson)宣布:"你和布莱洛克教授在一起工作30多年,我们决定将你的肖像挂在医院的大厅里,并且就挂在教授的肖像旁。"(图3-9)

图3-9　维恩·托马斯(右)与布莱洛克的肖像画
(图片由亚历克斯·哈勒医生提供)

1976年初心外科主任乔治·朱伊德马和亚历克斯·哈勒医生来到校长史蒂文·穆勒(Steven Muller)的办公室,建议给维恩·托马斯讲师头衔。穆勒校长问道:"就是那个帮助布莱洛克做紫绀婴儿手术的技术员?我看应该给他教授头衔。[49]"

1976年5月21日约翰霍普金斯大学正式向维恩·托马斯颁发荣誉博士证书,

Vivien Thomas   Dr.Helen B. Taussig   President Steven Muller

并为他举行了授予证书仪式（图3-10）。

1977年1月26日，约翰霍普金斯大学正式向维恩·托马斯颁发霍普金斯大学医学院外科讲师头衔证书。维恩·托马斯于1979年7月1日退休，1985年11月26日因胰腺癌病逝。他的故事被拍成电影并获得2004年度全美最佳历史纪录片奖。

图3-10　托马斯的博士证书授予仪式
左起：维恩·托马斯，海伦·陶西，史蒂文·穆勒校长。1976年5月21日在约翰霍普金斯大学正式向维恩·托马斯颁发荣誉博士证书仪式。
（图片由亚历克斯·哈勒医生提供）

 正所谓

黑人技士托马斯，自学成才胜大师。
文凭面前低人下，手术台旁轮天资。
技术精湛堪无比，上帝之作鬼才施。
荣誉博士肖像挂，电影文学颂史诗。

参考文献

［1］ VIVIEN T Thomas. Partners of the Heart, Vivian Thomas and his work with Alfred Blalock An Autobiography by Vivien T Thomas［M］. Philadelphia: PENN University of Pennsylvania Press, 1985: 80.

［2］ BLALOCK Alfred, TAUSSIG Helen B. The surgical treatment of malformations of the heart in which there is pulmonary stenosis or atresia［J］. JAMA, 1945, 128: 189-202.

［3］ DENTON A Cooley. 100, 000 Hearts A surgeon's Memoir［M］. Austin: The University of Texas, 2012.

［4］ STONEY WS. Pioneers of Cardiac Surgery "Henry T. Bahnson Interview August 3, 1999"［M］. Vanderbilt University Press, 2008: 185-193.

［5］ STONEY WS. Pioneers of Cardiac Surgery "Denton A. Cooley Interview May 4, 1997"［M］. Vanderbilt University Press, 2008: 245.

［6］ STONEY WS. Pioneers of Cardiac Surgery "Henry T. Bahnson Interview August 3, 1999"［M］. Vanderbilt University Press, 2008: 187.

［7］ VIVIEN T Thomas. Partners of the Heart, Vivian Thomas and his work with Alfred Blalock An

Autobiography by Vivien T. Thomas［M］. Philadelphia: PENN University of Pennsylvania Press, 1985: 107.

［8］ JOYCE Baldwin. To Heal the Heart of a Child Helen Taussig, MD［M］. NY: Walker and Company, 1992.

［9］ SCOTT H William. History of Surgery at Vanderbilt University, History of Surgery at Vanderbilt University［J］. Nashville: Vanderbilt University Medical Center, 1996: 52−58.

［10］ BLALOCK A, HANLON CR. The surgical treatment of the complete transposition of the aorta and pulmonary artery［J］. Surg Gynecol Obstet, 1950, 90: 1−15.

［11］ HANLON CR, BLALOCK A. Complete transposition of the aorta and pulmonary artery: Experimental observations on venous shunt as corrective procedure［J］. Annals of Surgery, 1948, 127: 385.

［12］ ALFRED Blalock. National Academy of Sciences, A Biographical Memoir by A McGehee Harvey［M］. The Johns Hopkins Press, 1966.

［13］ 阎鹏.小儿超声心动图学指南［M］.北京：人民卫生出版社,2000.

［14］ KLINNER W, et al. Anastomosis between systemic and pulmonary arteries with the aid of plastic prostheses in cyanotic heart diseases［J］. Thorax chirurgie, 1962, 10: 68−75.

［15］ TAUSSIG HB. Congenital Malformations of the Heart, 2 volumes［M］. New York: Commonwealth Fund, 1947.

［16］ TAUSSIG HB. Congenital Malformations of the Heart, Vols 1 & 2［M］. Cambridge, MA: Harvard University Press, 1960.

［17］ H A Snellen, F H Albers. The clinical diagnosis of anomalous pulmonary venous drainage［J］. Dallas, Texas: Circulation, 1952, 8: 801−818.

［18］ JOYCE Baldwin. To Heal the Heart of a Child-Helen Taussig, M. D［M］. NY: Walker and Company, 1992.

［19］ HARVEY WP. A Conversation with Helen Taussig［J］. New York: Medical Times, 1978, 106: 28−44.

［20］ Oral History Collection 1960−1977［J］. Baltimore, Maryland: Johns Hopkins Medical Institutions, The Alan Mason Chesney Medical Archives.

［21］ TAUSSIG HB. On the Evolution of Our Knowledge of Congenital Malformations of the Heart: The T. Duckett Jones Memorial Lecture［J］. Circulation, 1965, 31: 768−777.

［22］ BLALOCK A, TAUSSIG HB. The surgical treatment of malformations of the heart in which there is pulmonary stenosis or pulmonary atresia［J］. JAMA, 1945, 128: 189−202.

［23］ TAUSSIG HB, BING RJ. Complete transposition of the aorta and a levoposition of the pulmonary artery; clinical, physiological, and pathological findings［J］. Am Heart J, 1949, 37(4): 551−559.

［24］ BING RJ. The Johns Hopkins: The Blalock-Taussig Era［J］. Indian Journal of Thoracic and cardiovascular surgery, 1989, 90(6): 78−78.

［25］ H A Snellen, F H Albers. The clinical diagnosis of anomalous pulmonary venous drainage［J］. Dallas, Texas: Circulation, 1952, 8: 801−816.

［26］ VAN Praagh R. What is the Taussig-Bing malformation?［J］. Circulation, 1968, 38(3): 445−449.

［27］ BING RJ. The Johns Hopkins: the Blalock-Taussig era［J］. Perspect Biol Med, 1988, 32(1): 85–90.

［28］ KONSTANTIN IE. Taussig-Bing Anomaly［J］. Tex Heart Inst, 2009, 36(6): 580–585.

［29］ STONEY WS. Pioneers of Cardiac Surgery Vanderbilt［M］. Nashville: University Press, 2008: 246.

［30］ TAUSSIG HB, BLALOCK A. Observations on the volume of the pulmonary circulation and its importance in the production of cyanosis and polycythemia［J］. Am Heart J, 1947, 33(4): 413–419.

［31］ TAUSSIG HB, BLALOCK A. The tetralogy of Fallot; diagnosis and indications for operation; the surgical treatment of the tetralogy of Fallot［J］. Surgery, 1947, 21(1): 145.

［32］ TAUSSIG H, BLALOCK A, et al. Surgery of congenital heart disease［J］. Lancet, 1947, 2(6473): 434.

［33］ TAUSSIG HB, BING RJ. Complete transposition of the aorta and a levoposition of the pulmonary artery; clinical, physiological, and pathological findings［J］. Am Heart J, 1949, 37(4): 551–559.

［34］ ANDRUS EC, BLALOCK A, BING RJ. The surgical treatment of mitral stenosis and its physiological consequences［J］. Trans Assoc Am Physicians, 1951, 64: 335–342.

［35］ BING RJ, HANDELSMAN JC, CAMPBELL JA, et al. Blalock The Surgical Treatment and the Physiopathology of Coarctation of the Aorta［J］. A. Ann Surg, 1948, 128(4): 803–820.

［36］ PATRICIA Meisol. The Changing Face of a Strong Woman［J］. New York, 2013(8): 18.

［37］ LAWRENCE K Altman. Obituaries: DR. HELE TAUSSIG, 87, DIES［N］. The New York Times, May 22, 1986.

［38］ CHENG TO. Happy 100th birthday to Dr. Richard John Bing［J］. International Journal of Cardiology, 2009(137): 87–101.

［39］ THOMAS VT. Partners of the Heart, An Autobiography［M］. Uni of Penn Press, 1998: 72–74.

［40］ THOMAS VT. Partners of the Heart, An Autobiography［M］. Uni of Penn Press, 1998: 122–123.

［41］ THOMAS VT. Pioneering Research in Surgical Shock and Cardiovascular Surgery［M］. Philadelphia: University of Pennsylvania Press, 1985, Chap 11.

［42］ BLALOCK A, HANLON CR. Interatrial septal defect: its experimental production under direct vision without interruption of the circulation［J］. Surg Gynecol Obstet, 1948, 87: 183.

［43］ HANLON CR, BLALOCK A. Complete transposition of the aorta and the pulmonary artery［J］. Ann Surg, 1948, 127: 385.

［44］ BLALOCK A, HANLON CR. The surgical treatment of the complete transposition of the aorta and pulmonary artery［J］. Surg Gynecol Obstet, 1950, 90: 1–15.

［45］ WELDON CS. The Blalock–Hanlon Operation［J］. Ann Thorac Surg, 1987, 43: 448–449.

［46］ HEIMBECKER R, THOMAS V, BLALOCK A. Experimental reversal of the capillary blood flow［J］. Circulation, 1951, 4(6): 116.

［47］ KAY JH, THOMAS V, BLALOCK A. The experimental production of high interventricular septal defects［J］. Surgery Gynecology & Obstetrics, 1951, 96: 529.

［48］THOMAS VT. Partners of the Heart, An Autobiography［M］. Uni of Penn Press, 1998: 152.

［49］阎鹏与亚历克斯·哈勒医生（J. Alex Haller, Jr.）电邮采访，2012年10月5日.[1]

1　电邮原文如下：

Dear Peng,

　I trust you have my whole e-mail now! Dr. George Zuidema, Chairman of Surgery at Hopkins and I went at my suggestion to seek an appointment as Instructor in Surgery for Vivien in the seventies from Dr. Steven Muller, president of Johns Hopkins University. When he heard our request, he asked, "Isn't that the technician who helped Dr. Blalock with the Blue Baby operation?" We said it is! He said immediately, "He should have a full professorship!" We were stunned but agreed. The Professorship is a Doctor of Laws since there is no such thing as an Honorary Dr of Medicine!

I also attach my CV. Photo on the way by snail mail.

　Best regards,

　Dr. Haller

第四章

先天性心脏病姑息术的发展史

History of Palliative Operations in Congenital Heart Defects

一、概 述
I . Brief Introduction

　　自从1944年11月29日艾尔弗雷德·布莱洛克和海伦·陶西为法洛四联症成功实施了锁骨下动脉-肺动脉吻合术后,许多心外科先行者们都想方设法为患有法洛四联症或其他心内畸形患儿实施各种各样的姑息术,以图延长患儿的生命并为日后实施根治术赢得时间。

　　姑息术种类很多(图4-1),按其目的分如下几种。

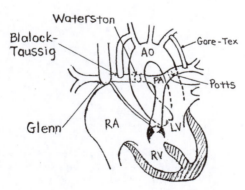

Ao—主动脉
RA—右心房
LV—左心房
PA—肺动脉
RV—右心室
Gore-Tes—人造血管

图4-1　各种分流术

一、增加肺血流量

　　1. 布莱洛克-陶西分流术(Blalock-Taussig Shunt):锁骨下动脉-肺动脉吻合

术（1944年）

2. 波茨分流术（Potts Shunt）：左肺动脉与降主动脉吻合术（1946年）[1]

3. 沃特斯顿分流术（Waterston Shunt）：右肺动脉与升主动脉吻合（1962年）[2]

4. 中心分流术（Central Shunt）：主肺动脉与升主动脉行人工血管吻合术（1976年）[3]

5. 赛勒斯（Sellors）肺动脉瓣闭视切开术（1947年）[4]

6. 布罗克（Brock）右室漏斗部闭视疏通术（1948年）[5]

7. 格伦分流术（Glenn Shunt）：腔-肺分流术（端-侧吻合并结扎右肺动脉近端）（1958年），也称部分右心旁路术

适应证：

法洛四联症，肺动脉闭锁，三尖瓣闭锁合并肺动脉瓣狭窄，大动脉转位合并室间隔缺损及肺动脉瓣狭窄，单心室合并肺动脉瓣狭窄等。

二、减少肺血流量

穆勒（Muller）肺动脉环带术（1951年）

适应证：

较大的心室间隔缺损，或室缺合并降主动脉缩窄，心内膜垫缺损，单心室，艾森曼格综合征，大动脉转位行 Switch 手术前（训练左心室的承受力）等。

三、增加心内混合血

1. 布莱洛克-翰隆心房间隔造孔术（Blalock-Hanlon septectomy）（1948年）

2. 拉什金德心房间隔球囊扩张术（Rashkind balloon septostomy）（1966年）

3. 帕克心房间隔导管叶刀造孔术（Park blade septectomy）（1976年）

适应证：

大动脉转位行 Switch 手术前，左心发育不全综合征，右室双出口合并完整房室间隔等。

四、减少心室负荷量

1. 格伦分流术（Glenn Shunt）：部分右心转流术（1958年）

2. 方坦术（Fontan Operation）：全部右心转流术（右心房与肺动脉吻合及上腔静脉与右肺动脉远端吻合）（1968年）

适应证：

肺动脉闭锁，三尖瓣闭锁合并右室流出道和/或肺动脉瓣狭窄，大动脉转位合

并室间隔缺损及肺动脉瓣狭窄,埃布斯坦(Ebstein's)畸形及各类单心室(包括左或右心发育不全)。

二、杰出贡献者
Ⅱ. Outstanding Contributors

威利斯·波茨(Willis J. Potts)

1895年3月22日—1968年5月5日

美国西北大学医学院教授

芝加哥儿童纪念医院外科主任

左肺动脉与降主动脉吻合术(1946年)

图4-2　威利斯·波茨
(照片由米尔顿·保罗提供)

履历

1895年出生在威斯康星州的希博伊根市(Sheboygan)

1917年密歇根州的霍普学院(Hope College)学士学位

1923年芝加哥拉什医学院(Rush Medical School)医学博士

贡献

1945年发明主动脉侧壁阻断钳Potts主动脉钳,Potts血管钳和Potts解剖剪

1946年发明左肺动脉与降主动脉吻合术(又称波茨分流术)治疗法洛四联症

1954年世界首次命名并成功修补左肺动脉悬带(Left

贡　献	Pulmonary Artery Sling）
发　表	论文144篇及著作2部：1956年出版的《小儿外科学》（*Pediatric Surgery*）和1959年出版的《外科医生与儿童》（*The Surgeon and The Child*）
荣　誉	1962年获威廉·拉德奖

　　1946年9月13日，芝加哥儿童纪念医院（Children's Memorial Hospital）外科主任威利斯·波茨为一名21个月的法洛四联症女孩黛安·施内尔（Diane Schnell）[1]，成功实施了左肺动脉与降主动脉吻合术[1]。后人称为"波茨分流术"（图4-3）；从而使小黛安的生命延长了整整60年。波茨教授从此也名声大振，并在他的职业生涯中共实施了225例左肺动脉与降主动脉吻合术。波茨分流术可以使患者保留锁骨下动脉，此点优于布莱洛克-陶西分流术。缺点是可造成左肺动脉扭曲、狭窄，并且日后做根治术时拆除困难。

　　黛安·施内尔（1944年12月10日—2007年1月21日）幸运的额外60年生命是这样获得的：

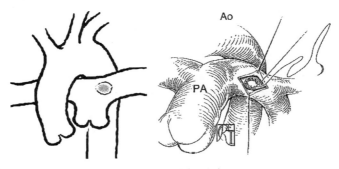

图4-3　波茨分流术

1　实际上黛安所患的不是法洛四联症，而是右室双出口合并室间隔缺损及严重肺动脉狭窄。该诊断由著名心外科大师约翰·柯克林在为黛安实施根治术时所描述（见约翰·柯克林医生写给米尔顿·保罗医生的该手术报告）[9, 10]。

1946年9月13日,波茨分流术给了黛安25年生命。

1971年4月14日,约翰·柯克林(John Kirklin)在阿拉巴马心脏中心为黛安做了法洛四联症根治术:取下波茨分流吻合(左肺动脉已出现严重狭窄),修补室间

隔缺损,建造右室到肺动脉外通道。1975年12月12日,约翰·柯克林又为黛安更换了新的右室到肺动脉外通道(因外通道狭窄)。1993年1月19日,詹姆斯·柯克林(James Kirklin,约翰·柯克林之子)为黛安再次更新右室到肺动脉外通道(因外通道再次狭窄)。2003年12月1日,由约瑟夫·迪罗尼(Joseph Dearani)在梅奥心脏中心(Mayo Clinic)为黛安实施了三尖瓣漏修补,又一次更换了右室到肺动脉外通道,并在通道中加了牛心包生物瓣。2007年1月21日,黛安的心脏由于功能衰竭及心室纤颤于中午12时在威斯康星福瑞德特(Froedtert)医院停止了跳动。终年62岁,并留下丈夫,1儿1女和4个孙辈孩子。

图4-4 波茨教授和第一只成功的实验狗凯撒(Caesar)和第一例成功的患者黛安·施内尔
(照片由米尔顿·保罗教授提供)

威利斯·波茨的第二贡献

1954年首次命名并修补左肺动脉悬带[6,7,8]。

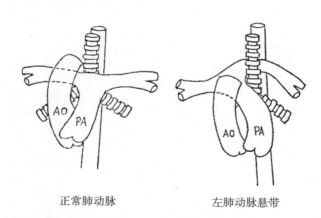

正常肺动脉　　　　　　　　左肺动脉悬带

图4-5 左肺动脉悬带(即左肺动脉发自右肺动脉远端并环绕气管连接左肺,造成气管受压)

戴维·沃特斯顿（David J. Waterston）
1910年8月29日—1985年5月8日
英国伦敦大奥蒙德街儿童医院（Great Ormond Street
Hospital for Children）
右肺动脉与升主动脉吻合术（1946年）

图4-6　戴维·沃特斯顿
（照片由米尔顿·保罗教授提供）

　　戴维·沃特斯顿是英国杰出的儿外科专家，同时也是英国儿童心脏外科的开创者。1962年，戴维·沃特斯顿在英国伦敦的大奥蒙德街儿童医院为一法洛四联症患儿成功实施了右肺动脉与升主动脉吻合术[2]。之后他又为100多例法洛四联症患儿实施了同样的手术。1978年美国儿科学会向戴维·沃特斯顿授予威廉·拉德奖。

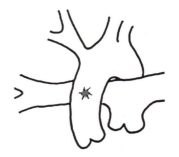

图4-7　沃特斯顿分流术

艾伦·加扎尼加（Alan B. Gazzaniga）
1936年11月12日—
美国加州大学圣约瑟夫（Santa Joseph）医院和圣安娜（Santa Ana）医院
中心分流术（1976年）

图4-8　艾伦·加扎尼加
（照片由加扎尼加本人提供）

图4-9　加氏分流术（中心分流）（1976年）

　　1976年加扎尼加首次发表了应用人工代用血管（polytetrafluoroethylene）为一组10例患有紫绀先天性心脏病患儿实施升主动脉与主肺动脉吻合术[3]。俗称中心分流术（Central Shunt），笔者认为应称为加氏分流术（Gazzaniga Shunt）。为此，加扎尼加医生给笔者发电邮表示衷心感谢，并说以前也有个别人称为加氏分流术（图4-9）。该手术具有效果好、操作简单等优点，故至今仍很流行。

托马斯·赛勒斯（Thomas Holmes Sellors）

1902年4月7日—1987年9月13日
英国伦敦米德尔赛克斯（Middlesexl）医院
肺动脉瓣闭视扩张（closed operation of pulmonic valve dilatation）（1974年）

　　1947年12月4日，托马斯·赛勒斯在英国伦敦米德尔赛克斯医院为一名20岁男性法洛四联症患者首次成功实施肺动脉瓣闭视扩张术[4]。托马斯·赛勒斯一生获得众多学术头衔及无数荣誉。他曾任英国皇家医学会主席，并于1933年出版《胸外科学》一书。

拉塞尔·布罗克（Russell Brock）

1903年10月24日—1980年9月3日
英国伦敦盖伊（Guy's）医院及布朗普顿（Brompton）医院
为法洛四联症患者行右室流出道闭视疏通术（1948年）

图4-10　拉塞尔·布罗克
（照片由亚历山大·马斯特教授提供）

1948年2月16、19和23日，布罗克应用自己设计的扩张器分别为3名（18岁，11岁和23岁）患肺动脉瓣狭窄女患者行闭视扩张术，从而有效地缓解了她们的症状（当时他并不知道赛勒斯行肺动脉瓣闭视扩张术之事）。同年他还发明了穿孔器并为法洛四联症患者疏通右室流出道[5]。布罗克也是1948年世界上最早行二尖瓣闭视扩张术3位先行者之一。这3位分别是费城的查尔斯·贝利（Charles Bailey）1948年6月10日在哈内曼（Hahnemann）医院，哈佛大学的德怀特·哈肯（Dwight Harken）（1948年6月16日），伦敦的拉塞尔·布罗克1948年9月16日在盖伊医院[11,12]。

威廉·格伦（William W. L. Glenn）
1914年8月12日—2003年3月10日
美国耶鲁大学医学院
腔-肺分流术（Glenn Shunt）（1958年）

图4-11　威廉·格伦
（照片由亚历山大·马斯特教授提供）

履历

　　1914年威廉·格伦生于美国北卡罗来纳州的阿什维尔市（Asheville）。父亲是医生，母亲是律师。他是家中4个孩子中最小的1个。1934年毕业于南卡罗来纳大学，1938年在费城的杰弗逊医学院获医学博士，后在麻省总医院做外科住院医生。第二次世界大战期间，格伦随军在法国的诺曼底建立了野战医院并为受伤的战士做手术。1948年到耶鲁大学任心外科主任直到1975年退休。1979—1981年间被选为美国心脏学会（AHA）主席。格伦是第一个外科医生被选为该学会主席（自1924年该学会成立以来）。2003年3月10日在新罕布什尔州的彼得伯勒（Peterborough）去世，终年88岁。

贡 献

1948年格伦与威廉·休厄尔（William Sewell）合作发明了心室辅助泵及人工心脏模型机（Prototype），今天（自1959年）仍保存在美国史密森尼博物馆（Smithsonian Museum）内，供后人参观

1958年2月25日成功临床应用格伦分流术：上腔静脉与右肺动脉吻合治疗单心室患者

1959年应用射频诱导方法对心肌激活组织进行电刺激：射频心脏起搏器

1966年对中枢通气不足患者应用膈肌射频起搏方法以达到辅助呼吸作用

发 表

论文约150余篇，专著《格伦胸部及心血管外科学》再版6次

1958年2月25日，在经过3年半的动物实验之后，格伦为一患有单心室合并大动脉转位及肺动脉狭窄的7岁男孩成功实施了上腔静脉与右肺动脉（端-侧）吻合并结扎右肺动脉近端[13]。该患者35年后仍然做全日工并结婚成家。格伦分流术（图4-12）的最大特点在于它所起到的部分右心转流术，从而减少心室负荷量。其适应证有肺动脉闭锁，三尖瓣闭锁合并肺动脉（右室流出道）瓣狭窄，大动脉转位合并室间隔缺损及肺动脉瓣狭窄，埃布斯坦畸形及各类单心室（包括左或右心发育不全）。上述心脏畸形在格伦分流术问世之前，普遍为心外科禁忌手术。

格伦并非是世界上第一个实施腔-肺分流术者

著名心脏大师登顿·库利在威廉·格伦去世纪念文章上有这样的评论："格伦的最伟大之处在于他对事业的忠诚，对人的诚恳和谦卑，因此赢得了众人的敬仰和爱戴。[14]"正所谓"小器在才华，大器在修养"。但鲜为人知的是，威廉·格伦并非是世界上第一个实施腔-肺分流术者。那该方法的缔造者又是谁呢？

谁最先实施的腔-肺分流术？

腔-肺分流术，也称格伦分流术，是先天性心脏病矫正术上的重大创举，同时

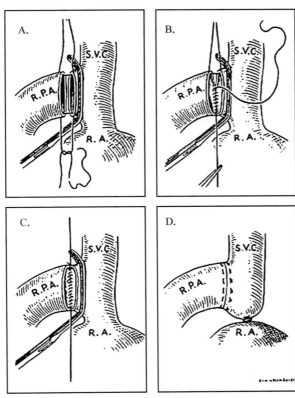

R.P.A.—右肺动脉
S.V.C.—上腔静脉
R.A.—右心房

图4-12 格伦分流术,腔-肺分流术(端-侧吻合),结扎右肺动脉近端(1958年)
(摘自 Glenn W. W.L. Circulatory Bypass Of The Right Side Of The Heart IV. Shunt between Superior Vena Cava and Distal Right Pulmonary Artery—Report of Clinical Application. New England Journal of Medicine, 1958, 259: 117–120)

也是心外科史上又一座里程碑。它几乎可以减轻所有类型的单心室及右心发育不全等患者的症状。最早由芝加哥迈克尔·里斯(Michael Reese)医院的罗德巴德(Rodbard)和瓦格纳(Wagner)两位医生提出,并于1949年成功地在狗身上将右心房耳与右肺动脉吻合并结扎主肺动脉,当时叫"右心旁路术"[15]。1950年3月27日,意大利医生卡洛·卡隆(Carlo Carlon)在威尼斯召开的国际外科学会意大利分会第二届临床会议上,报道了他在8条狗身上行腔-肺分流术的经验。当时他所实施的是奇静脉(azygos)与上腔静脉(端-端吻合)[16]。而卡隆的腔-肺分流术在临床上应用的报告则在14年后的1964年才发表[17]。1954年11月15日,美国医生哈里斯·舒马赫(Harris B. Shumacher)报道了2例临床应用腔-肺分流术的经验。不幸的是2个患儿分别在8小时和15小时后停止了心跳,其原因为肺血管阻力的升高[17B]。

叶夫根尼·梅沙尔金(Evgenii Nikolaevich Meshalkin)

1916年2月25日—1997年3月8日

俄罗斯科学院院士

梅沙尔金循环病理研究所所长及创始者

世界首位临床成功实施腔-肺分流术(1956年)

图4-13 叶夫根尼·梅沙尔金

[照片由俄国医生威拉·科罗诺瓦(Vera Khlonova)提供]

　　1956年4月3日,俄罗斯医学科学院叶夫根尼·梅沙尔金在莫斯科胸外科研究所首次成功地为一法洛四联症患者实施腔-肺分流术,并于1956年底在世界外科杂志上报道了1组24例儿童实施腔-肺分流术,其中23例为法洛四联症患者,1例为肺动脉闭锁患者[18]。

　　20世纪60年代起人们开始应用深低温(28 ~ 29℃)停循环方法,广泛实行心内手术,包括:室间隔缺损,心内膜垫缺损及法洛四联症等。

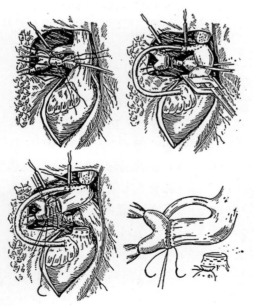

图4-14 梅氏分流术(Meshalkin Shunt),腔-肺分流术(端-端吻合)(1956年4月3日)

这是全世界最早的一篇有关成功临床应用腔-肺分流术的报道。笔者认为,格伦分流术应该称为梅氏分流术。

(摘自Meshalkin E.N. Anastomosis of the superior vena cava with the pulmonary artery in patients with congenital heart disease with blood flow insufficiency in the lesser circulation. Eksp Khir, 1956, 6: 3-12)

腔—肺双向分流术

腔—肺双向分流术，也叫格伦双向分流术（Bidirectional Glenn Shunt）（图4–15），目前是对右心发育不全及单心室患者最标准的常规姑息手术方法。而它的缔造者是意大利的阿基利·马里奥·多廖蒂和他的同仁们于1961年首次成功临床应用[19]。而后，1964年，美国约翰霍普金斯医学院的亚历克斯·哈勒（Alex Haller）首次报道他在临床上成功实施了腔—肺双向分流术[20]。

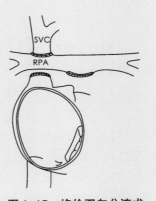

图4–15　格伦双向分流术

阿基利·马里奥·多廖蒂（Achille Mario Dogliotti）
1897年9月25日—1966年6月2日
意大利都灵（Turin）大学
腔–肺双向分流术（1961年）

图4–16　阿基利·马里奥·多廖蒂
（照片由亚历山大·马斯特教授提供）

多廖蒂是意大利心外科的伟大先行者，1961年世界首次临床成功实施腔–肺双向分流术。他是国际心血管外科学会首位意大利籍主席，外科医师国际学院首届主席，及两任意大利外科学会主席。

亚历克斯·哈勒（J. Alex Haller, Jr）
1927年5月20日—2018年6月13日

51

美国约翰霍普金斯医学院教授

美国首例腔—肺双向分流术（1964年）

　　1964年，亚历克斯·哈勒首次在美国约翰霍普金斯医学院应用并报道了腔—肺双向分流术[20]。

　　所以综上所述，威廉·格伦既不是腔—肺分流术的概念提出者，也不是第一个腔—肺分流术动物实验者，更不是首位腔—肺分流术临床应用者。那为何人们称腔—肺分流术为格伦分流术？那是因为格伦和他的耶鲁大学团队，几十年如一日地不断研究、探索，并发表了大量有关腔—肺分流术的文章，加之他对人的诚恳和谦卑，最终赢得了世人的承认，并称腔—肺分流术为格伦分流术[14,21,22]。

肺动脉环带术及其适应证

　　1. 减少肺血流量：较大的心室间隔缺损，或室缺合并降主动脉缩窄，单心室等。

　　2. 大动脉转位行Switch手术前，以训练左心室的承受力。

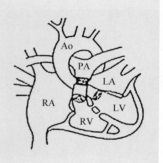

图4-17　肺动脉环带术

图4-18　威廉·穆勒

（照片由亚历山大·马斯特教授提供）

威廉·穆勒（William H. Muller, Jr.）

1919年8月19日—2012年4月19日

美国加州大学洛杉矶分校医院教授

世界首例成功实施全肺静脉异常回流术（1950年）

世界首例肺动脉环带术（1951年）

1951年7月11日，威廉·穆勒在美国加州大学洛杉矶分校医院（UCLA）的圣约翰医院（St. John's Hospital）为一患有单心室及肺动脉高压的4个月男孩（因心力衰竭及生长迟缓）实施主肺动脉部分侧切，然后缝合，再用脐带环扎主肺动脉，然后再用涤纶布缝合。术后，患儿症状明显好转，其体重在术后6个月内稳步增长[23]。该手术的成功被公认为世界首例肺动脉环带术。威廉·穆勒还于1950年5月16日，成功为一名4岁女孩行世界首例全肺静脉异常回流术[24]。

1950年3月29日，查尔斯·贝利在美国费城的哈内曼大学医院为一名17岁法络四联症女患者做了肺动脉瓣切开术。该患者的紫绀症状立即消失，但随后便出现大量左向右分流。随后的数周内，患者出现慢性心力衰竭、肝大、胸水和腹水及周围水肿。1950年6月21日，查尔斯·贝利用阻断钳将该患者肺动脉腔径的2/3阻断，从而减少了左向右分流。然后将另外1/3部分缝合，使其永久得到阻断。患者的上述症状得到了明显改善。该手术虽未行肺动脉环带，但其道理和作用与环带术相同。因报道很晚，故不算纪录[25]。

根据加拿大多伦多儿童医院的乔治·特拉斯勒（George A. Trusler）所发表的文章，肺动脉环带应将主肺动脉缩紧在30%～50%，或者将肺动脉压控制在体动脉压的30%～50%[26,27]。

心房间隔造孔术（增加心内混合血—姑息完全型大动脉转位）

1. 布莱洛克-翰隆心房间隔造孔术（Blalock-Hanlon Septectomy）（1948年）
2. 拉什金德心房间隔球囊扩张术（Rashkind Balloon Septostomy）（1966年）
3. 帕克心房间隔导管叶刀造孔术（Park Blade Septectomy）（1976年12月24日）

罗林斯·翰隆（C. Rollins Hanlon）
1915年2月8日—2011年5月3日
约翰霍普金斯医学院

布莱洛克-翰隆与心房间隔造孔术

如第三章所述,1946年的一天,布莱洛克教授让维恩·托马斯设计并在动物身上实施心房间隔造孔术,以便为世界上第一例姑息右位型大动脉转位患儿做准备,并让翰隆医生观看维恩做实验。维恩·托马斯共为31条狗做了心房间隔造孔术,所有狗全都存活,并且是在非停循环下直视完成的。该组动物实验结果,大大震撼了布莱洛克教授。他称维恩·托马斯的手术为"看上去简直是上帝之作"[28]。

阶级差,民族异,托马斯无缘布莱洛克

1948年5月24日,布莱洛克教授与翰隆医生共同合作,为一位患有大动脉转位的8个月女婴成功实施了世界首例心房间隔造孔术。患儿两周后症状改善出院[29]。接着在以后的一年多时间里,又为11例大动脉转位的患儿实施了同样手术,并于1950年将大动脉转位的这一姑息方法和结果(3例存活,成功率约25%)发表在外科杂志上,署名布莱洛克与翰隆[29]。由于世界首例心房间隔造孔术,从设计手术方案、发明手术器械,到建立动物模型及动物实验的成功实施,均由维恩·托马斯一人独自完成。而布莱洛克教授在他的实验记录上也写下了"该手术是由维恩·托马斯设计并完成……",但在布莱洛克与翰隆共同发表的数篇有关心房间隔造孔术的文章上,均未提及维恩·托马斯的名字[29,30,31]。罗林斯·翰隆为了表达对维恩·托马斯的歉意,终于在1950年他发表的《胸外科实验的麻醉设备》论文上添加了维恩·托马斯的名字[32]。这是维恩·托马斯有生以来,第一次看见他自己的名字发表在医学期刊上。

威廉·拉什金德(William J. Rashkind)
1922年2月12日—1986年7月6日
美国费城儿童医院心内科主任
心房间隔经导管球囊扩张术(1966年)

图4-19 威廉·拉什金德
(照片由亚历山大·马斯特教授提供)

威廉·拉什金德是美国费城儿童医院（Children's Hospital of Philadelphia）的小儿心内科医生。1966年他在著名的美国医学期刊《美国医学会杂志》（JAMA）上发表了一篇只有不足2页纸的论文，标题是"非开胸式心房间隔造孔术"[33]。从此他的名字响彻四海，且至今经久不衰。该文章介绍了1966年期间，拉什金德成功地为3例患有完全型大动脉转位婴儿（年龄分别为15小时、5周和6周）实施了经股静脉行心导管球囊心房间隔造孔术。4个月后，所有患儿临床表现良好。

拉什金德的这一伟大贡献得到了世人的承认和赞赏，时任美国心脏学会主席的海伦·陶西写信祝贺道："这真是惊天动地之举，我们今天可以不经开胸而用这一简单方法姑息先天性心脏病，我期待着它的伟大前景。[34]"果然这一方法得到了广泛开展并应用于下列紫绀型心脏病：完全型大动脉转位，完全型肺静脉异常引流，三尖瓣闭锁，肺动脉闭锁，左心发育不全综合征，肺动脉高压并艾森曼格综合征（Eisenmneger）等。

威廉·拉什金德做学问严谨，做人低调，他不仅是应用球囊导管行房间隔造口术治疗大动脉转位的创始人，同时还是应用双面伞法封堵动脉导管未闭和先天性及获得性间隔缺损的先行者之一[35,36]。此外，他著有《先天性心脏病——里程碑论文集》（Congenital Heart Disease-Benchmark Papers）一书（1982年），论文近百篇。

1986年7月6日，恶性黑色素肿瘤（Melanoma）夺去了他的伟大生命，终年64岁。为了纪念威廉·拉什金德一生对心脏病学所做的贡献，美国心脏学会和美国卒中学会（American Stroke Association）自1987年起每年为他联合举办"纪念威廉·拉什金德讲座"学术活动（Rashkind Memorial Lecture）。

朴尚钟（Sang C. Park）
1939年2月14日—
美国匹兹堡儿童医院
发明心房间隔导管叶刀造孔术（1976年）

图4-20　朴尚钟
（照片由朴尚钟本人提供）

美籍韩裔心脏科教授朴尚钟是匹兹堡儿童医院（Children's Hospital of Pittsburgh）心内科主治医生。1978年他在著名的《循环》（Circulation）期刊上发表一篇《心房间隔小刀造孔术的临床应用》（Clinical use of blade atrial septectomy）的文章[37]。该文报告了在1976年4月29日至1977年9月期间，他将柳叶形小刀放置在心导管末端，并利用这一工具先后为7例患儿成功实施了心房间隔造孔术。其中包括2例完全型大动脉转位，5例二尖瓣闭锁，年龄为1个月至9岁半。由于球囊导管房间隔造口术，其造口范围有限，特别当遇到房间隔较厚时，困难就会加大。而帕克导管叶刀房间隔造孔术，则易解决上述问题，因此得到了同行们的认可，并称为"帕克术（Park Procedure）"。

朴尚钟教授于1939年2月14日出生在韩国首尔。1963年毕业于首尔的天主教医学院（Catholic Medical College），1964年到美国新泽西州帕拉默斯（Paramus）的卑尔根派恩县医院（Bergen Pines County Hospital）做住院医生。1968—1971年在纽约的西奈山医院（Mt. Sinai Hospital）做小儿心脏专科训练。1971—1972年在约翰霍普金斯医院做心脏专科训练。1972年7月起，他受聘于匹兹堡儿童医院并任心内科主治医生。1977年晋升为副教授，1982年晋升为教授且共发表论文184篇[38]。朴尚钟教授既是韩国人的骄傲，也是所有美籍亚裔人的骄傲。

弗朗西斯·方坦（Francois Maurice Fontan）
1929年—2018年1月15日
法国波尔多大学（University of Bordeaux）
创造方坦手术（Fontan Operation）即全部右心转流术
（1968年）

图4-21　弗朗西斯·方坦
（照片由阎鹏摄并保留权利）

众所周知，在医学界凡是那些常见的医学代名词或手术名称，往往是已故的大名鼎鼎的泰斗或创始人的名字。例如法洛四联症的"法洛"（Fallot），埃布斯坦畸形的"埃布斯坦"（Ebstein）等。但他们都是100多年前的先辈，而当代的心血管外科领域里，谁的名字每天都有人重复提起？此人非方坦莫属，弗朗西斯·方坦，也就是人们常说的"方坦手术"（Fontan Operation）——腔－肺分流术＋右心房与肺动脉吻合术。其适应证有三尖瓣闭锁合并肺动脉（右室流出道）狭窄，大动脉转位合并室间隔缺损及肺动脉瓣狭窄，及各类单心室（包括左室双入口，右室双入口及左或右心发育不全）等。

听方坦大师讲述自己的故事

笔者有幸于2007年2月23日，在芝加哥儿童纪念医院参加了弗朗西斯·方坦教授的讲演会。方坦医生在认真研究了梅沙尔金、格伦及多廖蒂等前述各种腔－肺分流术之后，认为以上分流术只是部分完成了右心转流，即部分减低了心室的负荷量。他自问道："既然可以将上腔静脉的血分流到右肺动脉，为何不能将下腔静脉的血分流到左肺动脉呢？如果将上、下腔静脉的血同时分流到左、右肺动脉，就能全部完成右心转流，从而可大大减低心室的负荷量。"

图4-22　方坦大师与笔者亲切交谈（2007年2月23日）
（照片由阎鹏提供并拥有）

1971年方坦医生在胸科杂志《胸》（*Thorax*）上，发表了一篇《外科矫正三尖瓣闭锁》（*Surgical repair of tricuspid atresia*）[39]的文章。该文详细介绍了他用新方法为3例三尖瓣闭锁患者矫正的经验。病例1，1968年4月25日，12岁女性，患有三尖瓣闭锁（ⅠB型）；病例2，1970年1月20日，36岁女性，患有三尖瓣闭锁（ⅡB型）；病例3，1970年3月，23岁女性，患有三尖瓣闭锁及右位心和室间隔缺损。病例1，方坦医生先将右肺动脉的远端与上腔静脉的右后侧行端－侧吻合术，然后再将右肺动脉的近端与右心房吻合，最后结扎主肺动脉并缝合房间隔缺损。病例2和病例3，方坦医生在应用上述方法的同时在右肺动脉与右心房之间增加了一带主动脉瓣的同种移植管道（aortic valve homograft），再将另外一带肺动脉瓣的同种移植管道（pulmonic valve homograft）放在下腔静脉口处（图4-23）。病例1和病例2均长期存活。病例3术后出现二尖瓣赘生物且造成关闭不全，然后引起心力衰竭导致死亡。

成就与荣誉

方坦的这一创举，被认为是心外科史上的又一座里程碑。40多年来，方坦手

方坦独创修补三尖瓣闭锁 I B型　　　　　　原创方坦术矫正 II B型三尖瓣闭锁

图4-23　方坦术

（摘自 Thorax 1971, 26: 240-248）

术延长了十余万单心室患者的生命。当笔者问方坦大师，什么是他一生最感到骄傲的事，他回答说："1968年创建'欧洲胸心外科学会'（European Association of Cardiothoracic Surgery）并任首届主席，而且该学会至今仍在扩大。其次便是，1965年建立了'同种移植血管、瓣膜采集/储存库'。"从1965—1986年的20年间，方坦和他的团队共采集了1 100个瓣膜，其中500个已移植到所需患者身上。然而他并没有提到以他的名字命名的"方坦术"。方坦医生还是法国第一个实施心脏移植的术者。他对其他各种复杂先天性心脏病手术的技能亦是精通，如房室通道缺损、大动脉转位等手术。他一生共发表论文156篇。鉴于方坦医生对心外科的特殊贡献，美国心脏病学院（American College of Cardiology）授予方坦教授荣誉院士头衔（Honorary Fellowship）。他还被授予：美国胸外科医师学会荣誉会员（Honorary membership of the American Association for Thoracic Surgeons），英国胸外科医师学会荣誉会员（Honorary membership of the Society of Thoracic Surgeons of Great Britain and Ireland），及世界几十个大学和心脏中心授予的名誉或客座教授等荣誉，并于1999年被选入"小儿心脏病学名人堂（The Pediatric Cardiology Hall of Fame）"。

其父及其子

　　方坦大师将他的成就归功于他的父亲，维克托·方坦（Victor Fontan，1892年6月8日—1982年1月2日）。维克托·方坦是法国著名职业自行车选手，在20世纪20—30年代期间，曾身穿黄色领骑衫多次获得世界大赛好成绩，并被称为"山地车王（King of the Mountains）"。1929年在环法自行车大赛（Tour de France）上，当他遥遥领先对手15分钟时，不幸赛车出了故障，无奈只好放弃比赛。但他没有放弃他的永不服输的精神。也就是在这同一年,小方坦(弗朗西斯·方坦)出生并继承了他父亲的拼搏精神。弗朗西斯·方坦选择了为人治病的医学职业,并在世界心血管外科的竞争舞台上,获得了至高无上的荣誉[40]。

教授变老板

当方坦大师在其心外科事业上达到巅峰之后,他毅然决然地放弃了他热衷了几十年的心外科专业。方坦与他的妻子玛丽斯(Maryse)、儿子爱德华(Edouard)和朋友一起投身于另一个竞争激烈的行业——葡萄酒制造业。他的80公顷葡萄庄园位于地中海边,且充分享受着大自然赋予的阳光和水分,加之方坦大师的才智和心血,今天他著名的艾米特庄园(CHATEAU L'Ermitage)葡萄酒已获得世界上20多个国家的认可。1992年该产品曾获得法国著名饭店评比指南《高勒米罗美食指南》(Gault & Millau)的一等奖,并于1995年获得国际葡萄酒本品评比协会授予的 Vinalies International 优质品奖[40]。

在讲演、交流结束之后,笔者有幸与方坦大师进行了上述访谈并共进晚宴。通过交流与采访,我从中领悟到大师的崇高境界。方坦教授平易近人,毫无一点大师的架子。正如他在讲演时所详细叙述的,方坦手术来源于前辈们的经验和启迪及数十年来同道们对该手术的改良和演变。今天的方坦手术已和最初的原始方坦术大不相同。从1970—1990年的20年中,先后有众多心脏大师(包括方坦本人)对它进行了各种改良(图4-24)。

图4-24　方坦手术的演变
[图片由卡尔·巴克尔(Carl L. Backer)提供]

另外，方坦手术前的心脏评估标准也有了规范。1977年阿兰·乔赛特（Alain Choussat）医生与方坦医生共同制定并发表了"方坦术前10条心脏评估标准"[41]，又称"乔赛特标准（Choussat Criteria）"，以降低方坦手术的风险性。当然这也是40年前的标准，今天也已做了改良。

乔赛特标准（1977年）

1. 年龄4岁以上
2. 窦性心律
3. 正常体静脉回流
4. 正常右心房容量
5. 平均肺动脉压低于15 mmHg
6. 肺小动脉阻力低于4 Wood单位/m²
7. 肺动脉与主动脉比大于0.75
8. 左心室射血分数大于60%
9. 正常二尖瓣功能
10. 未出现肺动脉扭曲

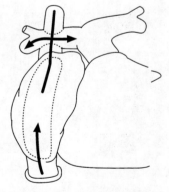

图4-25　1985年TCPC方坦术

全腔-肺动脉吻合型方坦术（1987年）

1987年3月马克·勒瓦尔（Marc de. Leval）和弗朗西斯科·普加（Francisco J. Puga）几乎同时分别在英国伦敦和美国的梅奥心脏中心对方坦手术进行了相同的改良，即全腔-肺吻合法（Total Cavo-Pulmonary Connection, TCPC），并应用心房内补片将体循环和肺循环完全隔开[42,43]。其优点：① 手术技术简单；② 减少右房压力，从而降低心律失常的发生；③ 减少心房血栓的形成。

卡洛·马尔切莱蒂与心外方坦术（1988年）

1988年11月，意大利医生卡洛·马尔切莱蒂（Carlo Marcelletti）首次应用心脏外通道将下腔静脉与肺动脉和上腔静脉吻合，称为"心外方坦术（Extracardiac Fontan）"，并用此方法成功矫正了4例患者（包括左心发育不全，房室通道间隔缺损，体/肺静脉同时回流异常和并列心耳综合征）[44]。

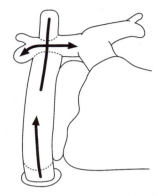

图4-26　1988年心外方坦术

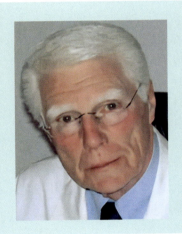

奥尔多·卡斯塔涅达（Aldo R. Castaneda）
医学博士，哲学博士
1930年7月17日—
美国哈佛大学医学院教授
波士顿儿童医院心外科主任
危地马拉儿童心血管病研治中心创始人兼主任
孔型方坦术（1990年）

图4-27　奥尔多·卡斯塔涅达
［照片由奥尔多·卡斯塔涅达本人提供］

　　由于一些患者在行方坦手术后，出现心功能减低、肺血管阻力增加及胸腔积液等，从而造成术后早期死亡。1990年波士顿儿童医院的奥尔多·卡斯塔涅达和南希·布里奇斯（Nancy Bridges）等在著名的《循环》杂志上，发表了一组20例孔型方坦手术（Fenestrated Fontan）（图4-28）。即在右心房内的人工通道上开一个小孔，使其出现右向左分流，从而阻止了中心静脉压的上升且增加了心输出量，减少了胸腔积液，同时大大改善了患者的症状并延长了患者的寿命。过一段时间后，再应用心导管技术将小孔关闭[45]。卡斯塔涅达的这一创举，赢得了众人的承认及采纳。

借他山石，寻异国梦

　　奥尔多·卡斯塔涅达出生在意大利的纳维（Nerve），父母来自危地马拉

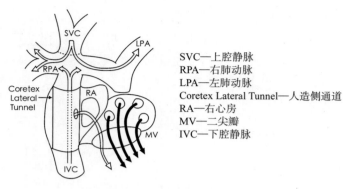

SVC—上腔静脉
RPA—右肺动脉
LPA—左肺动脉
Coretex Lateral Tunnel—人造侧通道
RA—右心房
MV—二尖瓣
IVC—下腔静脉

图4-28　1990年孔型方坦

（Guatemala）。他的童年和青少年是在德国度过的。他父亲和叔叔都是成功的医生，且对他学医影响极大。但是当时的德国正被纳粹政权所控制，因此他考入了危地马拉大学医学院（Medical School at University of Guatemala），并于1957年获得医学博士。卡斯特涅达精通5门外语。当美国儿科血液病学之父路易斯·戴蒙德（Louis K. Diamond，1902年5月11日—1999年6月14日）访问危地马拉大学医学院时，卡斯塔涅达为戴蒙德教授担任翻译，他的聪明才智一下被戴蒙德察觉。经戴蒙德介绍，卡斯特涅达认识了波士顿儿童医院的著名心脏大师罗伯特·格罗斯和明尼苏达州的著名心脏大师沃尔顿·利乐海（Walton Lillehei）。卡斯塔涅达最终决定去利乐海处做住院医生（1958—1963年），然后修哲学博士（PhD，1964年）。在此期间，他率先在全美开展婴幼儿深低温停循环手术。1972年10月，波士顿儿童医院的心外科主任罗伯特·格罗斯退休时，邀请卡斯塔涅达为波士顿儿童医院心外科主任。此后，他便涉足于各种复杂先心畸形在婴幼儿及新生儿阶段的外科手术，并且取得了惊人的收效。包括出生2周的新生儿，合并大动脉转位、永恒动脉干等复杂先心畸形的手术，其死亡率均在1%[46]。这是当时世界上所有心外科医生都望尘莫及的数字。因此1975年哈佛大学医学院授予卡斯塔涅达"威廉·拉德讲席教授（William Ladd Professor of Surgery）"。1993年美国胸外科医师学会推举他为第74届学会主席（1993—1994年）。2006年他被选入世界心脏名人堂。卡斯塔涅达共发表学术论文410篇，学术著作2部。

英雄暮年，壮心不已

　　卡斯塔涅达于1994年从哈佛大学医学院退休，然后应邀去瑞士帮助开展小儿心外科。1997年回到他父亲的老家危地马拉，那是一个贫穷落后且缺医少药的国家。在那里他白手起家，经过10年的艰苦奋斗，终于建立了世界一流的儿童心血管病研治中心和卡斯塔涅达基金会，为危地马拉及整个拉美地区的儿童心脏病患者服务。为了表彰卡斯塔涅达对第三世界儿童的贡献，2004年世界心脏基金会授予他人道主义奖。

本章如上所述，均为先天性心脏病的姑息术种类及其发展历史，其目的是延长患者生命并为日后实施根治术赢得时间。下一章将简述先天性心脏病根治术的种类及其发展过程。

参考文献

[1] POTTS WJ, SMITH S, GIBSON S. Anastomosis of the aorta to a pulmonary artery[J]. JAMA, 1946, 132: 627.

[2] WATERSTON DJ. Treatment of Fallot's tetralogy in children under 1 year of age[J]. Rozhl Chir, 1962, 41: 181−183.

[3] GAZZANIGA AB, ELLIOTT MP. Microporous expanded polytetrafluoroethylene arterial prosthesis for construction of aortopulmonary shunts: experimental and clinical results[J]. Ann Thorac Surg, 1976, 21(4): 322−327.

[4] SELLORS TH. Surgery of pulmonary stenosis. A case in which the pulmonary valve was successfully divided[J]. Lancet, 1948, 1: 988−989.

[5] BROCK RC. Pulmonary Valvulotomy for the Relief of Congenital Pulmonary Stenosis: Report of Three Cases[J]. Br Med. J, 1948, 1: 1121−1126.

[6] POTTS WJ, et al. Anomalous left pulmonary artery causing obstruction to right main bronchus: report of a case[J]. JAMA, 1954, 155: 1409.

[7] BACKER CL, MAVROUDIS C. Vascular Rings and Pulmonary Artery Sling, Pediatric Cardiac Surgery 4th Edition[M]. Wiley, 2013: 234−255.

[8] BACKER CL, et al. Pulmonary artery sling. Result of surgical repair in infancy[J]. J Thorac Cardiovasc Surg, 1992.

[9] WAISBREN BA. The Other Princess Diane[M]. Trafford Publishing, 2010: 72.

[10] BAFFES TG. Willis J Potts: his contributions to cardiovascular surgery[J]. Ann Thorac Surg, 1987, 44(1): 92−96.

[11] BAILEY CP. The surgical treatment of mitral stenosis (mitral commissurotomy)[J]. Dis Chest, 1949, 15: 377−397.

[12] HARKEN DE, ELLIS LB, WARE PF, et al. The surgical treatment of mitral stenosis. I. Valvuloplasty[J]. N Engl J Med, 1948, 239: 801−809.

[13] GLENN W WL. Circulatory Bypass Of The Right Side Of The Heart IV. Shunt between Superior Vena Cava and Distal Right Pulmonary Artery—Report of Clinical Application[J]. New England Journal of Medicine, 1958, 259: 117−120.

[14] COOLEY DA. In Memoriam: William WL Glenn[J]. Tex Heart Inst J, 2003, 30(2): 98−99.

[15] RODBARD S, WAGNER D. By-passing the right ventricle[J]. Proc Soc Exp Biol Med,

1949, 71: 69.

[16] CARLON CA, MONDINI PG, DE MARCHI R. Surgical treatment of some cardiovascular diseases[J]. Int Coll surg, 1951, 16: 1−11.

[17] CARLON CA, TASCA G, GUILIANI G. Malattie Cardiovasculari congenite[J]. Padua, Italy: Piccin Editore, 1964.

[17B] SHUMACKER HB. Discussion of Warden HE, DeWall RA, Varco RL, Use of the right auricle as a pump for the pulmonary circuit[J]. Surg Forum, 1954, 5: 16−22.

[18] MESHALKIN EN. Anastomosis of the superior vena cava with the pulmonary artery in patients with congenital heart disease with blood flow insufficiency in the lesser circulation [J]. Eksp Khir, 1956, 6: 3−12.

[19] DOGLIOTTI AM, ACTIS-DATO A, VENERE G, et al. L'intervento di anastomosi vena cava-arteria polmonare nella tetrad di Fallot e in alter cardiopatie. Surgical creation of the vena cava-pulmonary artery anastomosis in Fallot tretralogy and other cardiac pathology[J]. Minerva Cardioangiol, 1961, 9: 577−593.

[20] HALLER JA, ADKINS JC, RAUENHORST J. Total bypass of the superior vena cava into both lungs[J]. Surg Forum, 1964, 15: 264−265.

[21] KONSTANTINOV IE, et al. Cavo-pulmonary shunt: from the first experiments to clinical practice[J]. Ann Thorac Surg, 1999, 68: 1100−1106.

[22] KONSTANTINOV IE, et al. Early Italian contributions to cavopulmonary shunt procedures [J]. Ann Thorac Surg, 2000, 69: 311−312.

[23] MULLER WH, DAMMANN JF. Treatment of certain congenital malformations of the heart by the creation of pulmonic stenosis to reduce pulmonary hypertension and excessive pulmonary blood flow: A preliminary report[J]. Surgery Gynecol Obstet, 1952, 95: 213.

[24] MULLER WH. The Surgical treatment of transposition of the pulmonary veins[J]. Annals of Surg, 1951, 134(4): 683−693.

[25] WESTABY S. Landmarks in Cardiac Surgery, Pulmonary artery banding[M]. ISIS Medial Media, 1997: 100.

[26] ALBUS RA, TRUSLER GA, IZUKAWA T, et al. Pulmonary artery banding[J]. Thorac Cardiovasc Surg, 1984, 88(5 Pt 1): 645−653.

[27] TRUSLER GA, MUSTARD WT. A method of banding the pulmonary artery for large isolated ventricular septal defect with and without transposition of the great arteries[J]. Ann Thorac Surg, 1972, 13: 351−355.

[28] THOMAS VT. Partners of the Heart, An Autobiography by Vivien T. Thomas[M]. Uni of Penn Press, 1998: 122−123.

[29] BLALOCK A, HANLON CR. The surgical treatment of complete transposition of the aorta and the pulmonary artery[J]. Surg Gynecol Obstet, 1950, 90: 1−15.

[30] BLALOCK A, HANLON CR. Interatrial septal defect: its experimental production under direct vision without interruption of the circulation[J]. Surg Gynecol Obstet, 1948, 87: 183.

[31] HANLON CR, BLALOCK A. Complete transposition of the aorta and the pulmonary artery [J]. Ann Surg, 1948, 127: 385.

[32] HANLON CR, JOHNS TN P, THOMAS V. An apparatus for anesthesia in experimental

thoracic surgery [J]. Journal of Thoracic Surgery, 1950, 19(6): 887.

[33] RASHKIND WJ, MILLE WW. Creation of an atrial septal defect without thoracotomy: A palliative approach to complete transposition of the great arteries [J]. Am Med Assoc J, 1966, 196: 991−992.

[34] RASHKIND WJ, WAGNER HR, TAIT MA. Historical Aspects of Interventional Cardiology: Past, Present and Future [J]. Texas Heart Inst J, 1986, 13(4): 363−366.

[35] RASHKIND WJ, CUASO CC. Transcatheter closure of patent ductus arteriosus. Successful use in a 3. 5 kilogram infant [J]. Pediatr Cardiol, 1979, 1: 3−7.

[36] RASHKIND WJ, CUASO CC. Transcatheter closure of atrial septal and ventricular septal defects in the experimental animal [J]. Proc Assoc Europ Pediatr Cardiol, 1976, 14: 8.

[37] PARK SC, NECHES WH, et al. Clinical use of blade atrial septostomy [J]. Circulation, 1978, 58: 600−606.

[38] An email sent to Peng Yan from Sang C. Park, Apr 11, 2013.

[39] FONTAN F, BAUDET E. Surgical repair of tricuspid atresia [J]. Thorax, 1971, 26: 240−248.

[40] ANDERSON RH. The Paediatric Cardiology Hall of fame Francis Fontan [J]. Cardiol Young, 1999, 9: 592−600.

[41] CHOUSSAT A, FONTAN F, et al. Criteria for Fontan's Procedure [J]. Paediatric Cardiology, 1977.

[42] DE LEVAL MR, KILNER P, GEWILLIG M, et al. Total cavopulmonary connection: A logical alternative to atriopulmonary connection for complex Fontan operations [J]. Thorac Cardiovasc Surg, 1988, 96: 682−695.

[43] PUGA FJ, CHIAVARELLI M, HAGLER D. Modifications of the Fontan operation applicable to patients with left atrioventricular valve atresia or single atrioventricular valve [J]. Circulation, 1987, 76(3): III−53.

[44] MARCELLETTI C, CORNO A, GIANNICO S, et al. Inferior vena cava-pulmonary artery extracardiac conduit [J]. THORAC CARDIOVASC SURG, 1990, 100: 228−232.

[45] BRIDGES ND, LOCK JE, CASTANEDA AR. Baffle Fenestration With Subsequent Transcatheter Closure Modification of the Fontan Operation for Patients at Increased Risk [J]. Circulation, 1990, 82: 1681−1689.

[46] WESTABY S. Landmarks in Cardiac surgery [M]. Oxford: ISIS Medical Media, 1997: 135−137.

第五章

先天性心脏病根治术的发展史

History of Corrective Operations for Congenital Heart Defects

本章将简述先天性心脏病根治术的种类及其发展过程。先天性心脏病种类很多,按其手术矫正难度依次可分为:房间隔缺损,室间隔缺损,法洛四联症,房室通道间隔缺损(亦称心内膜垫缺损),全肺静脉异常回流,右室双出口,大动脉转位(动脉导管未闭和主动脉弓缩窄均属先天性心外血管异常,而单心室畸形及左心发育不全等不能一次根治,只能行姑息术)。下面逐一介绍那些伟大的外科精英们在矫正上述各类畸形时所展现的智慧和胆量。

一、房间隔缺损外科治疗术
I . Corrective Operations for Atrial Septal Defect

心房间隔缺损是左右心房在胚胎期分隔时残存的孔洞,占整个先天性心脏病的5%～10%,排名第二位。约每1 500名新生儿中就有1例房缺患者。男女比例为1：2。房间隔缺损的外科修补术相对来说较为容易,因此也是最早开展的。

1.闭式(盲式)修补术

1952年1月11日,查尔斯·贝利在美国费城用右房-房间隔-固定法,为一名38岁女患者成功修补心房间隔缺损[1,2]。

2.半闭式(半盲式)修补术[心房井(Atrial Well)法]

1952年4月15日罗伯特·格罗斯在美国波士顿儿童医院应用心房橡胶井方法,为一名9岁男孩成功进行心房间隔缺损修补术[3]。

3.直视修补术-深低温停循环法

1952年9月2日,约翰·刘易斯(Floyd John Lewis)在美国明尼苏达大学,应用深低温停循环为一名5岁女孩成功进行直视心房间隔缺损修补术[4]。他成为世界上第一个在非体外循环辅助下，应用直视方法成功修补房间隔缺损的术者。

4. 直视修补术–体外循环法

1953年5月6日约翰·吉本（John Heysham Gibbon, Jr.）在美国费城托马斯杰弗逊大学（Thomas Jefferson University）应用世界首台体外循环机为一名18岁女孩成功进行了直视心房间隔缺损修补术[5]。

5. 经心导管（盘伞封堵）修补术

1975年4月8日，特里·金（Terry D. King）和内奥尔·米尔斯（Noel L. Mills）在美国路易斯安那州的西门罗（West Monroe）为一名17岁女患者应用心导管技术，经静脉成功实施盘伞封堵房间隔缺损。这是世界首例应用非开胸方法修补心内缺损[6,7]。（请参阅第七章心脏病介入治疗的历史。）

查尔斯·贝利（Charles Philamore Bailey）
1910年9月8日—1993年8月18日
新泽西州黛博拉（Deborah）心肺中心

图5–1　查尔斯·贝利
（照片由亚历山大·马斯特教授提供）

极富创新，大胆无畏

1952年1月11日，查尔斯·贝利在美国费城圣公会（Episcopal）医院，用右房–房间隔–固定法（图5–2），在前9例失败后（6例死亡，3例残余分流），终于在第10例（38岁女患者）成功修补房间隔缺损[1]。该方法为闭式（盲式）修补法，较难实施，加之死亡率很高，效仿者不多。而真正使查尔斯·贝利成名的不是他的房间隔修补术。1948年6月10日，年仅37岁的他，在过去的两年半里接连为4例二尖瓣狭窄患者行闭视瓣膜切开术，不仅均未成功，而且丧失了3家医院行使手术的资

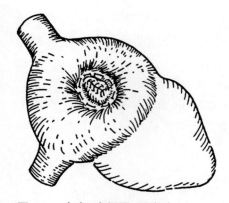

图5-2 右房-房间隔-固定法
（摘 自 Bailey CP. Surgical treatment of forty-six interatrial septal defects by atrio-septo-pexy [J]. Ann Surgv, 1954, 140(6): 805-820）

格。这天下午贝利再次鼓足勇气,在美国费城圣公会医院,经过80分钟的不懈努力,终于为一女患者成功实施了二尖瓣狭窄闭视切开术(将手术刀套在食指上从心耳伸进)。该患者存活了38年[8,9]。

多项第一,尸骨累累

查尔斯·贝利在心外科界涉足广泛,并在许多领域均为世界先行者之一。其主要贡献包括1951年制造心肺氧合泵;1952年1月11日,用右房-房间隔-固定法成功修补房间隔缺损;1952年4月4日,世界首次成功行二尖瓣和主动脉瓣同时闭视扩张术;1952年9月19日,在深低温停循环情况下,用右房-房间隔-固定法成功修补心房间隔缺损;1954年4月,成功行左心室室壁瘤切除;1956年10月29日,行冠状动脉内膜摘除术。他对心肌缺血、心肌灌注等研究亦均为世界先行者之一[10]。查尔斯·贝利的多项第一均来之不易,每一项都经过浴血奋战,再加上尸骨累累及众人非议,甚至有人称他"手术室里的屠夫"。

勤奋好学,医法双博

查尔斯·贝利,1910年9月8日生于新泽西州的瓦纳马萨市(Wanamassa)。1932年毕业于美国费城哈内曼医学院。1940—1950年间任该医院胸外科主任。1956—1961年间任新泽西州黛博拉心肺中心主任。查尔斯·贝利不仅富有创造力,而且是一名具有无畏精神的心外科医生。但由于他性情暴躁,加之大胆无畏,在创下多个第一的同时,也造成手术刀下尸骨累累,结果常有官司缠身。贝利医生一气之下考入福德汉姆法学院(Fordham Law School)。他白天做手术,晚上去法学院读书。1973年终于获法学博士学位,并获得纽约州律师执照。他一生勤奋努力,共发表论文180余篇,专著2部:《胸外科学生指南》(*A student's guide to thoracic surgery*)(1945年出版),《心外科》(*Surgery of the Heart*)(1955年出版)。总而言之,查尔斯·贝利是一名具有远大目光和敬业精神,意志坚强,勇敢无畏的心外科大师。但由于他性格急爆且独断专行,加之刀下尸骨累累,从而对他的评价褒贬不一。1993年8月18日,在他乔治亚州的玛丽埃塔市(Marietta)家中结束了他伟大的一生(自然死亡),终年82岁[10]。

罗伯特·格罗斯（Robert E. Gross）

1905年7月2日—1988年10月11日

哈佛大学医学院

波士顿儿童医院（其人其事已在第三章介绍）

1952年4月15日罗伯特·格罗斯在美国波士顿儿童医院应用心房橡胶井方法，在前3例失败后，终为第4例（9岁男孩）成功实施心房间隔缺损修补术[2]。

图5-3　罗伯特·格罗斯应用心房橡胶井方法，成功行心房间隔缺损修补术

［摘自Robert E Gross, et al. A method for surgical closure of interauricular septal defects［J］. Surgery Gynecilogy and Obstetrics, 1953, 96(1)］

约翰·刘易斯（Floyd John Lewis）

1916年11月26日—1993年9月20日

美国明尼苏达大学医院

图5-4　约翰·刘易斯

（照片由亚历山大·马斯特教授提供）

开胸直视，世界首例

1952年9月2日，约翰·刘易斯在美国明尼苏达大学医院，应用深低温停循环（体温28℃，阻断循环5分30秒），为一名5岁女孩成功进行直视心房间隔缺损修补术（直径2厘米）[3]。从切皮到缝皮完毕仅用55分钟，他成为世界上第一个应用直视方法打开心脏、成功修补房间隔缺损的术者。

性格孤傲，我行我素

根据约翰·刘易斯的高徒，著名美国心脏移植大师诺曼·沙姆韦（Norman Shumway）应《胸外科年鉴》（*The Annals of Thoracic Surgery*）之邀书写的纪念约翰·刘易斯《我们外科的遗产》（*Our Surgical Heritage*）[11]一文中，可以看到约翰·刘易斯到底是何许人也。文章大意："我希望我是最了解约翰·刘易斯的人，没有人比我更了解他，因为他是我的老师。刘易斯的确是一个伟人，并且配得上天才一词的特殊定义。他是我周围最聪明，也是最严厉的人。他的才华终身都未得到承认。刘易斯是一个非常独特的人，从里到外充满诚实和直率……他一生都我行我素并缺乏忍耐性。他很难和二流同事合作，由于与麻醉医生有矛盾，一天他竟然自己麻醉好患者并插管连接呼吸机，然后上台做手术。他从不在乎别人是如何评价他的。他是世界上第一个成功打开心脏的人，即1952年9月2日他在明尼苏达大学，应用深低温停循环方法，成功修补心房间隔缺损。1956年他来到位于芝加哥的西北大学医学院，1976年转到加州圣巴巴拉（Santa Barbara）医院工作。非常遗憾的是，这位没挑的天才，一生都没能做过外科主任。1993年9月20日他在加州圣巴巴拉市去世。死于败血病，终年77岁。"

小器在才华，大器在修养

约翰·刘易斯才华横溢，技术高超，而且兴趣广泛，喜欢爬山、游泳、钓鱼、打猎、骑自行车、作诗、写散文等。他共发表论文164篇，著作两部。但他性格孤傲，欠缺修养，使其终身"怀才不遇，英雄无用武之地，真乃天绝他也"，可惜！

正所谓

> 同代同行命不同，
> 格伦[1]易斯[2]两天重。
> 开心始者无用处，
> 只缘修养课未读。

---

1 格伦：指威廉·格伦（William W. L. Glenn，1914年8月12日—2003年3月10日），在第四章有详细介绍。
2 易斯：指约翰·刘易斯。

约翰·吉本（John Heysham Gibbon, Jr.）
1903年9月29日—1973年2月5日
美国费城杰弗逊医学院
人工心肺机之父——发明世界首台体外循环机
（1953年5月6日）

图5-5　约翰·吉本
（照片由亚历山大·马斯特教授提供）

伟大的人工心肺机之父，开启了现代心外科之门

　　1953年5月6日，美国费城杰弗逊医学院的约翰·吉本经过20多年的不懈努力，终于研制成功世界首台体外循环机（即体外人工心肺机），并应用该机为一名18岁女患者塞西莉亚·巴欧里克（Cecelia Bavolek）成功实施了直视心房间隔缺损修补术（体外循环时间45分钟，阻断心脏血流/心脏停搏26分钟）[5,12]。如果说瓦特发明蒸汽机给英国带来了工业革命，那么，约翰·吉本发明的体外循环机给医学界带来了心外科革命，从而使无数的心外科医生能够从容地为千百万心脏病患者进行各种类型的高难度手术。因此，世人称约翰·吉本为"人工心肺机之父"。约翰·吉本的这一伟大创举，开启了现代心外科之门。

书香门第，五代名医

　　约翰·吉本的母亲马乔里·扬（Marjorie Young）是著名将军塞缪尔·扬（Samuel B. M. Young, 1840—1924）的女儿。吉本的父亲和他同名，亦称老约翰·吉本，是著名的托马斯杰弗逊大学医学院的教授及外科主任。约翰·吉本的爷爷，爷爷的父亲及爷爷的爷爷都是医生。老吉本经常给小吉本讲述他行医的故事，其中一个是1902年9月2日，老吉本曾抢救一右心室刀伤患者，由于没有体外循环机而告失败[13]。因此，吉本从小就被打上了学医的烙印。果不其然，1923年，聪颖的吉本19岁毕业于普林斯顿大学（Princeton University）。之后，考入杰弗逊医学院，并于1927年获医学博士学位。然后到哈佛大学的麻省总医院做实习生，老师是著名胸外科教授爱德华·丘吉尔（Edward D. Churchill）[1]。1928年丘吉尔与保罗·怀特（Paul D.

1　爱德华·丘吉尔，1895年12月25日—1972年8月28日，哈佛大学教授，麻省总医院外科主任，美国首例缩窄性心包炎心包剥开术者（1928年），曾任美国外科学会（ASA）主席（1946年）及胸外科学会（AATS）主席（1968年）。

White）医生合作，在美国首次为一名缩窄性心包炎患者成功实施心包切开术[14]。

惨痛教训，念头萌发

1930年10月4日，约翰·吉本辅助丘吉尔教授抢救一名患肺栓塞的女患者，在提取栓在肺内血块时，患者死亡。这一触目惊心的情景使他想起当年父亲医治心脏刀伤失败的故事。从此，年轻的吉本便萌发了制造体外循环机的念头。吉本和他所在的外科实验室技术员玛丽·霍普金森（Mary Hopkinson）一起合作（两人于1931年结婚），经过5年的不懈努力，1935年5月10日在宾夕法尼亚大学，吉本终于将他的第一台原始心肺机连接在猫身上并成功阻断猫的心脏循环12～20分钟[15]。吉本又接连在3只猫身上进行了同样的实验并都取得了成功。1939年吉本在美国胸外科学会（American Association for Thoracic Surgery）上报道了他的实验。正当吉本转念将该机应用到人身上时，第二次世界大战爆发。约翰·吉本应召参战并加入了美国陆军医疗大队，并于1940—1944年间服务在印度支那战区。

强人鼎助，终获成功

战后，吉本回到了托马斯杰弗逊大学继续研究他的未完成的事业——体外人工心肺机。这回他得到了朋友托马斯·沃森（Thomas J. Watson，1874年2月17日—1956年6月19日）的鼎力相助。沃森是著名的美国国际商业机器公司（International Business Machines, IBM）的创始人及董事长。沃森为吉本派来了工程师和技术人员，在约翰·吉本的指导下进行研制并取得了完善的动物实验效果。1952年3月的一天，吉本首次将人工心肺机连接在人的身上，这是一个15个月的婴儿，体重只有5千克不到。术前诊断为心房间隔缺损且合并严重心力衰竭（未经心导管检查，只凭症状和经验）。当切开右心房之后，发现房间隔完整无缺，然后停机关胸。术后患者死亡。尸检发现，患者有一大的未闭动脉导管。吉本叹息，此乃人为之灾，并非心肺机之过。1953年5月6日，一名18岁女患者，经心导管证实患有较大的心房间隔缺损。吉本将体外人工心肺机连接到女患者的心脏整整45分钟，并停止心脏循环及跳动26分钟。在这从容的26分钟里，吉本切开右房，清楚地看到巨大的房间隔缺损。然后，他用丝线采取连续缝合法，一针一线地将缺损的房间隔关闭。手术后，患者恢复良好，心脏杂音消失。经心导管复查，房间隔完整无损且没有任何残余分流[16]。这是世界上首次成功应用人工体外心肺机取代人体心肺功能，也是世界上首次借助人工体外心肺机成功进行心内直视手术。约翰·吉本的这一伟大成功，不仅标志着医学革命的伟大创举，而且也给亿万心脏病患者带来了生存的希望。

不忍失败，放弃心外

约翰·吉本在首例成功应用体外心肺机修补房间隔缺损之后，于1953年7月份又连续为两例5岁半患有房缺的女患儿做了同样的手术，但都失败了。第一例患者在术前就出现心脏扩大及心力衰竭。第二例患者除有房间隔缺损之外，还合并室间隔缺损及左上腔静脉引流入右心房。因此，在阻断心脏循环后，心内仍出现大量回流血液[16]。4例手术3例失败的结果，让吉本痛心疾首，一气之下便永远告别了人工心肺机及心外科手术。从此之后，吉本便致力于胸外科手术，重点在肺癌及食管癌的研究。此时，梅奥心脏中心的约翰·柯克林（John Kirklin）正在开展先心外科手术，并到吉本处参观他的体外心肺机应用情况。吉本对柯克林说，梅奥心脏中心的患者多，且急需体外心肺机，然后将心肺机和所有制造过程以及制造图纸等资料都给了梅奥心脏中心。约翰·柯克林对该机进行了改造，使其更加现代化，并起名叫"梅奥-吉本心肺机（Mayo-Gibbon Heart Lung Machine）"，并应用梅奥-吉本心肺机对一系列先天性心脏缺损成功地进行了修补。

荣誉一身，平淡做人

基于约翰·吉本对心外科界所做出的巨大贡献，各种荣誉和头衔向他飞来。其中包括：国家发明家名人堂（National Inventors Hall of Fame），国际外科学会授予的杰出服务奖（Distinguished Service Award from the International College of Surgery）（1959年），第41届美国胸外科医师学会主席（1960—1961年），美国心脏学会授予的科研成果奖（Research Achievement Award from the American Heart Association）（1965年），拉斯克奖（1968年）等。但是吉本仍然和以前一样，每日看患者、做手术，平淡做人。

吉本一生喜爱体育运动，同时也嗜好吸烟。1973年2月5日，在打网球时，心脏病突然发作并夺去了他的伟大生命，终年69岁[17]。心脏病专家也会死于心脏病。

正所谓

殚精竭虑二十载，强人鼎助，终获成功。

不忍失败仅三例，毅然放弃，堪称潇洒。

头衔荣誉挂满身，依然如故，平淡做人。

健身吸烟双爱好，明知故犯，死而后已。

二、室间隔缺损外科根治术
Ⅱ. Corrective Operations for Ventricular Septal Defect

心室间隔缺损指心室间隔上的洞孔，为最常见的先天性心脏病。每千名新生儿中有2例是室间隔缺损患儿，占整个先天性心脏病的16%，这里指单纯室间隔缺损。大约50%的先天性心脏病患者合并室间隔缺损。男女性别比为1∶1。由于心室间隔较房间隔位置低，加之左右心腔压差大，所以修补较房间隔缺损难度大，风险高。

1. 应用交叉循环方法修补室间隔缺损

1954年3月26日，沃尔顿·利乐海（Clarence Walton Lillehei）在美国明尼苏达大学医院，应用交叉循环方法，为一名13个月男婴成功修补世界首例心室间隔缺损。

2. 应用体外循环机修补室间隔缺损

1955年3月22日，约翰·柯克林在梅奥心脏中心应用梅奥-吉本心肺机，为一名5岁女孩成功修补心室间隔缺损。

3. 应用心导管技术修补室间隔缺损。

1987年10月，詹姆斯·洛克（James Lock）在波士顿儿童医院应用心导管技术成功修补心室间隔缺损。

沃尔顿·利乐海（C. Walton Lillehei）

医学博士，哲学博士

1918年10月23日—1999年7月5日

美国明尼苏达大学医学院教授及外科主任

20世纪心外科界伟大的天才巨人，被称为"开心之父"和"心外科之王"

图5-6　沃尔顿·利乐海
（照片由郭小平提供）

履　历

1939年明尼苏达大学学士学位

1942年明尼苏达大学医学院医学博士

1942—1946年参军服役（欧洲战区）

1951年明尼苏达大学获生理硕士学位及哲学博士学位

1956年明尼苏达大学医学院教授及外科主任

成　就

1952年9月2日辅助约翰·刘易斯在美国明尼苏达大学，应用深低温停循环成功进行世界首例直视心房间隔缺损修补术

1954年3月26日应用交叉循环方法，世界首例成功修补心室间隔缺损

1954年8月31日应用交叉循环方法，世界首例成功修补法洛四联症，并用同样方法成功修补心内膜垫缺损

1955年6月12日与理查德·德瓦尔（Richard DeWall）合作发明鼓泡氧合肺（德瓦尔−利乐海鼓泡氧合肺，DeWall−Lillehei Bubble Oxygenator），并用该人工肺成功根治法洛四联症

1958年4月14日参与制造并植入世界上第一个体外便携式心脏起搏器

1967—1968年间设计/制造及成功植入碟型人工机械瓣Lillehei−Nakib toroidal disc（1966年），Lillehei−Kaster pivoting disc（1967年）和Kalke−Lillehei rigid bileaflet prosthesis（St. Jude瓣前身）（1968年）

发　表

论文412篇，1975年出版著作《心脏的先天性畸形》（Congenital Malformations of the Heart）

荣　誉

1955年获拉斯克奖

1966年美国心脏病学院主席（the American College of Cardiology, ACC）

最幸运	1950年发现患淋巴癌,1950年6月1日淋巴癌被成功切除,且终身未犯
最不幸	1973年1月15日,受到美国联邦检察官正式起诉,并于1973年5月4日败诉法庭。之后,被明尼苏达州吊销了行医执照
座右铭	拼命工作,尽情地玩(Work hard, play hard)。

心坛鬼才,艺高胆大,交叉循环,举世无双

　　1954年3月26日,美国明尼苏达大学医院的年轻主治医生,沃尔顿·利乐海,时年35岁,在外科主任欧文·万根斯坦(Owen Wangensteen)顶住来自院方的巨大压力和全力支持下,应用交叉循环方法(图5-7),为一名13个月男婴成功修补心室间隔缺损(缝合12针)。该男婴名叫格里高利·格利登(Gregory Glidden),其父

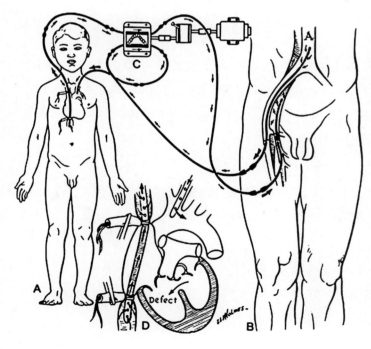

图5-7　沃尔顿·利乐海应用交叉循环(患儿家长充当心肺机)

将患儿父亲的股动脉连接到患儿的锁骨下动脉(或颈动脉),然后将患儿的上腔和下腔静脉连接到患儿父亲的大隐静脉。然后切开心脏进行手术。由于只有少量奇静脉回流血液,此时心内相对干净,视野比较清楚。

(摘自 Lillehei CW, Cohen M, Warden HE, et al. The Direct-Vision Intracardiac Correction of Congenital Anomalies by Controlled Cross Circulation. Results in 32 Patients with Ventricular Septal Defect, Tetralogy of Fallot, and Atrioventricularis Communis Defects[J]. Surgery, 1955, 38: 11-29)

莱曼·格利登（Lyman Glidden）充当心肺机（父子血型均为A型）。整个交叉循环时间为19分钟。这是世界上首次应用交叉循环方法成功修补心室间隔缺损。数月之后的1954年8月31日，利乐海又应用上述方法，破天荒地世界首次成功修补法洛四联症（之前均用姑息术）及心内膜垫缺损（之前无人问津）等中高难度手术[18]。人们惊叹道："这可是200%的风险啊！稍有不慎，就会丧失2条人命。"从1954年3月26日至1955年7月19日间，利乐海应用交叉循环方法先后共为45例患者进行了心内缺损手术，32例存活（71%）。其中27例室间隔缺损（7例死亡），8例法洛四联症（4例死亡），2例心内膜垫缺损（1例死亡），8例单纯右室漏斗部/肺动脉瓣狭窄（1例死亡）。无1例家长死亡（除1例脑气栓外）。利乐海是世界上开创并应用交叉循环方法成功进行开心手术独一无二的外科医生。在1954年，他也是全世界唯一的一个进行常规开心直视修补心内缺损的人。因此，利乐海被库利大师称为"开心之父"（Father of Open Heart Surgery）[19]，并被韦恩·米勒（Wayne Miller）称为"心脏之王"（King of Hearts）[20]。1955年世界最高外科成就奖——拉斯克奖便授予了利乐海和他共同合作的团队，其中包括莫利·科恩（Morley Cohen），赫伯特·沃登（Herbert Warden）和理查德·瓦尔科（Richard Varco）。

将门虎子，良好家教，聪颖好学，兄弟成才

沃尔顿·利乐海于1918年10月23日出生在美国明尼苏达州明尼阿波里斯市（Minneapolis）。父亲克拉伦斯（Clarence Lillehei）是牙科医生，母亲伊丽莎白（Elizabeth Walton Lillehei）是职业钢琴师。利乐海从小聪颖过人，上小学和高中时分别跳过两级，不到16岁便进入明尼苏达大学，并先后共获得4个学位：学士、硕士、医学博士和哲学博士。沃尔顿·利乐海还有2个成功的弟弟：理查德·利乐海（Richard Lillehei），著名普外科医生，1966年世界首例行胰脏移植术者；詹姆斯·利乐海（James Lilleihei），普内科及心内科医生。

师傅操刀，师兄助阵，师弟献血，死里逃生

1949年底的一天早上，31岁的利乐海在刮脸时，发现左耳下有一个硬包，后经活检证实为恶性淋巴瘤（lymphosarcoma）。在当时，其5年存活率小于5%。外科主任欧文·万根斯坦很难相信这个结果。他将病理组织分别送到明尼苏达大学、梅奥心脏中心、哥伦比亚大学和斯隆-凯特林癌症中心（Sloan-Kettering Institute）进行复查，所有结果诊断一致——淋巴癌。1950年6月1日，早晨7点15分，明尼苏达大学医院1号手术室内，利乐海的恩师万根斯坦主任亲自操刀，由师兄约翰·刘易斯和理查德·瓦尔科做助手，经过10个半小时的大面积切除术（其中包括淋巴

细胞,腺体,组织,肌肉,脂肪,小血管,甲状腺,腮腺及数根肋骨)。由于失血过多,师弟诺曼·沙姆韦自愿献血。术后又进行了10个疗程的大范围化疗。利乐海奇迹般地战胜了病魔,但术后体形受损,呈现歪脖。

首开法四,遇到麻烦,关键时刻,出现雷峰

死里逃生后的利乐海,决心充分利用来之不易的生命实现人生价值。继1954年3月26日首次应用交叉循环方法成功修补心室间隔缺损之后,他决定用同样方法挑战法洛四联症。这在当时,如同攀登珠穆朗玛峰。1954年8月中旬的一天,利乐海决定为一名11岁法洛四联症男孩,名叫迈克·肖(Mike Shaw),用交叉循环法行修补术。但是该患儿的血型为AB阴性(AB Negative)。此血型约占人口的1/100,其父母均非该血型。谁来充当心肺机?后来通过美国红十字会和退役军人组织在档案库中找到一个29岁高速公路维修工人,名叫霍华德·霍尔兹(Howard Holtz)。他已婚,是3个孩子的父亲。霍尔兹的血型恰好为AB阴性。经过利乐海一番解释后,霍尔兹愉快地同意自愿为迈克·肖充当心肺机。多大的爱心!多大的决心!

1954年8月31日,利乐海将法洛四联症患儿迈克·肖的心脏通过塑料导管连接到霍尔兹的心脏上,然后顺利地成功修补了迈克·肖的法洛四联症。霍华德·霍尔兹成功充当了心肺机且平安离院回家[21]。利乐海改写了历史,且扬名世界。而霍尔兹,则不求名,不图利,简直就是一个"洋"雷锋,真是了不起,确实让人敬佩!

硕果累累,外事频繁,厌烦开会,无缘接班

利乐海可谓心坛鬼才,敢想敢干。在成功挑战室间隔缺损、法洛四联症及心内膜垫缺损之后,1955年6月12日,他与理查德·德瓦尔合作发明了鼓泡氧合肺(德瓦尔-利乐海鼓泡氧合肺)。自从有了德瓦尔-利乐海人工肺之后,利乐海结束了交叉循环法并应用该人工肺修补了近370例心内畸形。接着利乐海又于1958年4月14日,参与制造并植入世界上第一个体外便携式(电池能源)心脏起搏器。1967—1968年间他又设计/制造及成功植入碟型人工机械瓣Lillehei-Nakib toroidal disc(1966年)、Lillehei-Kaster pivoting disc(1967年),及双叶型人工机械瓣Kalke-Lillehei rigid bileaflet prosthesis(1968年)。因此,他的名声大振且响彻全美及世界心脏界。

利乐海除了在本院做手术外,还应邀前往世界各地做手术、演讲,并获得了40多个大学及心脏中心授予的客座教授或名誉教授。也因此,他几乎不参加院内及科内的任何会议。1967年,68岁的欧文·万根斯坦教授在做了37年的外科主

任后决定退休,并向院方表示希望让利乐海接班。出乎万根斯坦和利乐海的意料之外,院方邀请了加州大学旧金山医学院(University of California's San Francisco Medical School)的外科副主任,39岁的肾外科医生约翰·纳贾里安(John S. Najarian)接任明尼苏达大学医院外科主任。48岁的利乐海不满院方决定,于1967年12月离开明尼苏达,接受了位于纽约市的康涅尔大学医学中心(New York Hospital-Cornell Medical Center)授予的医学院教授及外科主任位置。

名师高徒,桃李天下,心坛帅哥,风流潇洒

由于利乐海的成功,世界各地的外科医生都想来他这里接受训练,或进修学习。短期参观访问者更是不计其数。据不完全统计,约有来自40个国家的150多名心外科医生在他指导下受训、进修或学习。其中包括后来成为世界首次成功进行心脏移植术者的南非医生克里斯蒂安·巴纳德(Christiann Barnard),世界最佳心脏移植术者诺曼·沙姆韦,著名心坛大师、改写了数十个心坛历史的登顿·库利,婴幼儿心外科的规范者奥尔多·卡斯塔涅达等。

利乐海外表:精明强干,刀法灵巧,作风潇洒,西服革履,金壳手表,豪华轿车,充满活力。利乐海内涵:敢想敢干,温和友善,通情达理,社交广泛,美酒女人,及时行乐,永不疲倦。他的座右铭是"拼命工作,尽情地玩(Work hard, play hard)"。

官司缠身,吊销执照,铁面法官,网开一面

1973年1月15日,由于漏税,利乐海受到美国联邦检察官正式起诉。经过4个星期的法院庭审和整整两天的陪审团辩论,最终于1973年5月4日这天,利乐海败诉法庭。他将面临最高25年的牢狱之灾及5万美元罚款。63岁的联邦大法官菲利浦·内维尔(Philip Neville)一向以铁面无私著称,经过长时间的沉默和思考,他宣判:"我必须承认你是一个具有伟大天赋的人,坐在监狱的小号里数年只能毁掉你。最好把你的才华用于社会,这远比将它浪费在监狱里面好得多。我判处利乐海5万美元罚款及6个月社区无偿劳动。(I can't help but recognize that you have this great talent that should be of use to society. And sitting in jail in a cell, if it doesn't destroy that ability—if you are there for several years, at least it impedes it and renders it (useless) for that period of time. In the end, Neville decided to fine Lillehei the maximum $50,000, and order him to serve six months of community service.)"[22]

堆出于岸,浪必湍之,行触于法,众必非之

1973年12月31日,康涅尔大学医学中心取消了利乐海的手术许可。之后,

1974年3月1日，明尼苏达州政府吊销了利乐海的行医执照。接着美国外科医师学会（The American College of Surgeons）终止了他的会员资格。自1974年1月1日起，55岁的利乐海再也没有动过手术刀。更不可理解的是，1975年10月6日，在底特律市亨利福特医院举行的第二届世界心外科论坛（The Second Henry Ford Hospital International Symposium on Cardiac Surgery）上，来自全球的500名世界顶级心血管界专家手持请柬（仅限特邀）应邀出席。这是当时世界上最大的心血管外科盛会，只有2名心脏大师因未得到邀请而缺席：一位就是美国医生沃尔顿·利乐海，另一位便是南非医生克里斯蒂安·巴纳德。后者被大会组委会认为，他剽窃了诺曼·沙姆韦和理查德·洛厄（Richard Lower）的脏器移植技术。而20年前在此处召开的第一届世界心外科论坛会上，正是利乐海最风光得意的时刻，他在那个会上做了应用交叉循环成功修补心室间隔缺损、法洛四联症及心内膜垫缺损的报道，并震惊了大会全体成员。20年后的同一地点、同一会议和同一行人，由于他的缺席及其丑闻，同样震惊了大会全体成员。

重获荣誉，英雄已老，病魔缠身，含泪而去

自从败诉法庭，吊销执照，利乐海虽然无法行医，但却受到许多国家心脏中心的讲座邀请。从1974年后到20世纪90年代初期间，他先后出访了几十个国家，其中包括法国巴黎、英国伦敦、意大利的罗马等等。慢慢地，利乐海的名誉逐渐地得到恢复，明尼苏达州政府也还给了他行医执照。1975年，圣犹大（St. Jude）医疗机械公司聘请利乐海为该公司医疗部终身主任。1979年，在波士顿召开的第59届美国胸外科学会（American Association for Thoracic Surgery）年会上，新当选的学会主席，梅奥心脏中心主任约翰·柯克林应邀做主席就职演讲。而他的演讲标题则是：献给利乐海（Tribute to Lillehei）[23]。柯克林在演讲中说："利乐海在我心目中，无论过去，还是现在，永远都是一个伟大的英雄。由于命运捉弄，没有一个手术是以他的名字命名。但是，他是心外科界最伟大的革新家之一。他创造了20多个第一。利乐海，是一个真正的天才。"他接着说："敬爱的同道们，请允许我暂时离开我的讲演并请求这个伟大的心外科先行者起立接受大家的欢迎。"然后他面向利乐海说："沃尔顿·利乐海，我们都希望看到你。"此时，利乐海谦卑地站起来，向全场起立为他鼓掌的人们表示深深的敬意。这是沃尔顿·利乐海5年来最幸福的时刻。1986年，明尼苏达大学最终恢复了利乐海的教授头衔[24]。

1991年利乐海应邀来到中国北京阜外医院进行学术交流，期间受到郭加强院长和朱晓东副院长的热情接待。利乐海还乘兴游览了北京慕田峪长城（图5-8和图5-9）。

图5-8　1991年利乐海大师与朱晓东院士游览北京慕田峪长城
（照片由朱晓东院士提供）

图5-9　1992年利乐海大师与郭加强教授
（照片由郭加强教授提供）

1996年，利乐海的最小儿子克拉里（Clary Lillehei）因患脑瘤先于他去世，终年41岁。1999年，由于前列腺癌晚期及冠心病发作，利乐海的身体每况愈下，他痛苦地含着眼泪说："真想躺在小儿子身旁随他而去。"1999年7月5日，沃尔顿·利乐海的心脏停止了跳动，终年80岁。与他同甘共苦52年的发妻凯耶（Kaye Lindberg Lillehei）守护在他的身旁。

为了纪念利乐海一生对心脏事业所做的巨大贡献，他妻子凯耶捐款及筹资共1 300万美元，在明尼苏达大学内建立了利乐海心脏研究所（Lillehei Heart Institute）。

一生功过谁人曾与评说，正所谓

沁园春
心脏大师：利乐海

心脏之患，病人受难，家属遭殃。

看百年之前，群医奋起，尸骨累累，血流涛涛。

房缺室缺，单心法四，欲与科学试比高。

有能人，可起死回生，医术高超。

> 心坛如此多娇,引无数大师竞折腰。
>
> 格罗,陶西,略输文采,
>
> 格伦,方坦,稍逊风骚。
>
> 一代天骄约翰吉本,最知心肺机重要。
>
> 利乐海,敢交叉循环,直视开刀。

理查德·德瓦尔(Richard A. DeWall)

1927年—2016年8月15日

明尼苏达大学

理查德·德瓦尔与沃尔顿·利乐海合作发明德瓦尔—利乐海鼓泡氧合肺(1955年5月13日)

履 历

1927年出生在明尼苏达,明尼阿波利斯市(Minneapolis)以西的一个偏僻小镇

1944年入明尼苏达大学,后入明尼苏达大学医学院

1962年芝加哥医学院外科主任

1966年俄亥俄莱特州立大学附属考克斯心脏医院(Cox Heart Hospital)直到退休

简单轻便,经济实用,鼓泡氧合,迅速推广

经过在动物身上重复实验并取得多次成功之后,1955年5月13日,理查德·德瓦尔开始应用他制造的德瓦尔-利乐海鼓泡氧合肺,由利乐海亲自操刀,双方配合,为一名3岁患儿成功直视修补心室间隔缺损。从此以后,利乐海逐渐放弃交叉循环。1955年12月9日,利乐海完成了他第100例直视开心手术,其中55例是应用该鼓泡氧合肺在体外循环下进行的。到1957年12月31日,利乐海在之后的两年多时间里,应用该鼓泡氧合肺直视修补了313例心内畸形(完成总共413例直视开心手术,为当时全世界开心数量第一人,只因有了鼓泡心肺机[25,26])。此时,在梅奥心脏中心,约翰·柯克林将约翰·吉本心肺机进行了改造,使其更加现

代化,并起名叫"梅奥–吉本心肺机"。但由于该机构造复杂,造价昂贵,较难推广。而德瓦尔–利乐海鼓泡氧合肺物美价廉,散装约100美元(1957年价格)。因此,迅速得到普及。登顿·库利亲自参观了明尼苏达大学和梅奥心脏中心后,便买了德瓦尔–利乐海鼓泡氧合人工机,且很快应用该机完成100多例心脏直视手术。中国医生苏鸿熙当时正决定携美国妻子简(Jane H. McDonald)回国做贡献,于是自掏腰包购买了2台德瓦尔–利乐海鼓泡氧合人工心肺机并运回中国。苏鸿熙经过实验168条狗(存活率76%)之后,于1958年6月26日,应用该体外循环机为一名6岁男孩成功修补心室间隔缺损。这是中国首例心室间隔修补术[27]。日本第一例应用体外循环机也是德瓦尔–利乐海鼓泡氧合人工心肺机,是在1956年3月18日,由日本著名外科医生曲直部寿夫(Hisao Manabe)在大阪大学医院操刀成功修补法洛四联症。

约翰·柯克林(John Webster. Kirklin)
医学博士,哲学博士
1917年4月5日—2004年4月21日
美国阿拉巴马大学医学院
美国梅奥心脏中心
20世纪心外科界伟大的科学家

图5-10　约翰·柯克林
(照片由米尔顿·保罗教授赠送)

履　历

1938年明尼苏达大学学士学位

1942年哈佛大学医学院医学博士

1942年宾夕法尼亚大学实习医生

1943年梅奥心脏中心住院医生

1944—1946年参军服役(军医)

1946—1950年梅奥心脏中心外科住院医生

1948年7月—1949年1月波士顿儿童医院罗伯特·格罗斯

手下见习

履　历

1950年10月梅奥心脏中心外科主治医生

1955年3月22日世界首例应用心肺机成功修补心室间隔缺损

1955年首例应用心肺机成功修补完全型房室通道缺损

1956年首例应用心肺机成功矫正全肺静脉异常回流

1960年7月晋升为梅奥医学研究院外科教授

1964—1966年为梅奥心脏中心大外科主任兼心外主任

1966年9月—1982年阿拉巴马大学医学院大外科主任兼心外科主任

1982—1987年阿拉巴马大学医学院心外科主任

贡　献

1955年对吉本心肺机进行改良成为较先进的梅奥-吉本心肺机,并应用该心肺机对一系列先天性心脏缺损成功地进行了修补,从而真正开启了应用心肺机作辅助,直视修补心内缺损的伟大时代。并将心外科进行革命化、科学化、系统化,包括建立计算机管理系统等,向心外科的现代化迈出了巨大一步

发　表

学术论文700余篇,巨著4部,其中包括《心脏外科学》(*Cardiac Surgery*)一书

荣　誉

1972年获李斯特奖[1](the Lister Medel)

1978—1979年美国胸外科协会主席

1　李斯特奖(the Lister Medel)是英国皇家外科学院(Royal College of Surgeons of England)为纪念英国外科医生约瑟夫·李斯特(Joseph Lister,1827—1912)所设,并于1984年起每隔3年奖励一位对外科学及与外科有关领域的医生或科学家。截至2015年全世界总共只有27人获此荣誉。而拉斯克奖(the Lasker Award)是由美国人艾伯特·拉斯克(Albert Lasker)和他夫人玛丽(Mary Woodard Lasker)所建立的基金,是最高医学成就奖之一,又有"小诺贝尔奖"之称。该奖从1945年开设以来已有86位大师获此奖后又获得诺贝尔奖。

聪颖少年,哈佛才子

1917年8月5日,约翰·柯克林出生在美国印第安纳州特拉华郡(Delaware County)的曼西镇(Muncie)。他的父亲拜尔·柯克林(Byrl R. Kirklin)是一名放射学医生。1925年拜尔应聘成为梅奥心脏中心的首位放射学医生,因此8岁的约翰·柯克林随全家迁往明尼苏达州。以后他的父亲拜尔·柯克林成为梅奥心脏中心的放射科教授及主任,并于1937年成为美国放射学会主席。约翰·柯克林从小聪颖,成绩优秀,并在父亲的熏陶下,立志学医。1938年毕业于明尼苏达大学,并以全年级第一的成绩考取哈佛大学医学院。在哈佛的4年里,年年考试全班第一。1942年医学院毕业时,全年级150人中排名榜首。哈佛大学医学院外科系主任,著名心外科教授艾略特·卡特勒(Elliott Cutler, 1888—1947年,1923年为一名12岁女孩成功行二尖瓣狭窄闭式扩张术)称赞约翰·柯克林是他所见到的最聪明的医学生。

名师指点,如愿以偿

和其他第二次世界大战期间毕业的美国医学院学生一样,约翰·柯克林没能逃脱服兵役的义务。他于1944年6月至1946年8月在军队从医。1946年结束服役后,来到梅奥心脏中心外科做住院医生。柯克林深知:要想做心外科,就得拜名师。因此,他于1948年7月来到波士顿儿童医院,师从世界著名心脏大师罗伯特·格罗斯(第三章有详细介绍)。经过格罗斯半年的言传身教,柯克林茅塞顿开,并赞叹格罗斯"技术精湛,不愧为大师"。1949年10月,约翰·柯克林终于完成住院医生的所有训练并正式被应聘为梅奥心脏中心外科主治医生。

氧泵革命,星火燎原

自20世纪初到50年代的半个世纪里,全世界的外科医生们都在设想如何打开心脏,进行直视修补。心外科先行者格罗斯的心房橡胶井方法,的确不实用,没人效仿。艺高胆大的利乐海,其交叉循环法,风险太大,无人敢学。约翰·吉本的体外心肺机虽然可行,但失败率太高,连吉本本人都彻底放弃。因此,美国心脏学会及美国国家卫生研究院(National Institutes of Health, NIH)决定停止对研究体外心肺机及其氧合泵的资助(氧合泵是体外心肺机的关键核心部件)。自1951年起,柯克林便潜心研制体外氧合泵。18个月之后,他到约翰·吉本那里去取经,而此时的吉本,由于3次失败,心灰意冷,万念俱灰。当他看到柯克林向他请教时,便将心肺机连同设计图纸通通送给了梅奥心脏中心。

  柯克林从吉本处回来后，首先在梅奥心脏中心建立了一支强大的团队，其中包括病理专家杰西（Jesse E. Edwards），生理专家厄尔（Earl H. Wood）和杰里米（H. Jeremy Swan），心内科专家霍华德（Howard B. Burchell）和詹姆斯（James W. DuShane），麻醉专家罗伯特（Robert T. Patrick），机械工程师理查德（Richard E. Jones），以及科研人员戴维（David E. Donald）等。大家一起对吉本心肺机进行了改造，使其更加现代化，并起名为"梅奥-吉本心肺机"。接着，他便应用该心肺机对10条狗进行了实验，其中9条狗成功存活。然后，柯克林决定将该心肺机应用于临床，并挑选了8例先天性心脏病患者作为第一组[28]。1955年3月22日，约翰·柯克林应用梅奥-吉本心肺机，为第一组的首例患者一名5岁女孩林德·斯托特（Linder Stout）成功修补心室间隔缺损。这是世界首例应用心肺机成功修补心室间隔缺损。旗开得胜之后，再次成功修补第二例心室间隔缺损（患者7岁），第三例室缺修补失败（4个月婴儿）。第四例为5岁患完全型房室通道缺损（亦称心内膜垫缺损）且合并肺动脉高压，手术难度加大，柯克林又一次顺利成功。看到4例3成功的结果，可以想象柯克林一定喜出望外，心情激动。但是接下来的3例，连续失败，2例室缺（1岁和11岁）和1例法洛四联症（5岁）。第八例心房间隔缺损（2岁）顺利成功[29]。8例手术，4例成功，50%的失败率。在今天是绝不能接受的结果，但在60多年前，却已是了不起的成功。这一结果代表着人工心肺机时代的到来，同时这也是约翰·柯克林本人一生中对心外科历史做出的最大贡献。至今为止，几乎所有的书籍和文献以及柯克林本人也都认同这一观点。

  其实，早在约翰·柯克林首例成功直视修补心室间隔缺损之前，瑞典医生克拉伦斯·克拉福德于1947与瓦伊金·比约克（Viking Bjork）医生合作发明早期转碟氧合器，并于1954年与森宁（Senning）医生、比约克医生和安德森（Anderson）工程师合作，成功研制世界第二台体外循环机（Senning-Crafoord Model），且于1954年8月14日用该机首次成功切除左房黏液瘤[30]（比柯克林首例成功应用人工心肺机早7个多月）。而仅在柯克林首例成功的51天之后，1955年5月13日，利乐海应用德瓦尔-利乐海鼓泡氧合肺，为一名3岁患儿成功直视修补心室间隔缺损。接着1955年6月12日，利乐海又应用该人工肺，成功根治法洛四联症。到1955年12月9日，利乐海完成了他第100例直视开心手术，其中55例是应用该鼓泡氧合肺在体外循环下进行的。利乐海在之后的两年多时间里（到1957年12月31日），应用该鼓泡氧合肺直视修补313例心内畸形（完成总共413例直视开心手术，为当时全世界开心数量第一人）。而直到1956年，柯克林才做了40例体外循环术[31]。

  另，在同一时期，底特律的福雷斯特（Forest Dodrill，1902年1月26日—1997年6月28日）早在1952年7月3日，便与通用汽车（General Motor）合作，制造出机械心脏泵（左心室辅助）并为一名42岁患有二尖瓣狭窄患者成功修补[32]。

1954年，弗兰克·葛伯迪（Frank L.A. Gerbode）在美国西部应用他自己设计/制造的人工心肺机，成功直视心房间隔修补术。1955年他又与布莱姆森（Bramson）和奥斯本（Osborn）合作成功研制膜式氧合肺。加拿大医生威廉·马斯塔德（William Mustard）也在同一时期用猴的肺脏作氧合器并连接到他自制的体外循环机上。休斯敦的登顿·库利于1956年4月5日，应用他改良后的德瓦尔-利乐海鼓泡氧合肺成功修补一名49岁心肌梗死后心室间隔穿孔患者，到1956年底，库利完成100例体外循环术[33,34]。今天，仅美国每年就有40万～50万患者接受体外循环心脏手术[28,35]。而全世界每年有大约100万以上心脏病患者接受体外循环心脏手术[36]。

通过上述事实，应该说，是美国医生约翰·吉本首先成功创造并点燃了人工心肺机的星星火种，由瑞典医生克拉福德、森宁，美国的柯克林、利乐海、德瓦尔、库利，加拿大医生马斯塔德，中国医生苏鸿熙及日本医生曲直部寿夫等将人工心肺机的星火燎原全世界。

严人律己，水清人察

约翰·柯克林成功的秘诀之一，即严格要求自己，做事一丝不苟。他对待他的下属和学生一样，严格苛刻，可谓"水清人察"。古人云："水至清则无鱼，人至察则无徒"，释义是水太清，鱼就存不住身，对人要求太苛刻，就没有人能当他的徒弟或伙伴（出处《汉书·东方朔传》）。2004年4月21日，77岁的柯克林去世的噩耗传遍整个心脏届，其中他的一位弟子发表了一篇题为《约翰·柯克林：一个外科住院医生的回忆》(*John W. Kirklin: Reminiscences of a Surgical Resident*)[36]的文章。该文章首先介绍了老师的丰功伟绩，然后又如实地讲述了老师的工作作风及对弟子们的严格要求："作为柯克林的住院医生，每日早上4点钟就须进病房整理病历，6点钟准时通过电话向柯克林主任汇报。如果提前几分钟叫醒他，他会立刻挂掉电话。如果迟打几分钟，柯克林会同样挂掉电话，而且很快便会找你的麻烦。柯克林就像一个严厉的工头，从来说一不二，且总是有理，总是他对。住院医生们值了一整夜的班，白天不许有丝毫困倦，如果没有刮脸，就一定会挨骂。真是蛮横霸道，有时甚至胡搅蛮缠、蛮横无理……"[36]

真正贡献，历史传奇

约翰·柯克林的贡献和他的历史传奇除了上述对吉本心肺机进行改良成为较先进的梅奥-吉本心肺机，并应用梅奥-吉本心肺机（1955年3月22日起）对一系列先天性心脏缺损成功地进行了修补（其中包括世界首例成功矫正全肺静脉异常回流）[37]，从而真正开启了应用心肺机作辅助，直视修补心内缺损的伟大时代之外；约翰·柯克林还创建了两个具有世界水平的心脏外科中心——梅奥心外科和阿拉巴马大学医学院心外科，将心外科进行革命化、科学化、系统化，并向心外科的现代化迈出了巨大一步。这是世界上最早建立计算机管理系统的医院之一，也是世界上最早（1957年）建立重症监护室（Intensive Care Unit, ICU）的医院之一。由于他的科学化、系统化管理及严格的组织纪律，加之他的精湛手术技巧，使手术的死亡率大幅降低。例如像法洛四联症这种当时的高难度手术，其死亡率在20世纪50年代为50%，而到60年代则降到了15%，到70年代降低到8%左右，到了80年代，其手术风险几乎接近0[28,38]。另外他的巨著（4部）包括《心脏外科学》（*Cardiac Surgery*），内容详细且广泛，学术含金量高，几十年不断续新再版，至今仍适用，不愧为一部宝贵的学术教科书。因此，很多人称约翰·柯克林为心外领域的科学家。此外，他还发表学术论文约700余篇。

弗兰克·葛伯迪（Frank L.A. Gerbode）
1907年2月3日—1984年12月6日
美国斯坦福大学医学院教授
旧金山医学研究所所长（Medical Research Institute of San Francisco）
葛伯迪缺损（Gerbode Defect，左室向右房分流）的发现者（1958年）

图5-11　弗兰克·葛伯迪
（照片由吴英恺夫人李式瑛女士提供）

履　历

1932年斯坦福大学学士学位

1936年斯坦福大学医学院医学博士学位

1936—1937年德国慕尼黑在马克斯·博斯特（Max Borst）手下学习病理

1937—1940年在斯坦福大学胸外科教授埃米尔·霍尔曼

履　历

（Emile Holeman）手下做外科住院医生，并以艾略特·卡特勒和亨利·苏塔（Henry Souttar）两位心外科先师为榜样，立志成为心外科医生

1941—1942年斯坦福大学医学院旧金山医院外科主治医生

1942—1945年第二次世界大战期间，军医服役于北非、法国和德国

1945—1949年斯坦福大学医学院旧金山医院动物科研中心

1949—1950年英国伦敦巴塞洛缪（Bartholomew's）医院客座教授

1950—1953年加州海军医院（Oak Knoll Naval Hospital）外科主治医生（中校军衔）

1953—1959年斯坦福大学医学院旧金山医院心外科主治医生

1960—1979年斯坦福大学长老会医院—太平洋医学中心心外科主任（Presbyterian Hospital—Pacific Medical Center）及旧金山医学研究所所长

1984年12月6日意外死亡（终年77岁）

贡　献

1954年美国西部第一例成功直视心房间隔修补术（应用他自己设计/制造的人工心肺机）

1955年与布莱姆森和奥斯本合作成功研制膜式氧合肺

1958年成功修补并报道一组5例左室向右房分流患者，世人称为葛伯迪缺损（该缺损即不是房间隔缺损，也非属室间隔缺损，更不是心内膜垫缺损[39]）

1959年创建旧金山医学研究所

20世纪60年代初期全美较早提出并应用计算机监护患者的倡议者之一

发　表	共发表学术论文近300篇

荣　誉	1972—1973年任美国胸外科学会主席

　　葛伯迪是中国心外科同仁的老朋友。早在1941年中国胸心外科奠基者吴英恺教授首次来美留学时，第一个接待他的医学专家就是葛伯迪医生。在吴英恺教授的回忆录《学医，行医，传医70年》一书中（17页）有如下描述："在旧金山登岸后停留了3天，稍微休整一下。中间到斯坦福大学的长老会医院约见曾在北京协和医院做过外科客座教授的埃米尔·霍尔曼。他外出，由他的助教葛伯迪引导我们参观了医院和外科实验室……1957年在墨西哥城的国际外科学会上同他第二次见面。1978年请他参加了在武汉召开的中华医学会外科学会的学术会议，成为彼此敬重的朋友。"

　　1983年葛伯迪在接受美国记者萨莉（Sally Smith Hughes）的采访时说："我先后去过中国两次……他们对我们非常友好，对我们的国家非常感兴趣……Professor Y.K. Wu（吴英恺教授）是一个很杰出、很有魅力的人。"葛伯迪非常欣赏八达岭长城和北京的烤鸭。在上海医学院讲学3周，每日交流活动安排很满。

　　以上是两国心外专家相互交流的一段历史，也是作者在研究心脏史时发现的涉及上述两人的真实记载。在此与读者们分享。

三、大动脉转位外科根治术
III . Corrective Operations for Transposition of the Great Arteries

　　大动脉转位分为右位型和左位型，本章先介绍右位型大动脉转位及其外科手术的不同方法、演进过程及其历史背景。

　　右位型大动脉转位的定义：① 心房与心室对位关系一致，② 心室与大动脉对位关系不一致。即右心室发自右心房，主动脉发自形态右心室，左心室发自左心房，肺动脉发自形态左心室。上述这种先天性畸形是由英国医生马修·贝利（Matthew Baillie，1761年10月27日—1823年9月23日）于1797年在伦敦首次报道[30]。右位型大动脉转位占整个先天性心脏病的5%～7%。其新生儿比为0.2～0.4/1 000。男女性别比为3∶1。

右位型大动脉转位的外科矫正方法分5种：① 房水平转流矫正法；② 室水平转流矫正法；③ 大动脉转换矫正法；④ 大动脉吻合改道法；⑤ 双动脉根移位法。

房水平转流矫正法

分为部分矫正法和全部矫正法。
部分矫正法：巴费斯法（1955年）
全部矫正法：森宁法（1958年）和马斯塔德法（1963年）

托马斯·巴费斯（Thomas G. Baffes）
1923年4月3日—1997年6月15日
芝加哥儿童纪念医院
发明巴费斯术（1955年）

图5-12　托马斯·巴费斯
（照片由亚历山大·马斯特教授提供）

托马斯·巴费斯于1955年5月6日，在芝加哥儿童纪念医院（Childrens Memorial Hospital）世界首次成功为一名4岁右位型大动脉转位患儿行房水平部分矫正术。方法为：将下腔静脉右房入口处结扎，然后用一同种管道（cadaver homograft）将下腔静脉与左心房吻合，再将右肺静脉与右心房吻合，从而达到两心房内均有50%的混合血，故称为房水平部分矫正法（图5-13），亦称巴费斯术（Baffes Operation）。这是在没有体外循环机的情况下完成的，这在当时可谓一伟大创举，使得患有右位型大动脉转位患儿家长们及心外科同道们看到了曙光。从1955—1959年的时间里，巴费斯用同样方法为117例右位型大动脉转位患儿进行了手术，结果83例成功，34例失败（成功率为71%）。截至1968年，巴费斯一生共做了202例该手术[40,41]。巴费斯学习勤奋，在他49岁时毅然决定去法学院学习,并于1975年52岁时,获得了法学博士。他一生共发表学术论文89篇。巴费斯晚年身患中风,吐字不清。我虽然认识他多年,但因上述原因,故从未能向他请教。托马斯·巴费斯于1923年4月3日生于新奥尔良,毕业于杜兰大学医学院(Tulane University Medical School)。1997年6月15日在家中去世,享年74岁。

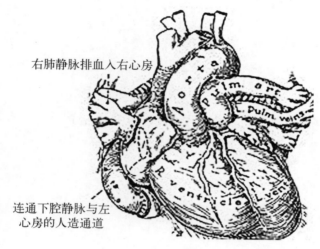

右肺静脉排血入右心房

连通下腔静脉与左
心房的人造通道

Aorta—主动脉
pulm art—肺动脉
pulm veins—肺静脉
R ventricle—右心室

图5-13 巴费斯矫正术

(摘自 Baffes Thomas G. A new method for the surgical correction of transposition of the aorta and pulmonary artery[J]. Surg Gynec and Obst, 1956, 102: 227-233)

阿克·森宁(Ake Senning)
1915年9月14日—2000年7月21日
瑞士苏黎世大学医学院教授
卡罗林斯卡(Karolinska)医院外科主任
创造森宁术(1958年)

图5-14 阿克·森宁
(照片由亚历山大·马斯特教授提供)

履历

1915年9月14日生于瑞典的拉特维（Rattvi）

1944年斯德哥尔摩大学医学院获医学博士

1948—1956年斯德哥尔摩医院为克拉福德做助手

1956年卡罗林斯卡医院副教授

1961—1985年瑞典苏黎世大学医学院正教授及外科主任

贡献

1954年与克拉伦斯·克拉福德和瓦伊金·比约克及安德森工程师合作，成功研制世界第二台克拉福德-森宁型体外循环机（Crafoord–Senning Model），并用该机首次成功切除左房黏液瘤（1954年8月14日）

1956年11月9日成功矫正世界第二例全肺静脉异常回流（心上型）

1958年9月为一名9岁患有右位型大动脉转位合并房间隔缺损及动脉道管未闭男孩成功进行心房水平矫正术，即著名的森宁术（Senning Operation）。该患者存活了20年，1978年死于心内膜炎（三尖瓣赘生物）

1958年10月8日与医生兼工程师鲁内·埃里姆奎斯特（Rune Elmqvist）共同研制并成功为一名43岁男患者阿恩·拉尔森（Arne Larsson）进行了世界首例人工心脏起搏器的植入

1969年行瑞典首例心脏移植术

1977年安德烈·格伦兹格（Andreas Gruntzig）医生在瑞典苏黎世大学医院行世界首例经皮导管冠状动脉球囊扩张术时，森宁医生在旁"保驾护航"（万一出事，行外科抢救）

发表

论文350篇

　　阿克·森宁一生幸运，生长在北欧，远离两次世界大战的战火，又遇到了心脏大师克拉伦斯·克拉福德。加上天分和勤奋，因此事业上颇有建树，且成绩斐然，使得他在心脏界的历史地位高过了他的老师——克拉福德。森宁在心脏领域里涉足广泛，参与研制人工心肺机（1954年），直视修补室间隔缺损（1955年），直视修补全肺静脉异常回流（1956年），人工心脏起搏器的植入（1958年），瓣膜置换到心脏移植（1969年）等，他都走到了前沿的边上[42]。但知道上述贡献的人，包括心外科医生们在内，却寥寥无几。真正使他名垂史册的是以他的名字命名的森宁术。1958年夏秋期间，在前两例失败的情况下，森宁为第三例一名9岁患右位型大动脉转位合并房间隔缺损及动脉导管未闭患儿成功实施心房转流术[43]。其方法为：将房间隔作挡板并拦住所有肺静脉，然后将肺静脉与右房连通，再将腔静脉与左房连通（图5-15）。

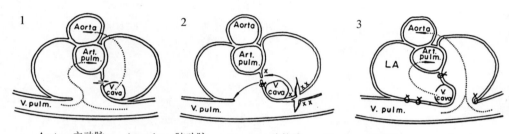

Aorta—主动脉　　Art pulm—肺动脉　　V. cavo—腔静脉　　V. pulm—肺静脉　　LA—左心房

图5-15　森宁术示意图

（摘自 Senning Ake. Surgical correction of transposition of the great vessels［J］. Surgery, 1959, 45: 966-980）

　　森宁术远远优于巴费斯术，因此受到世界同道们的承认和采纳，并称其为森宁术。从此，森宁名扬天下，并用该方法为200余例患右位型大动脉转位患儿进行了矫正术。其实，森宁在试验心房转流术之前，曾经为3例患者进行过大动脉转换术，但都失败了，所以才改为心房转流术且最终成功[43]。

　　由于很多患者术后出现房室传导阻滞，森宁和他的好友埃里姆奎斯特开始研制植入型起搏器。埃里姆奎斯特虽是医学院毕业，但对行医不感兴趣，便去西门子（Siemens-Elema）公司做工程师，且于1931年研制出便携式、多通道、三导联心电图机[44]。1958年10月6日，一个叫埃尔斯·玛丽（Else Marie）的女士来到森宁的办公室，说她43岁的丈夫拉尔森（Arne Larsson, 1915—2001年）患有房室传导阻滞，心率只有20～30次/分。她从文献上得知森宁和埃里姆奎斯特正在试验一个起搏器，便央求一定要给她丈夫试一试。森宁解释说，该起搏器只在动物身上试验过，尚未在人身上用过。玛丽女士说："那就正好安在我丈夫身上试一试。"然后，她又跑到埃里姆奎斯特的办公室用同样的方法央求。她终于说服两位专家，并决定在两天后的晚上（即1958年10月8日）偷偷进行"急诊"手术。该植入型起搏器约有冰球大小，内含晶体管。手术很顺利，但6小时后，起搏器失灵（二极管坏了），然后更换了一个同样的起搏器。6周后由于电池耗尽，又更换了一个起搏器。拉尔森不仅恢复了正常生活（一生共更换了26个起搏器），且一直活到86岁，活过了他的3个救命恩人：森宁医生、工程师埃里姆奎斯特和他的妻子玛丽。因此他出了大名，并和上述3人一起共载史册。他的妻子玛丽也同样沾了大光[45]。

威廉·马斯塔德（William T. Mustard）
1914年8月8日—1987年12月11日
加拿大多伦多大学医学院教授
多伦多儿童医院外科主任
发明马斯塔德术（Mustard Operation）（1963年）

图5-16　威廉·马斯塔德
（照片由亚历山大·马斯特教授提供）

履　历

1914年生于加拿大安大略省，克林顿区（Clinton）
1937年毕业于多伦多大学医学院
1937年多伦多总医院普通内科实习
1938年多伦多儿童医院儿外科实习
1939年美国纽约骨科医院（New York Orthopedic Hospital）
骨科研究生
1940年多伦多总医院胸外科及神经外科研究生
1941—1945年加拿大皇家军医大队英国战区
1945年多伦多儿童医院总住院医生
1946年美国纽约骨科医院骨外科研究生
1947年多伦多儿童医院外科主治医生
1947年约翰霍普金斯医院在布莱洛克手下进修1个月

履　历	1951—1976年多伦多儿童医院心外科主任
	1976年退休
	1987年12月11日死于心脏病（大面积心肌梗死）

贡　献	1951年为脊髓灰质炎（小儿麻痹症）行走不便患者行肌肉移植术，称马斯塔德术
	1963年5月16日为右位型大动脉转位女孩（近2岁）成功行心房转流术，亦称马斯塔德术（他对森宁术进行了改良）

荣　誉	1975年获盖尔德纳国际基金会奖
	1976年获加拿大勋章（Order of Canada）
	1995年入加拿大医学名人堂（Canadian Medical Hall of Fame）

　　威廉·马斯塔德在1964年著名医学文献《外科》（*Surgery*）上发表了一篇重要论文[46]。该论文详述了1963年5月16日，他用一种新的方法为一名23个月患右位型大动脉转位女孩成功行心房转流术。其实该手术方法极类似森宁术。所不同的是，森宁只在患者自己的心内外进行修改，未用任何代用品。而马斯塔德术（Mustard Operation）是用患者自己的心包（或用涤纶片）制作成一个挡板并将肺静脉血与右心房相连，同时又将腔静脉血与左心房连通（图5-17）。两个方法道理一样，都为改变房水平血流方向。森宁手术相对复杂，难度略高，成功率较低（在当时），但却很少出现分流道狭窄。而马斯塔德术操作相对简单，且成功率很高，因此，很快受到众多同道的采用。人们逐渐放弃森宁术，而改用马斯塔德术。但数年之后，随着患儿慢慢长大，心包当板（马斯塔德术）出现狭窄。专家们开始认识到，马斯塔德术的弊端和森宁术的优点。渐渐地，又有很多人开始行森宁术[47]。再者，森宁术在欧洲及亚洲较流行，而马斯塔德术在北美很普遍。

房水平转流矫正法的弊端

　　由于右心室与主动脉相连，其解剖结构无法长期支撑主动脉压力，故无论是森宁术，还是马斯塔德术其远期效果都会出现右心衰竭。因此，人们开始研究矫正

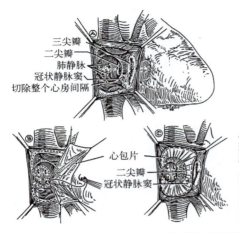

三尖瓣
二尖瓣
肺静脉
冠状静脉窦
切除整个心房间隔

心包片
二尖瓣
冠状静脉窦

心包制作的挡板用来重建心房间隔，使得腔静脉和冠状静脉窦的血流入二尖瓣口。同时，该挡板还使肺静脉血流入三尖瓣口。(A) 心房内解剖，(B) 缝合心包片，(C) 完成心房转换术。

图5-17　马斯塔德术示意图

（摘自 Mustard WT. Successful two-stage correction of transposition of the great vessels［J］. Surgery, 1964, 55: 469–472）

大动脉转位的其他手术方法。

室水平转流矫正法

拉斯泰利法（1968年）用于当合并室缺或室缺及肺动脉狭窄时
川岛法（1971年）用于合并室缺及右室双出口时（无肺动脉狭窄）

詹卡洛·拉斯泰利（Giancarlo Rastelli）
1933年6月25日—1970年2月2日
美国梅奥心脏中心副教授

图5-18　詹卡洛·拉斯泰利
［照片由詹卡洛·拉斯泰利之女安东内拉（Antonella）提供］

履 历

1951年意大利帕尔马大学（University of Parma）

1957年意大利帕尔马大学医学院毕业

1960年获北约奖学金（NATO Scholarship）到梅奥心脏中心进修

1962年梅奥心脏中心科研助理教授

1964年梅奥心脏中心科研副教授

1970年英年早逝（霍奇金型淋巴癌）

贡 献

1966年将完全型房室通道间隔缺损分为A, B和C三型，世人称为拉斯泰利分型（Rastelli Classification）

1967年9月8日，应用外通道成功矫正共同动脉干畸形，称为拉斯泰利术（Rastelli Operation）（但该称法有争议，请阅读后文"普遍误解"）

1968年首次应用外通道成功矫正完全型大动脉转位合并室间隔缺损及肺动脉狭窄，世人称之拉斯泰利术

荣 誉

1965年获心血管外科杰出科研奖（Allen Welkind Award）

1967年获美国总统（转换签证）豁免特令

1968年获美国医学会（AMA）授予的比林斯金牌奖（Billings Gold Award）表彰他的完全型房室通道间隔缺损分型，赫克通金牌奖（Hektoen Gold Medal）表彰他的应用外通道成功矫正共同动脉干畸形

座右铭

停止了研究，就等于停止了生命（To stop the research is to cease to live）。

詹卡洛·拉斯泰利1933年6月25日出生于意大利的佩斯卡拉(Pescara)。他的父亲维托·拉斯泰利(Vito Rastelli)是当地一家报社的记者,母亲路易莎·比安奇(Luisa Bianchi)是一名小学教师。拉斯泰利从小聪颖并酷爱古典音乐和登山运动。1957年他以优异成绩毕业于帕尔马大学医学院,并留院从事外科工作。1960年拉斯泰利获得一个为期2年的北约奖学金,他选择了到梅奥心脏中心进修[48],并在著名心脏大师约翰·柯克林手下做科研。2年的进修结束后,由于拉斯泰利工作勤奋,1962年他被柯克林留下并正式聘为梅奥心脏中心科研助理教授。1964年又升为科研副教授。当时有许多复杂形先天性心脏病,尚没有解决办法,甚至还未能认清其解剖关系。年仅30岁出头的拉斯泰利,将他身心的全部精力都投入到实验室、临床和图书馆中。他常说:"停止了研究,就等于停止了生命。"由于他常年饮食不节,寝出无律,劳逸无度,造成身体极度透支,使他常感浑身无力。1964年8月11日,拉斯泰利请假回到意大利,并在第二天与和他相识数年的女友安娜·安吉莱里(Anna Anghileri)举行了婚礼,然后2人来到美国喜度新婚蜜月。然而,就在蜜月结束的几天后,年仅31岁的拉斯泰利被诊断为霍奇金(Hodgkin)型淋巴癌。这对一个怀有雄心壮志、充满抱负与理想的年轻才子,简直就是晴天霹雳。拉斯泰利深知他与死亡只有不长的距离。但他决定,在与死亡作斗争的同时,要充分使用上帝留给自己不多的时间。在之后的短短5年间,拉斯泰利在先天性心脏病三个方面做出了巨大贡献[48]。

首先,1966年他将完全型房室通道间隔缺损分为A,B和C三型,世人称之为拉斯泰利分型[49,50]。完全型房室通道间隔缺损,其前共瓣与后共瓣之间完全断离,形成原发孔房缺与流入道型室缺相通。因此出现左右交通,上下共道。由于前后共瓣断离的形成,其腱索的附着亦发生变化。1966年拉斯泰利根据共同房室瓣附着点的不同位置,将完全型房室通道间隔缺损分为三个亚型(即A,B和C三型,图5-19):

A型:前共瓣的腱索附着在室间隔顶点上。

B型:前共瓣的腱索附着在室间隔右室面的乳头肌上。

C型:前共瓣的大部分被右室的前乳头肌上所拉,而中心部没有任何附着点,故称为自由漂浮瓣叶[49]。

其次,1967年9月8日由德怀特·麦克龚(Dwight McGoon)操刀,应用同种主动脉(含瓣)作外通道[1]首次成功矫正一名5岁半患共同动脉干畸形男孩。人们称之拉斯泰利术[51,52](图5-20)。

————————

1　该外通道取自一名22岁死于车祸的男性的主动脉。

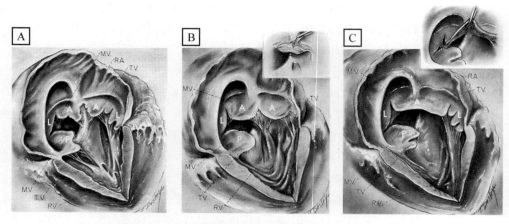

图5-19　完全型房室通道间隔缺损分为A,B和C三型

（摘自 Rastelli GC, Kirklin JW, Titus JL. Anatomic Observations on Complete Form of Persistent Common Atrioventricular Canal with Special Reference to Atrioventricular Valve［J］. Mayo Clin Proc, 1966, 41: 296）

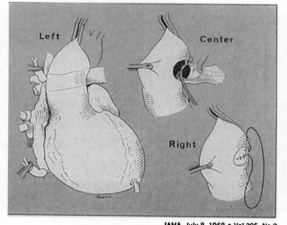

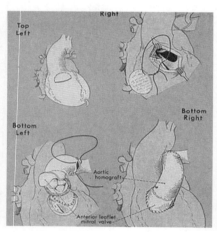

图5-20　应用同种主动脉（含瓣）作外通道首次成功矫正共同动脉干畸形，人们称之拉斯泰利术

（摘自 McGoon DC, Rastelli GC, et al. An operation for the correction of truncus arterosus［J］. JAMA, 1968, 205: 69）

最后，1968年7月26日，由罗伯特·华莱士（Robert Wallace）操刀，为一名14岁半患有右位型大动脉转位和室间隔缺损并肺动脉瓣及瓣下狭窄男孩[1]成功完成室水平转流术。手术方法：用涤纶片作一连接室缺到主动脉的内通道，然后用同种含瓣主动脉作外通道将右室与通肺动脉交通（图5-21）。由于该方法是拉斯泰

_____

1　该患儿8岁时，曾作双侧体-肺分流术。

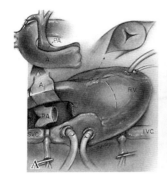
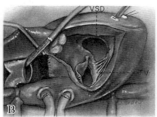
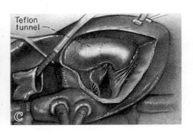
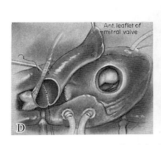
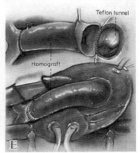

图5-21 应用外通道矫正完全型大动脉转位合并室间隔缺损及肺动脉狭窄
（摘自 Rastelli GC, Wallace RB, Ongley PA. Complete repair of transposition of the great arteries with pulmonary stenosis: A review and report of a case corrected by using a new surgical technique［J］. Circulation, 1969, 39: 83-95）

利设计并实验成功（动物身上），故世人称该手术方法为拉斯泰利术[53]。

从1968—1990年期间，共有160例完全型大动脉转位合并室间隔缺损及肺动脉狭窄患者接受了拉斯泰利术。随访10年后，其存活率为74%。而另一组同类患者从1988年到1997年间接受了拉斯泰利术，其存活率为96%[54]。

新星陨落

1970年2月2日，年仅36岁的英俊才子詹卡洛·拉斯泰利永远地离开了他所热爱的心外科专业，离开了他30岁的年轻妻子安娜及只有4岁的幼女安东内拉。世界心坛虽然陨落了一颗耀眼的新星，但拉斯泰利与病魔作斗争的精神以及他所创造的伟大传奇一直延续了近半个世纪，且还在继续流传。

疑问解释

詹卡洛·拉斯泰利虽在美国进修医生，但因身患癌症，故退出临床受训工作并

图5-22　1969年詹卡洛·拉斯泰利、德怀特·麦克龚和杰克·提图斯（Jack L. Titus）三人在美国医学会（AMA）的会议上讨论拉斯泰利术
（该照片由詹卡洛·拉斯泰利的女儿安东内拉·于2012年9月13日赠送）

聘为外科实验室研究员。因他从未参加过美国正式医学通考及正式临床工作，所以他不能给患者做手术。因此，只能让上述两位临床医生德怀特·麦克龚和罗伯特·华莱士为患者做他设计的手术。

普遍误解

很多人都将右心室到肺动脉建立外通道手术称为拉斯泰利术。其实早在1966年2月14日，英国著名医生唐纳德·罗斯（Donald N. Ross）就应用同种主动脉（含瓣）作外通道成功修补一名8岁患有肺动脉闭锁并室间隔缺损男孩。故笔者认为右心室到肺动脉建立外通道手术应称为罗斯术（Ross Operation），而非拉斯泰利术[55]。

正所谓

英俊才子降心坛，
成就辉煌惊地天。
病魔夺身三十六，
著名医术留人间。

德怀特·麦克龚（Dwight C. McGoon）[1]
1925年3月24日—1999年1月27日
梅奥心脏中心外科主任

图5-23 德怀特·麦克龚
［照片由德怀特·麦克龚之子迈克尔（Michael McGroon）提供］

履 历

1925年3月24日生于美国爱荷华州的马伦戈（Marengo）

1948年约翰霍普金斯医学院医学博士

1949—1954年约翰霍普金斯医学院住院医生，在布莱洛克手下

1954—1956年服役于空军医疗大队（欧洲战区）

1957年梅奥心脏中心外科主治医生

1968—1978年梅奥胸心外科主任（1971年正教授）

1983—1984年任美国胸外科医师协会（AATS）主席

1961年首次成功矫正右室双出口[56]

1967年9月8日他操刀，应用同种主动脉（含瓣）作外通道首次成功矫正一名5岁半患共同动脉干畸形男孩。因该方法为詹卡洛·拉斯泰利设计，故常称为拉斯泰利术

1968年将右室双出口进行分型[57]

1976年2月12日首次成功应用D-K-S术矫正右位型大动脉转位（但他从未发表，请阅读大动脉吻合改道法及参考文献）

---

1 德怀特·麦克龚的照片及履历由其在梅奥心脏中心做医生的儿子迈克尔提供，以及摘自期刊 Stephen H, et al. Historical perspectives of the American asociation for thoracic surgery: Dwight C. McGoon (1925-1999)［J］. Thorac CV Surg, 2012(144)。

履　历

1999年1月27日死于帕金森综合征

　　德怀特·麦克龚被心脏大师约翰·柯克林称为"手术室内最有耐心的外科医生"。他还是一位有成就的钢琴家及帆板运动员。

唐纳德·罗斯（Donald Nixon Ross）
1922年10月4日—2014年7月7日
英国伦敦盖伊医院

图5-24　唐纳德·罗斯
（照片由亚历山大·马斯特教授提供）

　　1966年2月14日他应用同种主动脉（含瓣）作外通道成功修补一名8岁患肺动脉闭锁并室间隔缺损的患儿[55]（早于拉斯泰利术18个月）。

　　1967年他发明罗斯术（Ross Procedure）（图5-25），即将受损的主动脉瓣切掉，

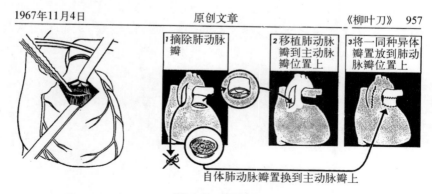

图5-25　罗斯术

［摘自Donald N Ross. Cape Town, F.R.C.S.: Replacement of Aortic and Mitral Valves with A Pulmonary Autograft ［J］. The Lancet, 1967, 2(7523): 956–958］

再将该患者的肺动脉瓣移植到主动脉瓣处,然后再用同种带瓣主动脉吻合到肺动脉处[58,59]。

1968年5月3日他在国王学院医院(King's College Hospital)为一名45岁男性患者行英国第一例心脏移植(世界第15例心脏移植),该患者幸存了46天。

罗斯著有《心脏外科的诊断指南》(*A Surgeion' Guide to Cardiac Diagnosis*)一书。

川岛康生(Yasunaru Kawashima)
1930年8月23日—
日本大阪大学医学院教授
大阪国家心脑血管病研究所总所长
日本国立循环器病研究所总所长

图5-26 川岛康生
(照片由川岛康生本人提供)

履 历

1955年日本大阪大学医学院毕业
1961年大阪大学医学院外科部博士学位
1964年美国南加州大学进修
1964年大阪大学医学院外科讲师
1976年大阪大学医学院外科助理教授
1978年任大阪大学医学院外科教授
1986年大阪大学附属医院院长
1990年大阪国家心脑血管病研究所所长
1995年大阪国家心脑血管病研究所总所长
1996年大阪国家心脑血管病研究所荣誉所长

履 历

贡 献

　　1969年9月12日(1971年发表)首次成功矫正一名7岁女孩患右位型大动脉转位并肺动脉瓣下室缺及右室双出口,亦称"陶西-平畸形"。其具体方法见图5-27,此法类似拉斯泰利术,但用补片,而非用外通道,人称川岛术[60]

　　1978年应用全腔静脉吻合术(即双侧腔静脉与肺动脉全向分流术)治疗单心室合并下腔静脉离断患者(图5-28)。他于1978年首次应用该方法,1984年首次发表(一组4例),亦称川岛术[61]

　　1974年日本第一例全肺静脉异常(心下型)修补术

　　1976年日本第一例大动脉转换矫正术

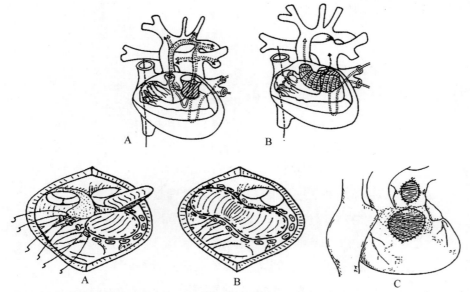

图5-27　川岛术矫正"陶西-平畸形",即右室双出口合并大动脉转位及肺动脉瓣下室间隔缺损
(摘自 Kawashima Y, et al. Intraventricular rerouting of blood for the correction of Taussig-Bing malformation [J]. Thorac Cardiovasc Surg, 1971, 62: 825)

发　表

学术论文390篇（其中189篇为第一作者，290篇用英文发表）
专著有1996年出版的《老年心血管病学》，1997年出版的
《心脏手术中脑保护》

荣　誉

1995年日本医师会医学奖（日本医師会医学賞）
1997年紫色勋章奖（紫綬褒章）
1999年大阪文化奖（大阪文化賞）
2007年文化成就奖（文化功労者）

座右铭

心外科并非靠手去实行，而是用智慧来完成（Cardiac surgery is not to be carried by hands, but to be achieved by intelligence）。

　　川岛康生教授无疑对心脑血管外科贡献非凡，他在日本心血管界享有很高荣誉。但他在日本所获奖励及荣誉，并不惊人。

Hemiazygos V.—半奇静脉
LSVC—左上腔静脉
Ao—主动脉
r. PA—右肺动脉
l.PA—左肺动脉
PV—肺静脉
#35 Hancock Valve—35号人工猪主动脉生物瓣
Hepatocardiac V.—入心肝静脉
Azygos V.—奇静脉
SVC—上腔静脉
#33 SJM Valve—33号人工机械瓣（SJM=St. Jude Mechanic）
Coronary Sinus—冠状静脉窦

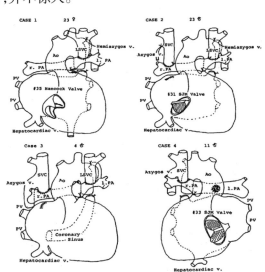

图5-28　川岛术矫正单心室合并下腔静脉离断

［摘自 Kawashima Y, Hirose H, et al. Total cavopulmonary shunt operation in complex cardiac anomalies. A new operation［J］. Thorac Cardiovasc Surg, 1984, 87(1): 74-81］

大动脉转换矫正法

又称解剖矫正法（Anatomic Correction of TGA），即柬廷法。后由伊夫·勒孔特医生做了重要修改，后普遍称为"动脉转换术"（Switch Operation）。

阿迪布·柬廷（Adib Dominge Jatene）
1929年6月4日—2014年11月14日
巴西国家卫生部部长
巴西医学科学院院士
巴西圣保罗大学医学院院长
巴西圣保罗大学医学院教授及胸外科主任

图5-29 阿迪布·柬廷
［照片由柬廷之子法比奥（Fabio Jatene）提供］

履　历

1948—1953年圣保罗大学医学博士

1955—1957年米纳斯三角区（Triangulo Mineiro）医学院教授

1958—1961年但丁帕萨尼斯（Dante Pazzanese）心脏研究所外科主任

1983年圣保罗大学医学院胸外科教授及主任

1979—1982年圣保罗市卫生局局长

1990—1994年圣保罗大学医学院院长

1990年巴西国家卫生部部长（任期8个月）

1995—1996年第二次出任巴西国家卫生部部长（任期22个月）

2014年11月14日死于心脏病

贡　献

> 1975年5月7日世界首次成功应用大动脉转换术为一名仅40天患有右位型大动脉转位并室间隔缺损婴儿进行矫正，人称束廷术（Jatene Operation）
>
> 1961年制造心肺机、人工瓣、起搏器及氧合器

发　表

> 共发表论文700余篇

荣　誉

> 巴西医学科学院院士
>
> 美国外科学会荣誉会员
>
> 美国医师学会荣誉会员
>
> 2002年选入世界儿科心脏病学名人堂

座右铭

> 宁愿尝试千次失败的泪水，决不接受放弃奋斗的耻辱（I prefer 1,000 times the tears of defeat than the shame of not having fought.）。

阿迪布·束廷1929年6月4日生于巴西亚马逊河畔的沙普里（Xapuri）小镇，是黎巴嫩裔。在他不到2岁时，父亲因染黄热病去世。1938年，母亲为了能让孩子们受到良好的教育，便带着阿迪布和他的另外3个兄弟来到米纳斯吉拉斯（Minas Gerais）的大城市。没有辜负母亲的希望，19岁时，阿迪布考入巴西最大且最负盛名的大学——圣保罗大学医学院。1951年他参与了巴西第一例二尖瓣狭窄成形术。1975年10月6日，阿迪布·束廷在底特律市亨利福特医院举行的第二届世界心外科论坛（International Symposium on Cardiac Surgery）上，报道了他于1975年5月7日，在圣保罗但丁帕萨尼斯心脏研究所为1例仅40天、3.7千克患右位型大动脉转位合并室间隔缺损婴儿成功行大动脉转换术。术后无任何并发症，5个半月后，体重增加1倍，有7.5千克。他于1976年发表在《心血管及胸外科杂志》（*The Journal of Thoracic and Cardiovascular Surgery*）上[62,63]。其具体手术方法如图5-30，即将主动脉及肺动脉远端进行切换，以避免伤及半月瓣和冠状动脉，然后将左/右冠脉制成纽扣形，再移植到原肺动脉（新生主动脉）上，最后用涤纶片修补室缺。

柬廷的这一伟大成功,得到了全世界同行的承认,并称为"柬廷术",但也有许多人称为"大动脉转换术(Switch Operation)"。

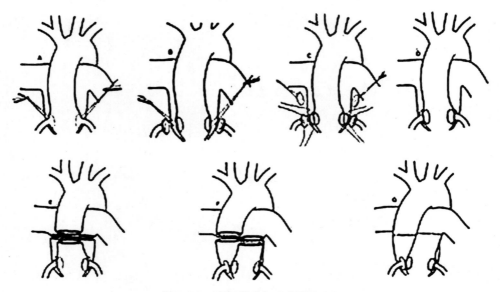

图5-30 柬廷的"大动脉转换术"

(摘自 Jatene Adib Di, et al. Anatomic correction of transposition of the great vessels[J]. Thorac Cardiovasc Surg, 1976, 72: 364-370)

在柬廷成功之前的20年间,许多人都曾尝试过为右位型大动脉转位患者行大动脉转换术,但都由于失败而最终放弃。例如,1952年1月17日,加拿大医生威廉·马斯塔德用猴肺作氧合器,为一名3个月患有右位型大动脉转位女婴行大动脉转换术。但他只移植了一根左主冠状动脉,结果患儿死亡[64]。1952年11月10日,查尔斯·贝利在美国费城为一名7个月男孩行大动脉转换术,并未成功[65]。1954年,威廉·马斯塔德不死心,又用同样方法做了7例手术(全为婴儿)。无1例活过数小时。1955年瑞典的阿克·森宁也曾尝试大动脉转换术,后因失败,才改房水平转换术[66]。20世纪60年代初期,芝加哥儿童纪念医院的法鲁克·伊德里斯(Farouk Idriss)做了大量的动物及临床工作,结果无一存活[67]。由此可见柬廷的成功来之不易。1977年埃及裔医生马吉迪·雅各布(Magdi Yacoub)在英国伦敦国家心脏病医院(National Heart Hospital-Royal Brompton)应用两期手术(一期为肺动脉环带术及体肺分流术,二期为大动脉转换术)为一右位型大动脉转位并室间隔完整患儿成功实施[68]。1981年法国医生伊夫·勒孔特(Yves LeCompte)在巴黎大学儿童医院(University Paris Descartes and Sick

Children Hospital）将東廷术做了重要修改。他将主动脉横切断，将右肺动脉放到主动脉前方，再将主动脉重新接上[69]。这样可以避免频发的右肺动脉受压。勒孔特报告了一组13例右位型大动脉转位，在应用新方法后，无1例死亡，故称之为勒孔特法，并从那时起被世人广泛采用（至今仍然沿用）。也是从那时起，人们普遍称该手术为"动脉转换术（Switch Operation）"，而非東廷术（Jatene Operation）。

1991年以后大动脉转换术日趋成熟，而患者的体重也越来越小，死亡率越来越低。2005年2月6日，美国斯坦福大学儿童医院（Stanford University's Lucile Packard Children's Hospital）小儿心外科主任，美籍印度裔医生瓦迪亚拉·雷迪（Vadiyala Mohan Reddy）为一名体重只有700克的早产13周的大动脉转位婴儿（他的心脏只有葡萄大小）成功实施大动脉转换术。这是世界上体重最小婴儿成功接受大动脉转换术[70]。美国克利夫兰医疗中心（Cleveland Clinic）的小儿心外科主任罗杰·密（Roger Mee）的大动脉转换术的死亡率低于0.4%（270例手术，仅1例死亡）[71]。

阿迪布·東廷先后2次出任巴西国家卫生部部长，其间大力发展医疗卫生事业，普及心血管防治工作。今日巴西心血管外科手术非常普及。全国2亿人口，共有170个心脏中心，约有1 000多名心外科医生。在2011年一年中，共有10万人次接受了开胸手术，其中圣保罗大学心脏中心年心外手术量近万例。因此，足见阿迪布·東廷医生为推广巴西心外科的发展做出的巨大贡献[72]。而更让他自豪的是他的两个儿子都成了心外科医生，女儿成为小儿心内科医生。

正所谓

> 巴西東廷闯心坛，动脉转换夺人先。
> 只因右肺管压迫，法国后生把名摘。
> 学优则仕高官做，医疗改革奏凯歌。
> 一年万例开心术，四海皆知圣保罗。

大动脉吻合改道法

达姆斯-凯-斯坦塞尔手术（Damus-Kaye-Stansel，又称D-K-S法，1976

年)用于右位型大动脉转位合并主动脉瓣下狭窄,或合并三尖瓣闭锁,左室双
入口合并小流出腔等(此法避免移植冠状动脉)。

保罗·达姆斯(Paul S. Damus)
1942年12月14日—
纽约
迈克尔·凯(Michael Kaye)
1933年—
梅奥心脏中心
贺拉斯·斯坦塞尔(Horace Stansel)
1926年11月4日—1994年5月4日
耶鲁大学
图5-31 保罗·达姆斯
(照片由保罗·达姆斯本人提供)

D–K–S手术方法

1. 切断主肺动脉远端
2. 在升主动脉侧壁与肺动脉之间开一窗口
3. 建立右心室到肺动脉远端外通道或B–T分流通道

D–K–S手术适应证

复杂型大动脉转位,如大动脉转位合并主动脉瓣下狭窄,或大动脉转位合并
残余流出腔,或大动脉转位合并冠状动脉异常,或大动脉转位合并右室双出口(包
括陶西–平畸形)及三尖瓣闭锁,或两根大动脉大小不等。

手术名称的由来

根据电邮采访保罗·达姆斯(2006年3月18日到2006年3月22日期间)和文
献中发表的保罗·达姆斯写给《胸外科年鉴》(*The Annals of Thoracic Surgery*)编
辑的信及编辑的回信[73]和其他相关文献[74,75,76,77],其经过和结论如下。

1972年9月30日，梅奥心脏中心外科主任德怀特·麦克龚医生收到了一封来自加州大学洛杉矶分校一名外科住院医生保罗·达姆斯写来的信。信中介绍了上述新方法并附了图解。但一年之后，达姆斯仍没有收到麦克龚的任何回音，便于1973年12月，将该标题为《大动脉转位手术法的新设计》(*A proposed operation for transposition of the great vessels*)的文章正式寄给《胸外科年鉴》编辑部。1974年2月6日达姆斯收到《胸外科年鉴》编辑赫伯特·斯隆(Herbert Sloan)[1]的回复："该想法太天真，不能给予发表。"1975年5月达姆斯看到《胸外科年鉴》上发表了一篇题为《右位型大动脉转位手术的新方法》(*A new operation for d-Loop transposition of the great vessels*)的文章，作者是贺拉斯·斯坦塞尔[74]。该文章所介绍的新方法和达姆斯两年前寄给麦克龚及《胸外科年鉴》的文章介绍完全一样。而该杂志编辑赫伯特·斯隆和文章作者贺拉斯·斯坦塞尔是朋友。更奇怪的是，数月后1975年9月，达姆斯又在《梅奥临床杂志》(*Mayo Clinic Proceedings*)上看到一篇同样类似的文章，题为《大动脉转位的解剖矫正法》(*Anatomic correction of transposition of great arteries*)[75]，其作者署名为梅奥心脏中心的迈克尔·凯。而迈克尔·凯又恰好是德怀特·麦克龚主任的助手。又过了几天，达姆斯终于收到了德怀特·麦克龚的回信。信中说："我的确在两年前收到过一封你的来信，但后来再也找不到那封信了。现在想起来你最初提出的那个方法的确是个好方法，不过现已有一些人进行了试验和实践。我提议应将该手术以3个人的名字一同命名为上策，并将你的名字放在首位，即达姆斯-凯-斯坦塞尔手术(D-K-S法)。"此时，达姆斯又写信给《胸外科年鉴》编辑部，询问当初为何拒绝接受他的文章，而现在又发表同样类似文章。编辑部回信正式说明保罗·达姆斯是第一个提出此方法的人，并将保罗·达姆斯的信及编辑部的回复一同发表在该杂志上[73]。

1982年，成为主治医生的保罗·达姆斯终于实现了他10年前的梦想，有机会应用他所设计的方法成功矫正一名3岁患有完全型大动脉转位男孩，并发表在《胸心血管外科》上，标题为《完全型大动脉转位并室间隔缺损的动脉矫正而无须移动冠状动脉》(*Arterial repair without coronary relocation for complete transposition of the great vessels with ventricular septal defect*)[76]。保罗·达姆斯此时感到非常兴奋，他不仅是该伟大(手术)创举的首位设计者，更是第一个实践者。但他兴奋得也许太早了，他尚不知，更万万没有想到，他梦寐以求的手术早在6年之前，就有人先于他成功实践了。

1　赫伯特·斯隆（1914—2013），密歇根大学心外科主任/教授，第10届美国胸外科医师学会主席及长达15年的《胸外科年鉴》编辑。

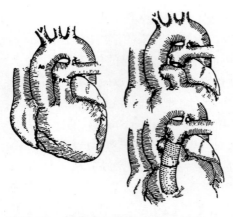

图5-32　贺拉斯·斯坦塞尔发表的D-K-S手术方法描绘图
（摘自 Stansel HC Jr. A new operation for d-loop transposition of the great vessels［J］. Ann Thorac Surg, 1975, 19: 565）

事情发生在世界著名医学中心——梅奥心脏中心的心外科。时间是1976年2月12日（患者5个月婴儿）和1976年7月22日（患者为3岁患儿）。操刀者为著名心外科教授，梅奥心脏中心的心外科主任德怀特·麦克龚。2例手术均完美成功，且2位患儿都长期存活。但是德怀特·麦克龚教授从未以他的名字发表过上述病例，其原因显而易见。直到15年之后的1991年，由时任梅奥心脏中心的心外科主任戈登·丹尼尔森（Gordon Danielson）将这久未发表的两例首创大动脉转位改良手术（达姆斯–凯–斯坦塞尔手术）的过程和结果及其背后的故事公布于世，并发表在同一医学刊物《胸外科年鉴》上[77]。

电邮采访（中文译文）：

2006年3月18日作者

尊敬的达姆斯医生，我是阎鹏，来自芝加哥儿童纪念医院。我要给芝加哥的同道们讲述D-K-S手术的作用及其产生的经过。我相信，您就是那个D-K-S术打头的著名医生达姆斯。通过查阅文献，该手术方法是这样产生的：最先是斯坦塞尔在1975年提出概念，然后由你和凯分别在尸体上独自进行试验和实践，最后由您于1982年成功在临床实现。另外非常想得到一张您的相片以作留念。盼回信。

　　谢谢！

阎鹏

2006年3月19日达姆斯回电邮

尊敬的鹏，我不知道我很著名，只是老了。我让我的儿子通过电子邮件发送给你一张我和两个儿子的合影……实际上的历史和你所讲有一些区别：1972年8月，我正在加州大学洛杉矶分校做外科住院医生。当时我读到梅奥心脏中心的德怀特·麦克龚在《循环》(Circulation)杂志上发表的一篇文章，说马斯塔德手术是不恰当的。然后我开始苦思冥想，如何矫正大动脉转位而又不移动冠状动脉。突然脑海中出现了一幅图案，我当时感到心动过速并立刻用铅笔把它描绘了下来，然后寄给了麦克龚。但很长时间没有音讯。我便找到医学艺术系画师，画了正规图案。我将该图案及我的想法寄给《循环》杂志（被退回）。然后我又将其寄到《胸外科年鉴》，编辑部的总编是赫伯特·斯隆。斯隆回信："太天真，不宜发表。"此时，我感到绝望并放弃了该想法。1975年我突然收到麦克龚的回信，信中说，他将此信丢失，直到两年后才发现。麦克龚又说，他已在患者身上应用此方法，效果很好，只因髂动脉插管出血不止而死亡。麦克龚接着说，该想法已被斯坦塞尔发表在《胸外科年鉴》上，而且编辑赫伯特·斯隆说，此想法英明卓越（他和斯坦塞尔是好朋友）。我立即写信给斯隆。斯隆不得不承认把事情弄糟了。与此同时，梅奥心脏中心的凯神秘般地也发现了这个想法，并发表在《梅奥临床杂志》上。最后还是麦克龚有道德，他讲给全世界的人该想法最初来源于达姆斯，并把我的名字放在"D–K–S术"之首。1982年，是我真正将此方法成功应用于一名5岁患有大动脉转位患儿……

　　鹏，祝愿你好运！

保罗·达姆斯

　　上述故事是保罗·达姆斯2006年3月21日通过电邮对笔者讲述的，并经笔者查阅文献所证实[77]。这的确是D–K–S手术名称的产生经过。但，是剽窃，还是巧合？只有让后人去猜解并吸取教训。

正所谓

　　　　英雄所见略相同，剽窃并非不可能。
　　　　此乃心坛又疑案，留给后人把谜猜。
　　　　幸运达姆斯名留，顺序先后须无争。
　　　　只要方法能救命，故事定会万口称。

勒孔特改良法和心室内修补术

　　勒孔特于1981年对秉廷法做了重要修改。
　　心室内修补术，又称REV术，由勒孔特于1982年发明。

伊夫·勒孔特（Yves LeCompte）

法国巴黎大学教授（University Paris Descartes France）

巴黎儿童医院（Sick Children Hospital Paris）

图5-33　伊夫·勒孔特

（照片由米尔顿·保罗教授提供）

　　1981年法国医生伊夫·勒孔特在巴黎大学儿童医院将束廷术，即大动脉转换术做了重要修改。他将主动脉横切断，将肺动脉放到主动脉前方，再将主动脉重新接上[69]（图5-34）。因此，避免了频发的右肺动脉受压。勒孔特报告了一组13例右位型大动脉转位，在应用新方法后，无1例死亡，故称为勒孔特法，并从那时起就被世人广泛采用（至今仍然沿用）。1982年勒孔特发明心室内修补术，即REV术（法语为Reparation A I'Etage Ventriculaire）（图5-35）。REV术的特点是避免建立右室到肺动脉外通道，因此优于拉斯泰利术。

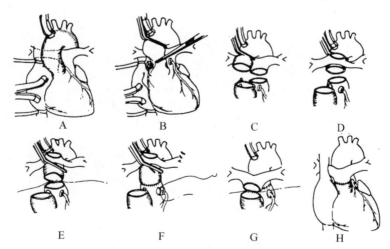

图5-34　勒孔特型大动脉转换术（1981年）

（摘自 Lecompte Y, et al. Anatomic correction of transposition of the great arteries, New technique without use of a prosthetic conduit [J]. Thorac Cardiovasc Surg, 1981, 82: 629）

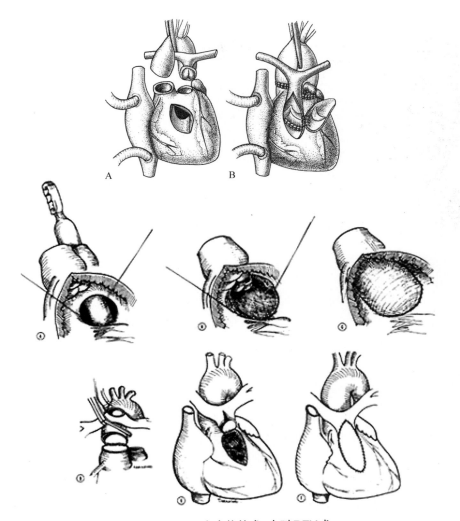

图5-35 心室内修补术,也叫REV术
(摘自 Lecompte Y, Neveux JY, Leca F, et al. Reconstruction of the pulmonary outflow tract without a prosthetic conduit[J]. Thorac Cardiovasc Surg, 1982, 84: 727—733)

■ 双动脉根移位法

二阶堂法(1984年),用于右位型大动脉转位合并肺动脉狭窄/或合并双室流出道狭窄及室间隔缺损(此法避免使用右室至肺动脉外通道)。

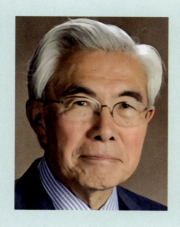

二阶堂久志（Hisashi Nikaidoh）

1934年9月21日—

美国得克萨斯州达拉斯市儿童中心胸心外科主任

图5-36　二阶堂久志

（照片由二阶堂久志本人提供）

履　历

1959年日本东京大学医学院毕业

1960—1964年美国纽约西奈山医院普外住院医生

1965—1967年芝加哥儿童纪念医院心外科住院医生

1968—1969年回日本

1969—1974年芝加哥儿童纪念医院心外科主治医生

1974—1975年克利夫兰凯斯西储大学医院（Case Western Reserve Cleveland）胸外科主治医生

1975—1977年芝加哥儿童纪念医院心外科主治医生

1978—2008年得克萨斯州达拉斯市儿童中心教授及胸心外科主任

2009—2014年俄克拉荷马州圣弗朗西斯儿童医院心外科主任

贡　献

二阶堂术，即双动脉根移位法（1984年）（图5-37），此法用于右位型大动脉转位合并肺动脉狭窄/或合并双室流出道狭窄及室间隔缺损，避免使用右室至肺动脉外通道，且无须触动冠状动脉

座右铭　先做一个好人，才能当一个好医生（The most important quality to be a good physician is to be a good person.）。

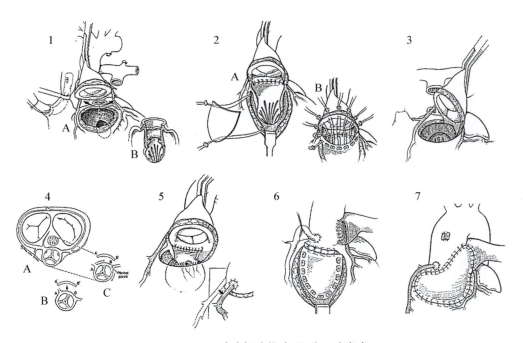

图5-37　双动脉根移位法，又称二阶堂术

（摘自 Nikaidoh H. Aortic translocation and biventricular outflow tract reconstruction［J］. Thorac Cardiovasc Surg, 1984, 88: 365）

电邮采访（中文译文）：

2008年1月9日作者

尊敬的二阶堂医生，我是阎鹏，来自芝加哥儿童纪念医院。最近我院医生Mavroudis和Backer做了一些二阶堂手术，而且该手术在世界上越来越流行。我还听说，您在许多年前曾经在我院工作过。是否能请您介绍一下该手术形成的前后经过及其远期效果。我真心为您创造这一天才手术而感到骄傲。谢谢！

阎鹏

2008年1月16日二阶堂回电邮

尊敬的鹏，首先感谢你的善词。我从1965年开始来到你院……我和Mavroudis及Backer医生都很熟悉，得知他们在做该手术很高兴。拉斯泰利术后患者常因出现外通道狭窄而故去或须频繁更换外通道。我的一个患者就是在成功行拉斯泰利术后因上述原因而故去。于是我得出结论：拉斯泰利术不适合大动脉转位并室缺及肺窄。1983年春，当我在驾驶汽车外出开会的路上，突然萌发出下列想法。我马上让我太太来开车，我可以将想法记录下来。

1. 清除左室流出道狭窄。

2. 直接将左室与主动脉瓣缝合。

3. 游离（切开）狭窄的肺动脉瓣环部，并将肺动脉与右室连接，从而避免使用右室至肺动脉外通道。

4. 无须触动冠状动脉。

1983年6月我遇到一名7岁患有上述心脏疾病的男孩，且做过B-T分流术。我首次应用二阶堂法为该患者行手术。术后一切情况良好（且至今还在正常工作）。该手术的方法及图解发表在1984年9月的《胸心血管外科》期刊上[78]。我一共做了21例该手术，只有1例早期死亡。其余20例术后随访结果都优于拉斯泰利法。我很高兴得知我在芝加哥儿童纪念医院的朋友们也在做该手术。

请代我向所有还记得我的人们问好！

祝你平安。

二阶堂久志

2011年5月13日二阶堂教授被聘为芝加哥儿童纪念医院客座教授，并应邀作报告。二阶堂教授除做了类似于上述故事的讲演外，还进一步总结了多种外科矫正术对大动脉转位合并各类畸形的结果对比。二阶堂教授认为：

拉斯泰利术：对较大患儿患有右室双出口并肺窄及主动脉瓣下狭窄和正常右心室效果好。

川岛术：对陶西-平（右室双出口并肺动脉瓣下室缺及右位型并列主/肺动脉）患者较适合。

REV术：对右室双出口并肺动脉狭窄及主动脉瓣下室缺患儿较好效果（特别用于较小婴儿），其长期效果优于二阶堂术。

二阶堂术：较适合于大动脉转位并室缺、肺窄，或右室双出口并大动脉移位

（malposition of great arteries）及室缺合肺窄。或右室发育不良并流入道室缺，三尖瓣骑跨，或合并冠状动脉起始异常。二阶堂术虽然优于上述诸方法，但是难度很高，且非常费时间。特别对1岁以下或半岁以下患儿难度更大。

　　除上述两位川岛康生、二阶堂久志，以日本人名冠名手术外，还有其他一些以日本人名冠名的手术或心脏病，如竹内术（Takeuchi operation，左冠状动脉起自主肺动脉），今野术（Konno operation，主动脉瓣下心肌肥厚切除术），和田十郎（Juro Wada）与他制作的单叶斜碟瓣（Wada-Cutter），佐野术（Sano operation）即诺伍德改良术（Modified Norwood，为左心发育不全综合征），爆发性心肌病（Takotsubo Cardiomyopathy），川崎病（Kawasaki Disease，冠状动脉留样扩张）等。由于篇幅有限，这里就不逐一详解。

参考文献

［ 1 ］ BAILEY CP, DOWNING DF, GECKLER GD, et al. Congenital interatrial communications: clinical and surgical considerations with a description of a new surgical technic: atrio-septo-pexy［J］. Ann Int Med, 1952, 37: 888–920. (Presented at the 33rd Annual Session of the American College of Physicians, Cleveland, Ohio, April 21, 1952)

［ 2 ］ BAILEY CP, et al. Surgical treatment of forty-six interatrial septal defects by atrio-septo-pexy ［J］. Ann Surg, 1954, 140(6); 805–820.
　　　 BAILEY CP, et al. Cardiac Surgery under hypothermia［J］. The Journal of thoracic surgery, 1954, 27(1): 73–99. Read at the 33rd Annual Meeting of the American Association for Thoracic Surgery, San Francisco, Calif. March 27, 28, and 30, 1953.

［ 3 ］ GROSS RE, et al. A method for surgical closure of interauricular septal defects［J］. Surg Gyn and Obst, 1953, 96(1).

［ 4 ］ LEWIS FJ, TAUFIC M. Closure of atrial septal defects with the aid of hypothermia: experimental accomplishments with the report of one successful case［J］. Surgery, 1953, 33: 52–59.

［ 5 ］ GIBBON JH Jr. Application of a mechanical heart and lung apparatus to cardiac surgery［J］. Minn Med, 1954, 37: 171–180.

［ 6 ］ KING TD, MILLS NL. Secundum atrial septal defects: nonoperative closure during cardiac catheterization［J］. JAMA, 1976, 235: 2506–2509.

［ 7 ］ MILLS NL, KING TD. Nonoperative closure of left-to-right shunts［J］. Thorac Cardiovasc Surg, 1976, 72(3): 371–378.

［ 8 ］ BAILEY CP. Surgical Treatment of mitral stenosis (mitral commisurotomy)［J］. Dis Chest, 1949, 15: 377–397.

［ 9 ］ WESTABY S. Landmarks in Cardiac surgery［M］. Oxford: ISIS Medical Media, 1997: 146–147.

［10］ WESTABY S. Landmarks in Cardiac surgery［M］. Oxford: ISIS Medical Media, 1997: 43–44.

［11］ NORMAN E. Shumway, Our Surgical Heritage: F. John Lewis, MD: 1961–1993［J］. Ann Thorac Surg, 1996, 61: 250–251.

［12］ GIBBON JH Jr. The development of the heart-lung apparatus［J］. Am J Surg, 1978, 135: 608–619.

［13］ GIBBON John H. Report of a case of penetrating wound of the heart. Phila［J］. Med J, 1902, 10: 636–639.

［14］ RAYMOND Hurt, JE Barry. The history of cardiothoracic surgery from early times［M］. Informa Health Care, 1996: 464–465.

［15］ JOHN Heysham, GIBBON IR. A Biographical Memoir by Harris B. Shumacker. JR. National Academy of Sciences. The National Academies(500 Fifth St. N. W. Washington, D. C. 20001).

［16］ GIBBON JH Jr. Application of a mechanical heart and lung apparatus to cardiac surgery. Presented in the symposium on recent advances in cardiovascular physiology and surgery［J］. Minn Mn Med, 1953.

［17］ BLOOM JP, YEO CJ, COHN HE, et al. John H. Gibbon Jr., M. D.: Surgical innovator, pioneer, and inspiration［J］. Am Surg, 2011, 779(9): 112–114.

［18］ LILLEHEI CW, CHHEN M, WARDEN HE, et al. The Direct-Vision Intracardiac Correction of Congenital Anomalies by Controlled Cross Circulation. Results in 32 Patients with Ventricular Septal Defect, Tetralogy of Fallot, and Atrioventricularis Communis Defects［J］. Surgery, 1955, 38: 11–29.

［19］ DENTON A Cooley. In Memoriam C. Walton Lillehei, the "Father of Open Heart Surgery", In: Circulation. 100/1999［J］. American Heart Association, S. 1364–1365.

［20］ G WAYNE Miller. King of hearts: The true story of the maverick who pioneered open heart surgery［M］. New York: Times Books, 2000.

［21］ G. WAYNE Miller. King of hearts: The true story of the maverick who pioneered open heart surgery［M］. New York: Times Books, 2000: 155.

［22］ G. WAYNE Miller. King of hearts: The true story of the maverick who pioneered open heart surgery［M］. New York: Times Books, 2000: 237.

［23］ KIRKLIN JW. A letter to Helen, Presidential address. 59th Annual meeting of the American Association for Thoracic Surgery［J］. Journal of Thoracic and Cardiovascular Surgery, 79: 643.

［24］ VINCENT L Gott. 1999 Cardiothoracic Surgery Network.

［25］ DE WALL RA, WARDEN HE, READ RC, et al. A simple expendable, artificial oxygenator for open heart surgery［J］. Surg Clin N Amer, 1956: 1025–1034.

［26］ DE WALL RA, WARDEN HE, LILLEHEI CW. The helix reservoir bubble oxygenator and its clinical application. Extracorporeal Circulation［J］. Springfield, Illinois: Charles C Thomas, 1958: 41–45.

［27］ SU HX, LIU WY, LIN CJ, et al. Direct repair of ventricular septal defect with the use of cardiopulmonary bypass: a case report［J］. China J Surg, 1959, 7: 557–565(in Chinese).

［28］ DALY RC, DEARANI JA, ZEHR KJ, et al. Fifty Years of Open Heart Surgery at the Mayo

Clinic［J］. Mayo Clinic Proceedings, 2005, 80(5): 636−640.

［29］ KIRKLIN JW, DUSHANE JW, PATRICK RT, et al. Intracardiac surgery with the aid of a mechanical pump-oxygenator system (Gibbon type): report of eight cases［J］. Mayo Clin Proc, 1955, 30: 201.

［30］ CRAFOORD C. Discussion on mitral stenosis and mitral insufficiency. In: Lam C. R., ed. Proceedings of the International Symposium on Cardiovascular Surgery, Henry Ford Hospital, Detroit, Michigan［J］. Philadelphia：Saunders, 1955: 202−211.

［31］ SHUMACKER HB. The Evolution of cardiac Surgery［M］. Indiana university press, 1992: 273.

［32］ STEPHENSON Larry W, ARBULU Agustin, BASSETT Joseph S. Forest Dewey Dodrill: heart surgery pioneer. Michigan Heart, Part II［J］. Journal of cardiac surgery, 2002, 17(3): 247−259.

［33］ COOLEY DA, CASTRO-VILLAGRANA B, DEBAKEY ME, et al. Use of temporary cardiopulmonary bypass in cardiac and aortic surgery: report of 134 cases［J］. Postgrad Med, 1957, 22: 479−480.

［34］ COOLEY DA, BELMONTE BA, ZEIS LB, et al. Surgical repair of ruptured interventricular septum following acute myocardial infarction［J］. Surgery, 1957, 41: 930−937.

［35］ Take A Guess: How Many Annual Open Heart Surgery Operations? Posted by Adam Pick, July 29, 2008.

［36］ STEPHENSON LW, KIRKLIN JW. Reminiscences of a Surgical Resident［J］. Card Surg, 200?, 19: 367−374.

［37］ BORROUGHS JT, KIRKLIN JW. Complete surgical correction of total anomalous venous connection. Report of three cases. Proc. Stall meetings［J］. Mayo Clinic, 1956, 31: 182.

［38］ KIRKLIN JW. Open-heart surgery at the Mayo Clinic. The 25th anniversary［J］. Mayo Clin Proc, 1980, 55(5): 339−341.

［39］ GEBODE F, HULTGREN H, MELROSE D, et al. The syndrome of left ventricular—right atrial shunt: Successful repair of defect in 5 cases. With observation of bradycardia on closure ［J］. Ann Surg, 1958, 148: 433−446.

［40］ BAFFES Thomas G. A new method for the surgical correction of transposition of the aorta and pulmonary artery［J］. Surg Gynec and Obst, 1956, 102: 227−233.

［41］ MAVROUDIS C, BACKER CL, GEVITZ M, et al. Revisiting the Baffes Operation: its Role in Transposition of the Great Arteries［J］. The Annals of Thoracic Surgery, 2014, 97(1) 373−377.

［42］ COOLEY DA. In memoriam: Tribute to Ake Senning, pioneering cardiovascular surgeon［J］. Tex Heart Inst J, 2000, 27(3): 234−235.

［43］ SENNING Ake. Surgical correction of transposition of the great vessels［J］. Surgery1959, 45: 966−980.

［44］ THOMAS F Lüscher, KEITH Barnar. European Perspectives in Cardiology［J］. Circulation, 2007, 6.

［45］ O Aquilina. A brief history of cardiac pacing Images［J］. Paediatr Cardiol, 2006, 8(2): 17−81.

［46］ MUSTARD WT. Successful two-stage correction of transposition of the great vessels［J］. Surgery, 1964, 55: 469−472.

［47］ BOVE EL. Senning's procedure for transposition of the great arteries［J］. Ann Thorac Surg, 1987, 43: 678-680.

［48］ KONSTANTINOV IE, ROSAPEPE F, DEARANI JA. A Tribute to Giancarlo Rastelli［J］. Ann Thorac Surg, 2005, 79: 1819-1823.

［49］ RASTELLI GC, KIRKLIN JW, TITUS JL. Anatomic Observations on Complete Form of Persistent Common Atrioventricular Canal with Special Reference to Atrioventricular Valves ［J］. Mayo Clin Proc, 1966, 41: 296.

［50］ RASTELLI GC, KIRKLIN JW, KINCAID OW. Angiocardiography in persistent common atrioventricular canal［J］. Mayo Clin Proc, 1967, 42: 200-209.

［51］ RASTELLI GC, TITUS JL, MCGOON DC. Homograft of ascending aorta and aortic valve as a right ventricular outflow An experimental approach to the repair of truncus arteriosus［J］. Arch Surg, 1967, 95: 698-708.

［52］ MCGOON DC, RASTELLI GC, et al. An operation for the correction of truncus arteriosus ［J］. JAMA, 1968, 205: 69.

［53］ RASTELLI GC, WALLACE RB, ONGLEY PA. Complete repair of transposition of the great arteries with pulmonary stenosis［J］. Circulation, 1969, 39: 83-95.

［54］ DEARANI JA, DANIELSON GK, PUGA FJ, et al. Late results of the Rastelli operation for transposition of the great arteries［J］. Semin Thorac Cardiovasc Surg Pediatr Card Surg Annu, 2001, 4: 3-15.

［55］ ROSS DN, SOMERVILLE J. Correction of pulmonary atresia with a homograft aortic valve ［J］. Lancet, 1966, 2: 1446-1447.

［56］ MCGOON D. Origin of both great vessels from the right ventricle［J］. Surg Clin N Am, 1961, 41: 1113-1120.

［57］ PATRICK DL, MCGOON DC. An operation for double-outlet right ventricle with transposition of the great arteries［J］. Cardiovasc Surg (Torino), 1968, 9: 537-542.

［58］ ROSS DN. B. SC. Cape Town, F. R. C. S HOMOGRAFT REPLACEMENT OF THE AORTIC VALVE［J］. The Lancet, 1962, 280(7254): 487-488.

［59］ ROSS DN. Replacement of aortic and mitral valves with a pulmonary autograft［J］. Lancet, 1967; 956-958.

［60］ KAWASHIMA Y, et al. Intraventricular rerouting of blood for the correction of Taussig-Bing malformation［J］. Thorac Cardiovasc Surg, 1971, 62: 825.

［61］ KAWASHIMA Y, HIROSE H, et al. Total cavopulmonary shunt operation in complex cardiac anomalies. A new operation［J］. Thorac Cardiovasc Surg, 1984, 87(1): 74-81.

［62］ JATENE Adib Di, et al. Anatomic correction of transposition of the great vessels［J］. Thorac Cardiovasc Surg, 1976, 72: 364-370.

［63］ AIELLO VD, BOSISIO IBJ. Adib Domingos jatene. Paediatric Cardiology Hall of Fame［J］. Cardiol Young, 2002, 12: 479-483.

［64］ MUSTARD WT, CHUTE AL, VLAD P. A surgical approach to transposition of the great vessels with extracorporeal circuit［J］. Surgery, 1954, 36; 39-51.

［65］ BAILEY CP, COOKSON MB, NETTUNE WB. Cardiac surgery with hypothermia［J］. Thorac Surg, 1954: 2773-2791.

[66] SENNING AKE. Surgical correction of transposition of the great vessels[J]. Surgery, 1959; 45: 966–980.

[67] IDRISS FS, GOLDSTEIN IR, POTTS WJ. A new technique for complete correction of transposition of the great vessels[J]. Circulation, 1961, 24: 511.

[68] YACOUB M, RADLEY-SMITH R, MACLAURIN R. Two-stage operation for anatomical correction of transposition of the great arteries with intact interventricular septum[J]. Lancet, 1977, 1: 1275–1278.

[69] LECOMPTE Y, ZANNINI L, NEVEUX JY. Anatomic correction of transposition of the great arteries[J]. Thorac Cardiovasc Surg, 1981, 82: 629–631.

[70] "Pioneering surgery saves baby born 3 months early" -CNN. com article dated February 17, 2005.

[71] MICHAEL Ruhlman. Walk on water Inside an Elite Pediatric Surgical Unit[M]. The Penguin Group, 2003: 46–47.

[72] DOMINGO Marcolino Brail, MOACIR Fernandes de Godoy. History of heart surgery in the world. Tribute to 100 years of the birth of professor[J]. Zerbini, 2002.

[73] DAMUS PS. Correspondence[J]. Ann Thorac Surg, 1975, 20: 724–725.

[74] STANSEL HC Jr. A new operation for d-loop transposition of the great vessels[J]. Ann Thorac Surg, 1975, 19: 565–567.

[75] KAYE MP. Anatomic correction of transposition of great arteries[J]. Mayo Clin Proc, 1975, 50: 638–640.

[76] DAMUS PS, et al. Arterial repair without coronary relocation for complete transposition of the great vessels with ventricular septal defect[J]. Thorac Cardiovasc Surg, 1982, 83: 316–318.

[77] DANIELSON GK. Damus-Stansel-Kaye Procedure: Personal Observations[J]. Ann Thorax Surg, 1991, 52: 1033–1035.

[78] NIKAIDOH H. Aortic translocation and biventricular outflow tract reconstruction[J]. Thorac Cardiovasc Surg, 1984, 88: 365.

第六章 人工心脏瓣发展史

Chapter 6 History of Prosthetic Valves

一、概　述
Ⅰ. Brief Introduction

　　自从1961年3月11日，美国女医生尼娜·布朗沃尔德（Nina Braunwald）首次在人体内成功置换人工心脏瓣以来，全世界每年有数万患者获益于人工瓣。目前在中国，每年大约有6 000余例人工瓣置换接受者，换瓣手术约占全部成人心脏手术的25%。据估算全世界约有200多万人接受了人工瓣置换术。95%的人工瓣为机械瓣，5%为人工生物瓣。大约70%置入在二尖瓣位置，25%置入在主动脉瓣位置，其余置入在三尖瓣和肺动脉瓣位置。全世界约有25家人工瓣工厂并先后生产约90种不同类型的人工瓣。随着手术技术的改善和许多相关技术的进步，手术死亡率已降到3%的范围之内。人工瓣置换术已成为成人危重瓣膜功能失常或儿童患者患有先天性瓣膜下移、闭锁、缺损等畸形最好的和最常用的治疗方法。人工机械瓣虽寿命耐久，但常会产生血栓。因此，患者需接受终身抗凝及频繁的定期验血。人工生物瓣虽没有前述问题，但其寿命只有15 ～ 20年。因此，卡彭特人工瓣环（Carpentier Ring）的问世，以及卡彭特医生精湛的瓣膜成形 / 修补和瓣膜重建术都为患者提供了新的选择。

部分常见人工心脏瓣膜类型

1. 人工机械瓣（Mechanic Prosthetic Valve）

（1）球笼瓣（Ball-caged Valve）

Braunwald-Cutter[1]

Starr-Edwards

Debakey-Surgitool

Magovern-Cromie

Smeloff-Cutter

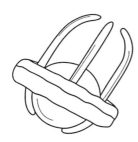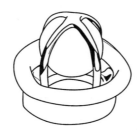

| Smeloff-Cutter 球笼瓣 | Starr-Edwards 硅胶球瓣 | Magoven-Cromic 球笼瓣 |

图6-1　一些球笼瓣示意图

（2）中心碟瓣（Central Disc Valve）

Beall-Surgitoo

Cooley-Bloodwell-Cutter

Kay-Shiley

Starr-Edwards

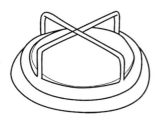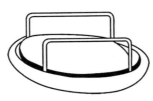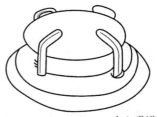

| Starr-Edwards 中心碟瓣 | Kay-Shiley 中心碟瓣 | Cooley-Bloodwell-Cutter 中心碟瓣 |

图6-2　一些中心碟瓣示意图

1　因这些瓣膜名称国内并未有通用译法，故此处保留英文原文。

（3）斜碟瓣（Titling Disc Valve）

Wada-Cutter

Bjork-Shiley

Lillehei-Kaster

Lillehei-Medical

Cruz-Kaster

Lillehei-Kaster 斜碟瓣　　Bjork-Shiley 斜碟瓣　　Lillehei-Medical 斜碟瓣　　Cruz-Kaster 斜碟瓣

图6-3　一些斜碟瓣示意图

（4）双叶碟瓣（Bileaflet Disc）

St.Jude Prosthetic Valve

Medtronic Mechanical Valve

2. 人工生物瓣（Bio-Prosthetic Valve）

（1）猪 主 动 脉 改 良 瓣（Porcine Aortic Valve Xenograft）

图6-4　St.Jude 双叶碟瓣示意图

Angell-Shiley Valve

Canpentier-Edwards Valve

Hancock Valve

（2）牛心包瓣（Bovine Pericardial Xenograft）

Ionescu Pericardial Valve

Ionescu-Shiley Valve

Edwards Pericardial Valve

图6-5　Canpentier-Edwards猪主动脉瓣人工改良瓣示意图

（3）猪心包及马心包瓣（Porcine and Equine Pericardial Xenograft）

3. 人体同种瓣移植（Homograft）

（1）主动脉同种瓣（Aortic Valve Homograft）

（2）二尖瓣同种瓣（Mitral Valve Homograft）

图6-6　Ionescu-Shiley牛心包人工改良瓣示意图

4. 人体自体瓣移植（Autograft）

（1）自体肺动脉瓣移植（Pulmonary Valve Autograft）

（2）自体主动脉瓣移植（Aortic Valve Autograft）

二、杰出贡献者
Ⅱ. Outstanding Contributors

尼娜·布朗沃尔德（Nina Starr Braunwald）

医学博士

1928年3月2日—1992年8月5日

哈佛大学医学院副教授布里格姆和妇女医院

（Brigham and Women's Hospital）心外科医生

图6-7　尼娜·布朗沃尔德

（照片由萧镭提供）

履　历

1946年纽约大学学士学位

1952年纽约大学医学院医学博士

1952—1955年纽约的贝尔维尤（Bellevue）医院做普外训练

1955—1957年乔治城（Georgetown）大学外科总住院医生

履　历

1958—1965年美国国家卫生研究总院（NIH），国家心肺血液研究院（National Heart Lung and Blood Institute, NHLBI）

1965—1968年美国国家卫生研究院外科副主任

1968—1972年加州大学圣地亚哥分校外科副教授

1972—1992年哈佛大学布里格姆和妇女医院副教授及外科医生

贡　献

1958年美国第一个注册女心外科医生（board certified in cardiac surgery）

1960年3月11日世界首次成功实施人工心脏瓣膜置换术

发　表

论文150余篇

荣　誉

美国胸外科学会（AATS）第一个女会员

20世纪60年代事迹曾被美国《时代周刊》（Time）及《生活》（Life）等著名杂志刊登

1964年由马里兰商业和职业妇女联盟评为"年度妇女奖"

1965年由美国妇女之最评为"医学界杰出妇女奖"

美国胸外科研究及教育基金会（TSF）在她死后成立以她名字命名的科研基金（Nina Starr Braunwald Research Grant），每年4万美元（期限2年）

2009年秋，美国总统奥巴马在NIH重启和再投资基金会上讲话时，多次提及尼娜的名字，并表彰了她为科学奋斗的伟大精神

爱　好

绘画，雕塑，骑马，执着敬业

尼娜·布朗沃尔德，娘家姓斯塔尔（Starr），1928年3月2日生于纽约的布鲁克

林（Brooklyn）一个医生家庭。她从小受到良好的家庭教育，因得于父亲影响，立志长大后成为一名医生。1946年纽约大学毕业后，又以优异的成绩考入本校的医学院。1952年尼娜不仅获得医学博士学位，还和她的大学及医学院同班高才生，尤金·布朗沃尔德[1]（Eugene Braunwald）喜结良缘，从此改名为尼娜·布朗沃尔德。1958年她在完成总住院医训练后，应招来到美国国家卫生研究总院心外科，成为全美国第一个注册女心外科医生。1959年起，尼娜就开始与她的同事安德鲁·莫罗（Andrew Morrow，1922—1982年）共同研究人工二尖瓣的设计和制作，并亲手将聚氨酯（polyurethane）及涤纶布（teflon）织成二尖瓣腱索，然后在狗身上进行系列实验。尼娜心灵手巧，不仅巧织人工瓣，而且还擅长修补心房间隔缺损、心室间隔缺损及缝合未闭的动脉导管，是心外科界名副其实的能工巧匠。

瓣膜置换，世界首创

　　1960年3月11日，当时只有32岁的尼娜·布朗沃尔德，成功将她亲手研制的人工二尖瓣替换给一位44岁患有严重二尖瓣反流的女患者。患者术后一帆风顺，恢复良好，直到4个月后，由于心律失常猝死。尼娜·布朗沃尔德的这一成功，是具有划时代意义的伟大创举。她和她的同道们将这条史无前例的人工瓣膜置换术消息刊登在1960年7月出版的《胸心血管外科杂志》（*J Thorac Cardiovasc Surg*, 1960, 40: 1–11）上[1,2]。直到整整6个月之后，1960年9月21日，艾伯特·斯塔尔（Albert Starr）在美国俄勒冈大学医学中心（the University of Oregon Medical School）成功地将他与洛尔·爱德华兹（Lowell Edwards）共同研制的球笼瓣置换给一位52岁患有严重二尖瓣狭窄及关闭不全的男性患者[3]。由于尼娜的人工瓣简陋，织造烦琐，流体力学上又欠科学，所以没能得到推广。不久她便与卡特（Cutter）合作共同研制机械球笼瓣。因此，在绝大多数的心脏教科书及医学科普甚至一些专科文献中，都错误地将艾伯特·斯塔尔于1960年9月21日所行的人工球笼机械瓣置换术称为世界第一例。

夫唱妇随，教子有方

　　尼娜·布朗沃尔德和她的先生尤金·布朗沃尔德共育有3个女儿。由于丈夫多次调换工作，她也跟随丈夫不停地调换工作。尼娜不仅每日看患者，做手术，搞

1　尤金·布朗沃尔德（Eugene Braunwald），医学博士，1929年8月15日出生，哈佛大学医学院心内科教授（曾任大内科主任），美国科学院院士（Member of U.S. National Academy of Sciences）。尼娜·布朗沃尔德医生的丈夫。他共发表1 000余篇学术论文，其所著的心脏教科书（*Braunwald Heart Disease—A Text Book of Cardiovascular Medicine*）再版了10次。

科研,还要照顾好先生,哺育3个女儿,操劳家务。从而使她的先生成为一名杰出的心内科专家,3个女儿也分别成才,大女儿是精神病科医生,二女儿是内分泌科医生,小女儿是律师。尼娜·布朗沃尔德可谓是"心脏外科界女子第一人"[4]。

艾伯特·斯塔尔(Albert Starr)
医学博士
1926年6月1日—
美国俄勒冈大学医学院教授
俄勒冈卫生科学院心脏及血管研究所所长

图6-8 艾伯特·斯塔尔
(照片由艾伯特·斯塔尔本人提供)

履 历

1946年哥伦比亚大学学士学位

1949年哥伦比亚大学医学院博士

1949—1950年约翰霍普金斯医院实习

1950—1951年哥大医学院贝尔维尤医院普外实习

1951—1953年朝鲜战场服役(野战外科医生)

1953—1957年哥大长老会医院(Presbyterian Hospital)胸外训练

1957—2011年俄勒冈大学医院心外科主治医生

1965—1990年正教授及心外科主任

1986—2010年俄勒冈卫生科学院心脏及血管研究所所长

2011年起俄勒冈卫生科学院特别顾问

贡 献

1960年9月21日成功将人工球笼机械瓣置换给一位52

贡　献	岁患有严重二尖瓣狭窄及关闭不全的男性患者（与工程师洛厄尔·爱德华兹共同研制的球笼瓣置）[3]
发　表	论文约364篇（截至2007年1月4日）
荣　誉	2007年获拉斯克奖

洛厄尔·爱德华兹（Lowell Edwards）
1898年1月18日—1982年4月8日

图6-9　爱德华兹（左）与斯塔尔
（照片由斯塔尔教授提供）

英雄巧遇，所见略同

　　洛厄尔·爱德华兹是一名具有63项专利发明的电机及流体动力学工程师（其中包括第二次世界大战时美战机空气离心燃料泵的专利）。1958年12月起，这个60多岁的天才工程师又开始梦想着如何制作人造心脏。于是他便联系上刚到此地不久的俄勒冈大学医学中心外科医生，年仅32岁的艾伯特·斯塔尔。爱德华兹对斯塔尔说："心脏就是一个泵，制造起来并不复杂。我只需要一个医生帮助我。"斯塔尔回答："这是一个伟大的设想，我相信总有一天它会应用于人类。但是我们今天连人工心脏瓣膜都还没有人制作成功。"爱德华兹认为："有道理，应先研制哪个瓣膜？"斯塔尔说："乔治城大学医学中心的查尔斯·胡夫纳格尔（Charles Hufnagel）曾在1952年9月尝试过将含硅橡胶球的塑料管置入降主动脉内，以辅助阻止主动脉瓣反流。但那只是个辅助器，非人工心脏瓣。因此我们应该研制真正的人工二尖瓣。"达成共识后，两人约定每周见面一次，每次商讨数小时。从设计到取材，从概念到样品，共花了13个月的时间。终于在1960年初，这个著名的以两人名字命名的斯塔尔-爱德华兹（Starr-Edwards）人工球笼机械瓣研制成功。经过8个月的满意动物实验（80%长期存活）及院方的支持，终于决定用于临床[3]。1960年8月第一例，25岁女患者患有严重风湿性二尖瓣病变及心力衰竭，术后一天内死于气栓。第二例1960年9月21日，52岁男性患者患有严重二尖瓣狭窄及关闭不全。手术成功，术后恢复顺利。患者存活10多年，最终死于事故（从梯子上摔下）。截至2011年全世界约有超过25万个Starr-Edwards人工球笼机械瓣被置换到患者身上。

洛厄尔·爱德华兹还与法国医生阿兰·卡彭特（Alain Carpentier）合作成功研制卡彭特-爱德华兹（Carpentier-Edwards）人工生物瓣[5,6,7]。

瓦伊金·比约克（Viking Olov Björk）
医学博士
1918年12月3日—2009年2月18日
瑞典斯德哥尔摩大学教授
卡罗林斯卡医学院，亦称皇家卡罗琳学院
（Karolinska Institute）心外科主任

图6-10　瓦伊金·比约克
（照片由亚历山大·马斯特教授提供）

履　历

1918年生于瑞典的达勒卡里亚（Dalecarlia）省
1937年考入斯德哥尔摩大学医学预科班
1940—1944年瑞典隆德大学医学院（Lund University）
1944—1945年英国皇家心肺中心（Royal Brompton Heart and Lung Hospital）实习，在著名心脏专家拉塞尔·布罗克（Russell Brock）、都德·爱德华兹（Tudor Edwards）和普莱

履历

斯·托马斯（Price Thomas）的指导下受训

1945—1949年瑞典斯德哥尔摩萨巴兹伯格（Sabbatsberg）医院，在克拉伦斯·克拉福德手下做主治医生

1950—1952年美国进修，先后去了钱伯林（Chamberlin）、丘吉尔、格罗斯、布莱洛克、格兰汉姆（Graham）、比奇洛（Bigelow）、奥克斯纳（Ochsner）及弗兰克·葛伯迪等处参观学习

1952—1958年斯德哥尔摩的萨巴兹伯格医院心外科主治医生

1958—1966年瑞典乌普萨拉大学（Uppsala University）医院胸心外科主任

1966—1983年皇家卡罗琳学院心外科主任

贡献

1947年与克拉伦斯·克拉福德医生及安德森工程师合作发明早期转碟氧合器

1954年与克拉福德和阿克·森宁两位医生及安德森工程师合作，成功研制世界第二台克拉福德-森宁型体外循环机，并用该机首次成功切除左房黏液瘤（1954年8月14日）

1952年行经皮左心导管测量左房压及造影

1969年1月19日与美国工程师唐纳德·希利（Donald Shiley）合作共同研制金属单叶斜碟瓣（Bjork-Shiley Titling Disc Valve），并首次成功置换于主动脉瓣位置上[8]，1970年开始用于二尖瓣置换[9]。该瓣膜比以前的球笼瓣、中心碟瓣及Wada-Cutter单叶斜碟瓣都先进很多，即体积小、瓣口流量大，因此在20世纪70—80年代在世界范围内得到广泛应用。但20世纪80年代后期，一些瓣膜出现质量问题，加之双叶瓣的问世，很少有人再使用Bjork-Shiley瓣

发表

发表论文至少123篇［仅限从文献服务检索系统（Pubmed）检索到的英文论文］[10,11,12,13]

和田十郎（Juro Wada）
1922年3月11日—2011年2月14日
日本北海道札幌医学中心胸心外科教授

1922年出生在日本札幌

1944年日本北海道（Hokkaido）大学医学院医学博士

1949年获哲学博士

1950年美国明尼苏达大学医院进修，师从欧文·万根斯坦

1952—1953年美国俄亥俄州立大学医学院胸心外科总住院医生

1953—1954年在哈佛大学，范德比尔特（Vanderbilt）和约翰霍普金斯医院学习胸心外科

1954年回到日本札幌大学医院心外科，先后任助理教授、副教授到教授

1967年1月27日，在第四届美国胸外医师学会年会上（Annual Meeting of The Society of Thoracic Surgeons）首次介绍了他的Wada-Cutter单叶斜碟瓣的临床试用经验[14]。1968年8月7日，在日本北海道札幌医学中心将一名21岁溺水学生的心脏成功移植给一名18岁男性患者，受者存活83天。此为日本首例心脏移植。和田十郎后被任聘为东京女子医学院及日本心脏研究所大外科主任。和田十郎发表论文千余篇，并于1987年退休。和田十郎于2010年2月逝世。为了纪念他对日本心脏界的伟大贡献，东京心肺研究所正式命名为"和田十郎心肺研究所"[15]。

唐纳德·罗斯（Donald Nixon Ross）
医学博士
1922年10月4日—2014年7月7日
英国伦敦国家心脏医院（National Heart Hospital London）

图6-11　唐纳德·罗斯
（照片由亚历山大·马斯特教授提供）

履　历

1946年毕业于南非的开普敦大学（University of Cape Town）

1952—1954年英国布里斯托尔皇家医院（Bristol Royal Infirmary）住院医生和外科专科

1958年盖伊医院，在心外科大师洛德·布罗克（Lord Brock）手下工作

1958—1963年英国盖伊医院胸外科主治医生

1963—1970年伦敦国家心脏医院（National Heart Hospital）心外科

2014年7月7日在英国伦敦病逝，享年91岁

发　表

著作有1962年出版的《心脏外科的诊断指南》（A Surgeon' Guide to Cardiac Diagnosis）

贡　献

1962年主动脉瓣同种瓣移植[16]

1966年2月14日应用同种主动脉瓣外通道治疗肺动脉闭锁[17]（早于拉斯泰利2年）

1967年发明罗斯术（Ross Procedure）：将受损的主动脉瓣切掉，再将该患者的肺动脉瓣移植到主动脉瓣处，然后再用同种带瓣主动脉吻合到肺动脉处[18]（图6-7）

1968年5月3日在国王学院医院（King's College Hospital）为一名45岁男性患者行英国第一例心脏移植（世界第15例心脏移植），该患者幸存了46天[19]

南非两才子，心坛试比高

唐纳德·罗斯1922年10月4日生于南非的金伯利（Kimberley）。父母为逃避穷困，从苏格兰来到南非闯荡。罗斯从小聪颖好学，18岁考进南非最难进的开普敦大学医学院并与克里斯蒂安·巴纳德（Christiann Barnard）同窗6年。毕业

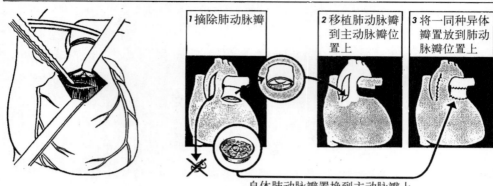

1 摘除肺动脉瓣
2 移植肺动脉瓣到主动脉瓣位置上
3 将一同种异体瓣置放到肺动脉瓣位置上

自体肺动脉瓣置换到主动脉瓣上

图6-12 罗斯术

[摘自 Donald N Ross. B. Sc. Cape Town, F.R.C.S.: Replacement of Aortic and Mitral Valves with A Pulmonary Autograft[J]. The Lancet, 1967, 7523(2): 956–958]

时罗斯获金奖荣誉。1946年,罗斯和巴纳德又同时入选最难进的格罗特舒尔医院
(Groote Schuur Hospital)实习。1年后即1948年,罗斯考取奥利弗(Oliver Scholar)
出国奖学金(2年额度)并选英国皇家外科学院(Royal College of Surgeons)进修。
此时的罗斯,少年得志,雄心勃勃,决心要放眼世界,大展宏图。由于英国的科研
环境、外科的技术水准以及生活的物质条件都远远优于南非,2年后,这个南非年
轻才子决定留在英国寻求发展。十数载之后,罗斯在心外科诸多方面都有创新之
举。如1962年同种主动脉瓣移植替换病变的主动脉瓣[16];1966年2月14日,应用
同种主动脉瓣外通道为一名8岁男孩成功矫正肺动脉闭锁畸形[17](早于拉斯泰利
术18个月);1967年应用自体肺动脉瓣替换自体主动脉瓣治疗主动脉瓣病变[18],
人称罗斯术(Ross Procedure)等。巴纳德眼看同学罗斯远走高飞,在英国如鱼得
水,内心暗想:君子之争,十年不晚。8年之后的1956年,巴纳德终获奖学金取得
去美国明尼苏达大学学习的机会。2年之后,巴纳德留美结束按时回国。他不仅
带回先进的心外科技术,还带回一台体外循环机。面壁十年图破壁,1967年12月3
日克里斯蒂安·巴纳德在南非开普敦,格罗特舒尔医院成功完成世界首例心脏移
植术。这一伟大创举,终于超过了他的老同学唐纳德·罗斯,不仅震惊医学界,而
且还得到了整个世界的瞩目和敬仰。5个月之后,1968年5月3日,唐纳德·罗斯
才在英国伦敦国家心脏医院,成功进行了英国首例心脏移植术(世界第15例心脏
移植),患者男45岁(捐者男26岁),存活46天。自从两人医学院毕业,龟兔赛跑20
载,巴纳德终于领先。唐纳德·罗斯只能俯首称臣。然而,两者的人生都尚未结
束,谁能笑到最后,才是笑得最好。唐纳德·罗斯仍像已往一样,每日勤奋工作,为

患者解除痛苦,并到中东、亚洲、非洲的落后地方做手术并传播他高超的心脏外科技巧。而克里斯蒂安·巴纳德成名之后,很少再进入手术室,成了名副其实的花花公子[1]。[19]

　　罗斯1997年退休。2014年7月7日,唐纳德·罗斯病逝伦敦,终年91岁。试想:假设当年唐纳德·罗斯留英2年按期回国,他是否能成为世界首例心脏移植术缔造者? 当然,历史是没有假设的。

阿兰·卡彭特(Alain Frédéric Carpentier)
医学博士,哲学博士
1933年8月11日—
法国巴黎皮埃尔和玛丽居里大学(Pierre and Marie Curie University)教授
心脏瓣膜修补之父(the Father of modern heart valve repair)

图6-13　阿兰·卡彭特
(照片由卢恰娜·杨教授提供)

履　历

　　1933年8月11日生于法国西南部的图卢兹(Toulouse)
　　1966年巴黎大学医学院医学博士
　　1975年巴黎大学医学院哲学博士
　　1985年巴黎皮埃尔和玛丽居里大学教授
　　2007年巴黎乔治蓬皮杜医院(Georges Pompidou Hospital)

贡　献

　　1966年摄取并加工制作异种(猪)主动脉瓣(heterografts)并置换到房室瓣位置上
　　1968年发现并使用戊二醛(gluteraldehide)对同种或异种

1　以上部分摘自1997年8月13日唐纳德·罗斯访谈录。

贡 献

心脏瓣膜进行浸泡/处理

1969年发明卡彭特人工瓣环，亦称Carpentier-Edwards Ring

1969年成功将戊二醛处理过的猪主动脉瓣（即Carpentier-Edwards瓣）移植到人主动脉瓣位置上（与洛厄尔·爱德华兹共同制作，仅限临床实验阶段，直到1971开始上市）

1983年发表一篇里程碑式的文章《法国修补术》(The French Correction)[20]，详细介绍了他对瓣膜成形/修补及瓣膜重建术的情况

2013年12月18日成功行欧洲第一例人工心脏移植术，接受者为76岁男性，存活74天

2014年8月5日在法国南特大学医院（University of Nantes Hospital）成功行第二例人工心脏移植术，接受者为68岁男，手术时长6.5小时，患者存活270天[21,22]

发 表

论文460余篇

荣 誉

2007年荣获拉斯克奖

人称"心脏瓣膜修补之父"

法国科学院（French Academy of Sciences）院士

法国科学院院长（2011—2012年）

阿兰·卡彭特不愧为瓣膜大师及修补之父

虽然人工机械瓣寿命耐久，但常会产生血栓，因此患者需接受终身抗凝及频繁的定期验血。人工生物瓣虽没有前述问题，但其寿命只有15～20年。因此，卡彭特人工瓣环的问世，以及卡彭特医生精湛的瓣膜成形/修补和瓣膜重建术都为患者提供了新的选择。他的瓣膜成形术可达到尽乎完美的程度，而且可稳定持续30多年，人称"法国修补术"（The French Correction）[20]。为了推广和普及这一先进

的高难度技术,卡彭特每年都举办三期"瓣膜成形学习班",又叫"二尖瓣俱乐部(Club Mitrale)",先后培养了来自世界各国(多来自美国)数以千计的心外科医生。不但如此,他还到越南等一些发展中国家(其中包括非洲的17个讲法语国家)去做手术,并亲自手把手教那里的医生如何进行瓣膜修补及重建术。阿兰·卡彭特这种毫无保留地将他个人发明的技巧无私地传授并广泛地普及给所有的心外科同仁,确实是他的伟大之处。也因此,他受到了世人的敬仰[1]。[23]

查尔斯·胡夫纳格尔(Charles A. Hufnagel)
医学博士
1916年8月15日—1989年5月31日
美国乔治城(Georgetown)大学医学中心胸心外科主任

查尔斯·胡夫纳格尔1916年8月15日生于肯塔基的路易斯维尔(Louisville),在圣母大学(University of Notre Dame)取得学士学位,在哈佛大学取得医学博士学位。1952年9月在美国乔治城大学医学中心将含硅橡胶球的塑料管置入一名30岁患有严重主动脉瓣损害的女患者的降主动脉内,以辅助阻止主动脉瓣反流[24,25]。该患者术后症状明显改善,且存活了近10年,后死于其他原因[26]。1974年,美国总统理查德·尼克松(Richard M. Nixon)因"水门"事件需出庭作证,而总统律师提出尼克松因健康原因不能出庭。美国最高法院大法官任命查尔斯·胡夫纳格尔为审查总统健康医疗小组组长。他共发表医学论文近400篇。

唐纳德·希利(Donald Pearce Shiley)
1920年1月19日—2010年7月31日

唐纳德·希利1951年毕业于美国波特兰大学(University of Portland)。他和沃伦·汉考克(Warren Hancock)都是工程师,并都曾在洛厄尔·爱德华兹的实验室一起进行人工瓣制造工作。1964年,希利离开爱德华兹的实验室,并成立了希利实验室。然后他开始研制斜碟式人工机械瓣,并与瑞典心外科医生瓦伊金·比约克合作。1969年1月19日两人共同研制金属单叶斜碟瓣(Bjork-Shiley Titling

---

1　以上部分摘自2000年9月16日阿兰·卡彭特访谈录。

Disc Valve），并首次成功置换于主动脉瓣位置上。由于该瓣在血流动力学上的设计优于Starr-Edwards的球笼机械瓣，因此在世界范围内得到广泛应用（约86 000余例），希利在经济上得到丰厚的回报。数年之后，由于瓣叶出现功能障碍及支架变形和断裂等问题（619例，约占0.72%），招致诸多法律纠纷。1986年美国食品药品管理局（Food and Drug Administration, FDA）下令停止在美使用。唐纳德·希利晚年将他的绝大部分积蓄捐献给了慈善事业：包括2007年捐给母校波特兰大学1 200万美元，2012年捐给公共广播公司（Public Broadcasting Service, PBS）100万美元。

沃伦·汉考克曾是洛厄尔·爱德华兹公司的副总裁，当得知卡彭特1969年正在研制应用戊二醛处理猪主动脉瓣并移植到人主动脉瓣位置上，他立即辞去副总裁职位（1969年），并成立了自己的汉考克实验室。很快他便研制成功，并在世界上首次上市人工生物瓣，即猪主动脉瓣改良瓣，被称为汉考克瓣[22]。

马里安·约内斯库（Marian Ion Ionescu）
1929年8月21日—
英国利兹（Leeds）大学附属基林贝克（Killingbeck）医院心外科主任
世界首例自行研制牛心包瓣（Bovine Pericardial Xenograft）成功置入人体（1971年）

图6-14　马里安·约内斯库
（照片由朱晓东院士提供）

马里安·约内斯库1929年生于罗马尼亚喀尔巴阡山脉的一个名叫塔高维斯特（Targoviste）的小镇。1954年布加勒斯特大学医学院（University of Bucharest）毕业，1958—1959年获世界卫生组织（WHO）奖学金到美国的梅奥心脏中心和克利夫兰医疗中心进修心外科。1960年回到布加勒斯特的方德瑞（Funderi）医院做心外科主治医，1961年升任心外科主任。1962年在罗马尼亚行首例体外循环术。1965年，约内斯库携妻子克里斯蒂娜·马里恩斯库（Christina Marinescu，心内科医生）不辞而别。他们经南斯拉夫进入意大利，然后来到法国的圣约瑟夫（St. Joseph）医院心血管科做临时代理实习生（locum intern）。1966年夏，他们来到英国的利兹，并在一个叫General Infirmary的医院工作。1968年，约内斯库通过了英国烦琐的医生资格考试并取得行医执照。1971年在利兹大学附属基林贝克医院做心外科医生。同年3月，将他研制的牛心包瓣成功置入人体（世界首例），从此成名。1974年升为心外科主任，后成为英国卫生部顾问。1987年退休[27]。约内斯库还是中国瓣膜专家朱晓东院士的老师和朋友。

图6-15　朱晓东院士与马里安·约内斯库（1976年在英国）

（照片由朱晓东院士提供）

参考文献

［1］ BRAUNWALD NS, COOPER T, MORROW AG. Complete replacement of the mitral valve: successful clinical application of a flexible polyurethane prosthesis［J］. Thorac Cardiovasc Surg, 1960, 40: 1-11.

［2］ BRAUNWALD NS. It will work: the first successful mitral valve replacement［J］. Ann Thorac Surg, 1989, 48: 1-3.

［3］ STARR A, EDWARDS ML. Mitral replacement: clinical experience with ball valve prosthesis ［J］. Annals of Surgery, 1961, 154: 726-740.

［4］ JOHN A. Waldhausen, In Memoriam: Nina S. Braunwald 1928-1992［J］. Ann Thorac Surg, 1993, 55: 1055-1056.

［5］ STONEY WS. Pioneers of Cardiac Surgery(Interview with Albert Starr May 4, 1998)［M］. 271-284.

［6］ KOUCHOUKOS MT, STARR A. A Historical Commentary The Society of Thoracic［J］. Surgeions STS, 2016.

［7］ GRUNKEMEIER GL, STARR A. Twenty-five year experience with Starr-Edwards heart valves: follow-up methods and results [J]. Canadian Journal of Cardiology, 1988, 4: 381—385.

[8] BJORK VO. A new tilting disc valve prosthesis. Scand [J]. Thorac Cardiovasc Surg, 1969, 3(1): 1—10.

[9] BJORK VO. Aortic valve replacement with the Bjork-shiley tilting disc prosthesis [J]. Britich Heart Journal, 1971, 33: 42—46.

[10] BJÖRK VO. The pyrolytic carbon occluder for the Björk-Shiley tilting disc valve prosthesis [J]. Thorac Cardiovasc Surg, 1972, 6: 109—113.

[11] BJÖRK VO, HENZE A, HINDMARSH T. Radiopaque marker in the tilting disc of the Björk-Shiley heart valve. Evaluation of in vivo prosthetic valve function by cineradiography [J]. Thorac Cardiovasc Surg, 1977, 73: 563—569.

[12] COOLEY DA. In memoriam: Donald P. Shiley, 1920—2010 [J]. Tex Heart Inst J, 2010, 37(6): 627—628.

[13] COOLEY DA. In Memoriam Viking Olov Björk (1918—2009) [J]. Tex Heart Inst J, 2009, 36(4): 271.

[14] JURO Wada, et al. Cardiac Valve Replacement with Wada-Cutter Prosthesis [J]. The Ann Thorac Surg, 1972, 1(14): 38—40.

[15] COOLEY DA. In memoriam: Juro Wada (1922—2011) [J]. Tex Heart Inst J, 2011, 38(2): 108—109.

[16] ROSS DN. B. SC. Cape Town, F. R. C. S homograft replacement of the aortic valve [J]. Lancet, 1962, 7254(280): 487—488.

[17] ROSS DN, SOMERVILLE J. Correction of pulmonary atresia with a homograft aortic valve [J]. Lancet, 1966, 2: 1446—1447.

[18] ROSS DN. Replacement of aortic and mitral valves with a pulmonary autograft [J]. Lancet, 1967, II: 956—958.

[19] STONEY WS. Pioneers of cardiac surgery: Donald N. Ross. Interviewed August 13, 1997 [M]. Vanderbilt university press, 2008: 285—296.

[20] CARPENTIER A. Cardiac valve surgery—he "French correction" [J]. Thorac Cardiovasc Surg, 1983, 86(3): 323—337.

[21] STONEY WS, ALAIN F, CARPENTIER MD PhD. Interviewed September 16, 2000 Pioneers of Cardiac Surgery [M]. Nashville: Vanderbilt University Press, 2000: 322—331.

[22] CARPENTIER A, LATREMOUILLE C, et al. First clinical use of a bioprosthetic total artificial heart: report of two cases [J]. Lancet, 2015, 386(10003): 1556—1563.

[23] STONEY WS. Pioneers of cardiac surgery: Alain F. Carpentier. Interviewed August 13, 1997 [M]. Vanderbilt university press, 2008: 322—331.

[24] HUFNAGEL CA. Aortic plastic valvular prosthesis [J]. Bull Georgetown Univ Med Center, 1951, 5: 128—130.

[25] HUFNAGEL CA, VILLEGAS PD, NAHAS H. Experiences with new types of aortic valvular prostheses [J]. Ann Surg. 1958, 147: 636—645.

[26] HUFNAGEL CA. Reflections on the development of valvular prostheses [J]. Med Instrum, 1977, 11: 74—76.

[27] SHUMACKER HB. The Evolution of Cardiac Surgery Indiana [M]. Bloomington, Indianapolis: University Press, 1992: 199, 269, 310, 313—315.

第七章

心脏病介入诊治的历史

Chapter 7

History of Interventional Cardiology

一、简史
Ⅰ. Brief History

介入诊断术

1929年夏,25岁的德国医生沃纳·福斯曼(Werner Forssmann)在柏林附近的奥古斯特–维多利亚(Auguste–Viktoria)医院将导尿管插入他自己的前臂静脉,在X线的透视下,经上腔静脉将导管送入右心房。福斯曼的这一伟大创举,打开了现代心脏病介入诊治的大门。紧接着,美国医生安德鲁·康南德(Andre Cournand)及迪金森·理查兹(Dickinson Richards)等众多学者又将该方法进一步拓展,包括对心内血流动力学测量、血氧分析等,并使其达到精确化和标准化。最终使心导管检查成为心血管病诊断的金标准。1956年上述3人共享诺贝尔医学奖[1,2]。

1958年10月30日,美国的弗兰克·索尼斯(Frank Sones)在克利夫兰医疗中心(Cleveland Clinic)行心导管主动脉造影时,意外将导管送入右冠状动脉并同时将造影剂灌入及显影。他的这一偶然发现,开启了冠状动脉造影术的先河[3]。1962年,日本的今野草二(Souji Konno)使用经皮导管行心内膜心肌活检术,以便确定心肌病的心肌组织学改变及其病因学背景[4]。

介入姑息术

1966年美国医生威廉·拉什金德(William Rashkind)在费城儿童医院,应用心导管为大动脉转位患者行心房间隔球囊造孔术(Rashkind balloon septostomy)[5]。从此开启了应用心导管进行介入性姑息治疗心脏病的先河。

介入治疗术

1967年,德国医生沃纳·波斯特曼(Werner Porstmann)在柏林洪堡大学(Humbolot University)首次报道:为一名17岁患者成功实施了经皮导管封堵未闭动脉导管术[6]。

1974年4月8日,特里·金(Terry D. King)在美国路易斯安那州的西门罗(West Monroe)医院为一名17岁女患者应用心导管技术,经静脉成功实施盘伞封堵房间隔缺损。这是世界首例应用非开胸方法修补心内缺损[7,8]。

1977年9月16日,38岁的德裔医生安德烈·格伦兹格(Andreas Gruentzig)在瑞士的苏黎世大学医院,为一名38岁患有左冠状动脉前降支80%狭窄的患者,成功行经皮导管冠状动脉球囊扩张术(Percutaneous Transluminal Coronary Angioplasty, PTCA)[9,10]。

1987年瑞典大学医院(University Hospital in Lausanne Switzerland)的德裔医生马尔里奇·希格瓦特(Ulrich Sigwart)经过数年的动物实验,在19个冠心病患者身上共放了24个支架(stent)。除一例因栓塞死亡外,其余患者经9个月的随访效果满意。他在著名的《新英格兰医学杂志》(N Eng J Med)上发表了他具有划时代意义的文章《经皮导管植入血管内支架医治血管梗阻及再狭窄》[11]。

1987年,詹姆斯·洛克(James Lock)在波士顿麻省总医院和儿童医院应用双伞封堵器(Rashkind double umbrella)对7位心室间隔缺损患者实施经皮导管封堵。其中6例患者效果良好且长期存活[12]。

1989年英国达里·麦克斯韦(Darry Maxwell)在伦敦的盖伊医院首先尝试两例胎儿心脏介入——为主动脉瓣狭窄胎儿行主动脉球囊扩张术(第一例胎儿仅存活1天,第二例存活5周)[13]。

1993年,英国的约翰·吉本(John L. Gibbs)首次报道对左心发育不全综合征患者行杂交术,即经皮导管将支架放入动脉导管内,使其保持开放,然后心外科医生协助经胸开小口,行两侧肺动脉环带术[14]。

2000年德国明斯特(Munster)大学医院的托马斯·科尔(Thomas Kohl)报道了1例左心发育不全综合征胎儿成功行主动脉球囊扩张术,且存活到分娩[15]。

2002年4月16日,法国医生阿兰·克里比耶(Alain Cribier)在鲁昂大学(University of Rouen)附属查尔斯尼科勒(Charles Nicolle)医院首次经皮导管将人工主动脉瓣(牛心包人工生物瓣)成功置入一名57岁男性患者[16]。

2003年美国波士顿儿童医院的韦恩·托里斯基(Wayne Tworetzky)和詹姆斯·洛克报道24例左心发育不全综合征胎儿成功行主动脉球囊扩张术[17,18]。

二、杰出贡献者
Ⅱ. Outstanding Contributors

沃纳·福斯曼（Werner Forssmann）
医学博士
1904年8月29日—1979年6月2日
德国柏林
心导管应用的开创者（1929年夏）[19,20]
诺贝尔医学奖获得者（1956年）

图7-1　沃纳·福斯曼
［照片经沃纳·福斯曼之女雷纳特（Renate）授权使用］

　　1904年8月29日，沃纳·福斯曼出生在德国柏林。父亲是律师，母亲是家庭主妇。沃纳·福斯曼是家里唯一的孩子。1914年其父应召参军，两年后战死在杀场。12岁的小福斯曼从此失去了优裕的田园式生活。幼年丧父成名多。福斯曼开始奋发图强，并考入 Askanische Gymnasium 大学（1919—1922年），然后入选德国波恩大学（Friedrich-Wilhelms University）医学院（1923—1928年）。年仅25岁资历只是第一年外科住院医生的福斯曼，为试图实现他多年的梦想便开始了大胆的尝试。他所实习的奥古斯特-维多利亚医院位于柏林附近一个叫埃伯斯瓦尔德（Eberswalde）的小镇上。1929年夏日的一个傍晚，福斯曼在他的同事彼得·罗迈斯（Peter Romeis）的帮助下，将导尿管插入他自己的前臂静脉，然后从一楼的手术室走到位于地下室的放射检查室。在X线的透视下，经腔静脉继续将导管送入右心房。他本想将导管送入右心室，但该导管只有65厘米长[19,20]。另外，还有一个比较流行的传闻：为了取得帮助，福斯曼诱惑了一个名叫格尔达·迪岑（Gerda Ditzen）的手术室刷手护士为他准备手术器械。他把该护士绑在手术台上，假装为她做静脉穿刺，其实将导尿管插入了他自己的前臂静脉。然后他松绑了女护士，并让她陪同他走到位于地下室的放射检查室[19,20]。数日后，福斯曼被允许为一名危重女患者应用心导管实施肾上腺素（suprarenin）治疗。1929年10月福斯曼来到柏林夏洛特（Berliner Charite）医院外科工作。不料,数月之后,外科主任斐迪南·绍尔布鲁赫(Ferdinand Sauerbruch)看到了福斯曼刚刚发表的那篇有关首例心导管应用的文章并调查了他的故事。然后主任把福斯曼叫到办公室并对他说:"像你这样不顾上级医生反对,违规偷着操作的行为永远都不配在大学医院工作。" 1930年1月福斯曼来到母校,为他的导师乔治·克伦佩雷尔(George Klemperer)做基础科研。不久,福斯曼对上级医生的工作操作提出疑问和批评。这在德国科学界,无论当时,还是现在都被视作犯了大忌(cardinal sin)。不出所料,克伦佩雷尔立即解雇了他。从此福斯曼在德国的心外科界声名狼藉。没有办法,福斯曼放弃了从事心外科的梦想,来到柏林鲁道夫魏尔肖(Rudolf Virchow)医院改行学习泌尿科。后在柏林市的两家医院行医。从1932年起,福斯曼加入了德国纳粹党。第二次世界大战期间,福斯曼作为军医在德军服役,后被俘虏送进美军战俘营,直到1945年10月才释放。由于他的纳粹党及战犯历史,数年内找不到工作。一直到1948年后,才分别在德国的黑森林(Schwarzwald)和巴特克罗伊茨纳赫(Bad Kreuznach)两个小镇行医。

1954年德国科学院(German Academy of Sciences)授予福斯曼莱布尼兹奖(Leibniz Medal)。

1956年,他与美国医生安德鲁·康南德及迪金森·理查兹共享诺贝尔医学奖。紧接着著名的德国美因茨大学(University of Mainz)授予他外科和泌尿科荣誉教授。1961年,阿根廷科尔多瓦国家大学(National University of Cordoba)授予他荣誉教授。

沃纳·福斯曼于1979年6月1日在德国绍普夫海姆(Schopfheim)去世(死于心力衰竭)。他和妻子伊斯贝特·恩格尔(Elsbet Engel,泌尿科医生)于1933年结婚,共育6个子女[20]。

弗兰克·索尼斯(Frank Mason Sones)
医学博士
1918年10月28日—1985年8月28日
美国克利夫兰医疗中心
冠状动脉造影术(1958年10月30日)

图7-2 弗兰克·索尼斯
(照片由亚历山大·马斯特教授提供)

履　历

1918年出生在美国密西西比州一个叫诺克萨佩特（Noxapater）的小乡镇

1940年毕业于西马里兰大学（Western Maryland College，现叫McDaniel College）

1943年马里兰大学医学院获医学博士

1944—1946年美国空军服役

1947—1950年先后在巴尔的摩大学医院实习和在亨利福特医院做住院医生

1950年起在克利夫兰医疗中心任心脏科主治医生

1958年10月30日，当索尼斯为一名26岁患风湿性心脏病患者行主动脉造影时，意外将导管送入右冠状动脉并同时将造影剂灌入且显像了右冠状动脉的所有分支。这是他第一次，同时也是人类第一次清晰地看到了冠状动脉显影的精确图像。1967年5月9日，他的同事雷内·法沃洛荣（Rene Favaloro）成功实施了世界首次冠状动脉架桥术。术后，法沃洛荣对人们说，如果没有索尼斯在冠状动脉造影技术上的贡献，就不会有我们今天的冠状动脉架桥术的成果

1978年6月5日，美国心血管造影和介入学会（The Society For Cardiovascular Angiography and Interventions）召开首届年会，并推选弗兰克·索尼斯为创始学会主席

1985年8月28日，死于肺癌，享年66岁

沃纳·波斯特曼（Werner Porstmann）
医学博士
1921年2月22日—1982年4月5日
德国柏林洪堡大学医学院
世界首例经皮导管封堵未闭动脉导管术（1966年）

履 历

1921年2月22日出生在德国的盖耶斯道夫城（Geyersdorf）

1939—1946年先后在德国的莱比锡（Leipzig），马布里（Marbury）和格赖夫斯瓦尔德（Greifswald）3所医学院学习

1946—1949年在德国的安娜贝格–布赫霍尔茨（Annaberg–Buchholz）大学医院实习

1949—1953年在德国的夏洛特（Charite）大学医院做放射专业训练

1961年放射科主治医生

1965年心血管诊断科教授

1966年在柏林洪堡大学医院为一名17岁患者成功实施了世界首例经皮导管封堵未闭动脉导管术[6]

安德烈·格伦兹格（Andrea Gruentzig）
医学博士
1938年6月25日—1985年10月27日
美国佐治亚州亚特兰大埃默里（Emory）大学医院
冠状动脉经皮球囊导管扩张术（PTCA）（1977年9月16日）

图7-3　安德烈·格伦兹格
（照片由亚历山大·马斯特教授提供）

　　安德烈·格伦兹格1938年6月25日出生在德国的德累斯顿（Dresden）。1964年毕业于德国海德堡（Heidelberg）大学医学院，后到苏黎世大学医院血管影像科工作。1977年9月16日，他在瑞士的苏黎世大学医院首次为一名38岁患有左冠状动脉前降支狭窄的男性患者成功实施经皮球囊导管扩张术[9,10,21]。

　　1977年11月28日，在美国迈阿密召开的第50届美国心脏学会年会上，安德烈·格伦兹格报道了他的5例经皮导管行冠状动脉球囊扩张术。报道结束时，获得全场长时间的热烈掌声。在之后的3年里，他共做了169例PTCA手术。

　　1980年9月—1985年10月27日,格伦兹格出任美国佐治亚州亚特兰大的埃默里大学医院有创心脏科主任。在这个5年里,他和他的团队共做了4 000例PTCA。到20世纪90年代中期,全世界每年约有超过100万例经皮导管行冠状动脉球囊扩张术。这一数字几乎等同于冠状动脉搭桥术[22,23]。安德烈·格伦兹格的成功标志着医生们可以无须开刀,就可以在血管内(心血管、颈血管、肾血管、脑血管、腿血管等)进行修理和改造,而且不必行全身麻醉。

　　正当安德烈·格伦兹格的名望及影响力如日中天时,1985年10月27日,他和年轻的医生妻子驾驶着他的轻型双引擎飞机(Beechcraft型),从家(Sea Island)飞往埃默里大学医院去看望他的患者时,不幸坠毁在美国佐治亚州的门罗(Monroe)郡一个名叫福赛斯(Forsyth)的小城。夫妻双双死于空难。安德烈·格伦兹格年仅47岁,而他的爱妻玛格丽特(Margaret)只有27岁[11,21,22,23]。

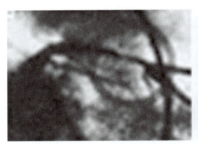 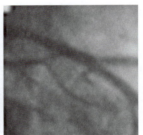

A. 1997年行PTCA之前的冠造图　　　　B. 行PTCA 23年之后
　　　　　　　　　　　　　　　　　　　(2000年)的冠造图

图7-4　这是1977年世界首例接受经皮导管行冠状动脉球囊扩张术(PTCA)的2张冠脉造影照片
(摘自Bernhard Meier. The First Patient to Undergo Coronary Angioplasty—23-Year Follow-up[J]. N Engl J Med, 2001, 344: 144-145)

特里·金(Terry D. King)

医学博士
1939年—
美国路易斯安那州西门罗(West Monroe)儿科中心
经心导管(盘伞封堵)心房间隔修补术(1975年)[7,8]

履　历	1939年出生在美国得克萨斯州的贝城(Baytown)

履 历

1965 年得克萨斯大学医学院医学博士

1966—1970 年杜克大学（Duke University）住院医生及儿科受训

1971—1973 年美国空军服役

1973 年起路易斯安那州西门罗儿科中心

　　1975 年 4 月 8 日，特里·金和内奥尔·米尔斯（Noel L. Mills）在路易斯安那州的奥克斯纳（Ochsner）医学中心，为一名 17 岁女患者叙泽特·克雷佩尔（Suzette Creppel）应用心导管技术，经静脉成功实施盘伞封堵房间隔缺损（直径 25 毫米）。整个过程用时 90 分钟，其中封堵隔缺用时仅为 7 分钟[7]。

詹姆斯·洛克（James E. Lock）

医学博士

1950 年—

哈佛大学医学院教授

美国波士顿儿童医院医生总长及心内科主任

经心导管封堵心室间隔缺损术（1987 年）

履 历

1969 年美国克利夫兰州凯斯西储（Case Western Reserve）大学学士学位

1973 年斯坦福大学医学院医学博士

1973—1975 年明尼苏达大学医院住院医生

1977—1979 年多伦多儿童医院心脏专科训练

1993 年波士顿儿童医院心内科主任及教授

2002 年起波士顿儿童医院大内科主任

　　1988 年詹姆斯·洛克在美国《循环》杂志上发表一篇题为《经心导管封堵心室间隔缺损术》的论文[12]。该文中介绍一组病例（自 1987 年 1 月—1987 年 10 月间），患者年龄从 8 个月到 82 岁，体重 6 ～ 70 千克。其中包括心肌梗死后室缺 4 例，先天性室缺 1 例及先天性心室缺术后残余室缺 2 例。治疗方法是应用 17 毫米拉什金德双盘伞（Rashkind double umbrella）封堵所有7例患者的心室间隔损缺。除1例心肌梗死后较大室缺（直径12毫米）术后数日死亡外，其余6例封堵后效果良好且无并发症。该文章结论：经心导管封堵心室间隔缺损术对选择性心室间隔缺损患者是可行的。

另，2004年詹姆斯·洛克和他在美国波士顿儿童医院的同事韦恩·托里斯基等在美国《循环》杂志上报道了一组24例左心发育不全综合征胎儿成功行主动脉球囊扩张术[17]。

詹姆斯·洛克共有7项发明专利，发表论文350余篇，会6种语言（英文、法文、德文、西班牙文、中文和越南文）。

乌尔里奇·希格瓦特（Ulrich Sigwart）

1941年3月9日—
瑞士国籍
瑞士日内瓦大学医院
经皮导管植入冠状血管内支架（1986年）

履　历

1941年3月9日，乌尔里奇·希格瓦特出生在德国伍珀塔尔（Wuppertal）的一个知识分子家庭，他的父辈及祖父辈多是医学家或为哲学家。希格瓦特先后在德国和瑞士的医学院学医，毕业后又到美国麻省的法明顿联合（Framington Union）医院做住院医生，及休斯敦贝勒（Baylor）医学院完成心脏专科训练。1973—1979年先后在瑞士苏黎世大学医院和德国的杜塞尔多夫（Dusseldorf）医院任心导管室主任。1979—1989年瑞士洛桑（Lausanne）大学医院任有创心内科主任。1989—2001年在英国伦敦的皇家布朗普顿（Royal Brompton）医院做有创心内科主任。2001年后回到瑞士日内瓦大学医院任大内科主任直到退休。业余爱好有飞行、冲浪、滑雪等

贡　献

1986年在瑞士洛桑大学医院首次成功经皮导管植入冠状血管内支架医治血管梗阻及再狭窄[11]

贡　献

　　1995年应用经皮导管进行室间隔消融（ablation）治疗肥厚型心肌病

发　表

　　论文500余篇，及论著5部：《心脏的自动诊断—电脑获取心导管数据》（*Automation in Cardiac Diagnosis: The Computer-Assisted Acquisition of Cardiac Catheterization Data*，1978年），《心室壁》（*Ventricular Wall*，1984年），《冠脉支架》（*Coronary Stents*，1992年），《管腔内支架》（*Endoluminal Stenting*，1996年），《心血管介入治疗手册》（*Handbook on Cardiovascular Interventions*，1996年）

荣　誉

　　1996年获欧洲心脏病学会授予的格伦兹格奖（Gruntzig Award）

　　2001年获沃纳·福斯曼奖

　　2003年获斯文·埃费特奖（Sven Effert Prize）

　　2007年获欧洲科学院授予的波尔策奖（Polzer Prize）

　　2007年获美国心脏病学院（ACC）授予的马塞里—弗洛里奥国际奖（Maseri–Florio International）

　　2012年获美国心脏病学院（ACC）授予的保罗·达德利·怀特奖（Paul Dudley White Award）

　　2013年获美国心脏病学院（ACC）授予的杰出科学家奖[24,25]

阿兰·克里比耶（Alain Cribier）

医学博士

1945年—

法国鲁昂大学心内科教授

经皮导管行主动脉瓣置入（2002年）

履 历

1979年法国巴黎大学医学院医学博士

1971年法国巴黎大学医学院住院医生

1972年鲁昂大学附属查尔斯尼科勒医院心血管专科训练

1976年美国洛杉矶西达斯—西奈(Cedars-Sinai)医院进修，并向著名心导管专家杰里米·斯旺(Jeremy Swan)和威廉·甘兹(William Ganz)学习肺动脉漂浮导管技术(Swan-Ganz flotation catheter)[26,27]

1983年鲁昂大学附属查尔斯尼科勒医院教授及导管室主任

贡 献

1986年经皮导管主动脉瓣球囊扩张术[28,29]

1995年经皮导管二尖瓣成形术[30]

2002年4月16日在法国鲁昂大学附属查尔斯尼科勒医院，应用经皮导管将人工主动脉瓣(牛心包人工生物瓣)成功置入一名57岁男性患者[23]

杰里米·斯旺(Jeremy Swan)

医学博士,哲学博士

1922年6月1日—2005年2月7日

履 历

1922年生于爱尔兰的斯莱戈(Sligo)

1939年入学位于都柏林的圣文森特(St. Vincent)大学

1950年伦敦大学医学院医学博士及哲学博士

1951年美国梅奥心脏中心做心脏专科训练

1960年梅奥心脏中心心导管室主任

1965年洛杉矶西达斯—西奈医院心内科主任

1970年与威廉·甘兹医生首次成功使用气囊漂浮导管行右心插管测量右心房/室压及肺毛血管嵌入压,从而对左心功能状况的判断有了突破性发展[31]

1973年美国心脏病学院(ACC)主席

图7-5 威廉·甘兹和杰里米·斯旺
(图片由亚历山大·马斯特教授提供)

威廉·甘兹（William Ganz）

医学博士

1919年1月7日—2009年11月11日

履　历

> 1919年生于斯洛伐克
>
> 1938年考入布拉格的查理（Charle）大学医学院
>
> 1940年只因是犹太人被德国纳粹关入集中营，于1944年逃离集中营
>
> 1945年第二次世界大战结束后，重回该校并于1947年终获医学博士
>
> 1966年到美国洛杉矶西达斯—西奈医院心内科
>
> 1970年与斯旺医生合作研发右心及肺动脉漂浮导管[26]

　　上述文章提及阿兰·克里比耶到美国洛杉矶西达斯—西奈医院进修，并向著名心导管专家杰里米·斯旺和威廉·甘兹学习肺动脉漂浮导管技术[26]，使他茅塞顿开。斯旺和甘兹两位医生是斯旺—甘兹（Swan-Ganz）气囊漂浮导管的首创者。在重症监护室内，判断危重患者（心肌梗死、心力衰竭、肺栓塞、呼吸功能衰竭、严重创伤、灼伤、各种类型休克等）心血管功能状况的信息来源，主要是通过应用气囊漂浮导管经上腔静脉入右心并行血流动力学的监测来实现的。1970年斯旺和

甘兹首先成功使用气囊漂浮导管行右心插管测量肺毛血管嵌入压,从而对左心功能状况的判断有了突破性发展。同时还可做肺动脉压力,右心房的压力监测。如在距顶部加一热敏电阻探头,就可做心输出量的测定。

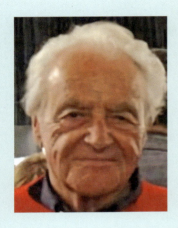

库尔特·安普拉兹(Kurt Amplatz)
医学博士
1924年2月25日—
美国明尼苏达大学医院教授
发明心内间隔蘑菇伞封堵器(1998年)

图7-6　库尔特·安普拉兹
(照片由戴汝平教授提供)

履　历

1925年2月25日生于奥地利的魏施特拉赫(Weistrach)
1952年纽约圣约翰医院做实习医生
1953年底特律做住院医生
1957年明尼苏达大学医院放射科主治医生
1995年成立AGA医疗公司研制心内间隔封堵器(Amplatzer Occluder)

贡　献

安普拉兹一生约有60多项医疗发明,其中34项获专利权[32,33]。自1995年70岁高龄的安普拉兹成立AGA医疗公司,他开始全心研制心内间隔蘑菇伞封堵器。1998年该封堵器开始遍及全欧洲

2001年12月5日,经美国食品药品管理局(FDA)正式批准后,仅2002年一年内,该封堵器销售额高达6 200万美元。仅

贡　献

2003年全世界共有3万例心脏病患者接受了封堵器治疗。2004年AGA公司市值3亿美元。2010年，AGA医疗公司以13亿美元出售给了圣犹大（St.Jude）医疗仪器公司。2011年，全世界共有40万例心脏病患者接受了房水平封堵器治疗，从而免遭外科开心手术治疗。这不单单减轻了患者们的痛苦，还大大降低了医疗成本

发　表

论文650余篇，10余部论著，主要包括《先天性心脏病放射学》(*Radiology of Congenital Heart Disease*)，《冠状动脉造影学》(*Coronary Angiography*)，《心血管放射学》(*Cardiovascular Radiology*)等

荣　誉

1996年美国介入放射学会（the Society of Interventional Radiology）授予他金质荣誉奖（Gold Medal Award）

发　明

发明并制作双重造影剂冠脉显像及肝素涂层的导向钢丝

1960年发明以他名字命名的安普拉兹冠脉造影导管（Amplatz catheter for coronary angiography）

1979年发明鹅–颈套（Amplatz Goose-Neck Snares），用以拾回脱落或离断的导管

参考文献

［1］ FORSSMAN W. Die Sondierung des rechten Herzens (Probing of the right heart)［J］. Klin Wochenschr, 1929, 8: 2085-2087.

［2］ RASHKIND WJ, WAGNER HR, TAIT MA. Historical Aasects of Interventional Cardiology: Past, Present and future［J］. Texas Heart Institute Journal, 1986, 13: 363-367.

［3］ SONES FM, SHIREY EK. Modern concepts of cardiovascular disease［J］. Cine Coronary Arteriography, 1962, 7(31): 735-738.

［ 4 ］ SOUJI Konno, SHIGERU Sakekibara. Endo-Myocardial Biopsy［ J ］. Chest Journal, 1963, 44(4): 345−350.

［ 5 ］ RASHKIND WJ, MILLE WW. Creation of an atrial septal defect without thoracotomy［ J ］. JAMA 1966, 196: 991−992.

［ 6 ］ PORSTMANN W, WIERNY L, WARNKE H. Closure of persistent ductus arteriosus without thoracotomy［ J ］. Thoraxchirurgie, 1967, 15: 199−201.

［ 7 ］ KING TD, MILLS NL. Nonoperative closure of atrial septal defects［ J ］. Surgery, 1974, 75: 383−388.

［ 8 ］ KING TD, MILLS NL. Secundum atrial septal defects: nonoperative closure during cardiac catheterization［ J ］. JAMA, 1976, 235: 2506−2509.

［ 9 ］ GRUENTZIG AR. Transluminal dilatation of coronary artery stenosis (Letter to the editor)［ J ］. Lancet, 1978, 1: 263.

［ 10 ］ GRÜNTZIG AR, SENNING A, SIEGENTHALER WE. Nonoperative dilatation of coronary-artery stenosis: percutaneous transluminal coronary angioplasty［ J ］. N Engl J Med, 1979, 301(2): 61−68.

［ 11 ］ SIGWART U, PUEL J, MIRKOVITCH V, et al. Intravascular stents to prevent occlusion and restenosis after transluminal angioplasty［ J ］. N Engl J Med, 1987, 316: 701−706.

［ 12 ］ LOCK JE, BLOCK PC, MCKAY RG, et al. Transcatheter closure of ventricular septal defects［ J ］. Circulation, 1988, 78: 361−368.

［ 13 ］ MAXWELL D, ALLAN L, TYNAN MJ. Balloon dilation of the aortic valve in the fetus: a report of two cases［ J ］. Br Heart J, 1991, 65: 256−258.

［ 14 ］ JOHN L GIBBS, CHRISTOPHER Wren, KEVIN G Watterson, et al. Stenting of the arterial duct combined with banding of the pulmonary arteries and atrial septectomy or septostomy: a new approach to palliation for the hypoplastic left heart syndrome［ J ］. Br Heart J, 1993, 69: 551−555.

［ 15 ］ KOHL T, SHARLAND G, ALLAN LD, et al. World experience of percutaneous ultrasound-guided balloon valvuloplasty in human fetuses with severe aortic valve obstruction［ J ］. Am J Cardiol, 2000, 85: 1230−1233.

［ 16 ］ CRIBIER Alain. Percutaneous Transcatheter Implantation of an Aortic Valve Prosthesis for Calcific Aortic Stenosis［ J ］. Circulation, 2002, 11: 3006−3008.

［ 17 ］ TWORETZKY W, WILKINS-HAUG L, JENNINGS RW, et al. Balloon dilation of severe aortic stenosis in the fetus: potential for prevention of hypoplastic left heart syndrome: candidate selection, technique, and results of successful intervention［ J ］. Circulation, 2004, 12: 2125−2131.

［ 18 ］ TWORETZKY W, LOCK JE, PERRY SB. Balloon dilation of severe aortic stenosis in the fetus: potential for prevention of hypoplastic left heart syndrome: candidate selection, technique, and results of successful intervention［ J ］. Circulation, 2004, 110(15): 2125−2131.

［ 19 ］ FORSSMANN W. Die Sondierung des rechten Herzens［ J ］. Klin Wschr, 1929, 8: 2085−2087.

［ 20 ］ Renate Forssmnn-Falck. Werner Forssmann: A Pioneer of Cardiology［ J ］. Am J Cardiol, 1997, 79: 651−660.

［ 21 ］ HURST JW. History of cardiac catheterization: in King, Douglas coronary arteriography and angioplasty [M]. New York: McGraw-Hill, 1985: 6–8.

[22] SMITH SC, ACC. AHA Guidelines for percutaneous coronary intervention [J]. Circulation, 2001, 103: 3019–3041.

[23] HURST JW, FYE WB. Profiles in Cardiology: Ulrich Sigwart (Spencer B. King). http://onlinelibrary.wiley.com/doi/10.1002/clc.20322/pdf.

[24] SIGWART U. Non-surgical myocardial reduction for hypertrophic obstructive myocardial infarction [J]. Lancet, 1995, 346: 211–214.

[25] SIGWART U, GRBIC M, PAYOT M, et al. Ischemic events during coronary artery balloon occlusion. In: Rutishauser W, Roskamm H, eds. Silent Myocardial Ischemia [M]. Berlin: Springer Verlag, 1984: 29–36.

[26] SWAN HJ, GANZ W, FORRESTER J, et al. Catheterization of the heart in man with the use of a flow-directed balloon-tipped catheter [J]. N Engl J Med, 1970, 283: 447.

[27] ALAIN Cribier. Cardiovascular News Profile. 05 Nov 2003, 14: 24.

[28] CRIBIER A, SAVIN T, et al. Percutaneous transluminal valvuloplasty of acquired aortic stenosis in elderly patients: an alternative to valvar replacement? [J]. Lancet, 1986, 1: 63–67.

[29] CRIBIER A, SAVIN T. Percutanous transluminal balloon valvuloplasty of adult aortic stenosis report of 92 cases [J]. J am Coll Cardiolol, 1987, 9: 381–386.

[30] CRIBIER A, RATH PC, LETAC B. Percutaneous mitral valvotomy with a metal dilator [J]. Lancet, 1997, 349: 1667–1668.

[31] CRIBIER Alain. Percutaneous Transcatheter Implantation of an Aortic Valve Prosthesis for Calcific Aortic Stenosis [J]. Circulation, 2002, 11: 3006–3008.

[32] ELSAMRA S, FRIEDLANDER J, SMITH A, et al. 1114 Kurt Amplatz: Instrument developer for the cardiologist and endourlogist [J]. The Journal of Urology, 2013, 189(4): 456.

[33] Patents by Inventor Kurt Amplatz, JUSTIA Patents: Integrated Legal Research & Business Intelligence 2016.

第八章

心脏移植、心肺联合移植及人工心脏史

Chapter 8

History of Heart Transplantation, Heart-Lung Transplantation and Artificial Heart

一、简史

Ⅰ. Brief History

1967年12月3日，南非医生克里斯蒂安·巴纳德（Christiaan Barnard）在开普敦，首次在人身上（一位54岁男性，术后存活18天）成功地进行了心脏移植术[1]。此创举如同一声枪响，不仅震惊世界，而且引发了心脏移植的大竞赛。1968年9月6日，美国医生登顿·库利（Denton Cooley）在休斯敦首次在人身上行心肺联合移植。受者为两个半月女婴，该患者虽然只存活了24小时，但却迈出了心肺联体移植的破冰之旅[2]。1972年菲利浦·凯夫斯（Philip Caves）和诺曼·沙姆韦（Norman Shumway）的经皮导管心肌活检术，可及时发现机体的排异现象[3]，加之1980年头孢素对心脏移植后的抗排异治疗，从而大大延长了心脏移植术后患者的存活时间。1969年4月4日，美国医生登顿·库利在得克萨斯州的圣卢克（St. Luke's）医院，将世界上第一颗人工心脏（黎澳塔研制）植入到人体身上，该人工心脏工作了整整64小时，直到另一颗同种供体心脏的到来[4]。1982年12月12日，美国医生威廉·德弗里斯（William DeVries）在犹他州大学医院为一名61岁晚期心力衰竭患者植入一颗人工心脏（Jarvik-7型）。该患者存活了112天[5]。

根据国际心肺移植协会（International Society of Heart and Lung Transplantation, ISHLT）的统计，截至2016年6月30日，全世界共有134 934名患者在35个会员国及地区的472个心脏中心（美国占136个）接受了心脏移植术，其中有13 943名小儿（18岁以下）分别在150个儿童心脏中心接受了心脏移植，还有4 722名（成人3 992，小儿730）患者接受了心肺联合移植术（1982—2016年，分别在180个中心实

施)[6]。此外,每年大约有 2 000 例心脏移植术来自约 50 个非 ISHLT 协会成员的心脏中心,没有包括到上述数字里。

　　中国在 2015 年 10 月 17 日前尚未加入 ISHLT 协会(在 2015 年 10 月 17 日召开的全球器官捐献移植大会上,理事会全票通过决议,中国正式进入国际器官移植大家庭)。自 1978 年 4 月 21 日上海瑞金医院张世泽医生首次在人身上成功进行了心脏移植(患者存活 109 天)及 1992 年 12 月 26 日牡丹江心血管医院刘晓程医生首次在人身上成功进行了心肺联合移植术(患者存活 13 天)以来,截至 2014 年底约有近 2 000 例心脏移植术分别在中国内地的 37 个心脏中心实施。中国台湾的朱树勋医生于 1988 年做了台湾地区首例心脏移植术(截至 2014 年底约有 500 多例患者在中国台湾接受了心脏移植术)[7]。

　　根据卡普兰–梅尔(Kaplan–Meier)机构对 108 343 例心脏移植术后患者追踪 30 年(1982 年 1 月—2013 年 6 月)的调查结果显示:心脏移植术后的中区(Median)存活率为 11 年,25% 的患者可存活 18.5 年,大约 0.1% 患者活到 27 年(108 例/108 343 例)。这与 10 年前相比,心脏移植术后的存活率有明显提高。在美国的主要心脏中心其存活率又高于上述数字,而心肺联合移植后的中区存活率为 3.5 年,有条件中区(Conditional Median Survival)存活率为 10 年(此为 1982 年 1 月—2001 年 6 月的调查结果)[6]。

二、杰出贡献者
Ⅱ. Outstanding Contributors

克里斯蒂安·巴纳德(Christiaan Barnard)
医学博士,哲学博士
1922 年 11 月 8 日—2001 年 9 月 2 日
南非开普敦大学
格罗特舒尔医院(Groote Schuur Hospital)

图 8-1　克里斯蒂安·巴纳德
(照片由翁玉国教授提供)

履历

　　1940—1945年开普敦大学医学院

　　1946—1950年格罗特舒尔医院住院医生

　　1951—1953年硕士学位

　　1956—1958年美国明尼苏达大学外科学习并获博士学位，导师是欧文·万根斯坦（Owen Wangensteen）

　　1960年去莫斯科向著名脑移植试验专家弗拉基米尔·狄米可夫（Vladimir Demikov）学习器官移植技术

　　1961年格罗特舒尔医院心外科主任

　　1962年格罗特舒尔医院副教授，1968年教授

　　1966年8月—11月去美国弗杰尼亚大学医院向戴维·休姆（David Hume）学习肾脏移植技术和向理查德·洛厄（Richard Lower）学习心脏移植技术

　　1983年退休（因长期患手风湿病）

　　2001年9月2日在希腊塞浦路斯度假时因严重哮喘病引起心脏缺氧去世，终年78岁

贡献

　　1967年12月3日世界首次在人身上成功行心脏移植术[1][患者路易斯·沃什坎斯基（Louis Washkansky），1913—1967年12月21日，南非立陶宛移民犹太裔水果店主，54岁，存活18天]

　　1968年1月2日成功行个人第二例（世界第三例）心脏移植术[患者菲利普·布莱伯格（Philip Blaiberg），1909年5月24日—1969年8月17日，犹太裔牙科医生，58岁，存活19个月15天]

　　1969年4月17日成功行个人第五例心脏移植术[患者多萝西·费希尔（Dorothy Fisher），女黑人，38岁，存活12年半]

　　1971年5月10日成功行个人第六例心脏移植术[患者德

1　世界首位心脏捐献者是丹尼丝·达瓦尔（Denise Ann Darvall），女性，25岁（1942年2月27日—1967年12月3日），血型为O型，RH阴性。

贡 献

克·范泽尔（Dirk Van Zyl）45岁，68岁去世，存活23年］[8]

1971年7月25日成功行心肺联合移植术［患者艾德里安·赫伯特（Adrian Herbert），49岁，术后存活23天］

1974年首次成功实施异位心脏移植（Heterotopic Heart Transplantation），到1982年为止共成功完成46例且都长期存活[9,10]

发 表

学术论文203篇。著作14部，其中自传两部，分别是1969年出版的《第一次生命》（One Life）和1993出版的《第二次生命》（The Second Life）。专业图书有《器官捐献者》（The Donor），《你的健康心脏》（Your Healthy Heart），1968年出版的《常见先天性心脏病的外科学》（Surgery of Common Congenital Cardiac Malformations）及《最好的医药》（The Best Medicine）等

荣 誉

1967年12月15日美国《时代周刊》的封面刊登了他的大相片

1967年12月30日受美国总统约翰逊（Lyndon Johnson）在得克萨斯家乡约翰逊庄园接见

1968年1月受意大利总统萨拉盖特（Saragat）在总统府接见

1968年1月受罗马教皇保罗六世（Pope Paul VI）在圣彼得大教堂（St Peter Basilica）接见，以及印度总理甘地夫人、秘鲁总统等多国首脑及夫人的接见

获得75个有关心脏移植方面的国际奖，还有荣誉教授、名誉博士等

性 格

他自认为自己"喜怒无常，自私，易激动的完美主义者。我从来都是对的。谦虚朴实不是我的强处。除此之外，我的确是一个很好的人（I am a moody, selfish, irritable perfectionist. I am never wrong and modesty is not my strong point. But apart from that I am really quite a nice guy）"[8]。

语　录

人生最大的风险，就是不去冒险。(The biggest risk in life is not taking one.)

如果你被一头狮子追到一条有鳄鱼的河边，你定会跳入水中，因你还会有机会游到对岸。(If a lion chases you to the bank of a river filled with crocodiles, you will leap into the water convinced you have a chance to swim to the other side.[8])

医治的目的是缓解痛苦，而不是去延长寿命。如果仅为延长寿命，医治应该停止。(The prime goal is to alleviate suffering, and not to prolong life. And if your treatment does not alleviate suffering, but only prolongs life, that treatment should be stopped.)

前半人生，奋发图强

1922年11月8日，克里斯蒂安·巴纳德出生在南非开普省的西博福特（Beaufort West）。父亲是当地荷兰革新教堂的牧师，母亲是教堂的琴师。巴纳德上有2个哥哥，下有1个弟弟。巴纳德从小学习努力，做事认真，不达目的决不罢休。他常常在月光下或篝火旁读书，学习成绩总在全班名列前茅。他曾赤脚跑完1.6千米（1英里）比赛，并破了学校纪录。他还曾借用别人的球拍，穿着露脚的鞋获得全校网球冠军。1945年开普敦大学医学院毕业后来到格罗特舒尔医院做住院医生。1956年12月，该院有一笔奖学金，并决定送巴纳德去美国明尼苏达大学深造两年半。

幸遇贵人，改变命运

在美国明尼苏达大学巴纳德第一个认识的便是他的导师，外科主任欧文·万根斯坦[1]。万根斯坦安排他在沃尔顿·利乐海（Walten Lillehei）老师手下学习心外科。由于巴纳德超强的学习能力及上述两位老师的辛勤栽培，他不仅学

1　欧文·万根斯坦（Owen Harding Wangensteen），1898年9月21日—1981年1月14日，医学博士，哲学博士，美国明尼苏达大学外科主任，不仅是克里斯蒂安·巴纳德的恩师，还是约翰·刘易斯、沃尔顿·利乐海、理查德·瓦尔科、理查德·德瓦尔、诺曼·沙姆韦、克拉伦斯·丹尼丝（Clarence Dennis）及日本心脏移植之父和田十郎等心脏大师的导师。

图8-2 万根斯坦（左）与巴纳德（右）
（照片摘自《第一次生命》一书第160页）

到了最先进的心外科技术，而且还获得了博士学位。更重要的是他免费带回一台崭新的人工心肺机（由万根斯坦导师提议申请并亲自电话联系，由美国国家卫生研究院出资）。1958年4月，巴纳德回到南非的格罗特舒尔医院，始建心外科，并首次在南非开展体外循环手术。巴纳德在他的回忆录里称万根斯坦是他的"父亲，老师和朋友"，并表示在美国的两年半时间里他取得了极大收获并改变了他的人生。

他乡之石，可以攻玉

巴纳德并不满足只做一些普通常见的心脏外科手术。他认为每天重复那些同样或类似的手术，就像每天都吃同样的饭一样。要想成为世界外科领域里的名家和大家，就要敢于冒风险去做前人没有做过的手术。他常讲："人生最大的风险，就是不去冒风险。"自留美回国后，他深感"他乡之石，可以攻玉"的道理。因此，1960年他去莫斯科向著名脑移植试验专家弗拉基米尔·狄米可夫学习器官移植技术。1966年8月—11月，巴纳德再次去美国弗杰尼亚大学医院向戴维·休姆学习肾脏移植技术。在此期间，他参观了该医院另一个外科研究室，理查德·洛厄医生正在进行心脏移植动物实验。洛厄医生所进行的心脏移植技术是他和诺曼·沙姆韦医生早年在斯坦福大学经过在300多条实验狗身上行心脏移植所取得的经验。巴纳德将他此行3个月里学到的所有东西都印在了脑海里，一回到南非便将其落实到实践中。在不到1年的时间里，巴纳德便成功实施了南非第二例肾脏移植术（1967年10月，该患者存活了20多年），并应用洛厄医生和沙姆韦医生共同研制的心脏移植技术对48条狗进行了心脏移植实验，且获得了90%以上的成功。此时巴纳德已胸有成竹。

万事俱备，只欠东风

1967年11月初，经家庭医生巴里·卡普兰（Barry Kaplan）介绍，患者路易斯·沃什坎斯基前来求救于心外科医生巴纳德。他经心导管诊断为心功能衰竭晚期，加之3次心肌梗死及糖尿病等诸多并发症。巴纳德向沃什坎斯基告之，目前已无法进行任何心内和心外科医治，唯一的解决方法就是行心脏移植手术。沃什坎斯基当时犹豫不决。巴纳德对他讲："如果你被一头狮子追到一条有鳄鱼的河边，你定会跳入水中，因你还会有机会游到对岸。"沃什坎斯基想了很久后最终接受该医治方案，并于1967年11月19日在"心脏移植手术同意书"上签了他自己的大名[10]。接下来就是寻找和等待心脏"贡献"者。

　　1967年12月2日（星期六）下午3点30分，南非海滨城市开普敦（Cape Town）郊外距格罗特舒尔医院不远处（天文观象台正北方的盐河街与主路交界处）有个面包店。25岁的年轻姑娘丹尼丝·达瓦尔（1942年2月27日—1967年12月3日）驾驶着她新买的汽车，带着她的父母和弟弟出来兜风。这时母亲要求去这家面包店买蛋糕。汽车停在了面包店马路对面，丹尼丝和妈妈下车去买蛋糕，父亲和弟弟在车里等候。大约数分钟后，丹尼丝和妈妈从店里出来穿过马路朝向她的新车走来。突然，听到一紧急刹车声和一尖叫声。只见一辆汽车当场将丹尼丝的妈妈撞死，而丹尼丝则被该汽车撞飞数米之外，然后头朝下落地并撞到路旁一辆汽车的车轮盖上，当场头破血流昏迷不醒。3点45分急救车赶到。4点多钟，丹尼丝和她的妈妈被同时运送到格罗特舒尔医院的急诊室。直到晚上9点多钟，格罗特舒尔医院的资深脑外科专家彼得·英尼斯（Peter Rose Innes）医生经过多方面检查及脑电图机上的示波变成平线后，最终证实丹尼丝·达瓦尔的大脑已经死亡。但丹尼丝的心脏仍在跳动。晚10点钟，由巴纳德的下属医生西伯特·博斯曼（Siebert Bosman）和肾移植医生科尔特·文特尔（Coert Venter）通知丹尼丝的父亲爱德华（Edward George Darvall）这一诊断结果，并征求他能否将女儿的心脏和肾脏捐献给其他患者（肾脏捐献给了一名10岁的黑人男孩）。只经过4分钟的考虑，父亲爱德华便在红色的器官捐献书上签了字[8]。

一声枪响，震惊世界

　　12月3日零点，在巴纳德的第一助手，弟弟马吕斯（Marius Barnard，心外科医生）的配合下，在手术间内大约30位医务工作者的协助下，经过一整夜的浴血奋战（体外循环3个半小时），到12月3日早晨6点钟终于成功完成世界上首例心脏移植术。此创举如同一声枪响，不仅震惊了世界，同时引发了心脏移植的大竞赛，从而也迎来了心脏移植的新时代。数小时之后，电话、电报、电台便将这一特大新闻传遍世界各地。12月4日上午，几十个国家的新闻媒体都广播及刊登了这一消息。南非总理首先发来贺电，接着来自世界各地的贺电像雪片一样飞来。3天之后，1967年12月6日美国心外科医生艾德里安·坎特罗威茨（Adrian Kantrowitz）在纽约迈蒙尼德（Maimonides）医疗中心成功为一名19天婴儿做了心脏移植术（该患者只存活了6个半小时）。当时被美国媒体称为世界首例婴儿心脏移植术。1968

年1月2日巴纳德又成功行个人第二例（世界第三例）心脏移植术。受心者是菲利普·布莱伯格，1909年5月24日—1969年8月17日，犹太裔牙科医生，58岁，存活19个月15天。1968年1月6日，诺曼·沙姆韦在斯坦福大学实施了他的第一例（世界第四例）心脏移植术。贡心者为

图8-3　54岁的路易斯·沃什坎斯基在心脏移植术后与巴纳德医生握手
（摘自Sephen Westany. Landmarks in cardiac Surgery[M]. Oxford: ISIS, 1997: 263）

43岁女性，受心者为54岁男性，仅存活15天。1968年1月9日，坎特罗威茨再次试行心脏移植术（此次为成人），结果患者只存活了10个小时。1968年5月3日，巴纳德早年在南非开普敦大学的同学，唐纳德·罗斯在英国伦敦国家心脏病医院（National Heart Hospital）将一名26岁男性的心脏移植到一名45岁男性的体内，该患者存活了45天。1968年5月3日登顿·库利将一名15岁女患者的心脏移植到一名47岁男性埃弗雷特·托马斯（Everett Thomas）体内，该患者存活了204天，且为美国第一例心脏移植长期存活者。1968年8月7日，日本和田十郎在日本北海道札幌医学中心将一名21岁溺水学生的心脏成功移植给一名18岁男性患者，受者存活83天。1968年理查德·洛厄在弗杰尼亚大学先后做了两例心脏移植术，第一例为54岁男性，仅存活1周，第二例为43岁男性，存活6.5年。截至1968年底，全世界共有100例心脏移植术，71例死亡，平均存活29天[9,10]。1969年4月17日，巴纳德再次成功行个人第五例心脏移植术，受心者为多萝西·费希尔，女黑人，38岁，存活12.5年。

图8-4　《好望角卫士报》（The Cape Argus）头版新闻刊登了世界第一例心脏移植的接受者沃什坎斯基（上）、心脏贡献者丹尼丝（左）及手术操作者巴纳德（下）
（摘自《好望角卫士报》1967年12月4日星期一刊登的头版新闻）

一花独放，群芳嫉妒

就在这些来自世界各地像雪片飞来的电讯中，除了庆贺之外也有来自同行竞争与忌妒的电报，和来自政治、宗教方面的反对呼声。美国著名心外科专家登顿·库利悔恨自己没有成为第一个移植心脏的术者。他在给巴纳德的电报中说："祝贺你成为第一个心脏移植术者，我将很快成为第一个百例心脏移植术者。(Congratulations on your first transplant, Chris. I will be reporting my first hundred soon.)"[11] 还有一些报纸上说，这是违反伦理、道德的行为，应该将医生送到世界法庭上审判为杀人罪。最让巴纳德医生不能接受的是，有许多媒体和记者纷纷说"巴纳德偷窃了美国老师的技术"。上述所有统计数字说明，巴纳德的心脏移植术不论存活率，还是存活时间，在当时都远远优于欧美同行以及他的老师们。

1969年4月17日，巴纳德再次成功行个人第五例心脏移植术。1971年5月10日巴纳德再接再厉，又成功行个人第六例心脏移植术。患者德克·范泽尔（45岁），直到1994年7月6日（68岁）去世，存活了23年[12]。1974年巴纳德开始行异位心脏移植（图8-5）。到1982年总共成功完成46例且都长期存活[13]。

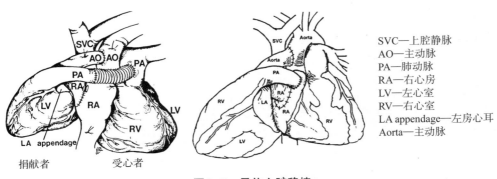

SVC—上腔静脉
AO—主动脉
PA—肺动脉
RA—右心房
LV—左心室
RV—右心室
LA appendage—左房心耳
Aorta—主动脉

捐献者　　受心者

图8-5　异位心脏移植

（摘自 The Barnard heterotopic heart transplant technique with an interposition Dacron Graft. Permission Granted by Annals of Thoracic Surgery for reprint. Novitzky et al.）

除了心脏移植术之外，巴纳德还开展其他心外科手术：心内膜垫缺损，法洛四联症，右室双出口，埃布斯坦畸形，主动脉瘤，瓣膜置换等。除此之外还发表学术论文203篇。以上材料充分说明，巴纳德是一个成熟的多面的心外科医生。

无意苦争春，一任群芳妒

1968年巴纳德在南非主办世界首次心脏移植研讨会，并特意向美国斯坦福大学的诺曼·沙姆韦发出邀请。当时到会的有许多是心外科界的老前辈及心脏移植先驱者们，包括沃尔顿·利乐海、登顿·库利、普鲁法拉·库马尔·森（Prufalla Kumar Sen）、艾德里安·坎特罗威茨、爱德华·斯廷森（Edward Stinson）、詹姆斯·皮尔斯（James Pierce）、米格尔·贝利齐（Miguel Bellizzi）和让-保罗·卡舍拉（Jean-Paul Cachera）等。但诺曼·沙姆韦这位在心脏移植界开展实验最早者之一，研究工作量最大的心脏移植专家拒绝出席该会议。更有甚者，1975年10月6日在底特律市亨利福特医院举行的第二届世界心外科论坛会上（The Second Henry Ford Hospital International Symposium on Cardiac Surgery），来自全球的近500名世界顶级心血管界专家手持请柬（仅限特邀）应邀出席。这是当时世界上最大的心血管外科盛会，只有两名心脏大师因未得到邀请而缺席：一个就是美国医生沃尔顿·利乐海因漏税被政府取消行医执照（第五章已介绍）；另一个便是南非医生克里斯蒂安·巴纳德。后者被大会组委会认为，他剽窃了诺曼·沙姆韦和理查德·洛厄的脏器移植技术[14]。

后半人生，名高品低

"只缘身在最高层，虽让浮云遮望眼"，由于世界首例心脏移植的成功，巴纳德的大名不仅仅在医学界，且在世界各地各界都响彻云霄。美国《时代周刊》的封面也刊登了巴纳德的相片（1967年12月15日）。他不停地应邀飞往世界各国做报告，接受多国首脑和宗教领袖的接见，接受学术机构授予的荣誉头衔，同时享受主

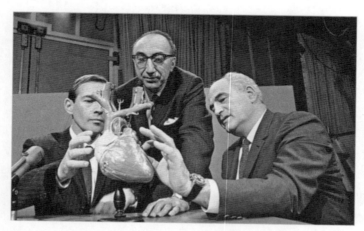

图8-6　1967年12月24日，3位著名心脏专家在美国首都华盛顿应邀出席并主持哥伦比亚广播公司举办的著名节目"面向全国"（FACE THE NATION）

左起：巴纳德，德贝基和坎特罗威茨

（摘自 Who's who in the twentieth century.Chartwell Books,Inc.Book Sales, Inc.p20）

办方安排的名胜游览及精神服务。由于巴纳德相貌英俊,风度翩翩,伶牙俐齿,能言善辩,酷爱舞吧,因此也迎得了众多美女的青睐,包括著名影星和模特。对此,他永远都来者不拒,不知不觉变成了名副其实的花花公子。而他的所为又很难逃出花边记者们的摄像头,最终刊登在世界各地的小报上。其中最大的绯闻便是,世界著名意大利影星与他的婚外不伦之恋[15]。巴纳德的上述所为不仅大大降低了他的道德品格,也在学术界失去了师表尊严,同时还给家庭造成不断的悲剧。

个人生活,家庭不幸

巴纳德的第一任夫人洛特婕(Louwtjie),是他在做实习医生时认识的护士。用他自己的话说,洛特婕忠厚勤奋,是个贤妻良母。同他结婚21年并为他生育一女一儿。成功之后的巴纳德,生活不检点,绯闻频出且造成家庭不断破裂。1969年,第一任妻子与他离婚。1970年巴纳德与年芳19岁的富翁独女芭芭拉(Barbara)结婚并又生了两个儿子。1982年,第二任妻子与他离婚。1988年巴纳德与年仅21岁的模特卡琳(Karin)结婚并育有一女一儿。2000年两人分手,结束婚姻。1984年,他的大儿子安德烈(Andre)由于长期缺少父爱以及父母分离造成精神打击后,患上抑郁症,1988年2月28日在家中自杀。此事对巴纳德触动深刻。他说,要是早年多给他些父爱,并关心他的病情,也许会避免此事发生。

异国他乡,突然离去

2001年9月2日星期天下午,我在高速公路驾车从医院返回家的路上,突然从收音机里传来巴纳德去世的消息。他是在希腊塞浦路斯度假。那天上午,当他前往海边准备游泳时因严重哮喘病复发,引起心脏缺氧去世,终年78岁。他去世的消息如同33年前所发生的心脏移植术新闻,迅速传遍全世界。南非总统曼德拉(Nelson Mandela)表示:巴纳德医生的最大贡献不仅仅是成功实施了人类第一例心脏移植术,同时还对南非的种族隔离制度发出了不同的声音。(巴纳德在手术间内雇用非白种人护士,还将白人的心脏移植入黑人的胸腔内等行为,多次受到当地政府的反对,并被停止了对他的特殊优待。)

正所谓

清贫出身巴纳德,卧薪尝胆雄心勃。
借他山石来攻玉,心脏移植大名得。
风流潇洒才横溢,首脑影星妖女魔。

正所谓

相机面前光无限,位高浮云把眼遮。
妻离子散家分裂,手患风湿术刀夺。
忙碌一生得与失,医史后人论功过。

艾德里安·坎特罗威茨(Adrian Kantrowitz)
医学博士
1918年10月4日—2008年11月14日
纽约布鲁克林迈蒙尼德医学中心

图8-7 艾德里安·坎特罗威茨
(图片由亚历山大·马斯特教授提供)

履 历

1940年纽约大学学士学位
1943年纽约州立大学医学院医学博士
1943—1946年纽约布鲁克林犹太医院实习医生
1946年纽约市西奈山医院外科住院医生
1948—1949年纽约布朗克斯(Bronx)蒙蒂菲奥里(Montefiore)医院外科住院医生
1949—1955年纽约蒙蒂菲奥里医院外科主治医生
1955—1970年纽约迈蒙尼德医院心外科主治医生
1970年起在底特律市西奈(Sinai)医院做大外科主任兼心外科主任

心脏移植,成名之作

就在南非的克里斯蒂安·巴纳德1967年12月3日首次成功实施世界心脏移

植后的仅3天（12月6日），美国艾德里安·坎特罗威茨在纽约布鲁克林的迈蒙尼德医学中心为一名19天婴儿做了心脏移植术（贡心者为一名2天无脑畸形男孩）。而该患儿只存活了6个半小时，却被当时美国媒体称为世界首例婴儿心脏移植术。1968年1月9日，他又做了1例成人心脏移植，结果只存活了10个半小时。笔者认为坎特罗威茨不应为此获得荣誉及信誉。但值得一提的是，他的确在此之前的数年里做了大量的心脏移植准备工作（包括在上百条小狗身上做了移植试验）。1966年6月26日，当坎特罗威茨正准备将一脑死亡患者的心脏取出以便植入到另一心力衰竭患者体内时，他的两个上级医生［霍华德·朱斯（Howard Joos）和哈里·韦斯（Harry Weiss）］坚持要等到心脏停搏后方可取出，所以最终没能实现。这只能说明坎特罗威茨与心脏移植没有缘分。

此人不凡，贡献卓著

1953年他报道增加主动脉舒张压，可以改善冠状动脉血流。1961年5月他首次发明并植入心脏起搏器，1966年2月4日开始试行植入人工机械心脏（患者存活23小时）。1967年他发明主动脉球囊反搏泵（Intra-aortic balloon pump），与他的哥哥亚瑟（Arthur Kantrowitz，著名物理学家/工程师）合作并于1967年8月首次进行临床应用，且成功救活一名45岁女患者。1967年首次体内植入永久性左心辅助器（Left Ventricular Assist Device, LVAD）。2008年11月14日因心力衰竭在密歇根州的安娜堡（Ann Arbor）去世，终年90岁。

诺曼·沙姆韦（Norman E. Shumway, Jr.）
医学博士，哲学博士
1923年2月9日—2006年2月10日
美国加州斯坦福大学医学中心

图8-8　诺曼·沙姆韦
（图片由亚历山大·马斯特教授提供）

履 历

1942—1943年密歇根州安娜堡大学学士学位

1943—1945年被征兵陆军服役

1945—1949年美国田纳西州的范德比尔特（Vanderbilt）大学医学院医学博士

1949—1951年明尼苏达大学医学院做住院医生

1951—1953年再次应征空军服役

1953—1957年明尼苏达大学医学院住院医生及科研实验

1956年获哲学博士学位

1958—1965年斯坦福大学医学中心外科主治医生，此间认识住院医生理查德·洛厄

1965—1974年斯坦福大学医学院副教授及心外科主任

1974—1993年斯坦福大学医学中心教授及大外科主任兼胸心外科主任

1993年退休

2006年2月10日因肺癌去世，终年83岁

贡 献

诺曼·沙姆韦是心脏移植的奠基者及维护者，特别在当时几乎所有人都因死亡率太高而放弃时，仍不气馁

1968年1月6日美国第一例成人心脏移植术（世界第四例），仅存活15天

1972年与菲利普·凯夫及玛格丽特·比林汉姆（Margaret Billingham）合作应用经皮导管心肌活检术，可及早发现肌体的排异现象[3]

1980年将头孢素（Cyclosporin）用于心脏移植术后抗排异治疗[1978年首先由英国剑桥大学的罗伊·卡恩（Roy Calne）用于肾移植术后[16]及美国匹斯堡大学的托马斯·斯塔泽尔（Thomas Starzl）用于肝移植术后，且都获得较好效果[17]]

1981年3月沙姆韦与布鲁斯·赖茨（Bruce Reitz）合作实施

贡　献
　　　　了世界第一例长期存活（5年）心肺联合移植术［接受者玛丽·戈尔克（Mary Gohlke），45岁，贡献者15岁］

发　表
　　　　学术论文417篇

荣　誉
　　　　1986年美国胸外科学会（AATS）主席
　　　　1994年获李斯特奖
　　　　1998年首位获国际心脏及心肺移植协会授予的终身成就奖
　　　　被世人称为"心脏移植之父"

语　录
　　　　患者才是真正的英雄，他们如此的伟大、坚强和勇敢，才使心外科能有今天。（Patients were real heroes,so marvelous, so strong, so courageous,you made us look good. ）

沉默寡言，充满智慧

　　1923年2月9日，诺曼·沙姆韦出生在密歇根州的卡拉马祖（Kalamazoo）。1岁后全家来到杰克逊镇（Jackson）。父母经营一个家庭奶制品店。沙姆韦是家里的独生子，从小性格安静，少言寡语，但却充满智慧。他高中时是学校辩论队队员，辩论时慢条斯理，却咄咄逼人。毕业时他以全校第一的成绩，考入著名的密歇根州立大学安娜堡分校。毕业后，他又考取美国著名的田纳西州范德比尔特大学医学院。

始终不顺，永不气馁

　　诺曼·沙姆韦的一生始终不顺。1943年大学第二年他就被征兵入伍，直到1945年第二次世界大战结束才又回到大学继续读书。1949年医学院毕业后，沙姆韦来到明尼苏达大学医学院做住院医生。大导师是前面提到的欧文·万根斯坦教授，小导师是沃尔顿·利乐海。一年不到（1950年6月1日），利乐海患淋巴癌。万根斯坦亲自操刀，耗时整整10个半小时才完成这个大面积切除术（其中包括淋巴细胞,腺体,组织,肌肉,脂肪,小血管,甲状腺,腮腺及数根肋骨)。利乐海由于失血过多,需要补血。沙姆韦此时年轻体壮,因此被拉去献了数百毫升血,同时也救了利乐海的生命。正当沙姆韦专心致志地进行临床与科研训练时,1951年朝鲜战争爆发。没想到他再次被征兵入伍,且又服役2年。宝贵时光竟这样流逝掉。1953年停战后,沙姆韦重新回到明尼苏达大学医学院继续做住院医生,直到1957年才终于完成所有课程并获得外科博士学位。由于万根斯坦教授大名鼎鼎,投奔到他手下的住院医生不但数量多且个个优秀,加上约翰·刘易斯和沃尔顿·利乐海等资深主治医生都是著名手术狂人;因此,住院医生及资历浅的主治医生几乎没有机会操刀。由于竞争激烈,毕业后的沙姆韦没有被留在明尼苏达大学医学院。经朋友介绍,他来到加州大学圣巴巴拉(Santa Barbara)分院心外科工作。由于沙姆韦和他的上司观念不同,不能合作,仅6周他就离开了该医院。此时沙姆韦的另外一个朋友,加州大学心内科教授弗朗西斯·张伯伦(Francis Chamberlain)将他介绍给加州大学旧金山分校的外科主任利昂·高曼(Leon Goldman)教授。最让沙姆韦生气的是,当他与高曼教授面试时,高曼竟然打起了瞌睡。当然他没能得到那份工作。沙姆韦不明白,他是名牌医学院(范德比尔特大学)毕业,在著名心脏中心受训,由著名外科教授指导,为什么找不到工作?于是他来到加州斯坦福大学医学中心(当时在旧金山)见了大外科主任维克托·理查兹(Victor Richards)教授。理查兹给了沙姆韦一个外科实验室职位(年薪只有3 000美元)。沙姆韦欣然接受。恰巧此时,一青年外科住院医生理查德·洛厄来到这里做科研。沙姆韦和洛厄医生兴趣相投合作愉快,并共同开始研究狗的"局部低温下的心肌保护"及心脏移植技术。直到1965年洛厄去弗杰尼亚大学出任心外科主任,两人才分手。当时斯坦福大学医学中心的心外科主任是弗兰克·葛伯迪(第五章已介绍),他掌控着心外科,绝不允许旁人主刀。无奈,沙姆韦只好专心做心肌保护及心脏移植术的动物研

图8-9 (从左到右)斯托弗(Stofer)、沙姆韦、洛厄和三位技术员在斯坦福大学医学中心外科实验室(1959年)(摘自 J Thorac Cardiovasc Feb 2009)

究,偶尔去旧金山儿童医院做一点开心手术。

1959年斯坦福大学医学中心迁移到现在的帕洛阿尔托(Palo Alto)。弗兰克·葛伯迪去了长老会医院-太平洋医学中心(Presbyterian Hospita-Pacific Medical Center)出任心外科主任及旧金山医学研究所所长。而沙姆韦终于得到机会来到位于帕洛阿尔托的新斯坦福大学医学中心,并出任心外科主任。此时的沙姆韦双管齐下,周一、周三、周五在手术室为患者做心脏手术,周二、周四到动物实验室做心脏移植的研究[18,19]。

终见曙光,他人夺先

"面壁十年图破壁",经过整整耗时10年的艰辛努力和对300条狗及猴子的心脏移植试验,他终于看到了移植心脏后的动物长期存活下来。1967年11月,沙姆韦在美国《外科学》(Surgery)期刊上发表文章并宣称:"我们已在动物身上取得了心脏移植的重大成就,我坚信我们可以在人身上进行心脏移植术。[20]"谁料,就在沙姆韦刚刚公布这一消息后的数个星期。1967年12月3日,南非医生巴纳德捷足先登并向全世界宣布他在人身上成功进行了心脏移植术。沙姆韦立即展开行动,并于1968年1月6日在斯坦福大学实施了他的第一例(世界第四例)心脏移植术。贡心者为43岁女性,受心者为54岁男性且存活了15天。确切地说,沙姆韦的第一例人体心脏移植应为美国第一例(世界第三例)心脏移植。1967年12月6日美国心外科医生艾德里安·坎特罗威茨在纽约为一名19天婴儿做了心脏移植术(该患者只存活了6个半小时)。6个半小时不应该称为成功。紧接着在随后的12个月里全世界50个心脏中心共有100例患者接受了心脏移植术。这些行心脏移植手术的医生包括印度孟买的普鲁法拉·库马尔·森(Prufalla Kumar Sen)(1968年2月20日),法国巴黎的克里斯蒂安·卡布罗尔(Christian Cabrol)和查尔斯·杜博斯特(Charles Dubost),英国伦敦的唐纳德·罗斯和美国休斯敦的登顿·库利(在同一天,1968年5月3日),智利的豪尔赫·卡普兰(Jorge Kaplan),日本札幌市的和田十郎(1968年8月7日行世界第30例心脏移植术),美国休斯敦的迈克尔·德贝基(Michael DeBakey)(1968年8月31日),弗吉尼亚的理查德·洛厄等等。但是由于排异等原因,只有29例存活了下来,60%只存活8天,而平均存活才29天。这一惨痛结果几乎让世界上所有心外科医生都放弃了心脏移植术。心脏移植这一突如其来的热题,迅速地冷却下来。

孤舟蓑翁,独钓江雪

千山鸟飞绝,万径人踪灭。孤舟蓑笠翁,独钓寒江雪(柳宗元《江雪》)。正当世人远离或放弃心脏移植术的时刻，诺曼·沙姆韦决定再次面对并潜心研究这两个难题：第一如何提早发现机体的排异现象，另一个就是如何解决排异问题。1971年英国医生菲利普·凯夫到沙姆韦这里进修，并与沙姆韦共同参考日本东京妇女医院的今野草二（Souji Konno）医生早年发表的有关活检方法的实验报告[21]，然后自制手术器械在狗身上进行试验，并于1972年世界首次对心脏移植后患者行经皮导管心肌活检术，再与病理医生玛格丽特·比林汉姆合作解读心肌排异状况[3]。心肌活检术的应用明显地提高了心脏移植后的存活率，从过去20%的5年存活率，一下提高到40%。1980年12月，沙姆韦参考前人应用头孢素对肾脏和肝脏移植后的成功应用，首次用于心脏移植患者，同样取得了显著效果。沙姆韦的再次成功，像一盏黑暗中的星星之火，给世人对心脏移植失去的信心重新带来光明和方向，并且迅速燎原世界。经过沙姆韦教授和他的心脏移植团队数十年的不懈努力，美国加州斯坦福大学心脏移植中心已成为全世界公认的最佳中心。截至2013年底，该中心共为1 720个患者做了心脏移植术。数年前发表了对1组52例18岁以下儿童心脏移植患者进行的20年随访，其中11年存活率为92%，14年存活率为79%，17年存活率为70.9%，20年存活率为53.1%，而20世纪90年代以后心脏移植术后患者90%可存活15年以上。存活时间最长的患者是32岁的利齐·克雷兹（Lizzy Craze），1984年10月8日在她仅有2岁时便接受了心脏移植术，这颗有力的心脏一直为她服务了整整30年，并帮她完成了学业和婚姻且继续有力地跳动（2014年10月8日完成此文章时）。

谦卑俭朴，低调做人

诺曼·沙姆韦一向生活俭朴，待人宽厚。虽然收入丰厚，他却穿着朴素。一年到头总是身穿洗手衣，除非正式活动，很少西装革履。上下班开一辆破旧的日产蓝鸟牌（Nissen Datsum）汽车。前事不忘，后事之师。由于沙姆韦早年受训时，很少有做手术的机会，因此他深知年轻医生渴望操刀实践的心情，所以他尽可能为他人创造做手术的机会。1981年3月他与助手布鲁斯·赖茨医生合作成功完成世界第一例长期存活（存活5年）心肺联合移植术。接受者玛丽·戈尔克45岁，贡献者为15岁。对于这么重大的史无前例的手术，沙姆韦教授竟让赖茨医生主刀，这是多么伟大的谦卑和修养。沙姆韦教授毕生勤学苦作，对事业精益求精，一生共发表400多篇学术论文，得到众人敬仰。为了表彰诺曼·沙姆韦对心脏移植所做的重大贡献，1986年美国胸外科学会推举他为第67届美国胸外科学会主席。1994年英国皇家外科医生学院（Royal college of Surgeons of England）授予沙姆韦李斯特奖章。1998年国际心脏及心肺移植协会（ISHLT）向诺曼·沙姆韦授予首发的终身成就奖。2006年2月10日沙姆韦在他83岁生日的第二天，因肺癌去世。

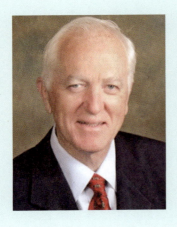

伦纳德·贝利（Leonard Lee Bailey）
医学博士
1942年8月28日—2019年5月12日
加州罗马琳达（Loma Linda）大学医学院教授
罗马琳达大学医院心外科主任

图8-10　伦纳德·贝利
（照片由贝利本人提供）

履　历

1964年马里兰州哥伦比亚协和大学学士
1969年加州罗马琳达大学医学院医学博士
1969—1971年罗马琳达大学医院住院医生
1972—1974年罗马琳达大学医院胸心血管外科住院医生
1974—1975年加拿大多伦多儿童医院胸心外科住院医生
1975—1976年罗马琳达大学医院胸心血管外科主治医生
1976—2016年罗马琳达大学医学院心外科主任，教授

贡　献

1984年10月26日，成功将狒狒的心脏移植到一名12岁先天患有左心发育不全综合征的女婴［名叫斯蒂芬妮·法埃（Stephanie Fae）］的体内并存活20天

1985年11月20日，成功为一名仅4天患有左心发育不全综合征的男婴行同种心脏移植术，且至今还活着并在一家宾馆工作（2014年）

发 表

学术论文320篇

荣 誉

1988 年 美 国 成 就 委 员 会（American Academy of Achievement）授予金牌成就奖（Golden Plate Award）

2002年美国心脏学会授予"心脏病及猝死杰出先辈奖"（Outstanding Pioneer in Heart Disease and Stroke）

2012年俄罗斯医学科学院（Academy of Medical Sciences Moscow）授予"心血管外科成就奖"（Bourakovsky Premium for Achievements in Cardiovascular Surgery）

座右铭

救死扶伤（To Make Man Whole）。这同时也是罗马琳达大学医院的院训。

天大设想，苦心求成

20世纪80年代初，心脏移植手术已被世人广泛接受。从此供需关系成为新的问题，即众多心脏的需求者与心脏的短缺来源开始成为新的问题，特别是新生儿的心脏来源。加州罗马琳达大学医学院小儿心外科医生伦纳德·贝利开始着手研究使用动物的心脏移植到人的身上。首先他进行了160次异种动物心脏移植，即将绵羊的心脏移植到山羊的身上，或将猪的心脏移植到羊的身上。其中许多异种心脏移植后的山羊可存活近半年时间。然后，贝利又尝试用人的血液分别注射给羊、猪和狒狒的心脏，结果发现只有狒狒的心脏功能够维持较长时间的良好状态，其余羊和猪都很快失去了心功能。因此，贝利决定尝试将狒狒的心脏移植到人身上。贝利医生将他的所有动物试验内容和结果及其将狒狒的心脏移植到人身上的想法向罗马琳达大学医学院科学研究审查委员会（Internal Review Board, IRB）做了详细的汇报。经过14个月的调查、研究和讨论，最终批准了贝利医生的这一天大的设想。

英雄虎胆，心史留名

1984年10月14日，在南加州边远沙漠地带的社区医院巴斯托（Barstow）医院里，一个名叫斯蒂芬妮·法埃（Stephanie Fae）的女婴早产2周出生了。当时她被该院诊断为患有先天性心脏病，然后她被转到罗马琳达大学儿童医院。经过进一步检查，法埃被确诊为患有"左心发育不全综合征（Hypoplastic Left Heart Syndrome）"。贝利医生耐心地向法埃的母亲特蕾莎（Teresa）解释，该病在当时基本属于不治之症，而且患者只能生存2～3周，但是还有一线希望便是为法埃行心脏移植手术。由于很难找到新生儿的心脏供体，只有行异种心脏移植术。接着贝利又向特蕾莎详细地介绍了他近年来对异种动物心脏移植术的试验和结果。最后贝利医生说，他可以将狒狒的心脏植入到她女儿的身上，并请特蕾莎认真考虑。起初，特蕾莎不同意这样做，并带着女儿离开了医院，然后回到一个汽车旅店观望自己的女儿。数日后法埃的状况一天不如一天，眼见就要接近死亡。特蕾莎迫不得已又将女儿带回医院并同意接受异种心脏移植术。贝利医生一边让特蕾莎和女儿的父亲在"手术同意书"上签字，同时又对贝利医生自己仅有的从得克萨斯生物医学研究基金会（Foundation for Biomedical Research in Texas）购买的7只狒狒进行最后的检验和挑选。除了早已对它们进行抗菌治疗外，又对每一个狒狒进行免疫反应试验。最后挑出一只免疫反应最弱的9个月大的母狒狒，作为心脏的供体。在第一次"手术同意书"上签字后的第二天，贝利医生要求法埃的父母再一次在"手术同意书"上签了字。

1984年10月26日早7点30分，只有2.3千克重的法埃被送进了手术室。由于法埃患的是左心发育不全综合征，因此手术难度较大。但贝利医生的技术精湛，手术在11点35分顺利完成，且未出现任何意外情况。法埃被转到重症监护室（Intensive Care Unit, ICU）进行24小时昼夜监护。

消息不胫而走。术后数小时，院方开始陆陆续续接到一些询问的电话。几天之后，采访的电话来自世界各地，包括英国、法国、意大利、德国、瑞士、日本、澳大利亚、加拿大等等。平均每天医院要回答1 500次电话。同时美国三大主流广播电视台记者及其他报社记者们也都前来采访。仅在术后的第一周，罗马琳达大学儿童医院便接待了275家媒体的代表，此外还有许多来自宗教团体、抗活体解剖协会和动物保护组织的人及一些抗议群众前来示威。加之维持秩序的警察、保安及看热闹的人群，把这个地区围了个水泄不通。

法埃术后的第二天，嘴唇开始从紫绀转变成红润，精神一天比一天好，体重也明显增加。直到术后第16天，她开始出现排异反应，而且一天比一天严重。到术后第18天时，法埃的肾脏出现衰竭。贝利医生和他的免疫专家桑德拉·内尔森–坎纳瑞拉（Sandra Nehlsen–Cannarella）医生开始对法埃进行腹膜透析治疗。11月15日，手术后第20天，法埃的所有脏器开始出现衰竭。晚上9点整，法埃体内的异种心脏停止了跳动。

此时,法埃的母亲特蕾莎向前来安慰她的贝利医生说:"请不要将用女儿生命换取的经验浪费掉,一定要继续进行研究。(I asked him not to let Stephanie Fae's life be wasted, not to let the experience be wasted, but to carry it on.)[22]"特蕾莎当时只有24岁。2012年9月15日,我在采访她时,再次提到她当时的那句话,是否今天还会这样认为。她毫不犹豫地回答说:"现在仍然这样想。"我对她讲:"你是一个伟大的女性,我深受感动并为你骄傲。"

贝利医生听取了法埃母亲特蕾莎的建议,继续对新生儿心脏移植进行研究,但他放弃了异种心脏移植。1年后,1985年11月20日,贝利医生成功为一名仅4天的患有左心发育不全综合征的男婴摩西(Moses)[真名叫埃迪·安吉亚诺(Eddie Anguiano)]行同种心脏移植术。2014年12月11日,该男孩已近30岁,仍健康地生存着,且在一家酒店工作[23,24]。到目前为止,罗马琳达大学医学院儿童心脏中心在贝利医生的带领下,已成为世界最大的儿童心脏移植中心之一。截至2014年12月31日,罗马琳达大学医学院心脏中心共做了509例儿童心脏移植术(其中包括104例小于30天新生儿,331例1岁以下婴儿和178例1~17岁的患者),以及199例成人心脏移植术,总共708例(该数据由伦纳德·贝利医生于2015年6月15日提供)。

美国园丁,跨洋指导

贝利医生不仅是一个著名的心外科医生,而且还是中国同仁的热情园丁。他多次来到北京阜外心血管病医院为中国患儿做心脏修补术,并进行学术交流。同时还先后邀请近20多个中国心脏界医生们到加州罗马琳达大学医学中心进修学习。

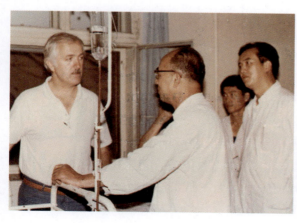

图8-11 1983年贝利医生(左1)与郭加强主任(左2)、薛玉良(左3)、沈宗林副主任(左4)在北京阜外医院进行交流
(照片由郭小平提供)

图8-12　2012年9月，法埃的母亲特蕾莎、贝利医生与笔者

迈克尔·德贝基（Michael Ellis DeBakey）

医学博士

1908年9月7日—2008年7月11日

得克萨斯州贝勒（Baylor）大学医学院名誉院长

得克萨斯卫理公会（Methodist）医院

图8-13　迈克尔·德贝基

（照片由李式瑛老师提供）

履　历

1926—1930年新奥尔良杜兰（Tulane）大学学士

1928—1932年杜兰大学医学院医学博士

1933—1935年在慈善（Charity）医院做住院医生并获硕士

学位

履 历

　　1935—1936年法国斯特拉斯堡（Strasbourg）大学，师从血管外科大师雷内·勒里什（Rene Leriche）[1]

　　1936—1937年德国海德堡大学，师从胸外科大师马丁·基施纳（Martin Kirschner）[2]

　　1937—1942年杜兰大学医学院外科主治医生

　　1942—1946年参军服役并建立了军队外科移动式野战医院，其间发表《战争伤亡》（*Battle Casualties*）一书，并于战后帮助美国政府建立"退伍军人医疗服务中心系统（Veterans' Administration Medical Center System）"

　　1946—1948年杜兰大学医学院外科副教授

　　1948—1969年贝勒大学医学院外科教授及首任大外科主任

　　1969—1979年贝勒大学医学院院长

　　1979—2008年贝勒大学医学院名誉院长[25]

贡 献

　　1952年发明心脏滚动泵（roller pump）

　　1953年8月7日首次成功行颈动脉内膜摘除术（carotid endarterectomy）

　　1954年亲手将涤纶布制成人工血管通道，并成功行胸腹主动脉瘤切除及人造血管植换术[26]

　　1954年首次将主动脉夹层动脉瘤分型，并首次成功修补该疾病（classify/operate dissecting aneurysm）

　　1955年10月19日首次成功切除胸腹主动脉瘤，并应用同种血管移植连接[27]

　　1964年首次成功应用大隐静脉行冠状动脉架桥术（但却发

1　雷内·勒里什，1879年10月12日—1955年12月28日。勒里什综合征是腹主动脉及周围血管，包括髂动脉炎症及粥样硬化病。
2　马丁·基施纳，1879年10月28日—1942年8月30日。1924年3月18日首次成功行肺动脉栓塞切除术并发明人工食管。

| 贡　献 | 表于1972年，法沃洛荣1968年发表此术）

1966年4月21日与黎澳塔（Domingo Liotta）合作成功应用左心并行辅助泵（paracorporeal pump LVAD）

1966年首次成功应用左心舒张反搏泵（diastolic counter pulsation LV bypass pump）

1969年与登顿·库利和黎澳塔研制人工心脏，并由库利成功植入人体

他一生发明50多种心血管外科手术器械及机器，他是最老的心血管外科手术操作者之一（近90岁高龄仍上台做手术，一生共做约50 000例心血管手术，86岁之后，停止做常规手术）

| 发　表 | 论文1 200多篇

| 荣　誉[1] |

1945年美国陆军军团功绩奖（U.S. Army Legion of Merit）

1959年美国医学会杰出成就奖（AMA Distinguished Service Award）

1963年获医学最高奖拉斯克奖

1968年美国心脏学会金心奖（AHA Gold Heart Award）

1969年埃莉诺·罗斯福仁爱奖（Eleanor Roosevelt Humanities Award）

1969年约翰逊总统授总统自由勋章奖（Presidential Medal of Freedom with Distinction by Lyndon Johnson）

1974年俄国医学科学院外籍院士（Russian Academy of Medical Sciences Foreign Member）

1987年里根总统授总统国家科学奖（President's National Medal of Science by Ronald Regan）

1　以上只是德贝基50多个荣誉学衔及44个大奖的主要部分。

荣　誉

1964—1994年拉斯克基金会医学研究奖审查委员会主席

1996年应邀飞往莫斯科为叶利钦（Boris Yeltsin）总统看病及指导俄国医生阿克丘林（Akchurin）给叶利钦行冠状动脉架桥手术（从而改变了俄国的局势及世界的局势）

1999年俄国科学院外籍院士（Russian Academy of Sciences Foreign Member）

2007年10月27日登顿·库利心血管外科学会（Denton A. Cooley Cardiovascular Surgical Society）授予终身成就奖及荣誉会员奖

2008年4月23日布什总统及伯劳斯仪长授美国国会金质奖（Congressional Gold Medal）

2008年7月15日休斯敦市政府圆形大厅内受众人瞻仰及进行葬礼（上午10时—下午3时）

迈克尔·德贝基的遗体被安葬在阿灵顿国家公墓内（Arlington National Cemetery）

部分政要职务

美国总统胡佛（Herbert C. Hoove）医学顾问委员会委员

美国总统约翰逊的心脏、癌症及脑卒中委员会主席

国家卫生研究院心肺委员会顾问（National Advisory Heart and Lung Council of NIH）

性　格

完美主义者，不能容忍懒惰、散漫或心不在焉的举止，更不能忍受任何微小的错误，人称手术室内的暴君。但对待他的患者，却像蜜一样的甜。

座右铭

追求卓越是我终身的目标。（The pursuit of excellence has been my objective in life.）

座右铭

> 死亡是人的敌人,你不停地和它作战,你永远不要真正地接纳它。每个人最终都会死亡,但是你要尽力同它搏斗,用你的双手把它推开。

遗 憾

> 最大的遗憾之一是未能找到引起动脉粥样硬化的真正原因。德贝基从来就没有接受胆固醇是引起动脉粥样硬化的主要因素。20世纪80年代,他就曾提出有可能是病毒或传染病体引起动脉粥样硬化,并希望科学家们继续进行研究。

业精于勤,行成于思

血管大王德贝基,百岁大师,千余文章,数万手术,荣誉傍身。上述的贡献和荣誉仅仅是迈克尔·德贝基大师一生中的部分缩影。他的故事七天七夜也讲不完,而所有这些又都和他的勤奋自强的性格分割不开。德贝基80年如一日,除了吃饭睡觉之外,将所有精力都倾注在心血管事业上。直到他90岁高龄仍每天早晨5点钟起床,然后阅读写作。7点钟开车去医院(指导手术,看患者),到晚6点钟回家吃饭,然后再回医院(查病房,图书馆)直到11点多才回家。每晚只睡5个小时[23],真可谓业精于勤,行成于思。

科学头脑,政治灵魂

迈克尔·德贝基不仅具备超凡的科学头脑,同时还是一个有政治灵魂的医生。他既是手术台上的高手,亦是白宫内的常客。自肯尼迪总统(John Kennedy)到小布什(George Bush)总统期间的9位美国总统都邀请他做个人保健医生或任健康顾问,并出任约翰逊总统的心脏、癌症及脑中风委员会主席,国家卫生研究院心肺委员会顾问等众多要职。此外,世界诸多政贵名人也是他的患者,其中包括英国温莎公爵(The Duke of Windsor)、伊朗国王(The Shah of Iran)、约旦国王侯赛因(King Hussein of Jordan)、俄国总统叶利钦等。他还是医学界最高学术奖"拉斯克"基金会医学研究奖审查委员会主席,而他自己又是他所在医院的院长兼外科主任。因此,德贝基在全世界心血管界,可谓大名鼎鼎,人人皆知。尤其在美国心血管领域,可呼风唤雨。特别是在他领导的医院里,更是一言九鼎,无人争辩。德贝基应用他的才华和政治关系,获得了许多科研基金。天资、勤奋和雄厚的科研基金为德贝基建立了一条通往心血管病科学顶峰的高速公路。因此,他在心血管诸多方面,特别在大血管领域里,成就斐然,鹤立鸡群,举世公认。

横眉冷对,三十九载

然而天资、勤奋和资金加在一起,只是成功的一半,机遇才是打开最后一道门的金钥匙。德贝基并非医坛的常胜霸主,永无对手。1961年,他从国家心脏研究院(National Heart Institute, NHI)申请了一项专用基金(250万美元)用来实验左心辅助泵和人工心脏(Total Artificial Heart, TAH)。还从阿根廷聘雇了多明戈·黎澳塔帮他进行研究。德贝基的副手,小他12岁的登顿·库利,1951年毕业于约翰霍普金斯医学院,是艾尔弗雷德·布莱洛克教授的外科研究生(surgical fellow)。德贝基于1951年6月11日,将登顿·库利招到手下。他们两人一起合作,并且共同创造了许多奇迹。由于德贝基专横跋扈,而才华横溢的库利亦是天生争强好胜。因此,自20世纪60年代初,两人开始时有发生矛盾。1969年4月4日,登顿·库利乘德贝基外出开会,擅自将世界上第一颗人工心脏植入到患者身上。该手术轰动了全世界。此时正在国家卫生研究院开会的德贝基,突然惊悉他的手下库利医生背着他将他多年研制的(只限于在牛身上实验)人工心脏首次成功地植入到人体内。德贝基当时怒发冲冠,立即飞回休斯敦,并同时通告国家卫生研究院、国家心脏研究院及美国外科医师学会(American College of Surgeons)。上述3个部门为此事件对登顿·库利进行了调查,并对登顿·库利进行了苛罚。库利(被迫)从卫理公会医院辞职,然后去了只有一条街之隔的圣卢克医院工作。从此,两位心脏大师分道扬镳,横眉冷对三十九载,从没有说过话,而且几乎没有碰过面(双方都避免相遇)。直到2008年5月2日库利与德贝基握手言和,结束了长达近半个世纪的敌对关系。

死里逃生,再创奇迹

德贝基具有超凡的生命力和超长的生命。他对死亡的哲学是"死亡是人的敌人。你不停地和它作战,你永远不要真正地接纳它。每个人最终都会死亡,但是你要尽力同它搏斗,用你的双手把它推开"。2005年的最后一天,97岁高龄的德贝基突然感到胸部像撕裂般的疼痛,并向颈部和背部放射。不愧是血管大王,德贝基马上意识到,自己十有八九患了主动脉夹层动脉瘤[1]。3天后,CT扫描结果证实德贝基

---

1 这是一个不常见的高危心血管病变。非常滑稽的是,世界上第一例主动脉夹层动脉瘤手术就是1955年由他本人和助手登顿·库利首次成功完成[28]。

的确患了主动脉夹层动脉瘤，而且是以他名字命名的德贝基第二型（DeBakey II）[29]。其夹层内经为7.5厘米，如不手术，75%患者多会在1周内死亡，90%会在数周内死亡。

由于该手术的风险极高，德贝基的年龄太高，加之他的名望巨高，因此院领导于2006年2月9日晚紧急召集有关专家及德贝基家属展开了是否为他进行手术的激烈大讨论。跟随德贝基40年的外科教授乔治·努恩（George Noon）认为应该做手术。但在场的所有麻醉医生都拒绝给他配合麻醉。此时的迈克尔·德贝基情况每况愈下，且出现肾功能衰竭、心包积液、呼吸急促，血压已难控制，并进入昏迷状态。很显然，他的主动脉夹层动脉瘤已逐渐开始破漏，生命危在旦夕。就在这个时刻，德贝基的妻子凯特琳（Katrin）站出来恳求大家立即为她的丈夫做手术。此时已是夜晚11点整。

2006年2月9日晚11时30分，世界上活着的心血管界最有名望的、最具影响力的、97岁高龄的迈克尔·德贝基被迅速推进了手术室，一个史无前例、惊心动魄的大主动脉切换修补术开始了。医生们将瘤状的主动脉剪下，然后换上由涤纶布制作的人工主动脉（1954年由德贝基发明）。经过7个小时的浴血奋战，次日早6点30分，德贝基被送进术后重症监护室。正如众人所料，他的术后恢复亦充满了艰难险阻。德贝基需通过气管插管（依靠呼吸机）进行呼吸整整6个星期。由于肾功能衰竭，还需要间断的肾透析。加上胸腔积液，需要插管引流。再加上导尿管、测压管、输液管等，全身插满了管子。长期卧床，造成肌肉萎缩无力，需进行物理疗法。他的血压和脉搏忽高忽低，难以控制……

由于众多医护人员全力以赴的对症治疗和坚持不懈的精心护理，加之德贝基本人抗拒死亡的坚强毅力，他逐渐地康复起来。2006年5月16日，97岁高龄的迈克尔·德贝基终于死里逃生并战胜病魔，精神愉快地出院了。100多天的诊治费远远超过100万美元。德贝基亦因此，成为患主动脉夹层动脉瘤最老的患者，也是主动脉夹层动脉瘤切换手术最老的受术者，同时还是该手术最老的存活者[30]。

大难不死，必有后福

大难不死的迈克尔·德贝基，于2006年5月16日出院后便开始不断迎来令他本人心情欢乐及世界同道们激动振奋的喜事。这包括2006年10月18日，出席以他的名字命名的图书博物馆（Michael DeBakey Library and Museum）破土动工典礼；2007年夏，为表扬他的人道主义精神和对心血管事业的贡献，美国国家造币局特制一枚铜制奖章（图8-14）（正面是迈克尔·德贝基身穿手术服的刻像，背面是覆盖在地球上面的一颗心脏，心脏上有2个条幅，条幅上写着他的座右铭：追求卓越是我终身的目标）；2007年10月27日，迈克尔·德贝基接受了登顿·库利授予他的登顿·库利心血管外科学会终身荣誉会员，并和他这个在事业上的天敌握手言和，从而结束了两人长达近半个世纪的敌对关系；2008年4月23日，布什总统和伯劳斯众议院议长授予德贝基美国国会金质奖，这是美国国会授予人民的最高荣誉奖。

图8-14　2007年美国造币局为迈克尔·德贝基特制的金质奖章
（笔者购买了此币并拍照）

百岁大师，犹有竟时

　　2008年7月11日（距100岁仅差56天），迈克尔·德贝基终于走完了他漫长人生旅途的最后一步。1908年9月7日，迈克尔·德贝基出生在美国路易斯安那州的一个叫莱克查尔斯（Lake Charles）的小镇。父母都是黎巴嫩移民。父亲沙克尔（Shaker Morris DeBakey）是药剂师，并经营2个小药店。迈克尔·德贝基是5个兄妹中的老大（1个弟弟和3个妹妹）。母亲拉希佳（Raheehja DeBakey）在家照顾孩子和丈夫。在迈克尔·德贝基之前去世的有他的第一任妻子戴安娜（Diana DeBakey，1972年死于心脏病），还有他的2个儿子，欧内斯特（Ernest O. DeBakey）死于2004年（59岁）、巴里（Barry DeBakey）死于2007年（61岁），以及他的外科医生弟弟欧内斯特（Ernest G. DeBakey）死于2006年（96岁）。还尚在的有现任妻子凯特琳和小女儿奥尔加（Olga DeBakey）及另外2个儿子和迈克尔·德贝基的2个妹妹（2004年为止）。

　　2008年7月15日，迈克尔·德贝基的遗体被放在休斯敦市政府圆形大厅内受众人瞻仰。随后他的遗体被安葬在美国马里兰州的阿灵顿国家公墓内[31,32]。

图8-15　1972年迈克尔·德贝基（前排中）访问北京阜外医院

他左边为马海德（George Hatem）、吴英恺院长，他右边是刘丽笙、陈再嘉，他后面为尚德延，吴英恺院长后面是徐守春。

（照片由吴英恺院长夫人李式琰老师提供）

登顿·库利（Denton Cooley）

医学博士

1920年8月22日—2016年11月18日

得克萨斯心脏研究所（Texas Heart Institute）所长

得克萨斯圣卢克（St. Luke's Episcopal）医院

图8-16　登顿·库利

照片上写着"祝好阎鹏！登顿·库利（To Peng Yan with my compliments. Denton Cooley MD）"。

（照片由库利大师赠送作者并签名）

履　历

1941年得克萨斯大学学士学位

1941—1942年得克萨斯大学医学预科

1943—1944年约翰霍普金斯医学院医学博士

1944—1950年约翰霍普金斯医学院外科住院医生

1950—1951年英国布朗普顿（Brompton）胸科医院，在拉赛尔·布罗克手下做外科研究生

1946—1948年应召军中服役

1951—1962年得克萨斯州贝勒医学院外科主治医生

1962—1995年得克萨斯心脏研究所外科主任

1995—2008年得克萨斯心脏研究所所长

2008年后得克萨斯心脏研究所名誉所长

贡　献

登顿·库利在他的自传中写出32项世界第一[33]。笔者认为，其中一些20世纪50 ~ 60年代期间在大动脉瘤手术方面的贡献应归库利与迈克尔·德贝基共享。同样德贝基在这方面的贡献也应有登顿·库利的功劳。特别是那时他们发表的论文多是共同属名。现列出一些库利的主要贡献如下：

1951年大面积主动脉弓及颈动脉瘤切除（在没有体外心肺机的条件下）[34]

1958年成功切除左心室壁瘤

1959年与迈克尔·德贝基共同报道/发表2 700例大动脉瘤切除术[35]

1962年创建得克萨斯心脏研究所

1966年库利分流术（Cooley Shunt，右肺动脉与升主动脉分流术以姑息法洛四联症）

1968年5月3日成功将一名15岁女患者的心脏移植入一名47岁男性，该患者存活了204天，为美国第一例心脏移植长期存活者[36]

贡献

1968年9月6日首次在人身上行心肺联体移植，受者为2.5个月女婴，该患者虽然只存活24小时，但却迈出了心肺联体移植的破冰之旅[2]

1969年4月4日将世界上第一颗人工心脏（黎澳塔研制）植入到人身上

1971年设计及成功应用人工心脏瓣膜（Cooley-Cutter artificial heart valve）

1981年7月将世界上第二颗人工心脏[日本医生阿久津哲三（Tetsuzo Akutsu）研制]植入到人身上

1984年11月1日为一名8个月大的女婴行同种心脏移植术（女婴存活13年）

设计发明约50多种心血管手术器械、氧合器及手术方法。其中以他的名字命名的有33项，获得专利权的有12项。他是最老的心血管外科手术操作者，亦是数量最多的心血管外科手术操作者。近90岁高龄仍上台做手术，一生共做约10万多例心血管手术。87岁之后，停止做常规手术

发表

发表论文1 350篇及著作13部

荣誉

登顿·库利共获得超过150个荣誉，其中最主要的是：

1967年获国际外科学会授予的雷内·勒里什奖（Rene Leriche Prize）

1984年里根总统授予总统自由勋章（Presidential Medal of Freedom by Ronald Reagan）

1993年美国胸外科学会主席

1998年获克林顿总统授予美国国家技术奖（The National Medal of Technology by Bill Clinton）

2008年5月2日迈克尔·德贝基心血管外科学会（Michael

荣　誉	A. DeBakey Cardiovascular Surgical Society）授予终身成就奖及荣誉会员奖
性　格	雄心勃勃,兢兢业业,乐观开朗,善交朋友
座右铭	改良,简便,适用（Modify, Simplify, Apply）

名师指点,初露锋芒

　　年轻英俊的登顿·库利,24岁便从著名的约翰霍普金斯医学院获得医学博士,然后又留在该院在著名心外专家艾尔弗雷德·布莱洛克手下做了4年的心外研究生。期间经历了现代心外科的黎明并直接参与了1944年11月29日布莱洛克-陶西分流术(参阅第三章)。在完成心外科受训之后,1950年库利又到英国伦敦的布朗普顿胸科医院,在著名的拉塞尔·布罗克大师手下做了1年的胸外科研究生(senior surgical registrar),年薪1 200英镑。1951年6月11日,登顿·库利应外科主任迈克尔·德贝基之聘来到得克萨斯州贝勒大学医学院,首次成为主治医生(年薪4 500美元),从而开始了他那风起云涌、波澜壮阔的心血管外科生涯。

　　上班的第一天早晨,库利跟随德贝基及其他一些住院医生查房。其中一个46岁男性患者患有大面积主动脉弓及颈动脉瘤。德贝基问库利:"对于这个病例,你应怎样处理?"库利回答:"我会用血管钳夹住瘤体的颈部,然后切除整个瘤体,再将主动脉缝回原处。并确定这是该患者唯一能够存活的机会。"德贝基说:"好,明天就请你在手术台上表演给我们看看。"第二天上午9点半,德贝基走进手术间,以为库利一定会遇到麻烦,正等待他前来救急。没想到瘤子早已被切除,手术即将结束。这么大的风险,这么快完成,这么年轻的术者,让德贝基深感震惊。从此,两人开始对各种各样的大动脉瘤进行修补。德贝基不久便在全美外科年会上报道了他和库利在大动脉瘤手术上取得的成功经验。从此,得克萨斯州贝勒大学医学中心卫理公会医院便成为全世界最大的心血管中心(其他中心只能称为心脏中心)。1959年库利与德贝基共同报道/发表2 700例大动脉瘤切除术[35]。

成名之作,是非之源

　　自从1967年12月3日克里斯蒂安·巴纳德在南非开普敦大学首次在人身上

成功行心脏移植术后,世界各国迅速展开心脏移植的热潮。但由于缺少心脏来源,该高潮很快便冷却下来。因此,有一些人像德贝基、库利及多明戈·黎澳塔等开始设想用人造心脏辅助泵或人工心脏来代替人体心脏。至少第一步,初期的人工心脏先可起到"桥梁"作用(即在供体心脏到来之前)。而早在20世纪60年代初期,迈克尔·德贝基就从国家心脏研究院申请了一项专用基金用来实验左心辅助泵和人工心脏。还从阿根廷聘请了多明戈·黎澳塔帮他进行研究。根据登顿·库利在他的自传[36]中所讲,多明戈·黎澳塔不太满意他与德贝基有关人工心脏研究的合作关系(德贝基只对左心辅助泵感兴趣)。因此,自从1968年12月,黎澳塔开始到圣卢克医院的地下室与库利进行人工心脏的研究。库利还同意从他的科研经费中提取一些钱付给黎澳塔。两人还一致同意此事对迈克尔·德贝基守口如瓶。到1969年3月底,库利和黎澳塔已在7条小牛身上做了人工心脏的实验,且最长存活时间为44小时。

1969年4月初,在圣卢克医院里住着一个严重心力衰竭的47岁男性,名叫哈斯凯尔·卡普(Haskell Karp)。该患者从1969年初就开始等待心脏移植术,但一直都没有心脏提供者。因此,1969年4月3日,库利向卡普及他的妻子详细说明了他的病况,其唯一办法就是切掉他自身的心脏,然后换上人工心脏,但愿能在人工心脏移入后的短期内会有心脏供体。卡普及他的妻子都同意,并在手术同意书上签了名,同时出席签字作证的还有医院管理人员亨利·莱茵哈德(Henry Reinhard)及休斯敦犹太教社区的犹太牧师内森·威特金(Rabbi Nathan Witkin)。

1969年4月4日星期五下午,卡普被推进了手术室。在不到2个小时的体外循环中,登顿·库利艰难地将人工心脏成功植入。不久人工心脏开始运转/泵血。当监测仪上显示出正常而平稳的脉搏和血压时,手术室内所有人都放下了一颗悬吊的心。关胸后仅15分钟,卡普就苏醒过来。4月5日凌晨1点30分,气管插管被拔出后,卡普便可以吐字、微笑了。此时库利立刻通知了媒体,并召开了新闻记者会。同时,卡普的妻子亦通过电台和电视恳求外界帮她的丈夫寻找心脏供体。在人工心脏工作整整64小时后,通过电视,一名40岁脑死亡患者的心脏从马萨诸塞州几经周折被运送到库利的手术室内。此时,为了避免排异发生,库利给卡普注射了大剂量的抗免疫药。结果,新的人体心脏移入后的第32个小时,卡普出现了急性肺炎。4月8日凌晨卡普的心脏停止了跳动,但登顿·库利的大名从此响彻心坛。

再说此时此刻库利的顶头上司,外科主任迈克尔·德贝基正在马里兰州的国家卫生研究院开会。当德贝基惊悉他的下手库利医生,背着他将他多年研制的(只限于在牛身上实验)人工心脏首次成功地植入到人体内,顿时勃然大怒,立即飞回休斯敦，并同时通告国家卫生研究院（NIH）、国家心脏研究院（NHI）及美国外科医师学会。上述3个部门为此事件对登顿·库利进行了调查，还对登顿·库利进行了苛罚（具体他受到了怎样的苛罚，作者无从考证）。库利（被迫）从卫理公会医院辞职。库利向上述3个机构争辩自己当时所为是不能眼看着卡普垂死而见死不救。再有人工心脏是多明戈·黎澳塔研制的，同时在技术和经费上，除了迈克尔·德贝基，库利也有同样大的贡献和资助。

在那之后的近40年里，他俩再也没有说过一句话。库利几次试图向德贝基解释，并多次通过德贝基的秘书传话以及电话留言等，但德贝基再也不想见他。如果德贝基事先得知库利要出席某个重大心血管会议，他就会拒绝主办单位的邀请。如果碰巧在大会主席台上撞见库利，德贝基则头也不抬，装作没有看见。就是在2006年5月，德贝基接受主动脉夹层动脉瘤大手术出院回家后，2007年1月库利登门拜访，但仍被德贝基的妻子非常客气地拒之门外。

1971年4月，卡普的妻子雪莉（Shirley Karp）和她的3个儿子，在律师的怂恿之下，将登顿·库利和多明戈·黎澳塔告上了美国联邦大法庭，并要求索赔450万美元。库利请了3位大律师为他和黎澳塔辩护。此时头脑冷静的迈克尔·德贝基拒绝了出庭作证。双方律师经过9天的庭辩，没有结果。此例送交最高法院审理。1974年4月26日，由于没有专家出庭作证加之证据不足，美国最高法院驳回了卡普一家的上诉[37]。

天之骄子，才华横溢

自从与迈克尔·德贝基分道扬镳之后，登顿·库利来到只有一街之隔的自己亲自集资筹建的得克萨斯心脏研究所任所长兼外科主任。从此，他再也无须看德贝基的脸色，并在心血管领域展开双翅，自由飞翔。从大血管修补到冠状动脉架桥，从心脏移植到人工心脏，从左心辅助泵到人造瓣膜，从新生儿先天性心脏病到各类型心肌病，没有他不涉足的。库利不仅高大英俊（1.92米），而且心灵手巧，刀法娴熟，神速无比。他是技法最精湛的心外科大师之一，亦是世界上公认的心外科界全才大师，同时还是手术量最多的心外科大师。他每日操刀手术，少则5～6台，多达十几台，最高纪录一天做了38台手术。到87岁停刀时，他一生共做了约10万例心血管手术。为了表彰登顿·库利对心血管外科的贡献，1984年美国总统里根授予库利总统自由勋章。1998年美国总统克林顿向库利颁发了美国国家技术奖。

劫波度尽，笑泯恩仇

数十年来登顿·库利在心血管领域里耕耘处处，大显身手，并取得了令人瞩目的辉煌成就，但总有一块乌云在他心头挥之不去。2007年元月的一天，库利下班开车回家路过迈克尔·德贝基家门。突然一个闪念出现在脑海里：不久前德贝基刚刚接受主动脉夹层动脉瘤大手术出院回家，我应该进去看望他一下，这是我俩和好的良机。于是库利停下车，并按动了德贝基家的门铃。德贝基的妻子凯特琳打开家门。库利问："是否可以进去看一眼德贝基医生并交谈几句话？"凯特琳答道："库利医生，我很希望如此，但今天迈克尔不舒服，服了镇静药，现已睡觉了。"库利答："那好，我下次再来拜访，并事先通知。"

2007年1月16日，库利提笔给迈克尔·德贝基写了一封信。全信内容如下，"尊敬的迈克尔：首先祝贺你奇迹般地战胜了病魔和手术。随着岁月的流逝，我越来越渴望与你会面并当面向你感谢你对我人生和事业的伟大影响。特别是，50年前你为我在贝勒大学医学院提供了立业的良机，以及你在事业上的雄心壮志和兢兢业业的工作作风始终鼓舞着我。这一切都始终铭记在我的心中。为了上述原因，我在大约10天前来到你家门口。但是，德贝基夫人彬彬有礼地对我说，你正在睡眠中。如果在你方便之时愿意接见我的话，我随时都有时间。祝好，登顿。"[1]

数周之后，杳无音信，如同石沉大海。登顿开始怀疑他与德贝基可能永无和好的希望。数月之后，他以登顿·库利心外科学会的名义向迈克尔·德贝基授予终身成就奖及荣誉会员奖，并邀请德贝基出席第15届登顿·库利心外科学会国际学术研讨会并参加授奖典礼。出乎很多人预料，德贝基竟然接受并同意出席。尽管如此，库利仍不敢保证德贝基不会临时改变主意。因此，只有极少数人知道此事。

2007年10月27日，当迈克尔·德贝基驾驶他的电动轮椅车进入得克萨斯心脏研究所的大会议厅内时，所有观众顿时惊讶，然后全场起立欢呼鼓掌，很多人甚至站在椅子上想看清楚这一历史时刻。登顿·库利向迈克尔·德贝基授予奖状，然后两人握手微笑。此时全场再次响起了热烈的掌声。库利说："我希望这是我们之间永久合作的协定。"德贝基讲："我今天很高兴来这里，主要有两个原因：第一是向大家表示我还活着，第二个当然是来领奖。登顿，我为此非常感动，我会将它

1　信件原文 Dear Mike: Congratulations on your miraculous recovery from illness and surgery. As time passes, I have a growing desire to meet with you and express my gratitude for the influence you have had on my life and career. Especially, I am grateful for the opportunity you provided me more than 50 years ago to become established at Baylor and to be inspired by your work ethic and ambition. Those years remain in my memory. I appeared at your house about 10 days ago for this purpose. Mrs. DeBakey graciously received me but said that you were sleeping. If you are willing to receive me, I am available at your convenience. Yours truly, Denton[38]

挂在我的办公室。"

2008年5月2日，迈克尔·德贝基心血管学会向登顿·库利授予了同样的终身成就奖及荣誉会员奖。迈克尔·德贝基同时还送给登顿·库利一本用皮革制作的夹子，内有一份1955年他俩最早共同发表的论文。库利说："感谢德贝基授予的大奖，我现在可以欣慰地讲，我们两人从此又成为同事和朋友。"德贝基然后说："非常感谢库利在心血管领域所做出的伟大贡献，如果没有库利，我绝不会取得今天的成就。[39]"笔者认为，德贝基说得千真万确。两位心脏大师能有今天的辉煌成就，除了两人的天资、勤奋之外，还包括两人之间相互嫉妒、相互攀比、相互挑战、相互竞争的重要因素。

登顿·库利于1920年8月22日出生在美国得克萨斯州休斯敦市。父亲拉尔夫（Ralph C. Cooley）是一名牙科医生，母亲玛丽（Mary Fraley Cooley）是家庭妇女。登顿·库利还有1个哥哥小拉尔夫（Ralph C. Cooley Jr.）。登顿·库利1949年1月15日与24岁的年轻护士长路易斯·戈尔兹伯勒（Louise Goldsborough）结婚，并育有5个女儿。库利87岁离开手术台后仍然坚持每周数次来院，参加查房及病历讨论，定期讲座，偶尔出门诊。他常说，读书及打高尔夫球是他退休后的最大乐趣。今天是2016年8月22日，登顿·库利95岁生日，我正好写完有关他的一章，可谓巧合。同往年一样，我给他发了"祝他生日快乐"的电邮，并希望他健康长寿。2日后收到库利的回信，信上说："预祝我大作成功。（You have my best wishes for success with this endeavor. Yours truly, Denton A. Cooley, M.D.）"万万没想到88天之后，库利大师与世长辞。

多明戈·黎澳塔（Domingo Liotta）
医学博士
1924年11月29日—
阿根廷卫生部部长
阿根廷科技部部长及科协主席
布宜诺斯艾利斯心血管临床研究院外科主任
1972年起阿根廷莫伦（Moron）大学医学院院长

图8-17　多明戈·黎澳塔

履　历

1949年阿根廷科尔多瓦（Cordoba）国家大学医学博士

1953年外科学博士

1955—1958年在法国巴黎里昂大学跟着皮埃尔·马莱–盖伊（Pierre Mallet-Guy's）教授学胸心外科

1958年在阿根廷科尔多瓦国家大学开始研制人工心脏，并在动物身上进行实验

1961年3月—1961年7月美国克利夫兰医疗中心访问学者

1961—1963年应迈克尔·德贝基聘请到休斯敦贝勒大学合作研究人工心脏（TAH）

1963—1969年美国休斯敦人工心脏研究室共同主任（Co-Director of the Baylor-Rice）

1964—1967年贝勒大学医学院助理教授

1970—1971年得克萨斯心脏研究所外科研究室主任

1971—1974年阿根廷布宜诺斯艾利斯卡罗斯共利医院外科主任

1973—1974年阿根廷卫生部部长

1974—1990年阿根廷布宜诺斯艾利斯市意大利医院（Italian Hospital）外科主任

1991—1994年阿根廷布宜诺斯艾利斯心血管临床研究院外科主任

1994—1996年阿根廷科技部部长及科协主席

1997年起阿根廷莫伦大学医学院院长

贡　献

1963年7月19日在贝勒大学卫理公会医院与斯坦利·克拉福德（E. Stanley Crawford）世界首次成功应用左心辅助泵［该左心辅助泵现陈列在华盛顿史密森尼国家博物馆（Smithsonian Institution）］

1966年4月21日与迈克尔·德贝基共同发明左心并行辅助

贡献

泵（paracorporeal pump LVAD）

1966年8月8日应用左心并行辅助泵为一双瓣置换术后心力衰竭患者成功运转10天

1969年4月4日与登顿·库利在得克萨斯心脏研究所世界首次成功应用人工心脏（该人工心脏现陈列在华盛顿史密森尼国家博物馆）

拥有12项发明专利

发表

论文166篇。著作8部，其中有2003年出版的《先天性及获得性主动脉病变的实践教科书》（*A Practical Textbook of Congenital and Acquired Diseases of the Aorta*）和2007年的《一个心外科医生的冒险经历——人工心脏：人类的前线》（*Amazing Adventures of A Heart Surgeon The Articial Heart: The Frontier of Human Life*）[40]

荣誉

1973—1974年任阿根廷卫生部部长

1994—1996年任阿根廷科技部部长及阿根廷科技协会主席[40,41,42,43]

世界著名心外科大师多明戈·黎澳塔于1924年11月29日出生在阿根廷的恩特雷里奥斯（Entre Rios）。父母都是意大利移民。黎澳塔从小天资聪颖，勤奋好学，精通4国语言（西班牙语，意大利语，法语，英语），且兴趣广泛，知识渊博，极富有创造性。他是世界心外科领域里罕见的发明家。可以果断地讲，如果当初迈克尔·德贝基没有发现多明戈·黎澳塔，那么德贝基和登顿·库利一生所获得的全部成就，定会逊色许多，正所谓"千军易得、良将难求"。多明戈·黎澳塔还是中国人民的好朋友，他先后多次率团访问中国，还帮助中国培训了大量的心外科医生。1973年11月8日周恩来总理在北京人民大会堂接见了时任阿根廷卫生部部长、著名心外科教授多明戈·黎澳塔为团长的文化代表团。

威廉·德弗里斯（William DeVries）

医学博士

1943年12月19日—

美国犹他大学医学院教授

犹他大学医院心外科主任

履　历

1962—1966年犹他大学学士学位

1966—1970年犹他大学医学院医学博士

1970—1979年杜克大学住院医生到心脏专科研究生

1979—1984年犹他大学医院心外科

1984—2000年胡玛纳国际心脏研究所（Humana Heart Institute International）

2000年加入美国陆军预备队，中校军衔并在军医中心做医务教官

　　威廉·德弗里斯于1943年12月19日出生在美国纽约，父亲是荷兰移民。1944年老德弗里斯在美国驱逐舰上服役，在与日本作战中牺牲，当时威廉·德弗里斯才6个月。

　　德弗里斯从小聪颖，性格独立并肯于吃苦。由于长期家境困难，德弗里斯从上中学起就自食其力。他始终边打工边上学，甚至在整个上大学期间，他总要做三四份工作来补偿学费和生活费，而毕业时仍为全年级顶尖优秀生。

　　1982年12月2日，威廉·德弗里斯在犹他大学医院为一名61岁患有晚期心力衰竭的牙科医生，植入一颗人工心脏［Jarvik-7型，由罗伯特·贾维克（Robert Jarvik）设计］。该人工心脏受到美国食品药品检验局（FDA）和美国国家卫生研究总院（NIH）的共同批准，也是FDA批准的第一个人工心脏。该患者长期存活了112天[5]。1984年11月25日，德弗里斯又为一名52岁男性患者置换了同型的人工心脏。然而18天后，患者出现连串脑卒中，最终成植物人状态。该患者存活了620天。从那时起，人工心脏开始较为流行，但多为延长生命等待同种供体心脏赢得时间为目的。仅1987年，全世界就有49例Jarvik-7型人工心脏植入到人体。Jarvik-7型人工心脏从1993年起经改良分为两种，700毫升和500毫升，前者适合成人，后者适合小孩。

并于2002年改名为SynCardia型人工心脏。截至2014年,约有1 250个患者接受了SynCardia型人工心脏。这期间还有中国台湾制造的凤凰−7型(Phoenix−7)人工心脏,并于1996年6月应用。另外,韩国和日本也都在角逐制造类似装置[44]。

参考文献

[1] BARNARD CN. A human cardiac transplant: An interim report of a successful operation performed at Groote Schuur Hospital, Cape Town[J]. S Afr Med J, 1967, 41: 1271−1274.

[2] COOLEY DA, et al. Organ Transplantation for Advanced Cardiopulmonary disease[J]. The Annals of Thoracic Surgery, 1969, 8: 30−46.

[3] CAVES PK, SHUMWAY ME, et al. Percutaneous Transvenous Endomyocardial Biopsy[J]. JAMA, 1973, 225(3): 288−290.

[4] DENTON A Cooley. 100, 000 Hearts A Surgeon's Memoir[M]. 13−149.

[5] DEVRIES WC, ANDERSON JL, JARVIK RK, et al. Clinical use of the total artificial heart [J]. The New England Journal of Medicine, 1984,

[6] JHLT, 2014 Oct, 33(10): 975−984 和 JHLT, 2017 Oct, 36(10): 1097−1103.

[7] 王水深.心脏移植500例[N].台湾新闻,2014年8月7日.

[8] CHRISTIAAN Barnard, CURTIS Pepper. One Life[M]. London: George Harrap Co. LTD, 1970.

[9] SHUMACKER HB. The Evolution of Cardiac Surgery[M]. Page333.

[10] SEPHEN Westany. Landmarks in cardiac Surgery[M]. Oxford: ISIS Mid Media, 1997: 261−266.

[11] DENTON A Cooley. 100, 000 Hearts A Surgeon's Memoir[M]. Page125.

[12] CHRIS Barnard. The Second Life. South Africa: Vlaeberg Publishers, 1993.

[13] HASSOULAS J, BARNARD CN. Heterotoptic cardiac transplantation. a 7 year experience at Groote Shuur Hospital[J]. SA Med J, 1984, 65: 675−682.

[14] MILLER GW. King of Hearts Crown Publishers[M]. New York, 2000: 239.

[15] CHRIS Barnard. The Second Life. South Africa: Vlaeberg Publishers, 1993.

[16] CALNE RY, WHITE DJG, THIRU S, et al. Cyclosporin A in patients receiving renal allografts from cadaver donors[J]. The Lancet, 1978, II: 1323−1327.

[17] STARZL TE, KLINTMALM GB, PORTER KA, et al. Liver transplantation with use of cyclosporin a and prednisone[J]. N Engl J Med, 1981, 305(5): 266−269. doi: 10. 1056/NEJM198107303050507. PMC 2772056. PMID 7017414.

[18] STONEY WS. Pioneers of Cardiac Surgery[M]. Vanderbilt Uni Press, 2008: 427−439.

[19] BAUMGARTNER WA, et al. Norman E. Shumway, MD, PhD: Visionary, Innovator, Humorist [J]. Thorac Cardiovasc Surg, 2009, 137: 267−277.

[20] SHUMWAY NE, et al. Recent Advances in cardiac Replacement[J]. Surgery, 1967; 62(4): 794−796.

[21] KONNO S, SAKAKIRARAR S. Endo-Myocardio Biopsy[J]. Dis Chest, 1963, 44: 345−350.

[22] SCHAEFER R A. LLUMC Legacy: Daring to Care[M]. 2005.

[23] BAILEY LL. The evolution of infant heart transplantation[J]. J of ISHLT, 2009, 28(12): 1241−1245.

[24] BAILEY LL, NEHLSEN-CANNARELLA SL, CONCEPCION WC, et al. Baboon-to-Human Cardiac Xenotransplantation in a Neonate[J]. JAMA. 1985, 254(23): 3321−3329.

[25] WESTABY S. Landmarks in Cardiac Surgery[M]. ISIS Medical Media, 1997.

[26] DEBAKEY ME, COOLEY DA, et al. Surgical considerations of dissecting aneurysm of the aorta[J], Ann. Surg, 1955, 142: 586.

[27] DEBAKEY ME, et al. Aneurysm of Thoracoabdominal Aorta Involving the Celiac, Superior Mesenteric, and Renal Arteries. Report of Four cases Treated by Resecton and Homograft Replacement[J]. American Surgical Association, April 11 1956.

[28] DEBAKEY ME, COOLEY DA, et al. Clinical applicaton of A New Flexible Knitted Dacron Arterial Substitute[J]. New Arterial Substitute, 1958: 862−869.

[29] DEBAKEY ME, COOLEY DA, et al. Surgical management of dissecting aneurysms of the aorta[J]. Thoracic and Cardiovas Surg, 1965, 49(1).

[30] ALTMAN LK. The man on the table devised the surgery[J]. The New York Times, Dec 25 2006.

[31] STONEY WS. Pioneers of Cardiac Surgery[M]. Vanderbilt University Press, 2008: 148−158.

[32] ALTMAN LK. Michael DeBakey, Rebuilder of Hearts, Dies at 99[J]. The New York Time, 7−13−2008.

[33] DENTON A Cooley. 100, 000 Hearts A Surgeon's Memoir[M]. page125.

[34] COOLEY DA, DEBAKEY ME. surgical considerations of intrathoracic aneurysms of the aortic and great vessels[J]. Annals of Surgery, 1952, 135: 660−680.

[35] COOLEY DA, DEBAKEY ME, MORRIS GC Jr. Surgery of the aorta and major arteries: experience with more than 2700 cases[J]. Proceedings of the Japanese in Medical Congress, 1959, 15: 491−494.

[36] DENTON A Cooley. 100, 000 Hearts A Surgeon's Memoir[M]. Page138−139.

[37] DENTON A Cooley. 100, 000 Hearts A Surgeon's Memoir[M]. Page 147−148.

[38] DENTON A Cooley. 100, 000 Hearts A Surgeon's Memoir[M]. Page 195.

[39] DENTON A Cooley. 100, 000 Hearts A Surgeon's Memoir[M]. Page 196−198.

[40] Biography-Professor Domingo Santo Liotta, MD Archived January 29, 2010, at the Wayback Machine (a digital archive of the World Wide Web).

[41] LIOTTA D, CRAWFORD ES, COOLEY DA, et al. Prolonged partial left ventricular bypass by means an intrathoracic pump implanted in the left chest[J]. Trans Amer Soc Artif Int Organs, 1962, 8: 90.

[42] COOLEY DA, LIOTTA D, HALLMAN GL, et al. First human implantation of cardiac prosthesis for total replacement of the heart[J]. Trans Amer Soc Artif Int Organs, 1969, 15: 252.

[43] LIOTTA DS, MICHAEL E DeBakey, DENTON A Cooley. Mike, the master assembler, Cooley. The courageous fighter: A personal overview unforgettable past rememberances in the 1960s[J]. Journal of Thoracic Surgery, 2012, 2, 37−45.

[44] KOZARYN Linda D. Dr. Willilam C. DeVries, Surgeon. Defend America, Retrieved June 12, 2006.

第九章 杰出的心脏病理学大师

Chapter 9　Outstanding Cardiac Pathologists

一、概述
I . Brief Introduction

　　心脏病理学医生所研究的专业对大多数心脏病医生来说，都是一门复杂难懂且高深莫测的科学，特别是先天性心脏畸形的病理解剖学更是如此。它是从原始心管通过不同时期的胚胎演变到形成完整心脏的解剖结构中所出现的生理形态和/或病理畸形。其中包括肉眼所见的宏观异常到显微镜下细胞的微观变化等。大师级病理学家，不仅要履行上述职责，往往还要为临床工作的心内/外科医生对一些心脏的病理解剖及其形态学变化进行分类和命名，以及提供如何对心脏畸形进行诊断和鉴别诊断，特别是对复杂先心畸形所具有的内在联系提供分析途径。目前被命名的心脏畸形就有数百种，它们大多都由心脏病理学医生最先提出。

　　病理学家们的工作如同嚼蜡，枯燥乏味。他们终日与尸体和标本打交道，长年往来于太平间和解剖房之间，其位置多在医院的地下室或边缘的角落区域，一年到头暗无天日。就是在这样的环境下，无数的病理学医生们将其毕生的精力与智慧奉献给了这门神圣的伟大科学。他们为临床医学建奠基石，又为诊断治疗解谜答题。本章介绍几位杰出的心脏病理学医生：加拿大蒙特利尔的莫德·阿伯特（Maude Abbott），美国芝加哥的莫里斯·列夫（Maurice Lev），美国梅奥心脏中心的杰西·爱德华兹（Jesse Edwards），波士顿的理查德·范·普拉格（Richard Van Praagh）及英国伦敦的罗伯特·安德森（Robert H. Anderson）。

二、杰出贡献者
Ⅱ. Outstanding Contributors

莫德·阿伯特（Maude Abbott）

医学博士

1869年3月18日—1940年9月2日

加拿大蒙特利尔，麦吉尔（McGill）大学

图9-1　莫德·阿伯特

履　历

1869年生于加拿大魁北克东部的圣安德鲁斯（St. Andrews）

1890年麦吉尔大学学士学位

1894年主教（Bishop）大学医学院医学博士

1895—1899年到苏黎世、维也纳、爱丁堡、格拉斯哥（Glasgow）读博士后

1899年加拿大蒙特利尔，麦吉尔大学医学博物馆馆长助理

1901年麦吉尔大学医学博物馆馆长

1910年麦吉尔大学病理学讲师

1925年麦吉尔大学病理学助理教授

1936年退休

贡　献

1936年出版《先天性心脏病图解》（Atlas of congenital cardiac disease），该书以图解方法对1 000例先天性心脏病进行

贡 献	了详细的分析

发 表	学术论文140余篇

荣 誉	加拿大心脏病学女皇（The Queen of Canadian Cardiology） 被誉为心脏解剖学家，先天性心脏病理分类学家 1994年入选加拿大医学名人堂 2000年1月17日加拿大政府印制并发行了一枚面值46加分并标有莫德·阿伯特画像的纪念邮票，以表彰她对医学的贡献

图9-2 《先天性心脏病图解》一书的封面（1936年出版）

人 生 不 幸	出生后就成为孤儿（7个月大的时候） 考试成绩完全符合麦吉尔大学医学院的入学标准，而未被录取（只因她的性别） 尽管学术成就显著，终身只为助理教授而无缘教授职称 终身未婚未育 被遗忘的心脏病学女皇（今天在心脏病学界，知晓莫德·阿伯特的人寥寥无几）

少年坎坷，发奋读书

　　莫德·阿伯特在未出生前，父亲离家出走，7个月大的时候，母亲死于肺结核。她和2岁的姐姐由姥姥一手养大。因此，阿伯特从小性格坚强且酷爱读书。1886年高中毕业时以优异的成绩考取加拿大著名麦吉尔大学，并获全额奖学金。1990年，她又以全年级第一名的骄傲成绩获得学士学位。尽管阿伯特的考试成绩完全符合麦吉尔大学医学院的入学标准,但是由于她的性别,而未被录取。幸好有一所主教大学医学院(Bishop's Medical School)接受了她为那年唯一的女医学生。1894年,阿伯特再以最高成绩获得医学博士学位[1,2]。

名师引导,励志成功

　　1898年冬,阿伯特在访问美国约翰霍普金斯医院期间,结识了著名医学家、病理学家威廉·奥斯勒(William Osler)[1]。经过交流后,奥斯勒认可了阿伯特的学识和才华,并引导她如何在心脏病理学上继续探索。著名心脏病学家保罗·怀特(Paul White)在1931

图9-3　标有莫德·阿伯特画像的纪念邮票

年出版他的《心脏病学》(Heart Disease)一书里讲述了莫德·阿伯特的学术成绩,从而大大提高了阿伯特的知名度。1931—1932年间,阿伯特带着她所收集的心脏病理标本及其相对照的心电图、X线图和手绘线条图到美国纽约和英国伦敦进行展览。1936年保罗·怀特又为莫德·阿伯特的《先天性心脏病图解》一书写了序言。1935年,阿伯特在波士顿遇见海伦·陶西(Helen Brooke Taussig)并带她引见保罗·怀特。1938年为探索心脏病学,海伦·陶西从美国巴尔的摩的约翰霍普金斯医院乘火车到加拿大蒙特利尔,再次当面向阿伯特求教,这使陶西受益匪浅并终成大家[3]。

心脏女皇,竟被遗忘

　　莫德·阿伯特一生勤奋钻研,先后发表140余篇学术论文及巨著《先天性心脏病图解》。但是,她所在的加拿大蒙特利尔麦吉尔大学始终都未给予阿伯特教授头衔。直到1936年,67岁的阿伯特退休时,仍为麦吉尔大学病理学助理教授。1940年7月,阿伯特身患脑出血,9月2日离开人间。今天,如果我们向心脏病学专科医生,甚至心脏病学专家、教授们询问谁是莫德·阿伯特医生,竟然十有八九回答不上来,实在是遗憾。

1　威廉·奥斯勒,1849年7月12日—1919年12月29日,加拿大医学家、教育家,被认为是现代医学之父。他建立的住院医生制度和床边教学制度在西方医学界影响深远,至今仍是世界医学界基本的制度组成。

莫里斯·列夫（Maurice Lev）
医学博士
1908年11月13日—1994年2月4日
美国伊利诺伊州儿童心脏研究所（Heart Institute for Children）
伊利诺伊州基督医院（Christ Hospital）

图9-4　莫里斯·列夫
（图片由亚历山大·马斯特教授提供）

履　历

1908年生于美国密苏里州的圣约瑟夫（St. Joseph），是俄国犹太裔，从小由祖父养大

1930年纽约大学学士学位

1934年内布拉斯加州的奥马哈克瑞顿（Creighton）医学院医学博士

1934—1937年芝加哥迈克尔里斯（Michael Reese）医院住院医生

1938—1946年第二次世界大战期间参军服役（退役时为中校军衔）

1946—1957年伊利诺伊州立大学及佛罗里达迈阿密医院

1957—1982年芝加哥赫克通（Hektoen）医学研究所先天性心脏病中心主任

1982—1988年新泽西黛博拉（Deborah）心肺中心

1988—1994年伊利诺伊州基督医院先天性心脏病及传导系统中心主任

贡　献

学术论文500余篇及学术著作两部:《心外科与传导系统》（Cardiac Surgery and the Conduction System）和《先　天

贡　献

性心脏病病理学6 300例先天性心脏畸形》(*The Pathology of Congenital Heart Disease: A Personal Experience with More Than 6,300 Congenitally Malformed Hearts*)[4,5]

杰西·爱德华兹（Jesse Edwards）
医学博士
1911年7月14日—2008年5月18日
美国明尼苏达大学

图9-5　杰西·爱德华兹
（照片由亚历山大·马斯特教授提供）

履　历

1911年出生在马萨诸塞州的一个犹太裔家庭
1928—1932年塔夫茨（Tufts）大学学士学位
1932—1935年塔夫茨大学医学院医学博士
1936—1938年波士顿和纽约的奥尔巴尼（Albany）做住院医生
1938—1939年波士顿医学院病理学讲师
1939—1940年塔夫茨大学医学院病理学讲师
1941—1945年军医服役欧洲战场
1945—1946年德国达豪集中营（Dachau Concentration Camp）做调查工作
1946—1960年梅奥心脏中心助理教授到教授
1960—2008年明尼苏达大学病理学教授

贡　献

1960年起建立心脏标本注册库，到2008年已收集2 200多例心脏及血管病理标本，其中包括几乎所有异常心脏

发　表

论文724余篇，并撰写及参写出版14部心血管专著，包括《后天性心脏及大血管疾病图谱》(*An atlas of Acquired Diseases of the Heart and Great Vessels*)(1961年出版)及《先天性心脏病》(*Congenital Heart Disease*)(1965年出版)

荣　誉

1967—1968年美国心脏学会(AHA)主席
1977年美国心脏病学院(ACC)授予"天才教师奖(Gifted Teacher Award)"[6]

理查德·范·普拉格(Richard Van Praagh)
医学博士
1930年4月11日—
美国哈佛大学医学院教授
波士顿儿童医院病理科主任

图9-6　理查德·范·普拉格
(照片由亚历山大·马斯特教授提供)

履　历

1930年4月11日出生在加拿大安大略省的伦敦市
1954年加拿大多伦多大学医学院医学博士

履　历

1954—1955年多伦多总医院实习医生

1955—1956年多伦多儿童医院儿科住院医生

1956—1958年美国波士顿儿童医院病理住院医生

1958—1959年多伦多新宁（Sunnybrook）医院内科住院
医生

1959—1960年美国约翰霍普金斯医学院小儿心脏研究生

1960—1961年梅奥心脏中心心肺研究生

1961—1963年多伦多儿童医院小儿心脏研究生

1964—1965年美国西北大学医学院儿科助理教授

1967—1970年哈佛大学医学院病理学助理教授

1970—1973年哈佛大学医学院病理学副教授

1973—2001年哈佛大学医学院病理学正教授

2001年后哈佛大学医学院荣誉教授（退休）

贡　献

　　理查德·范·普拉格的主要杰出贡献在于他应用节段分析法，即将心房、心室及大动脉分为三个节段/层，然后用4个英文字母作代表，就可将极其复杂的20多种不同的心脏房室连接及其所对应的2根大动脉关系行简化命名，一目了然，从而达到准确诊断（图9-7）[7,8]。他还应用手向分析法，用拇指与其余4指的不同指向来判定十字交叉心室的三尖瓣位置及其流出道的方向，即拇指代表右心室（三尖瓣）流入道方向，其余4指代表流出道方向（图9-8）[9]

发　表

学术著作3部及300多篇学术论文[10]

荣　誉

70个国家和地区的名誉或客座教授

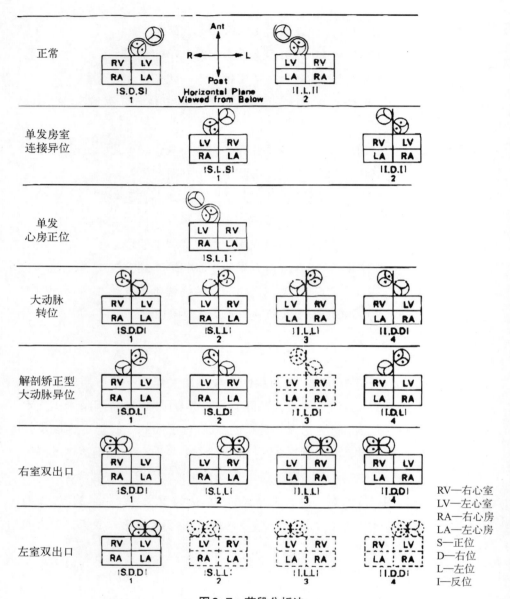

图9-7 节段分析法

（摘自Richard Van Praagh. Terminology of congenital heart disease［J］. Glossary and commentary Circulation, 1977, 56: 139－143）

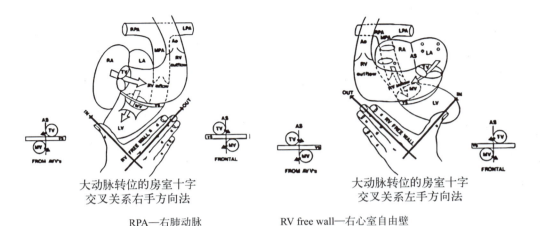

大动脉转位的房室十字 交叉关系右手方向法	大动脉转位的房室十字 交叉关系左手方向法
RPA—右肺动脉 LPA—左肺动脉 RA—右心房 LA—左心房 Ao—主动脉 MPA—主肺动脉 RV—右心室	RV free wall—右心室自由壁 RV outflow—右心室流出道 RV inflow—右心室流入道 LV—左心室 TV—三尖瓣 MV—二尖瓣 AS—心房间隔

右手拇指代表右心室流入道,其余四指指向流出道。手心代表右心室间隔表面,手背代表右心室自由壁。

左手拇指代表反转的右心室流入道,其余四指指向反转的右心室流出道。手心代表反转的右心室间隔表面,手背代表反转的右心室自由壁。

图9-8 上下心(十字交叉心)手向分析法

(摘自 Van Praagh S, Van Praagh R, et al. Superior-inferior ventricles, anatomic and angiocardiographic findings in 10 postmortem cases: Etiology an Morphogenesis of Congenital Heart Disease[M].NY: Futura Publishing Co,1980: 371-378)

罗伯特·安德森(Robert Anderson)

医学博士,哲学博士

1942年4月4日—

英国伦敦大学小儿心脏形态学教授

图9-9 罗伯特·安德森

(照片由安德森本人提供)

履　历

1942年4月4日生于英国什罗浦郡（Shropshire）的惠灵顿市（Wellington）

1963年英国曼彻斯特大学医学学士学位

1966年曼彻斯特大学硕士学位

1970年曼彻斯特大学医学博士

1975年英国皇家病理学院会员

1987年英国皇家病理学院院士

1966年英国曼彻斯特皇家医院外科住院医生

1967年英国曼彻斯特皇家医院内科住院医生

1967—1969年曼彻斯特大学解剖学助理讲师

1969—1973年曼彻斯特大学解剖学讲师

1973—1974年荷兰阿姆斯特丹大学访问学者

1974年伦敦大学儿科资深讲师

1975年利物浦大学儿科资深讲师

1976年伦敦大学儿科健康研究所儿科资深讲师

1977年伦敦大学小儿心脏形态学副教授

1979—2008年伦敦大学小儿心脏形态学教授

贡　献

发表学术著作44部，学术论文870余篇及270篇著作章节

荣　誉

1984年获英国心脏科研基金奖及金质奖章（British Heart Foundation Research Award and Gold Medal）

1990—1992年欧洲心脏病学会（the European Society of Cardiology, ESC）主席

2007年获英国心血管学会（British Cardiovascular Society）终身成就奖

75个国家和地区的名誉或客座教授

50个医学杂志的主编或荣誉主编，其中包括《年幼心脏病学》（*Cardiology in the Young*）的主编[11,12,13]

　　20世纪70年代之后，以美国波士顿的理查德·范·普拉格和英国伦敦的罗伯特·安德森分别代表的众多心脏病理形态学家们，为各类心脏病的病理解剖及其形态学变化进行分类和命名，为临床医生们提供了极为重要的心脏诊断指南。但是两位心脏病理学大师对某些心脏病理的解剖分型及其分析方法有着截然不同的认识和解说，并已成为两大学派。每一个学派下面都有众多的追随者。我与上述两位大师相识二十余载并多次亲聆他们的学术演讲。每有疑难不解，便通过信件/电邮求教他们。两位大师每问必答且长篇论解，并及时回复。他们治学的敬业精神，诲人不倦的诚恳态度，让人敬佩得五体投地。

■ 参考文献

［ 1 ］ MATTHEW Farfan. DR. MAUDE ABBOTT (1869−1940), PIONEER WOMAN DOCTOR ［M］. Laurenti Heritage, 2016.

［ 2 ］ EVANSWN, BELAND MJ. The pediatric cardiology Hall of Fame: Maude Elizabeth Abbott.

［ 3 ］ WOOLEY CF, MILLER PJ. William Osler, Maude Abbott, Paul Dudley White, and Helen Taussig: the origins of congenital heart disease in North America［J］. Am Heart Hosp J, 2008, 6(1): 51−56.

［ 4 ］ LEV M. Pathologic diagnosis of positional variations in cardiac chambers in congenital heart disease［J］. Lab Invest, 1954, 3: 71−82.

［ 5 ］ LEV M, LIBERTHSON RR, GOLDEN JG, et al. The pathologic anatomy of mesocardia［J］. Am J Cardiol, 1971, 28: 428−435.

［ 6 ］ WILLIAM Edwards. Jesse Efrem Edwards (1911−2008)［J］. Cardiology in the Young, 2008, 18(5).

［ 7 ］ VAN Praagh R. The segmental approach to diagnosis in congenital heart disease［J］. In: Bergsma D, ed. Birth Defects (Original Article Series), 1972, 8: 4−23.

［ 8 ］ VAN Praagh R. Terminology of congenital heart disease: glossary and commentary［J］. Circulation, 1977, 56: 139−143.

［ 9 ］ VAN PRAAGH S, VAN Praagh R, et al: Superior-inferior ventricles, anatomic and angiocardiographic findings in 10 postmortem cases: Etiology an Morphogenesis of Congenital Heart Disease［M］. NY: Futura Publishing Co, 1980.

［10］ VAN Praagh R. Diagnosis of complex congenital heart disease: morphologic-anatomic method and terminology［J］. Cardiovasc Intervent Radiol, 1984, 7: 115−120.

［11］ ANDERSON RH, BECKER AE, VAN Mierop LHS. What should we call the "crista"?［J］. Br Heart J, 1977, 39: 856−859.

［12］ ANDERSON RH, MACARTNEY FJ, SHINEBOURNE EA, et al. Paediatric Cardiology, Vol. 1［J］. Edinburgh UK: Churchill Livingstone, 1987: 65−82.

［13］ ANDERSON RH, BECKER AE, WILKINSON JL. The conducting tissues in congenitally corrected transposition［J］. Circulation, 1974, 50: 911−923.

一、简史
I . Brief History

　　心脏是驱动人体所有系统及其器官运动的发动机，一旦停搏，生命停止。冠状动脉是营养心脏的唯一管道系统，一旦狭窄或堵塞，就会造成心脏缺少血氧，从而功能异常，或出现猝死。据有关统计，心脏病是造成人类死亡的第一杀手，每年全世界约有730万人死于心血管疾病。自从20世纪50年代起，人们就已开始实施冠状动脉狭窄的外科矫正术。1950年4月28日，加拿大医生亚瑟·瓦因伯格（Arthur M. Vineberg）为一名53岁患有左前降支冠脉狭窄的男性患者，将其左乳内动面直接吻合在他的心肌表面，从而成功改善心肌供血。1955年10月4日，美国医生西德尼·史密斯（Sidney Smith）在佛罗里达将一名43岁患者的大隐静脉取下，然后将一端吻合在该患者的主动脉上，另一端吻合在心肌表面上。18个月后，该患者仍无任何心痛症状[1]。1967年5月9日，阿根廷医生雷内·法沃洛荣（Rene G. Favaloro）在美国克利夫兰医疗中心，为一名51岁女患者成功应用其自身大隐静脉作搭桥术：即一端吻合于主动脉，另一端跨过狭窄部的右主冠脉的远端行吻合[2]。目前全世界每年约有100万冠心病患者接受冠状动脉搭桥术，其中美国约占半数（此统计并不包括中国）。随着冠脉支架治疗的诞生，冠状动脉搭桥术的数量下降了30%[3,4]。2000年起，开始流行应用微创切口结合机械手技术行左乳内动脉直接吻合冠脉的左前降支，避免开胸创伤，无须体外循环机辅助，从而减少出血量，同时还减少手术时间以及住院时间，也大大降低了术后并发症，当然也降低了医疗成本和费用[5,6]。

二、杰出贡献者
Ⅱ. Outstanding Contributors

亚瑟·瓦因伯格（Arthur M. Vineberg）

医学博士，哲学博士

1903年5月24日—1988年3月26日

加拿大麦吉尔（McGill）大学

皇家维多利亚医院（Royal Victoria Hospital）

图10-1　亚瑟·瓦因伯格

（照片由亚历山大·马斯特教授提供）

履 历

1903年5月24日生于加拿大魁北克，蒙特利尔

1924年加拿大麦吉尔大学学士学位

1928年加拿大麦吉尔大学医学博士学位

1928—1929年美国纽约贝尔维尤（Bellevue）医院普外科实习

1929—1933年加拿大麦吉尔大学皇家维多利亚医院外科实习并获博士学位

1932—1942年加拿大麦吉尔大学医学院皇家维多利亚医院心外科主治医生

1942—1945年加拿大皇家军团医疗队外科医生（第二次世界大战期间服兵役）

1945—1979年加拿大麦吉尔大学皇家维多利亚医院心外科主治医生

1988年3月26日因肺炎去世

贡　献

1950年4月28日，同年10月22日及11月20日，分别为53岁、54岁和49岁的3位患有左前降支冠脉狭窄的男性患者做手术，将其各自左乳内动脉直接吻合在他们的心肌表面，从而成功改善心肌供血，人称瓦因伯格术。除第一例存活60小时外，其余两位患者均顺利出院且长期存活[7]

发　表

论文110余篇，著作3部：1975年出版的《心脏病患者如何生活》（*How to Live with Your Heart*）和《心脏健康的家庭指南》（*The Family Guide to Heart Health*），1982年出版的《心肌的血运重建——动脉血管与心室壁的吻合》（*Myocardial Revascularization by Arterial/Ventricular Implants*）

荣　誉

1986年获加拿大最高荣誉奖"加拿大勋章"（The Order of Canada）

雷内·法沃洛荣（Rene G. Favaloro）
医学博士
1923年7月12日—2000年7月29日
阿根廷法沃洛荣基金会会长
阿根廷心脏病及心血管外科研究所（Institute of Cardiology and Cardiovascular Surgery）所长
美国克利夫兰医疗中心心外科（1962—1971年）

图10-2　雷内·法沃洛荣
（照片由亚历山大·马斯特教授提供）

履　历

1949年阿根廷拉普拉塔（La Plata）国立大学医学博士

履 历

1950—1962年乡村医生

1962—1964年美国克利夫兰医疗中心胸心外科进修

1964—1966年克利夫兰医疗中心总住院医生（通过医生执照考试）

1966—1971年美国克利夫兰医疗中心胸心外科主治医生

1971—1976年阿根廷格梅斯（Guemes）医学中心心外科主任

1975年在阿根廷创建"法沃洛荣基金会"并担任会长

1992年阿根廷心脏病学及心血管外科研究所所长

贡 献

世界首例应用大隐静脉作冠状动脉架桥术

1980年阿根廷首例心脏移植术

1992年创建阿根廷心脏病学及心血管外科研究所

发 表

论文350篇及著作6部，其中包括1970年出版的《冠状动脉粥样硬化的外科治疗》(*Surgical Treatment on Coronary Arteriosclerosis*) 和1980年出版的《乡村医生回忆录》(*Memories of a Rural Doctor*) 等

性 格

生活简朴，性格谦虚而直率，固执而友好，花销大方而潇洒，学习用功有灵气，工作认真加狂热，并永远追求完美无缺，精益求精

穷苦出身，医治穷人

雷内·法沃洛荣1923年出生在阿根廷布宜诺斯艾利斯省的首府——拉普拉塔市。父亲是木匠，母亲是裁缝（都来自意大利的西西里岛）。法沃洛荣从小聪颖过人。医学院毕业时，成绩为全班第一。由于观念不同，他放弃了留校做外科工作的优越条件，而主动来到乡村为穷人看病做手术。12年的乡村医疗服务，使他成

为一个多面的普外科医生。他和他学医的弟弟在12年里共做了大大小小10 000多例手术。

出国留学,成绩斐然

1962年冬,法沃洛荣来到美国克利夫兰医疗中心学习心外科。起初由于没有行医执照,他只能在手术室内观摩手术。为了使自己成为更加有用的人,他主动担负起接送患者等低等工作。而每天晚上,他便复习功课准备考医生执照。他的勤学苦干感动了外科主任,大约一个多月后,他便被允许刷手上台做外科助手工作。12年的乡村外科经验,彰显了他的娴熟技巧,明显高于其他外科助手。半年之后,法沃洛荣通过医生执照考试并晋升为总住院医生。1964年完成住院医训练并晋升为胸心外科主治医生。

由于梅森·索恩斯(Mason Sones)于1958年在克利夫兰医疗中心世界首次成功行选择性冠状动脉造影术。因此,法沃洛荣有幸与索恩斯医生成为同事和朋友,并在索恩斯医生的影响下对冠状动脉狭窄的诊断和治疗产生了浓厚的兴趣。他常想,泌尿外科医生能利用大隐静脉行肾动脉狭窄架桥术,我也可以应用大隐静脉行冠状动脉架桥术。1967年5月9日雷内·法沃洛荣在美国克利夫兰医疗中心,为一名51岁女患者成功应用其自身大隐静脉,一端吻合于主动脉,另一端跨过狭窄部的右主冠脉的远端行吻合。20天后,索恩斯医生应用冠状动脉造影证实该冠脉架桥完全通畅。到1968年底,法沃洛荣和他的团队共为171例患者成功行大隐静脉冠状动脉架桥术,其中对一些患者同时行多支冠状动脉架桥术[8,9,10,11]。

法沃洛荣这一里程碑式的成功举动,为所有冠心病患者带来了巨大的福音。很快这一先进技术在全世界范围内得到效仿及推广。现每年约有100万以上冠心病患者接受架桥手术。法沃洛荣本人在他的外科生涯中共为13 000例冠脉患者行大隐静脉架桥术。在克利夫兰医疗中心,法沃洛荣不仅娴熟操作冠状动脉架桥术,同时也掌握了其他心外科手术,如瓣膜置换、心室壁瘤切除等。

不忘家乡,回国创业

1971年法沃洛荣向他的上司及同事们说道:"我是一个阿根廷人,美国永远都是我的第二故乡,而阿根廷才是我真正的家。我要将我的知识和技术带回阿根廷,为拉美人民服务。"然后他放弃了美国克利夫兰医疗中心良好的工作条件和丰厚的经济待遇。毅然回到了自己的祖国——阿根廷,一心为拉美人民救死扶伤。在回国的29年里,法沃洛荣先后创建了法沃洛荣基金会(1975年)和心脏病及心血管外科研究所(1992年),并培养了350多名心外科医生,几乎在每一个拉美国家里都有他培养的心外科医生。他还经常出现在电视机荧幕上,为广大阿根廷民众普及心血管健康知识。他曾自豪地说,他在心血管外科培训及推广方面所取得的成绩要远大于他在外科手术上的成就[11]。

焦头烂额,夺命而去

法沃洛荣用他极大的个人才能和满腔的热血,梦想着在阿根廷建一所与美国克利夫兰医疗中心同样的、全方位的心脏及心血管外科中心。1975年他在阿根廷筹建"法沃洛荣基金会",1992年他将一生中所有的积蓄及基金会筹款,加之说服阿根廷政府贷款资助,终于建立了阿根廷心脏病学及心血管外科研究所。起初,一切进展顺利且成效显著。该研究所在法沃洛荣领导下,几乎可以医治所有常见的心血管病。他的政策是:无论患者穷富,一律平等对待,无论能否付款,一律按需治疗。因此,来自全国甚至一些拉美国家的患者,蜂拥至此求医治病。由于心血管病的诊治设备昂贵,心血管外科的开销更是天价,加之政府的资助常常不能到位,穷人拖欠账单的情况越来越多(25%的手术患者没有医疗保险),从而使研究所的赤字越来越大。还有许多医生不钻研学术而与药厂联手在患者身上图利,败坏医院名誉。法沃洛荣每天拼命上台做手术,但杯水车薪,无济于事。到2000年,他的基金会赤字高达1 800万美元。他最初心中美好的壮景逐渐变为泡影。此时,和他一直合作的弟弟由于交通事故,造成脑震荡并失去了一条腿。雪上加霜的是,他的青梅竹马、结发之妻玛丽亚(María Antonia Delgado)因癌症离开了他(夫妻两人一生没有小孩,只有3条爱犬)。法沃洛荣多次写信给政府要求援助,并写信给医疗保险公司,但都石沉大海,杳无音信。刚强的法沃洛荣一生从未做过要钱的"乞丐",长期的焦头烂额,使他万念俱灰。2000年7月29日这一天,绝望之中的法沃洛荣愤然举起了手枪并对准了自己的心脏,然后扣动了扳机。法沃洛荣的骨灰撒在了50年前他曾经工作12年之久的乡村(Jacinto Arauz, Provincia de La Pampa)[12,13]。

正所谓

潇洒人生,潇洒结局

潇洒的他走了,正如他潇洒地来。

他扣动了扳机,别了非潇洒人间。

参考文献

［ 1 ］ WESTABY S. Landmarks in Cardiac Surgery［M］. Oxford: Isis Medical Media, 1997: 191–192.

［ 2 ］ FAVALORO RG. Saphenous vein autograft replacement of severe segmental coronary artery occlusion: operative technique［J］. Ann Thorac Surg, 1968, 5: 334–339.

［ 3 ］ THOMAS Gaziano, K SRINATH Reddy, et al. Disease Control Priorities in Developing Countries 2nd edition Chapter 33 Cardiovascular Disease Jamison DT, Breman JG, Measham AR, et al, editors［M］. Washington DC: The International Bank for Reconstruction and Development/The World Bank; New York: Oxford University Press, 2006.

［ 4 ］ DIODATO M, Chedrawy EG. Coronary Artery Bypass Graft Surgery: The Past, Present, and Future of Myocardial Revascularization［J］. Surgery Research and Practice, V(14), Article ID 726158, 6 pages.

［ 5 ］ V Falk, A Diegler, T Walther, et al. Developments in robotic cardiac surgery［J］. Current Opinion in Cardiology, 2000, 15(6): 378–387.

［ 6 ］ S M Prasad, C T Ducko, E R Stephenson, et al. Prospective clinical trial of robotically assisted endoscopic coronary grafting with 1–year follow-up［J］. Annals of Surgery, 2001, 233(6): 725–732.

［ 7 ］ VINEBERG AM, MILLER G. Internal mammary-coronary anastomosis in the surgical treatment of coronary artery insufficiency［J］. Can Med Assoc, 1951, 64: 204–210.

［ 8 ］ WESTABY S. Landmarks in Cardiac Surgery［M］. Oxford: Isis Medical Media, 1997: 191–192.

［ 9 ］ FAVALORO RG, EFFLER DB, GROVES LK, et al. Combined simultaneous procedures in the surgical treatment of coronary artery disease［J］. Ann Thorac Surg, 1969, 8: 20–29.

［10］ FAVALORO RG. Surgical Treatment of Coronary Arteriosclerosis［J］. Baltimore, Md: Williams & Wilkins, 1970.

［11］ STONEY WS. Pioneers of Cardiac Surgery［M］. Nashville: Vanderbilt Uni Press, 2008: 357–368.

［12］ Carlos Penelas within Rene Favaloro Journal, Editorial Sudamericana, Buenos Aires, 2003.

［13］ http://www.thefamouspeople.com/profiles/ren-gernimo-favaloro-419.php#D1V8p5CGdqCUkVPh.99.

第十一章

心脏电生理学界的伟大人物

Chapter 11

Grand Masters in Cardiac Electrophysiology

一、概述
I. Brief Introduction

　　心脏病学是由三个部分组成：形态学、血流动力学和电生理学。人的生命源于心脏的跳动，而心脏的跳动又源于心脏的电流波动。研究心脏电流波动的规律及其处理方法的科学称为"心脏的电生理学"。

　　一个多世纪以来，人们对心脏电生理学的研究取得了翻天覆地的变化，从静态心电图到动态心电图，从心脏起搏器到心脏除颤器，从预激综合征的发现到射频消融的治疗等诸多的伟大成就，同时也涌现出许多可歌可泣的医学科学家。他们的发现与发明有效地缓解了患者们的痛苦，同时也显著地延长了人类的生命。由于篇幅有限，本章只介绍数位里程碑式的人物：威廉·爱因托芬（Willem Einthoven）、保罗·怀特（Paul White）、诺曼·霍尔特（Norman Holter）、米歇尔·米卢斯基（Michel Mirowski）和格雷·戴蒙德（E. Grey Dimond）。

二、杰出贡献者
Ⅱ. Outstanding Contributors

威廉·爱因托芬（Willem Einthoven）
医学博士
1860年5月21日—1927年9月29日
荷兰莱顿（Leiden）大学院长
现代心电图学之父

图11-1　威廉·爱因托芬
（照片由郑宗锷教授提供）

履　历

1878—1885年荷兰乌特勒支（Utrecht）大学医学院医学博士

1886年荷兰莱顿大学医生及生理学家

1906年荷兰莱顿大学教务长及院长

贡　献

1902年发明心电图机

荣　誉

1924年获诺贝尔生理学或医学奖

1925年皇家学会外籍会员

1860年5月21日威廉·爱因托芬出生在印度尼西亚（当时为荷兰殖民地）的爪哇岛（Java）的岛府，三堡垄市（Semarang）。父母均是荷兰人，父亲是荷兰随军医生。爱因托芬6岁时，父亲去世，10岁时，母亲带着他和3个姐姐及2个弟弟回到荷兰乌特勒支定居。1902年爱因托芬经过多年对心脏跳动的研究，并在法国物理学家加布里埃尔·李普曼（Gabriel Lippmann）和英国生理学家奥古斯都·沃勒（Augustus Desiré Waller）对心电信号研究的基础上[1]，终于发明了能够记录心跳的弦线电流计，即心电图机。爱因托芬还将描记在心电图机上的心电波形分别命名为P、Q、R、S、T、U波。该命名自1903年始至今仍然在使用。不仅如此，而且他

还发明了双极导联心电图及等边三角形电极关系（又称三轴双极系统及三肢导联）[1,2,3,4,5]，从而开启了现代心电图临床应用的先河。100多年后的今天，心电图机仍是监测心脏、诊断心脏疾病最常使用及最重要的工具之一，亦是20世纪医学界最重要的发明之一。因此，人们称他为"现代心电图学之父"（Father of modern Electrocardiography）[6]。1924年威廉·爱因托芬荣获1924年度诺贝尔生理学或医学奖[7]。威廉·爱因托芬年轻时酷爱运动，强项为体操和击剑。大学期间是划船俱乐部主席。另外，爱因托芬人品高尚，待人谦虚有礼，且非常好客。他还通晓4国语言。

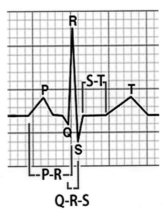

图11-2　现代心电图

图11-3　保罗·怀特
（照片由郑宗锷教授提供）

保罗·怀特（Paul Dudley White）
医学博士
1886年6月6日—1973年10月31日
美国哈佛大学医学院麻省总院名誉终身教授
美国现代心脏病学之父

1　1873年法国物理学家加布里埃尔·李普曼（1845—1921）首次应用毛细管静电计记录心脏电流波，但该波仅为单一的心室波，且波形模糊，不易辨认。1887年英国生理学家奥古斯都·沃勒（1856—1922）改进了李普曼毛细管静电计记录，并在伦敦圣玛丽医学院首次应用其改良的毛细管静电计记录心脏电流波。但此时的波形远未完善，因此，沃勒不认为他的发明会有真正的临床应用价值。另李普曼亦是压电效应、彩色照相及钟摆计时的发明者，并因此获1908年诺贝尔物理学奖。

履历

1904—1908年哈佛大学学士学位

1908—1911年哈佛大学医学博士

1911—1913年麻省总医院住院医生（儿科及内科）

1913—1914年英国伦敦跟托马斯·刘易斯（Thomas Lewis）学心脏病

1914—1916年美国哈佛大学医学院麻省总院建立心电图室

1916—1917年英国远征部队战地医生

1917—1919年美国远征部队战地医生

1919—1921年麻省总医院住院医生

1921—1933年哈佛大学医学院讲师

1933—1946年哈佛大学医学院助理教授

1946—1949年哈佛大学医学院临床教授

1949—1956年哈佛大学医学院名誉终身教授

贡献

1914年在美国哈佛大学医学院麻省总医院建立（除英国之外的）第一个心电图室

1924年美国心脏学会（AHA）6位创始人之一［他们是波士顿的保罗·怀特，纽约的刘易斯·康纳（Lewis Conner）和罗伯特·哈尔西（Robert Halsey），费城的约瑟夫·赛勒（Joseph Sailer），芝加哥的罗伯特·普雷布尔（Robert Preble），圣路易斯的休·麦卡洛克（Hugh McCulloch）］

1930年提出W-P-W综合征（Wolff-Parkinson-White syndrome），亦称预激综合征[1]

1　指患者除正常的房室传导途径外，还存在有附加的房室传导途径（旁路或称为肯特束）可以刺激心室过早收缩，常伴有阵发性室上性心动过速亦被称为房室折返性心动过速。心电图表现：短P-R间期，及delta波或/和有宽大QRS波群并阵发性室上性心动过速。

发　表	学术论文750余篇及包括《心脏病学》(1931年)在内的12部著作

荣　誉	1941年当选为美国心脏学会(AHA)主席 1964年美国总统约翰逊授予他"总统自由勋章" 1986年9月15日美国邮政局为怀特发行纪念邮票(纪念保罗·怀特100周年诞辰)

名　言	放开腿,控制嘴,睡足觉。(Walk more, eat less, sleep more.)

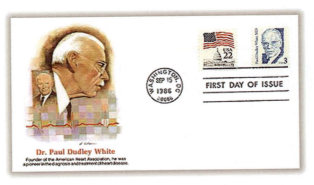

图11-4　带有怀特头像的纪念邮票和怀特纪念邮票发行首日封(1986年9月15日)

保罗·怀特于1886年6月6日出生在美国马萨诸塞州的罗克斯伯里(Roxbury),父亲是家庭医生。受父亲影响,他从小立志长大也要当医生。由于怀特聪颖勤奋,他顺利考入哈佛大学本科及医学院,且毕业后留校从医。2年后(1913年)获留英奖学金,到伦敦学习心电图学,师从托马斯·刘易斯,并与年轻医生约翰·帕金森(John Parkinson)结为好友。

1928年3月20日,怀特出诊时,遇到一个18岁哈佛大学校队游泳队员。他说4年多来经常出现阵发性心动过速,每次可持续15分钟。他的所有体检结果都正常。但怀特发现该青年的心电图表现为短P-R间期及延长的QRS波群。13天后,

4月2日,怀特的研究生(cardiology fellow)路易斯·沃尔夫(Louis Wolff)医生,在麻省总院出门诊时遇到一位35岁男性体育教师,其运动或激动时出现心动过速和房颤病史已有10年,但体检及X线摄片均正常。此时怀特突然想起9个月前(1927年6月29日),一个21岁男性患者,其症状及心电图特征完全与这2例患者相同。于是怀特和沃尔夫医生对该患者进行了18个多月的奎尼丁(quinidine)治疗及心电图随访。其心电图检查结果也是短P–R间期和延长的QRS波群及束支传导阻滞(当服用奎尼丁时房颤消失),并发现当皮下注射阿托品后,其P–R间期和QRS波群均变为正常。这期间,怀特和沃尔夫医生又发现另外8例同样的患者,怀特将这一发现与他的好友,英国伦敦的约翰·帕金森商讨。无独有偶,早在1914年5月28日,帕金森就遇到过一名42岁男性患者,其症状及心电图特征完全与怀特的这一组患者相同。因此3人将这一组11例报道于1930年发表在美国心脏病学杂志上[8],此后人们对该病称为W–P–W综合征,也称为预激综合征。

保罗·怀特于1924年和其他5位心脏病学家创立了美国心脏学会,之后成为该学会主席。怀特还是公认的美国预防心脏病学的奠基人,并提倡"人生乐观,生活规律,经常运动"。他的名言是:"放开腿,控制嘴,睡足觉"。他对肺栓塞及冠心病的防治有独特的研究。1955年被艾森豪威尔总统钦点为总统御医。怀特人品高尚,待人谦虚有礼,通晓5国语言,一生出版12本有关心血管病学专著,发表700余篇学术论文[9]。20世纪中叶,保罗·怀特是美国心血管内科界头号人物并被称为美国现代心脏病学之父[10]。他的足迹遍布五大洲,其中包括苏联和中国。他不仅宣传心血管病的预防与治疗,同时提倡世界和平及国际友好。

和平特使,中国之行

这是1949年中华人民共和国成立之后,22年来第一个美国医学代表团访问中国。下面引用中国胸心外科鼻祖吴英恺教授在他的回忆录里有关怀特一行到访北京的介绍:

> 1971年9月中旬,美国心脏病学知名专家怀特和戴蒙德两家夫妇来我国访问,重开中美医学交流的大门。我参加了中华医学会接待组的工作,重点与戴蒙德打交道。经过解放战争、朝鲜战争和越南战争,中美关系中断达1/4个世纪,因而彼此初见比较拘谨,但很快就成为一见如故的好朋友。因为我们都有一个"求知识,交朋友"的共同愿望。记得当他们途经香港、广州到达北京机场的时候,我和马海德、林巧稚、朱宪彝、徐家裕、吴德诚等同志在机场接他们,在一切都是新鲜奇异的环境中,怀特夫人对机场的大红标语牌很感兴趣,问我是不是为了欢迎他们这几个勇敢的美国人。我如实地告诉她:"对不起,标语写的

是打倒美帝国主义！"她遗憾地抱着头惊叹起来："哎呀！我的上帝呀！"但他们看到接待他们的人都很和气友好，英文对答如流，多数又是过去留学美国的专家，也就安定下来了。同团来访的还有耳鼻喉科专家罗森（Samuel Rosen）夫妇和社会医学专家赛达尔（Victor Sidel）夫妇，他们都住在北京饭店，接待组每日陪同他们参观访问。85岁高龄的怀特兴致最高，当郭沫若[1]院长在人民大会堂接见他们时（当时郭老80岁），这两位老人对世界和平和国际友好各抒己见，谈笑风生。我们尽量满足他们的一切愿望，包括访问北京协和医院（当时改名叫反帝医院）和北京医学院，参观针刺麻醉手术和针刺治疗聋哑等。正当怀特、戴蒙德在北京参观访问的时候，香港和美国的新闻记者谣传他们是应我国邀请给毛主席会诊的，每天几次电话来问，其实根本没这回事。1周后怀特夫妇由戴蒙德夫妇陪同离京去罗马接受教皇的会见。怀特是一位热心国际活动的学者，1962年我们曾邀他来访，但美国政府没有批准，他之前多年来深以未到中国为憾。这次访问，使他特别兴奋，本来还要再次来访，但不幸于2年后逝世[11]。

根据怀特的学生，著名心脏病学家威利斯·赫斯特（J.Willis Hurst）在他的纪念怀特一文里记录了怀特晚年的健康状况[10]：1967年4月，81岁的怀特在跑波士

图11-5　1971年9月20日怀特夫妇和戴蒙德夫妇一行访问北京阜外医院
前排：刘玉清（左1），朱宪彝（左2），怀特夫人艾娜（Ina White）（左4），保罗·怀特（左5），戴蒙德夫人玛丽（Mary Dimond）（左6），刘力生（左7），格雷·戴蒙德（左8），吴英恺（左9）。
后排左起：郑德裕，尚德延，孙瑞龙，乐效羣，寇文容。
（照片由吴英恺夫人李式琰提供）

1　郭沫若：1958年至1978年，任中国科学院院长，政务院副总理、全国人民代表大会副委员长、全国政协副主席及中国文联主席等要职。

顿马拉松时第一次出现心绞痛,因此放弃跑完全程。从那之后他开始服用硝酸甘油。1970年12月20日,84岁时,出现胸痛并恶心,出汗且持续3个半小时,后入院10天治疗。1971年1月21日,去墨西哥心脏基金会讲演回来,约1个月后出现小面积心肌梗死。1973年5月29日,出现脑卒中,很快恢复。但1个多月后又出现硬膜下血肿,经手术取出。不久出现肺栓塞及房颤。1973年9月18日出院。1973年10月15日,由于脑卒中再次入院治疗。1973年10月31日逝世,终年87岁。

图11-6　1971年9月,郭沫若在北京人民大会堂会见怀特夫妇及戴蒙德夫妇一行

前排左起第二位开始:戴蒙德,戴蒙德夫人玛丽,怀特夫人艾娜,怀特,郭沫若,罗斯夫妇和赛达尔(右1)。
第二排左起第三位开始:吴英恺,黄家驷,吴洁,林巧稚,吴阶平,方圻。
(照片由吴英恺夫人李式琰提供)

诺曼·霍尔特(Norman Jefferis Holter)

理科硕士
1914年2月1日—1983年7月21日
美国加州大学圣地亚哥分校
生物物理学家及核物理学家
移动心电监测系统之父

履　历	
	1938年南加州大学化学学士
	1939年加州大学洛杉矶分校物理学硕士
	1939—1940年德国海德堡大学深造

履 历

　　1940—1941年先后在芝加哥大学及俄勒冈大学研习核物理及核医学

　　1941—1945年（第二次世界大战期间）美国海军工程师

　　1946年参与美国政府在比基尼环礁岛上的原子弹试验研究

　　1947—1963年美国政府原子能委员会（United States Atomic Energy Commission）成员（1955—1956年为主席）

　　1964年加州大学圣地亚哥分校教授

贡 献

　　1954年发明移动心电监测系统，即便携式心电监测仪，又称霍尔特心电图

荣 誉

　　1955—1956年美国政府原子能委员会主席

　　1979年美国医疗仪器促进协会（The Association for the Advancement of Medical Instrumentation, AAMI）授予他劳夫曼–格雷特巴奇奖（Laufman–Greatbatch Prize）

名 言

　　诚实和正直并非陈词滥调，而是自尊和自醒的源泉。（Honesty and integrity are not just clichés but sources of both self respect and enlightened self interest.）

　　检测一块岩石，不代表验证整座矿山。（Does not assay a mountain of ore by testing one rock.）

显赫家族，勤奋学子

　　诺曼·霍尔特于1914年2月1日出生在美国蒙大拿州海伦娜市的一名门家族。祖父安东·霍尔特（Anton Holter, 1831—1921）是成功的企业家、金融家和政治家。他23岁从挪威移民到美国，几经周转后定居蒙大拿州。老霍尔特率领他的儿

子,即诺曼·霍尔特的父亲诺曼·巴纳德·霍尔特(Norman Bernard Holter, 1868—1957年)不仅开发矿业、经营木材、圈购土地、销售五金、加工面粉等,而且还积极参与政治并成为州政府理事会成员及立法会成员。直至今日在蒙大拿州,仍有许多地方标有霍尔特家族的名字,如霍尔特湖、霍尔特大坝、霍尔特艺术博物馆等。

诺曼·霍尔特从青少年时代起就酷爱科学,尤其是化学和物理学。他于1937—1939年在加州大学洛杉矶分校和南加州大学分别取得化学学士和物理学硕士,同年到德国海德堡大学深造,然后又在芝加哥大学及俄勒冈大学研习核物理及核医学。太平洋战争爆发后,霍尔特应征入伍并成为一名海军工程师。1946年他参与了美国政府在比基尼环礁岛上的原子弹试验研究。翌年被选入美国政府原子能委员会成员。第二次世界大战结束后,霍尔特回到了故乡蒙大拿州,并于1947年成立了"霍尔特研究基金会",其目的是研发生物电子、遥测学、生物医学及核医学[12,13,14,15]。

潜心研究,动态心电

最初霍尔特与加州大学洛杉矶分校的教授约瑟夫·金杰雷利(Joseph Gengerelli)共同合作,并通过对两栖动物的研究发现:当青蛙的神经受到远距离的刺激后能够产生磁场。接着他们根据这一发现又在大鼠身上进一步研究生物的遥感和遥测技术,并通过生物体对远距离的物理信号的感应和接收,成功地将无线电遥测技术应用在人体的大脑,即初级无线电脑电图。很快他又发明了无线电心电图(Radio Electrocardiogram, RECG)。霍尔特将上述两个发现分别于1951年及1952发表在医学及电子学期刊上[16,17]。由于霍尔特不是医生,因此他请加拿大医生麦克宁(H.F. MacInnis)将他的发明即无线电心电图,首次应用于临床。

1954年6月,第一例接受无线电心电图检查的是一例陈旧性后壁心肌梗死患者。该患者距电视荧光屏约10米之遥,虽然线条比较粗糙,但麦克宁医生还是可以清楚看到来自患者第Ⅱ和第Ⅲ导联升高的ST段[24]。这一临床试验的成功标志着动态心电监测系统的诞生。但与现代便携式动态心电监测相比,仍属原始阶段。经过数年的研发加之电子时代的出现,1961年霍尔特终于将最初那个重达38千克的心电检测箱,逐渐演变成只有香烟盒大小且重量不到1千克的轻便携带式心电检测器。

商业矮子,科学巨人

霍尔特很少关心家族的企业,对经商更是外行,但他知道如何与人合作。1962年霍尔特和他的重要合作者威尔福德·格拉斯科克(Wilford Glasscock)工程师一起来到位于洛杉矶的希达-西奈(Cedars-Sinai)医院,并在心内科医生艾略特·科迪(Eliot Corday)的陪同下,再次进行临床动态心电监测试验。科迪医生对霍尔特监测器给予了高度评价，并提了一些良好建议。然后两人一致同意将监测器批量生产。经科迪介绍，霍尔特与布鲁斯·德尔玛（Bruce Del Mar）相识。德尔玛（1913年7月19日—2014年2月12日）是德尔玛航空电子设备公司（Del Mar Avionics）的创始人，该公司在航空电子领域有诸多的专利和发明，且具备生产高精尖航空电子仪器及国防工业产品的工厂。两人合作如鱼得水，通过进一步研发和改良，使霍尔特心电监测器变得更加优质化、精确化，并通过德尔玛工厂的批量生产使其商业化。到20世纪80年代，霍尔特心电监测器几乎进入全世界所有医院的心脏科室。半个多世纪以来，每年都有千百万心脏病患者，因携带霍尔特心电监测器，得到及时而准确的诊断和治疗，从而挽救了无数人的生命。现在人们可以携带霍尔特心电监测器进行爬山、滑雪、跳伞等运动。由于诺曼·霍尔特的这一伟大发明，从而启发了人们对埋入式心脏起搏器和植入式心脏除颤器的研发，提高了心脏病患者的生活质量，且大大延长了心衰患者们的寿命。

英雄早故，史册留名

1983年7月21日，诺曼·霍尔特因患癌症及心脏病在家乡蒙大拿州海伦娜市去世，终年69岁[18]。诺曼·霍尔特是商业矮子，科学巨人。他完全可以投身于显赫的家族企业，为将之发扬光大而努力，或坐享其成，优哉一生。但他却选择了另一条路，把自己的毕生精力和全部心血献给了他所热爱的、崇高的科学事业——动态心电监测。由于长期的呕心沥血，积劳成疾，使他少活了20年。他的祖父活了90岁，父亲活了89岁。但他所发明的便携式心电监测器，给亿万患者带来了生命的福音。世人将心电监测器直接称为"霍尔特"或"霍尔特监测器"，他的大名将永垂史册。

米歇尔·米卢斯基（Michel Mirowski）
医学博士
1924年10月14日—1990年3月26日
美国约翰霍普金斯大学医学院
巴尔的摩西奈医院（Sinai Hospital of Baltimore）

图11-7　米歇尔·米卢斯基

履　历

1939—1944年乌克兰

1944—1945年波兰的华沙市

1945—1947年巴勒斯坦

1947—1954年法国里昂大学医学院学生

1954—1961年以色列的泰–哈苏玛（Tel-Hashomer）医院医生

1962—1963年墨西哥心脏研究所及美国约翰霍普金斯大学医院进修

1963—1968年以色列阿萨–哈濡福（Asaf-Harofeh）医院心脏医生

1968—1984年约翰霍普金斯大学西奈医院心脏主治医生

1984—1990年约翰霍普金斯大学医学院正教授

贡　献

研发并临床应用"植入性自动心脏除颤器"（Implanted Cardioverter Defibrillator, ICD），1980年2月4日植入患者心脏

荣　誉

2002年被选入美国"国家发明家名人堂"

早年生活　颠沛流离

米卢斯基，原名叫弗里德曼（Frydman），于1924年10月14日出生在波兰华沙市的一个犹太裔家庭。1939年纳粹德国入侵波兰，并在欧洲各地对犹太民族进行种族灭绝。为了逃避屠杀，父亲不得不带着全家到处躲避，颠沛流离，还将孩子们的犹太名字改为波兰裔名，即米卢斯基。他们先逃到乌克兰，再流亡到巴勒斯坦，后又旅居法国。1954年，米歇尔·米卢斯基毕业于法国里昂大学医学院。受犹太复国主义思潮的影响，他来到以色列的泰–哈苏玛医院，在著名内科主任哈里·赫勒（Harry Heller）手下工作。哈里·赫勒（1899年3月16日—1967年3月3日）擅长心脏病、糖尿病的治疗，并在家族性地中海热病的研究领域享有国际名誉。为了提高心脏病学水准，米卢斯基先后来到墨西哥心脏研究所和美国的约翰霍普金斯

大学医院进修深造。后回到以色列的阿萨–哈濡福医院做心脏医生。

恩师病故，灵感油生

自1966年起，米卢斯基的恩师哈里·赫勒常出现一过性室性心动过速。不料数月后（1967年3月3日），他与家人吃饭时，因再次出现室性心动过速而猝死。此事对米卢斯基影响重大。他设想如果发明一个能植入人体内的心脏自动除颤器，当出现心室过速/颤动时，可自动电击除颤，恢复正常心律，患者就不会死亡。由于以色列的医学及科研条件有限，米卢斯基决定到美国去研发植入性心脏自动除颤器（ICD）。1968年，他带着全家再次来到约翰霍普金斯大学，并在其附属的巴尔的摩西奈医院边进行心脏的临床工作，边在实验室进行心脏自动除颤器（ICD）的科学研究[19]。

1969年米卢斯基和他的同仁，年轻心脏医生莫顿·莫厄尔（Morton Mower）在狗身上进行体外自动心脏除颤试验并取得有效成功[20]。从1970年到1972年，他们先后得到两个医疗公司的帮助。然后又幸运地遇到了斯蒂芬·海尔曼（Stephen Heilman）医生兼工程师，海尔曼用自己医疗公司（Medrad/Intec Systems）里的工程师团队协助米卢斯基和莫顿·莫厄尔进行研究。1975年，他们终于在狗身上成功完成心脏自动除颤器（ICD）的科研实验。在此基础上，他们又将该ICD小型化、精致化，使其适应于植入人体。

伟大梦想，终于实现

经过十多年的辛苦研究和试验，1980年2月4日，米卢斯基和他的团队在约翰霍普金斯医院手术室内，为一名57岁患有因下壁心肌梗死而伴随室颤的女性患者植入心脏自动除颤器（ICD）。2周后，通过试验性人为诱发室颤，此时自动除颤器成功终止室颤。患者一切正常并出院。经5个月随诊未见异常[21]。数日后，米卢斯基和他的团队又对16岁有室速病史及43岁心肌病诱发室速病史的两位男性患者植入了ICD。数周后，2名患者均出现室速，并都得到ICD的成功心律转复[21]。

从那以后，植入性自动心脏除颤器（ICD）在全世界范围内逐渐得到普及，也使得千百万患有严重冠心病、心肌病及恶性心律失常的患者因植入ICD从而大大降低心脏猝死率。根据2009年第11届世界心脏起搏和自动心脏除颤器调查报告显示：2009年有61个国家和地区参与了这项调研，其中包括欧洲25国、亚太20国及地区、中东和非洲7国及美洲的9个国家（未含加拿大），人口涵盖50多亿（占世界总人口67.8亿的74%）。结果显示，2009年一年共有328 027人接纳了ICD植入，其中美国数量最高（133 262人，即434人/百万人），并占据了总数的40.6%。中国参与此调研的人数为736人[22,23]。

2017年4月22日,中国医学科学院阜外医院张澍教授在第20届全国介入心脏病学论坛(CCIF2017)上报道说,2016年度中国共有3 317人接纳了ICD植入[23]。这个数据虽远小于美国,但与2005年(179人)和2009年(736人)相比,已经有了较大幅度的提高。但是这远远不能满足"健康中国"的要求,需要加强电生理医生培训,增加心律失常介入中心,在进行介入治疗的同时,还应加强对介入新技术的推广与质量控制工作。

米卢斯基于1985年被诊断患有多发性骨髓瘤(multiple myeloma),是血癌的一种。尽管他积极接受化疗,但仍无法控制病情,并于1990年3月26日逝世,终年65岁。在他生命的最后5年里,米卢斯基在与癌症抗争的同时,还应邀奔赴世界各地进行讲座和交流。由于他精通7国语言(英语,法语,希伯来语,波兰语,俄语,西班牙语,犹太–意第绪语),所以在很多情况下,他都可以用所邀请国语言与当地学者自由交流。为了表彰米卢斯基发明ICD对人类的贡献,2002年他被选入美国"国家发明家名人堂"。

格雷·戴蒙德(E. Grey Dimond)
医学博士
1918年12月8日—2013年11月3日
美国密苏里大学医学院堪萨斯分院院长

图11-8 格雷·戴蒙德
(照片由戴蒙德本人提供)

履 历

1941—1944年印第安纳大学医学院

1944—1947年美军在远东(日本东京)任军医心脏科主任

1947—1949年哈佛大学麻省总医院,在保罗·怀特门下做心脏科研究生

履历

1950—1953 年堪萨斯大学医学院主治医生

1953—1960 年堪萨斯大学医学院大内科主任

1960—1967 年加州拉荷亚（La Jolla）心肺疾病研究所所长，斯克里普斯诊所（Scripps Clinic）和研究基金会主任

1968 年担任美国卫生部助理秘书长医学教育专员

1968 年创办密苏里大学医学院堪萨斯分院兼院长

贡献

1949 年美国心脏病学院（ACC）创始人之一

1968 年创办密苏里大学医学院堪萨斯分院

1971—2013 年重建中美友谊及文化交流之桥梁

1974 年与夫人玛丽·戴蒙德创立"纪念埃德加·斯诺（Edgar Snow）基金会"，促进中美学术交流

发表

出版包括《心电图学》（第 4 版）在内的 18 部著作，《美国医学会杂志》（JAMA）的倡议者

荣誉

1961—1962 年度美国心脏病学院主席

1983 年 6 月中国医学科学院心血管病研究所授予戴蒙德教授为该院（所）名誉顾问

　　著名心脏病学家、心脏电生理学家、医学教育家、中美友好使者，格雷·戴蒙德来自美国南部一个显赫家族。1918 年 12 月 8 日戴蒙德的母亲在密苏里州的圣·路易斯市（St. Louis）购物时突然生下了他。6 天之后，他回到了家乡密西西比州。7 岁时，全家迁到印第安纳州的泰瑞豪特（Terre Haute）。戴蒙德从小聪颖好学，并于 1941 年考入印第安纳大学医学院，从此开始了他的医学生涯。谁料开学不久，太平洋战争爆发。四年制的医学院通过精简课程及取消寒暑假被迫缩短为 3 年。由此戴蒙德悟出：学制可以缩短，课程可以精简。戴蒙德的一生大致分为两部分，前半人生：求医行医，如鱼得水；后半人生：中美桥梁，友好使者。

求医行医，如鱼得水

戴蒙德少年得志，求医行医如鱼得水。27岁考取哈佛大学麻省总医院心脏科研究生，并在美国现代心脏学之父保罗·怀特门下做心脏学研究，可谓名师指点。戴蒙德的专长为心脏听诊、心音图及心电图，并对疑难心脏病的诊断有着惊人的独特性和准确性。30岁便参与组建美国心脏病学院（ACC），此后名扬四海。

中美桥梁，友好使者

成名之后的戴蒙德，逐渐从行医过度为传医及文化交流。1968年创办密苏里大学医学院堪萨斯分院，并将该院设计为六年制（即大学本科3年加医科3年共6年）。它比通常的4年本科加4年医科缩短了整整2年。由于第二次世界大战期间，戴蒙德在远东（日本东京）担任美军医心脏科主任并曾派往上海为美国士兵看病，他目睹了旧中国落后的医疗状况，同时也产生了对中国人民的好感。他的妻子，玛丽·戴蒙德（Mary Dimond）是埃德加·斯诺（Edgar Snow，1905年7月17日—1972年2月15日）的好友。斯诺又是毛泽东主席的老朋友及《西行漫记》（*Red Star Over China*）一书的作者。戴蒙德和妻子玛丽通过埃德加·斯诺了解到更多有关中国的故事，并幻想着有朝一日能重访中国并为中美医学及文化搭建桥梁。只可惜当时中美之间没有外交关系。

1971年4月中旬，当戴蒙德突然看到美国乒乓球队到访北京的消息后，有着敏锐政治头脑的他立即和妻子玛丽与埃德加·斯诺取得联系。1971年9月中旬，通过斯诺的安排，由中华医学会邀请，戴蒙德夫妇及他的老师保罗·怀特等一行8人到达北京，进行中美医学及文化交流。此次交流是在中美两国关系中断达1/4个世纪之后的二次接触。而此前仅有美国乒乓球队受中国外交部邀请于1971年4月10日—17日访问北京并进行体育交流，史称"乒乓外交"[1]。

那次中国之行给戴蒙德夫妇留下了深刻及良好的印象，两人决定要与斯诺一起共同为中美文化搭建友好桥梁。不料数月之后（1972年2月15日），埃德加·斯诺这位伟大的中国人民的美国朋友因胰腺癌客死瑞士的埃桑（Eysins）。随后戴蒙德夫妇开始联络斯诺先生的生前友好和美国各界友人，并于1974年在斯诺故乡密苏里堪萨斯城设立了"纪念埃德加·斯诺基金会"（The Edgar Snow Memorial Fund, Inc.）。该基金会除与中国有关单位联合开展了一系列关于斯诺的纪念和出

1　乒乓外交：指1971年期间中美两国乒乓球队互访的一系列事件。两国乒乓球队的友好往来，不仅推动了两国关系正常化的进程，也为后来新中国的国际发展奠定了重要基础。

版活动外,主要致力于促进中美学术及文化交流。1979年该基金会设立"斯诺讲座",计划每年邀请一位不同专业的中国学者到密苏里大学堪萨斯分校进行讲学和交流活动。1979年徐家裕作为医学界人士受邀担任第一届"斯诺访问教授",此后各届"斯诺访问教授"陆续为:周广仁(钢琴)、韩德培(法学)、英若诚(戏剧)、吴作人(艺术)、黄昆(物理学)、蒋元椿(新闻)、钮经义(生化)、陈占祥(工程与城市规划)、林菊英(护理学)、傅靖生(艺术)、张礼和(药学)、王俊宜(经济学)、郑咏(声乐)、陈辉(国际金融)、陶澍(环境地理)、高尚全(经济学)、李萍萍(医学)、徐昌俊(作曲)等。"斯诺基金会"是美国具有典范性的有较大影响的知华友华民间组织,它继承了斯诺的事业,为中美关系谱写了新的篇章。戴蒙德夫妇为斯诺基金会及促进中美学术及文化交流可谓呕心沥血,不辞劳苦。自1971年9月访问中国后,几乎年年带领医学及文化代表团来华访问,有时一年来访数次,并在美国接待中国医学/文化代表团。戴蒙德还在他所在的密苏里大学医学院接受了许多中国优秀学生。1980年戴蒙德夫妇还在中国认领了一个女儿,并把她培育成为一名眼科医生[24]。

图11-9 1972年9月7日戴蒙德第二次访问阜外医院

前排:王诗恒(左1)、吴英恺(左2)、陈在嘉(左3)、于秀章(左4)、戴蒙德(右3)、刘力生(右1)。
中排左起:刘玉清、马海德(George Hatem)、郑德裕、张英珊、寇文容。
后排:杨英华(左2)、李平(右2)、孙瑞龙(右1)。
(照片由戴蒙德教授提供)

　　为了表彰戴蒙德教授为促进中美医学及文化交流,特别是为提高中国心血管疾病防治水平的贡献,1983年6月,中国医学科学院心血管病研究所,北京阜外医院隆重集会授予美国密苏里大学医学院名誉院长、国际著名心脏病学专家戴蒙德教授为该院(所)名誉顾问。人大常委会副委员长(前外交部部长)黄华,卫生部顾问马海德,中国医学科学院名誉院长黄家驷,中国医学科学院院长吴阶平、副院长董炳坤,中华医学会会长白希清,阜外医院名誉院长吴英恺,副院长蔡如升、郭加强等出席会议,并坐在主席台上。大会由中国医学科学院心血管病研究所所长,阜外医院院长,陶寿淇教授主持,阜外医院电生理室主任孙瑞龙教授担任大会翻译(图11-10)。孙教授深厚的英文功底及精彩的翻译不仅为听众们提供了方便,同时也赢得了人们对他的更高敬仰。人大常委会副委员长黄华用中/英文讲述了他本人与埃德加·斯诺的历史交往,以及斯诺和戴蒙德教授为促进中美文化交流的一些鲜为人知的故事。黄华的演讲不仅为大会增添了色彩,而且也让大家领略到了这位外交家的英文风采。此次会议笔者也有幸亲临现场。

　　2013年11月3日,这个深秋周日的夜晚,中美人民的文化使者,戴蒙德医生在他的家中因年迈而去世,终年94岁。

图11-10　1983年6月,阜外医院(医科院心血管病研究所)隆重集会授予美国密苏里大学医学院名誉院长、国际著名心脏病学专家戴蒙德教授为该院(所)名誉顾问
大会由陶寿淇院(所)长主持(左1站立者),孙瑞龙教授为大会翻译(后排右站立者)。
(照片由戴蒙德教授提供)

图11-11　1984年6月12日戴蒙德教授第四次访问阜外医院及超声科
左起：阎鹏，刘汉英主任，戴蒙德教授，郭加强院长。
（照片由作者阎鹏所有）

参考文献

[1] EINTHOVEN W. Galvanometrische registratie van het menschelijk electrocardiogram. In: Herinneringsbundel SS ed［J］. Rosentein: Leiden Eduard Ijdo Leiden, 1902: 101-106.

[2] EINTHOVEN W. Die galvanometrische Registerung des menschlichen Elektrokardiogram: Zugleich eine Beurtheilung der Anwendung des Capillar-Elektrometers in der Physiologie［J］. Pflügers Arch ges Physiol, 1903, 99: 472-480.

[3] ERSHLER I. Willem Einthoven—the man. The string galvanometer electrocardiograph［J］. Arch Intern Med, 1988, 148(2): 453-455.

[4] BAROLD SS. Willem Einthoven and the birth of clinical electrocardiography a hundred years ago［J］. Card Electrophysiol Rev, 2003, 7(1): 99-104.

[5] CAJAVILCA C, VARON J. Resuscitation great. Willem Einthoven: the development of the human electrocardiogram［J］. Resuscitation, 2008, 76(3): 325-328.

[6] WILLEM Einthoven. Father of electrocardiography, Moukabary T［J］. Cardiology Journal, 2007, 14(3): 316-317.

[7] Nobel Lectures, Physiology or Medicine 1922-1941. Amsterdam: Elsevier Publishing Company, 1965.

[8] WOLFF L, PARKINSON J, WHITE PD. Bundle-branch block with short P-R interval in healthy young people prone to paroxysmal tachycardia［J］. Am Heart J, 1930, 5: 685-704.

[9] LEVINE SA, BEESON PB. The Wolff-Parkinson-White Syndrome With Paroxysms of Ventricular Tachycardia［J］. Am Heart J, 1941, 22: 401-409.

[10] HURST JW. Paul Dudley White: The Father of American Cardiology, Profiles in Cardiology ［J］. Clin Cardiol, 1991, 14: 622-626.

[11] 吴英恺.学医，行医，传医70年（1927—1997）［M］.北京：中国科学技术出版社，1997，173-174.

[12] ZAREBA W, NORMAN J. Holter-father of ambulatory ECG monitoring［J］. Kardiol Pol,

1991, 35(12): 368−370.

[13] MACINNIS HF. The clinical application of radio electrocardiography[J]. CMAJ, 1954, 70: 574−576.

[14] ROBERTS W, SILVER MA. Norman Jefferis Holter and ambulatory ECG monitoring[J]. Am J Cardiol, 1983, 52: 903−906.

[15] HOLTER JN, GENGERELLI A. Rocky Mountain[J]. MJ, September, 1949.

[16] GLASSCOCK WG, HOLTER JN. Eltectronics, August, 1952.

[17] MACINNIS HF. The clinical application of radioelectrocardiography[J]. CMAJ, 1954, 70: 574−576.

[18] GAWŁOWSKA Joanna, JERZY Krzysztof Wranicz, et al. Jeff Holter (1914−1983)[J]. Cardiology Journal, 2009, 16(4): 1−2.

[19] DEYELL MW, TUNG S, IGNASZEWSKI A. The implantable cardioverter-defibrillator: From Mirowski to its current use[J]. BCMJ, 2010, 52(5): 248.

[20] MOWER MM. Building the AICD with Michel Mirowski[J]. Pacing Clin Electrophysiol, 1991, 14(5 Pt 2): 928−934.

[21] MIROWSKI M, REID PR, MOWER MM, et al. Termination of malignant ventricular arrhythmias with an implanted automatic defibrillator in human beings[J]. N Engl J Med, 1980, 303: 322−324.

[22] MOND HG, PROCLEMER A. The 11th world survey of cardiac pacing and implantable cardioverter-defibrillators: calendar year 2009—a World Society of Arrhythmia's project[J]. Pacing Clin Electrophysiol, 2011, 34(8): 1013−1027.

[23] 张澍, 林娜. 第20届全国介入心脏病学论坛: CCIF2017(2016年中国心律失常介入数据发布).

[24] Dimond summarized the first 20 years of the medical school experience in two major medical journals, "The UMKC Medical Education Experiment"[J]. JAMA, August 19, 1988.
The Pharos. The New Path to Medical Education at Age 21: the Kansas City Experiment. JAMA, 1993, 6(3): 17−20.

第十二章 超声心动图学发展史

Chapter 12　History of Echocardiography

一、简史
I . Brief History

  1953年10月29日瑞典医生英格·埃德勒（Inge Edler）和物理学家卡尔·赫兹（Carl Hellmuth Hertz）首次临床应用并报道脉冲超声波（M型）对左房壁及二尖瓣曲线的评价[1,2]，从此开创了用无创的方法对心内结构及血流动力学进行实时评估的新纪元。但当时并未引起广泛重视，直到20世纪70年代初，二维实时超声心动图的问世及脉冲多普勒定位技术的应用，尤其是美国医生哈维·菲根鲍姆（Harvey Feigenbaum）、纳文·南达（Navin Nanda）、贾米勒·塔吉克（Jamil Tajik）、詹姆斯·苏华德（James Seward）、约瑟夫·基斯洛（Joseph Kisslo）、丽贝卡·斯奈德（Rebecca Snider）等众多学者对超声心动图技术所进行的大量研究和临床实践工作，加之1979年挪威学者利瓦·哈特莱（Liv Hatle）和雅勒·霍伦（Jarle Holen）等应用连续式多普勒技术及简化伯努力方程获得跨瓣膜压力梯度和瓣口面积的成功，这才真正开始震动医学界并使超声心动图这一无创诊断技术被人们广泛接受[3,4,5,6,7,8]。

  20世纪80年代之后，随着科学技术的发展，多点动态电子聚焦探头、数字扫描转换及快速傅立叶转换技术的应用，大大提高了图像的分辨率。1982年日本学者滑川（Namekawa）[9]及美国学者博默尔（Bommer）几乎同时提出对人体内血流的彩色显像之研究和应用[9,10]。1983年滑川与阿洛卡（Aloka）超声厂家合作，并利用多点选通式多普勒结合彩色编码技术创立了彩色多普勒血流显像技术，从而使人们第一次看到心内血流方向的变化[11]。1976年美国的利昂·弗勒赞（Leon Frazin）首次应用经食管超声心动图技术[12]，之后的10年该技术逐渐完善并广泛用于临床,从而明显提高了对心内异常鉴别的敏感性和可靠性。此外,应用超声心动图评价心脏变化的手段也在不断发展:从声学造影到心肌灌注;从静态超声心动图到负荷超声心动图;从经食管超声心动图到血管内超声心动图;从一维到二维超声心动图,再到三维超声心动图;从组织多普勒显像到应变/应变率显像,再到斑点追踪超声心动图;从最初的测量二尖瓣运动曲线公式到今天数不胜数的测量心功能及血流动力学公式。这些使超声心动图成为一个不可缺少的、无创评价心内结构及血流动力学的重要工具及首选方法。

中国的超声心动图技术起步较早,1961年12月上海中山医院徐智章应用第一台国产M型超声心动图仪首次在全国心脏大会上作了《超声心动图诊断二尖瓣狭窄》的报告。目前,全世界每年有超过2 500万人接受超声心动图检查[13,14],足见超声心动图技术的普及之广、范围之大。

二、杰出贡献者
Ⅱ. Outstanding Contributors

英格·埃德勒(Inge Edler)

医学博士,哲学博士
1911年3月17日—2001年3月7日
瑞典隆德(Lund)大学医学院
超声心动图之父

履 历

1938—1943年瑞典隆德大学医学博士

1943—1948年瑞典马尔默(Malmo)总医院内科医生

1948—1950年马尔默总医院心导管室主任

1950—1960年隆德大学医院内科兼心血管实验室主任

1960—1977年隆德大学医院心内科主任

贡 献

1953年10月29日世界首次临床应用超声心动图技术(与卡尔·赫兹合作)

荣　誉

1977年与卡尔·赫兹共同荣获拉斯克奖

1983年荣获超生心动图鹿特丹奖（The Rotterdam Echocardiography Award）

1984年瑞典皇家生理学会授予"隆德奖"（Lund Award）

1988年美国医学超声研究院（American Institute Ultrasound Medicine, AIUM）授予"医学超声先驱奖"

1997年获"欧洲心脏病学会（ESC）奖"

2000年荣获"瑞典20世纪伟大心脏病学家"（瑞典心脏病学会推选）

2002年荣称超声心动图之父[8]

　　英格·埃德勒于1911年3月17日出生在瑞典南部的布尔洛夫郡（Burlov），父母均为小学教师。他是家里3个孩子中最小的一个。埃德勒从小学习成绩优异且爱好广泛，尤其擅长体育。他曾是该郡短跑百米成绩纪录的保持者。他沉默寡言，善于思考，且玩得一手好魔术，并从中受益终身。1939年受姐姐（牙科医生）的影响，埃德勒考入瑞典隆德大学医学院，并在同年结识了同学卡琳（Karin）姑娘，后成为他的妻子。两人婚姻美满幸福，并育有4个孩子[15]。1953年秋，埃德勒是隆德大学医院内科兼心血管实验室主任。为了更准确地诊断心内结构异常，尤其是二尖瓣的运动形态变化，他幻想着能否应用雷达或声呐系统来探查心内结构。但他只是个医生，对雷达、声呐这类遥测物理学可谓"一窍不通"。一天，他偶然得知在隆德大学物理系里，有个年轻研究生正在做声呐学的研究，他叫卡尔·赫兹。42岁的埃德勒邀请32岁的卡尔·赫兹吃午饭，并谦虚地请教自己的想法。卡尔·赫兹明确否定了应用雷达的想法，并提出适当频率的超声波有望实现埃德勒的梦想。更巧的是，赫兹的父亲老赫兹曾是德国西门子（Siemens）公司研究室主任。卡尔通过父亲联系到现任西门子公司的顶头上司并借来了一台声波测试仪，然后卡尔·赫兹对声波测试仪进行了频率调适使其能穿透软组织并可通过界面反射回来。

　　1953年10月29日，瑞典隆德大学医学院心内科医生英格·埃德勒，应用西门子公司声波测试仪在隆德大学年轻物理学家卡尔·赫兹的前胸壁上进行心脏探测检查。很快，声波测试仪的荧光屏上出现了心脏左室后壁的运动曲线。他们将这一重大发明用英文发表在《皇家自然地理学杂志》（*Proceedings of the*

Royal Physiographic Society）期刊上，标题为《应用超声探测仪对心壁运动的连续记录》（*The use of ultrasonic reflecto-scope for the continuous recording of the movement of heart wall*）[1]。接着1955年又发表了应用超声波对二尖瓣狭窄曲线（即E–F斜率）的描述[2]。1973年埃德勒应用超声心动图成功诊断左房黏液瘤[16]。

　　但超声心动图技术在20世纪50年代末和60年代中期并未引起广泛重视。1956年9月，著名心脏病学家，美国哈佛大学的保罗·怀特到访瑞典隆德大学。埃德勒向怀特介绍了他的应用声波探查心脏的技术。但怀特对此并不感兴趣。同年度诺贝尔医学奖得主之一，心导管专家安德鲁·康南德（André F. Cournand）在瑞典斯德哥尔摩领奖后顺便到访隆德大学医学院。当他听完埃德勒的报告后，态度冷酷，表现出没有兴趣。当时埃德勒正在写他的博士论文，有人建议他将这个无创心脏超声诊断技术作为题材。埃德勒那时心灰意冷，拒绝了这个极好的建议。直到20年后，该项技术得到显著的提高和广泛的应用，人们才又想起英格·埃德勒和卡尔·赫兹的伟大贡献[15]。

　　为了承认并表彰英格·埃德勒和卡尔·赫兹对科学的重大贡献，他们两人曾被多次提名诺贝尔奖候选者，但都与其失之交臂。最终1977年埃德勒与赫兹共同荣获仅次于诺贝尔奖的"拉斯克奖"。

　　1992年，81岁的埃德勒与妻子试图沿着"丝绸之路"从巴基斯坦的伊斯兰堡到北京，其间路过海拔4 733米的红其拉莆山口（Khunjerab Pass），但由于大雪崩，中途放弃。5年后再次尝试，终于完成梦想。2001年3月7日，埃德勒在睡眠中安详离世，距离他90岁大寿仅10天。

卡尔·赫兹（Carl Hellmuth Hertz）

1920年10月15日—1990年4月29日

瑞典隆德大学理工学院教授

贡　献	1953年10月29日世界首次临床应用超声心动图技术（与英格·埃德勒合作） 1976年发明喷墨式打印机
荣　誉	1977年与英格·埃德勒共同荣获拉斯克奖

卡尔·赫兹于1920年10月15日出生于德国柏林。父亲是大名鼎鼎的德国物理学诺贝尔奖得主古斯塔夫·赫兹（Gustav Hertz，1887—1975年），而古斯塔夫的叔叔名叫海因里希（Heinrich Hertz，1857—1894年）是电磁波、声波频率的发现者，他的名字赫兹（Hertz）后被命名为电磁/声波频率的国际单位。1939年卡尔·赫兹以数学、物理学全校第一名的成绩毕业于德国萨勒姆王宫中学（Schule Schloss Salem，这是一所精英寄宿学校）。可惜同年第二次世界大战爆发，他被应征入伍加入纳粹军队。1943年在北非被美军俘房，直到1946年释放。1946年他在瑞典隆德大学做声呐学的研究工作。1953年与同校医学院心脏科医生英格·埃德勒共同研发心脏超声波仪，仅用数月2人获得重大发现，即应用声波测试仪探测出心脏左室后壁的运动曲线。1961年起在瑞典隆德大学授课。1963年晋升为瑞典隆德大学理工学院教授。

图12-1　1988年10月，英格·埃德勒（左）与卡尔·赫兹出席在美国首都华盛顿举行的世界超声医学大会
（照片由王新房教授提供）

1977年赫兹与埃德勒共同荣获仅次于诺贝尔奖的"拉斯克奖"。1990年4月29日卡尔·赫兹死于前列腺癌，终年69岁。

哈维·菲根鲍姆（Harvey Feigenbaum）

医学博士

1933年11月20日—

美国印第安纳大学医学院教授

现代超声心动图学之父

图12-2　哈维·菲根鲍姆
（照片由哈维·菲根鲍姆本人提供）

履　历

1955 年印第安纳大学学士学位

1958 年印第安纳大学医学院博士

1958—1959 年费城总医院实习

1959—1960 年印第安纳大学医学中心住院医生

1961—1962 年印第安纳大学国家心脏研究所实习

1962—1964 年印第安纳大学医学中心主治医生

1967—1971 年印第安纳大学医学中心副教授

1971—1980 年印第安纳大学医学中心教授

1980 年印第安纳大学医学中心杰出教授

贡　献

1967 年首次提倡并培训超声心动图技师，并让他们操作探头在患者身上获取心脏图像

1968 年首次开授超声心动图学课程

1972 年出版世界首部有关心脏超声图书籍《超声心动图学》（*Echocardiography*）

1975 年美国超声心动图学会（ASE）创始人及首任主席（现有 16 000 多名会员）

1988 年 1 月美国《超声心动图学期刊》(Journal of the American Society of Echocardiography, JASE）创始人及首任总编

重新点燃了即将熄灭的心脏超声之火，并使之在世界范围内广泛燎原

发　表

发表学术论文 350 多篇及 200 余篇论文摘要（abstracts）

1972 年出版世界首部心脏超声书籍《超声心动图学》（至今已修订到第七版）

荣　誉

1979 年美国心脏学会（AHA）授予"心血管病研究杰出贡献奖"

荣　誉

　　2000年美国超声心动图学会创办"菲根鲍姆年度讲座奖"
（Feigenbaum Lecture）
　　2004年意大利授予"现代超声心动图学之父"称号
　　2004年梅奥心脏中心在纪念超声心动图50周年庆典会上，
授予"超声心动图先驱奖"
　　2005年美国心脏学会（AHA）授予"杰出科学家奖"[17,18]

　　哈维·菲根鲍姆无论在美国心脏超声界，还是世界心脏超声范围都是一个耀眼的巨人。他虽不是世界上第一个应用超声心动图技术者（1954年英格·埃德勒与卡尔·赫兹）[1]，也不是美国第一个应用超声心动图技术者［1963年克劳德·乔伊纳（Claude Joyner）与约翰·里德（John Reid）］[19]，更不是第一个使用"超声心动图"（Echocardiography）这个专有名词的人［1966年伯尼·西格尔（Bernie Segal）］[20]。但是，哈维·菲根鲍姆重新点燃了即将熄灭的心脏超声之火，并使之在全美国及世界范围内广泛燎原。因此，人们称他为"现代超声心动图学之父"。

　　1933年11月20日，哈维·菲根鲍姆生于美国印第安纳州东芝加哥（East Chicago）的一个犹太裔家庭。父亲是小商贩，原籍波兰。为逃难，1919年他经德国辗转到古巴，2年后再从古巴入美国投奔在印第安纳州的舅舅。母亲是家庭主妇，英格兰移民。哈维是家中最小的孩子，上有3个姐姐。他从出生到现在84年来，始终在印第安纳州生活成长，学习工作，辛勤奋斗，自强不息。

屡克障碍，从不服输

　　哈维·菲根鲍姆在他一生的治学中遇到了无数的障碍。医学院毕业后，自1962年起从事心脏科。最初他在心脏电生理科工作，后去心导管室工作，最终从事超声心动图。数次更换专业的原因，都是与他的上司不和。不是对研究的概念有不同意见，就是在论文署名权上有争议。菲根鲍姆在他晚年的一次记者采访时说，如果当初我太顺从上司的话，我可能至今还在从事心电图或心导管的工作。

善于探索，结缘超声

　　1963年的一天中午，菲根鲍姆在心导管室外的休息间里边吃午饭，边阅读一份医学杂志。他偶然发现有一条小广告：该超声仪可测量容量。他当时正在找一种无创方法能与心导管所测的心脏容量相比，从而使患者免受有创检查的痛苦。

于是立即抓起电话与广告商联系。对方说下个月在美国心脏病年会的展厅上见。如期相约,菲根鲍姆在展厅上看到了这台生物声呐(Biosonar)超声仪。令他失望的是,这是一台测量脑内的超声波仪。销售商说,从没听说过能测心脏容量。此时的菲根鲍姆解开自己的衬衫衣扣,并将探头放在胸壁上。不料荧光屏上出现了波动的信号。"一定是来自心壁的信号!"菲根鲍姆兴奋地叫道。第二天他回到医院就向科主任申请购置该超声仪,答案是没有资金。菲根鲍姆便向该院的神经内科借来一台类似的名为史密斯克兰仪(Smith Kline Instrument)的脑超声仪并分别在狗(5条)和人身上(1名心包积液患者,1名扩张型心肌病患者及2名正常人)做了一系列心脏的检测和研究。(当时菲根鲍姆还从来没听说过瑞典隆德大学的埃德勒和赫兹已于10年前就用同样方法进行临床检测心壁运动曲线。因埃德勒发表的数篇文章都是用的瑞典语。)然后菲根鲍姆将他研究的结果发表在《美国医学会杂志》(JAMA)上,题为《超声波对心包积液的诊断》[4]。

超声之火,燎遍全球

从那之后菲根鲍姆对心脏超声波临床应用的研究产生了极大的兴趣,并利用一切机会向世人宣告及宣传心脏超声波对临床应用的价值及其重要意义。他建立了自己的心超团队并不断地探索,从超声对心包积液的诊断到二尖瓣狭窄的程度,从左心射血分数到心排量的计算,从M型超声心动图到二维超声心动图,从负荷超声心动图到应用计算机对心肌阶段运动的分析。几十年来,他的足迹遍及全美各州及世界约40多个国家和地区。出版超声心动图专著7部,发表论文350多篇。最重要的是1975年他创建了"美国超声心动图学会(ASE)",并任首届主席(现有16 000多名注册会员)。1988年1月,他又创建美国《超声心动图学期刊》并任总编辑(1988—1997年为双月刊,1998年后为月刊,到2017年底共约发表论文4 500余篇)。

菲根鲍姆的另外一个贡献是培训超声心动图操作技师,并让这些训练有素的超声技师来操作探头在患者身上获取心脏图像。从而使心内科医生们节省大量时间去看门诊、查病房,还节省了大量医学教育资金,同时降低了检查成本及医疗费用,还开发了广泛的就业市场,可谓一举多得。美国第一个超声心动图技师名叫查尔斯·艾纳(Charles L. Haine),就是菲根鲍姆手把手教出来的。1967年查尔斯·艾纳与菲根鲍姆一起将他们合作的论文发表在期刊上[21]。根据2016年美国职业就业统计报告显示:全美共有65 790多名注册心脏超声诊断师(Registered Diagnostic Cardiac Sonographer)[1]。之后,英国超声心动图学会(British Society of

---

1 美国超声诊断师需要修2年(大专)或4年(本科)医学超声课程,包括超声波物理原理、人体解剖学、生理学、病理学及临床操作训练等。毕业后,还要参加全国统一考试,合格者获取注册执照。

Echocardiography, BSE）效仿美国，为放射科技师及超声技师提供培训课程，并为考试合格者发放执照。

哈维·菲根鲍姆是中国超声界的老朋友，并2次访问中国（1977年和1987年）。第一次访问北京时，他恰巧遇到一名患者患有双房黏液瘤。他分别用M型及二维超声将这一罕见病例取样记录，并于1981年发表在他的第三版《超声心动图学》一书的封面和封底上。他在该书的封底注释：本书封面双房黏液瘤图来自中华人民共和国北京医院。

我和菲根鲍姆教授共会面4次，邮件来往14封。他对他的中国之行印象深刻、良好。他说，中国人友好热情。印象最深的是，1977年他目睹了中国医生用针刺为开胸手术进行麻醉的场面，40年后仍记忆犹新。（菲根鲍姆教授的相关资料及照片由其本人提供。）

图12-3　菲根鲍姆与笔者1995年在芝加哥合影

（照片由阎鹏提供并拥有）

参考文献

［1］ EDLER I, HERTZ CH. The use of ultrasonic reflecto-scope for the continuous recording of the movements of heart walls［J］. Kungl Fysiografiska Sallskapets Lund Forhandlingar, 1954, 24. 5: 1−19.

［2］ EDLER I. Ultrasound cardiogram in mitral valve disease［J］. Acta Chir Scand, 1956: 111−230.

［3］ HOLEN J, AASLID R, et al. Determination of effective orifice area in mitral stenosis from non-invasive ultrasound Doppler data and mitral flow rate［J］. Acta Med Scand, 197, 201(1−2): 83−88.

［4］ FEIGENBAUM H, WALDHAUSSEN JA, HYDE LP. Ultrasound diagnosis of pericardial effusion［J］. JAMA, 1965, 191: 711−714.

［5］ HATLE L. Non-invasive assessment of aortic stenosis by Doppler ultrasound［J］. Br. Heart J, 1979, 41: 529−535.　及HATLE L. Non-invasive assessment of aortic stenosis Doppler Ultrasound［J］. Lea & Febiger Philadelphia: Cardiology, 1982.

［6］ FEIGENBAUM H. Evolution of echocardiography［J］. Circulation, 1996, 93: 1321−1327.

［7］ KISSLO J, ADAMS, D, MARK Daniel. Basic Doppler Echocardiography［M］. Churchill Livingstone Inc, 1986.

[8] WILLIS HURST, BRUCE Fye. Inge Edler: Father of Echocardiography Profiles in Cardiology Clin[J]. Cardiol, 2002, 25, 197−199.

[9] NAMEKAWA K, KASAI C, TSUKAMOTO M, et al. Imaging of blood flow using autocorrelation[J]. Ultrasound in Medicine & Biology, 2008: 138, 198.

[10] BOMMER W, MILLER L. Real-time two-dimensional color-flow Doppler: Enhanced Doppler flow imaging in the diagnosis of cardiovascular disease (Abstract)[J]. Am J Cardiol, 1982, 49: 944.

[11] OMOTO R. Color Atla of Real-time Two-dimensional Doppler Echocardiography[M]. Tokyo: Shindan-To-Chiryo Co Ltd, 1984.

[12] FRAZIN L, TALANO JV, STEPHANIDES L, et al. Esophageal echocardiography[J]. Circulation, 1976, 54: 102−108.

[13] NIHOYANNOPOULOS P. Happy birthday echocardiography: where do we go from here? (Siemens celebrates 50th anniversary of echocardiography)[J]. Hellenic J Cardiol, 2003, 44: 363−365.

[14] 阎鹏. 小儿超声心动图学指南[M].北京：人民卫生出版社, 2000.

[15] SINGH S, GOYAL A. The Origin of Echocardiography A tribute to Inge Edler[J]. Tex Heart Inst J, 2007, 34(4): 431−438.

[16] GUSTAFSON A, EDLER I, DAHLBACK O, et al. Left atrial myxoma diagnosed by ultrasound cardiography[J]. Angiology, 1973, 24: 554−562.

[17] FEIGENBAUM H, ZAKY A. Use of Diagnostic Ultrasound in Clinical Cardiology[J]. J Indiana State Med Assoc, 1966, 59: 140.

[18] MALEKI M, ESMAEILZADEH M. The Evolutionary Development of Echocardiography Iran [J]. J Med Sci, 2012, 37(4): 222−232.

[19] JOYNER CR Jr, REID JM, BOND JP. Reflected ultrasound in the assessment of mitral valve disease[J]. Circulation, 1963, 27(4 Pt 1): 503−511.

[20] BERNARD L Segal, WILLIAM Likoff, BENEDICT Kingsley. MSc Echocardiography Clinical Application in Mitral Stenosis[J]. JAMA, 1966, 195(3): 161−166.

[21] HARVEY Feigenbaum, ADIB Zaky, CHARLES L Haine. Use of Ultrasound to Measure Left Ventricular Stroke Volume[J]. Circulation, 1967, 35: 1092−1099.

当代心外科的名家

Noted Masters of Contemporary Cardiac Surgery

一、概述
I. Brief Introduction

前十二章给读者介绍了100年间出现的心界风云人物及其心外手术的变迁，但都"俱往矣，数风流人物还看今朝"。当代世界，有上千个心脏中心，万余名心外科医生。仪器设备应有尽有，技术水平貌似相当。伯仲之间，高低难辨。但是仍有一些复杂心脏畸形的矫正手术，如左心发育不全综合征、矫正型大动脉转位、肺动脉闭锁等，其外科矫正难度极高、风险巨大，并曾被称为"禁区""心外科的云端"，足以让绝大多数的心外科狂人们谈虎色变，望而生畏。世界上能够熟练驾驭这类风险并可通过"禁区"的心外高手，则寥寥无几。笔者根据综合标准和文献记录、著作报道，以及同行之中的口碑，斗胆开出下列名单并试论其中几位公认的当代心外佼佼者：威廉·诺伍德（William Norwood）、罗杰·密（Roger Mee）、爱德华·博韦（Edward Bove）、弗兰克·翰利（Frank Hanley）、马克·勒瓦尔（Marc de Leval）、比尔·布朗（Bill Brawn）、威廉·威廉姆斯（William Williams）、克劳德·普兰谢（Claude Planche）、理查德·乔纳斯（Richard Jonas）、佐野俊二（Shunji Sano）、康斯坦丁·马弗鲁迪斯（Constantine Mavroudis）、卡尔·贝克尔（Carl Backer）等（肯定有争论者，亦有遗漏者）。本章挑选了其中几位大师重点介绍，让读者领略当代名家的风范。

二、当代心外科大师
II . Masters of Contemporary Cardiac Surgery

威廉·诺伍德（William I. Norwood, Jr.）
医学博士，哲学博士
1941年—
哈佛大学医学院教授
波士顿儿童医院心外科主治医生
费城儿童医院心外科主任
特拉华州杜邦儿童医院心脏中心主任

图13-1　威廉·诺伍德
（照片由阎鹏拍摄并拥有）

履　历

1963—1967年科罗拉多大学医学院医学博士

1968—1974年明尼苏达大学医院住院医生

1975—1978年明尼苏达大学医院心外科研究生

1978—1984年波士顿儿童医院心外科主治医生

1984—1994年费城儿童医院心外科主任

1994—1997年瑞士日诺丽医院客座教授

1997—2004年特拉华州杜邦儿童医院心脏中心主任

2004年退休

贡　献

发明诺伍德手术法（Norwood Operation），成功矫正左心发育不全综合征。一期手术1981年1月2日，二期手术1982年4月21日（使该患者长期存活近29年）

座右铭

我总在不断地改良我的手术方法。(I modify all my surgeries all the time.)

待遇

年薪美元七位数字（2004年）

1981年5月11日美国医生威廉·诺伍德在美国首都华盛顿召开的第61届美国胸外科医师学会（*American Association for Thoracic Surgery*）年会上宣读了一篇论文，题目为《左心发育不全综合征的外科手术经验》（*Experience with operations for hypoplastic left heart syndrome*）。该报告震惊了在座的所有同道们。并且会后该文发表在同年的《胸心血管外科期刊》（*J Thoracic Cardiovascular Surgery*, 1981, 82: 511–519）上。该论文叙述了自1979年以来，诺伍德医生大胆地对16位患有左心发育不全综合征的新生儿（平均年龄4天）应用3种方法进行了外科矫正法（图13–2和图13–3）。其结果：一期手术后8例存活（死亡率50%），数周后3例出现死亡。数月后对其余5例行二期手术，即改良方坦术（Modified Fontan），其结果4例死亡，仅存活1例[1]。

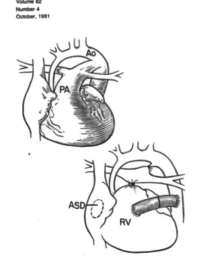
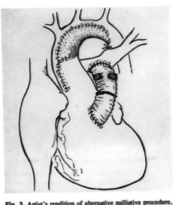

图13–2　左心发育不全综合征及原始诺伍德一期手术最初的几种选择

（摘自 Norwood WI, Lang P, Castaneda AL, et al. Experience with operations for hypoplastic left heart syndrome [J]. J Cardio Thorac Surg, 1981, 82: 511–519）

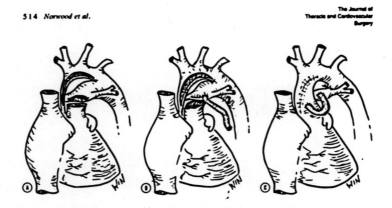

图13-3　诺伍德一期手术最初的几种选择

（摘自 Norwood WI, Lang P, Castaneda AL, et al. Experience with operations for hypoplastic left heart syndrome [J]. J Cardio Thorac Surg, 1981, 82: 511–519）

上述所说的那1例幸存者经过不断地精心治疗和特殊护理，惊人地活到了29岁。下面请看该患者于数年前亲自所写的自身历险记：

我叫斯蒂芬·克莱因（Stephen Klein），今年22岁（1980年12月30日生）。我生下来就患有一种非常稀奇的心脏病，称为"左心发育不全综合征"，即只有半个心脏。当时在纽约的医生们告诉我妈妈，快去找一个牧师为这个婴儿准备葬礼，因为该病是无法医治的不治之症。幸运的是我有一个叔叔，叫乔治。他是美国总统里根（Ronald Reagan）的好朋友。经过几个电话联系之后，我们找到了一位叫威廉·诺伍德的医生。他是世界上唯一的一个曾经做过这种手术的医生。当时我们看到了一丝希望，并立即把我送到他所在的波士顿儿童医院。诺伍德医生告诉我的家人，他以前为该畸形所做的手术，无1例生存，但希望这次能够成功。我幸运地从手术台上活了下来。然后医护人员们对我进行每日24小时的特殊监护。一个月后，我奇迹般地出院了。诺伍德医生说，大约15个月后我就会出现紫绀，然后需要行二期手术。果然，15个月后，我便出现了紫绀。我的家人和我又飞回波士顿儿童医院。诺伍德医生为我做了第二次手术，名叫"方坦术"。经过30多个日日夜夜地精心护理，我再次奇迹般地出院回家了。这也是诺伍德医生首次成功地为左心发育不全患者行方坦术……6岁时我出现心动过速，每分钟225次。急救车把我送回监护室进行了成功抢救。8岁那年由于心动过速，4次住院……15岁时由于体内蛋白大量流失，出现腹水和腹泻（每日20次大便）。医生们说，这是方坦手术后的常见并发症。经过调研，发现费城儿童医院对医治这类并发症很有经验。幸运之神再次落到我头上，我的上述症状在费城儿童医院得到了有效地控制。我已21岁，非常热爱生活，喜欢驾驶我的凯迪拉克（Cadillac）到海边游玩，每周3次练习跆拳道。我常常告诫自己，要爱上帝，要有爱心，要尊重他人，也尊重自己，要谦卑，要慈善，要勇敢，要乐观，且向世人展现你的生命[2]。

斯蒂芬·柯雷以他超顽强的毅力和极大的乐观精神加之现代化的医疗条件，当然还要包括诺伍德医生的大胆创新的思维和他的高超手术技术，使他奇迹般地生存了近29年。

以上史实证明伟大的威廉·诺伍德医生不愧是心外科史上的又一位巨人。他为左心发育不全这个不治之症打开了生命之门。诺伍德医生自己常说："我总在不断地改良我的手术方法。"这也是我的座右铭。正是他不断地改良他自己的手术方法，不断地向科学的高度和难度进行挑战，因此，他也不断

Stephen Klein
Born December 30, 1980, surgery by Dr. William I. Norwood at Children's Hospital, Boston.

I am 22 years old and I have hypo-plastic left heart syndrome. Growing up with a heart problem was extremely wondrous, not knowing what the next moment would bring. Would the next moment bring life or death?

In the beginning – after two hours of my mothers' emergency cesarean section, the doctors in New York, told my parents that they had better call in a Rabbi and make arrangements for my funeral, because I was born with a fa-tal infant heart defect that was incurable and untreatable – literally, half a heart. The doctor said it was called, "Hypo Plastic Left Heart Syndrome." Luckily, my uncle, George Klein, was good friends with the President of the United States – President Ronald Reagan. Several phone calls later, we found out about the only doctor in the world who did experimentation on babies that were born with this type of heart defect…it was, at least, a chance for "life."

I was brought to Boston Children's Hospital, where Dr. William Norwood quickly performed his experimental surgery on me. My parents were told that all the other babies who had undergone this operation had not survived…but,

Stephen Klein at age 21

图13-4　斯蒂芬·克莱因的自叙
（摘自Rychik, J, Wernovsky G. Hypoplastic Left Heart Syndrome[M]. Kluwer Academic Publishers,2003: 393）

地遇到挫折和失败，同时也不断地受到患者家属的法律起诉。根据法庭记录，在诺伍德医生的外科职业生涯中，总共被患者家属法律起诉至少25次以上（多数都庭外和解，也有被法院驳回上诉的）。

2004年2月19日下午12点59分，院长突然将诺伍德医生和他的助手JM医生叫到办公室，然后对他们说："由于数个患者家属签名联合上诉。因此从现在起请你们2人立即离开这个医院，并永远结束这里的工作。"说完后，在2个保安人员的监护下将诺伍德医生和JM医生送出了医院[3]。威廉·诺伍德医生被解雇时，年仅63岁。

今天诺伍德手术已经在一流心脏中心普遍应用，并大大提高了生存率且平均达到80%（一期术），而整个三期术在5年内平均存活率为70%。在顶尖级心脏中心，5年存活率可达85%以上。美国费城儿童医院报道了一项对5年间（2004—

2009年)240例左心发育不全综合征患者应用诺伍德手术的研究,包括162例(68%)为标准风险,78例(32%)为高风险(即左心室几乎没有发育及细小主动脉根/升主动脉)。240例中185例行诺伍德一期手术,155例存活(83.7%),其中标准风险患者存活率为93%,而高风险存活率为57%[4]。

图13-5　笔者与诺伍德医生(1998年6月)

正所谓

> 智高胆大诺伍德,半心婴儿能救活。
> 登峰造极禁区破,医坛史册大名夺。
> 不断创新胸腔暖,屡受挫折心不寒。
> 只因数遭众人诉,无奈被迫把刀折。

左心发育不全综合征(Hypoplastic Left Heart Syndrome, HLHS)

左心发育不全综合征是一组复合畸形,即二尖瓣狭窄或闭锁,左心室发育狭小,主动脉狭窄或闭锁及升主动脉和弓部发育细小[5,6]。该心脏畸形约占整个先天性心脏病的1.5%,男女性别比为2:1。由于左心发育不全畸形之缺损极为危重,故其出生后数日内自然死亡率近100%,居整个先天性心脏病之首。因此须及时进行外科矫正。但在1980年12月以前,世界上鲜有人敢于对该畸形进行外科挑战,且无1例成功报道。1981年1月2日美国医生威廉·诺伍德在波士顿儿童医院首次成功地为一名仅3天患该畸形的新生儿行外科姑息矫正术。其方法被称为诺伍德手术法。

该手术共分三期进行(最初时只行两期手术:一期为诺伍德术,二期为方坦术)。

第一期手术方法:

1. 行房间隔造口或扩张术,使左右心房血达到自由交通之目的,从而降低肺静脉压力。

2. 切断并结扎或补片缝合肺动脉远端。然后延伸主动脉侧切直到动脉导管水平,并将动脉导管结扎。

3.应用主动脉或肺动脉同种移植管道与侧切开的主动脉进行吻合,使其成为新的主动脉。

4.行锁骨下动脉与肺动脉分流术(分流术BT)或行佐野(Sano)术(右室与肺动脉通道)。

第二期手术:结扎BT术,行双向格伦(Glenn)分流术(应在4～10个月之间进行)。

第三期手术:为方坦术(应在18～24个月之内进行)。

由于上述整个三期手术过程历时18～24个月,且创伤繁多,其总死亡率较高,为40%以上。特别是诺伍德一期手术,难度高,风险大,要在李子大小的心脏上连接很多管子,然后同时行4种手术。其死亡率一般在20%～35%。

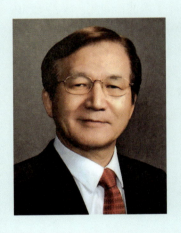

佐野俊二(Shunji Sano)
1952年1月31日—
日本冈山大学(Okayama University)心血管外科教授
美国加州大学旧金山分校医院教授及心外科医生

图13-6　佐野俊二
(照片由佐野本人提供)

履　历

1952年1月31日出生于日本广岛县福山市(Fukuyama)
1977年日本冈山大学医学博士
1985—1987年新西兰绿道(Green Lane)医院住院医生
1987—1988年澳大利亚墨尔本皇家儿童医院研究生

履　历

1988—1990年墨尔本皇家儿童医院心外科医生
1993—2016年冈山大学教授及外科主任
2017年起美国加州大学旧金山分院教授/心外科医生

贡　献

2003年对左心发育不全综合征诺伍德手术法进行改良

发　表

学术论文260余篇，著作有2003年与川副浩平合作出版的
《心脏手术：围术期间的护理》（心臓手術：周術期管理の実際）

荣　誉

日本先心外科医师学会主席（2015—2017年）

　　日本医生佐野俊二对诺伍德手术法的一期术进行了改良，即用一人工管道连接右心室与肺动脉，而取代常用的锁骨下动脉与肺动脉分流术（图13-7），并于2003年发表一组对19例左心发育不全综合征患者应用该改良法的报道，其中17例存活[7]。从此许多人称之为佐野改良术。当我问佐野教授，他的改良术其理论依据是什么。佐野教授说，诺伍德将左心发育不全综合征改换成肺动脉闭锁（Pulmonary Atresia），而佐野则将左心发育不全综合征改换成法洛四联症

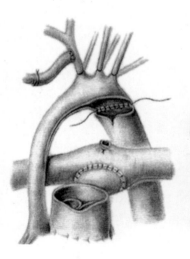
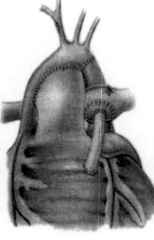

图13-7　佐野术
（摘自 Sano S, Ishino K, Kawada M, et al. Right ventricle-pulmonary artery shunt in first-stage palliation of hypoplastic left heart syndrome. *J Thorac Cardiovasc Surg.* Aug 2003; 126(2): 504-509; discussion 509-510）

（Tetralogy of Fallot）（图13-8），后者要比前者存活的空间大得多。另外一个因素是，BT分流术的血流持续整个舒张期，因此影响了冠状动脉供血。而佐野术只在收缩期由右心室向肺动脉供血。但众人不知，早在1980年诺伍德医生就首先应用过此方法行3例左心发育不全综合征一期手术[1]。但因3例均未存活，故而放弃该方法。

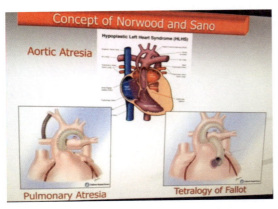

Concept of Norwood and Sano—诺伍德和佐野手术的不同概念
Aortic Atresia—主动脉闭锁
Pulmonary Atresia—肺动脉闭锁
Tetralogy of Fallot—法洛四联症

图13-8　诺伍德将左心发育不全综合征改换成肺动脉闭锁，而佐野则将左心发育不全综合征改换成法洛四联症
（经佐野医生允许摘自其2017年讲座）

佐野是日本冈山大学心血管外科教授，曾经在澳大利亚墨尔本皇家儿童医院心外科罗杰·密医生手下做研究生（fellow）。由于佐野手术技术精湛，并对138例左心发育不全综合征进行了诺伍德改良术（其术后一期存活率为95%），还发表了学术论文260余篇。因此，这个从没有在美国医学院上过学，也没有在美国医院里受过训练的日本医生，被破格特邀在美国著名加州大学旧金山分校医院任教授及心外科主治医生（上台做手术）。可谓了不起。

图13-9　2010年10月23日，佐野在日本冈山大学向他的老师罗杰·密赠荣誉教授证书
左起：罗杰·密，夫人海伦（Helen Mee）和佐野俊二
（照片由罗杰·密医生提供）

罗杰·密（Roger Mee）
1944年9月10日—
澳大利亚墨尔本皇家儿童医院心外科主任
美国克利夫兰医疗中心主任（1994—2005年）

图13-10 罗杰·密
（照片由罗杰·密本人提供）

履　历

1968年新西兰奥塔哥医学院毕业

1969—1973年新西兰奥克兰医院外科住院医生

1973—1976年奥克兰市医院胸心血管专业外科资深住院医生

1976—1979年波士顿儿童医院心外科总住院医生

1979—1993年墨尔本皇家儿童医院心外科主任

1994—2005年美国克利夫兰医疗中心儿科及心外科主任

贡　献

对高难度及复杂型先天性心脏病心外科手术，其死亡率全世界最低（为0.37%，平均低于0.4%）

密氏手术（Mee Operation）为诺伍德改良术，针对左心发育不全综合征（其方法将主动脉与主肺动脉直接整体缝合，不用任何代用品）

发　表

学术论文138余篇

座右铭

儿童总是第一的，且先于政治，先于雄心，先于懒惰。每一

<table>
<tr><td>座右铭</td><td>个儿童都是王子或王妃。(The child comes first, before politics, ambition, laziness. Every child is a prince or a princess.)</td></tr>
<tr><td>待　遇</td><td>年薪美元七位数字(1994年)</td></tr>
</table>

生于乱世运偏消,凡鸟偏从乱世来

1944年9月10日罗杰·密出生在今巴基斯坦的奎塔(Quetta,1947年前为英属殖民地的印度)。父亲当时是爱尔兰在印度的传教士,母亲是新西兰人,在印度一所私立女校教书。1947年后,该地区从英国人手中独立,密一家6口人开始离开此地。他们从加尔各答(Calcutta)乘火车去孟买(Mumbai),车上挤满了乘客,连车厢顶上都是人。沿途铁路两边尸体遍野,其中有个尸体的胸腔上插立着一把尖刀。这给罗杰幼小的心灵烙印上了终身难以磨灭的创伤,至今仍记忆犹新。一连数日没有水喝,几乎所有的水井都有毒。罗杰·密的哥哥和姐姐患了疟疾,险些丧命。经过6个星期的艰辛跋涉和痛苦的煎熬,最终抵达新西兰。救死扶伤,立志学医的想法也就是在那时悄悄产生。

新西兰岛出天才,世界心坛降王子

新西兰是一个岛国,位于澳大利亚的东南部,人口400多万。罗杰·密医生是在这个岛国长大,并成为继他的老师布莱恩·巴勒特–布瓦耶(Brian G. Barratt-Boyes)[1]之后的又一伟大的心外科天才。自20世纪80年代至90年代初期,在澳大利亚墨尔本皇家儿童医院,他每年约做700例先天性心脏病手术。其死亡率不到1%,这个数字明显低于世界上任何一家医院或心脏中心。甚至有人认为这是谎言。出名之后,罗杰·密先后收到数十个医院的邀请,去做那里的心外科主任,其中有30个来自美国。他挑选了4家医院并进行了实地考察(包括加州大学旧金山医院、休斯敦的得克萨斯儿童医院、西雅图儿童医院和克利夫兰医

1　布莱恩·巴勒特–布瓦耶(1924年1月13日—2006年3月8日)是罗杰·密的心外科首位导师。1958年他在新西兰行第一例体外循环[在奥克兰绿道(Green Lane)医院],1961年植入体内心脏起搏器,1962年应用同种主动脉行主动脉瓣替换术,1969年应用深低温停循环方法进行新生儿先天性心外科手术,1985年与约翰·柯克林(John Kirklin)合写并出版《心脏外科学》(Cardiac Surgery)一书(共1 500多页)。

疗中心），最终他接受了后者。他于1994年5月来到了美国克利夫兰医疗中心并任职小儿科及先心外科主任。其原因不仅在于该院的行政管理体制、医疗设施状况，当然还有丰厚的重金之聘。在20世纪90年代的美国，心外科医生的年薪收入从初级的40万美元到某些个别顶级名医的200万。罗杰·密的应聘年薪是七位数字[8]。

技术精湛创奇迹，手术结果无人比

大动脉转换术是非常高难度的先天性心脏病手术。罗杰·密医生自1983年开始到2005年退休，共做了271例该手术，死亡仅1例（死亡率为0.37%）。心房及大动脉双转换术（即森宁术+束廷术，英文是Double Switch），是为先天性矫正型大动脉转位患者实施的唯一手术方法。全世界仅有两三个外科医生敢尝试。罗杰·密不仅是其中的一位，而且是做得最多的一位。他一生中共做了71例心房及大动脉双转换术，其手术结果仅一例死亡。这是一个多么神奇而又伟大的结果。直到他退休10年后的今天，全世界仍无人能与其相比，可谓是"前无古人，后无来者"。无数的患儿家长含着热泪，用赞美的诗歌感谢这位救世主给他们的孩子们带来了第二次生命。

成名之后失自由，屡遭绑架传佳话

一次罗杰·密医生正和他的妻子在意大利度假。突然他被两个穿西装戴墨镜的人带到一家高级酒店里，重金要求他立即飞往沙特阿拉伯，为沙特国王的孙子做心脏手术。还有一次他正在欧洲参加一个学术会议，突然被一以色列政府要员请出会场，恳求他立即飞往以色列为一显贵人士之子做一单心室手术。他都成功出色地完成了上述任务并被传为佳话。

罗杰·密其人

罗杰·密医生身高1.68米，生日9月10号，是处女座。他体魄强健，目光犀利，动作敏捷，年轻时是拳击能手。事业上追求完美，技术上精益求精，性格上脾气急躁。工作上他独断专横[8,9]，灵魂上信奉上帝、有爱心。罗杰·密热爱他的妻子和家庭，热爱他的所有患儿。2005年底，就在他的事业如日中天之时，毅然决定告别事业，退休还乡，回到澳大利亚的墨尔本与他们的两儿两女（都是医生）及7个孙辈共享天伦之乐。

中国心外科界的好朋友

罗杰·密医生数次来中国访问北京阜外心血管病医院，并与郭加强、朱晓东、刘晓程、何国伟等教授建立了友好合作关系。他还于1984—1985年间，接受何国伟医生到他所领导的澳大利亚墨尔本皇家儿童医院心外科进修。

我和罗杰·密大师只见过一面并通过数次电邮。当我向他说明正在写此书并索求他的学术简历和个人经历时，他和我讲："很佩服你一个人独担这么大的部头，千万别累着！我因早已退休，身边没有秘书且又不会电脑，很抱歉只能手写来完成你交给我的任务。"7周后我果真收到他从澳大利亚寄来的13页叙述他传奇一生的英文手稿。这让我非常感动并决心一定要完成这一历史使命——填补心坛这一学术空白！[1]

正所谓

> 心坛王子小岛出，征服世界人称颂。
> 重金聘请四海内，绑架救命五洲行。
> 拳击场内稳准狠，手术台上无误求。
> 如日中天隐身退，天伦之乐绕子孙。

爱德华·博韦（Edward L. Bove）
医学博士
1946年—
美国密歇根大学医学中心教授
密歇根大学 C.S.Mott 儿童医院心外科主任

图 13-11　爱德华·博韦
（照片由爱德华·博韦本人提供）

1　以上所写完全参照罗杰·密大师寄给笔者的其本人尚未发表的传记手稿，及何国伟教授在《中国胸心外科的过去、现代和未来》（*Cardiothoracic Surgery in China Pat, Present and Future*）一书中对罗杰·密医生的简述（第527页）。

履　历

1964—1968年美国麻省圣十字学院学士

1968—1972年纽约奥尔巴尼医学院医学博士

1972—1973年密歇根大学医院外科实习

1973—1976年密歇根大学医院外科住院医生

1977—1979年密歇根大学医院胸外科住院医生

1979—1980年英国大奥蒙德街儿童医院资深研究生

1980—1983年纽约州立大学医院胸外科主治医生

1983—1985年纽约州立大学医院胸外科副教授

1985—1988年密歇根大学医院胸外科副教授

1988—2018年密歇根大学C.S. Mott儿童医院心血管外科

教授

贡　献

一千余例诺伍德全期手术,48例心房及动脉双转换(Double Switch)手术

发　表

发表论文300余篇,著作4部

荣　誉

2005—2012年美国胸外科医师学会理事会理事

2006—2008年美国先天性心脏病外科医生学会主席(Congenital Heart Surgeons' Society, CHSS)

爱德华·博韦是当今世界顶尖小儿心外科医生。在过去的26年职业生涯中,他为超过10 000例患有先天性心脏病的婴儿及儿童进行了心外科手术,其中包括为1 000多例患有左心发育不全综合征的患儿实施诺伍德全期手术,整个存活率超过90%,其中很多患者现已进入人生的第三个10年[10]。博韦医生还为48例患有先天性矫正型大动脉转位者实施心房及动脉双转换术,只有2例死亡[10],其结果仅次于罗杰·密。上述两项高风险手术可是让绝大多数心外科医生望而生畏、谈虎色变的,而博韦医生对上述两项手术的记录不仅足以证明他在当今世界心外

科领域的地位,同时也让那些自视为"神刀""第一把刀"的傲慢者们感到汗颜。

我有幸与爱德华·博韦医生面谈3次,电邮数回。他一表人才,风度潇洒,举止文雅,谈吐幽默,既有大师的风采,又没有狂人的架子,每次见面都让人敬佩。

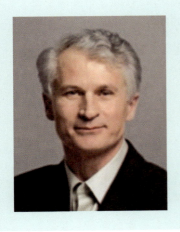

弗兰克·翰利（Frank L. Hanley）
医学博士
1952年—
美国斯坦福大学医学院教授
斯坦福儿童心脏中心主任

图13-12　弗兰克·翰利
（照片由弗兰克·翰利本人提供）

履　历

1974年美国布朗大学学士学位

1978年塔夫茨（Tufts）大学医学院医学博士

1979年加州大学旧金山分校外科实习医生

1986年加州大学旧金山分校普外科总住院医生

1988年加州大学旧金山分校胸心外科研究生

1989—1992年哈佛大学心外科助理教授

1992—1994年加州大学旧金山分校心外科副教授

1994—2001年加州大学旧金山分校心外科教授及主任

2001—2018年斯坦福大学儿童心脏中心外科主任

贡　献

自1992—1998年对85例肺动脉闭锁合并多发主/肺动脉侧支循环（major aortopulmonary collateral arteries, MAPCAs）及重度法洛四联征患儿（平均年龄7个月）应用单源

贡　献

化（Unifocalization）方法行一次性外科矫正术，其3年存活率为80%，2年存活率为88%。自1999年之后，共对500例患有肺动脉闭锁合并多发主/肺动脉侧支循环（MAPCAs）的患儿，应用单源化方法行一次性外科矫正术，其术后结果有了明显的提高。这也是目前世界上较大的一组报道结果，同时也是世界上成功率最高的结果之一[11,12,13]

发　表

论文116篇，参与编写学术著作4部

康斯坦丁·马弗鲁迪斯（Constantine Mavroudis）

医学博士

1946年7月19日—

佛罗里达儿童医院心外科主任

图13-13　康斯坦丁·马弗鲁迪斯

（照片由康斯坦丁·马弗鲁迪斯本人提供）

履　历

1964—1968年美国新泽西州罗格斯（Rutgers）大学学士学位

1969—1973年弗吉尼亚大学医学院医学博士

1973—1974年加州大学旧金山分校外科实习医生

1974—1978年加州大学旧金山分校外科住院医生

1979—1981年加州大学旧金山分校心外科研究生

1981—1984年肯塔基州路易斯维尔（Louisville）大学心外

履　历

科主治医生

1985—1988年肯塔基州路易斯维尔大学心外科主任/副教授

1988—1989年肯塔基州路易斯维尔大学外科主任/教授

1989—2008年西北大学儿童纪念医院心外科主任/教授

2008—2010年西北大学儿童纪念医院大外科主任/教授

2010—2012年克利夫兰医学中心先心外科主任/教授

2012—2018年佛罗里达儿童医院心外科主任/教授

发　表

1999年编著《小儿心外科国际命名学及数据库汇编》(*Proceedings of The International Nomenclature and Database Conferences for Pediatric Cardiac Surgery*)[14]

2013年编著《小儿心外科学》(*Pediatric Cardiac Surgery*)，本书之后修订再版4次

2015年编著《先天性心脏病心外科手术图谱》(*Atlas of Congenital Heart Surgery*)

2018年编著《成人先天性心脏病心外科图谱》(*Atlas of Adult Congenital Cardiac Surgery*)

发表论文500余篇

荣　誉

先天性心脏病外科医师学会(CHSS)主席(2004—2006年度)

　　康斯坦丁·马弗鲁迪斯于1946年7月19日出生在希腊萨索斯岛(Thasos)，1岁时随父母移民美国。他天资聪颖，善于竞争，这些特点在他大学期间便彰显无遗，于1968年代表美国队参加了世界击剑锦标赛。

　　马弗鲁迪斯，勤奋敬业，善于挑战各种复杂性心脏畸形，特别是新生儿的复杂先心畸形，其手术成功率被公认为世界顶尖水平。2005年后，由于当时的世界心外科"第一把刀"罗杰·密退休，因此，克利夫兰医学中心出重金向全世界撒网招

聘先心外科主任。在众多申请人中，马弗鲁迪斯脱颖而出，成功受聘世界顶尖心脏中心，美国克利夫兰医学中心先心外科主任。此事足以验证他的业务水准。

马弗鲁迪斯，精力充沛，酷爱运动，爱好爬山、滑雪、游泳、击剑，尤其爱好马拉松长跑及铁人三项运动。在他数十年的业余时间里，他完成了12个全程马拉松及88个铁人三项比赛。足见他的体力、精力、智力和耐力都非同一般。马弗鲁迪斯不但手术精湛，同时善于理论研究。他著书7部，论文500余篇，特别是他编著的《小儿心外科国际命名学及数据库汇编》一书[14]，是对众多先天性心脏病五花八门的诊断进行了规范统一，做出了巨大贡献。

马弗鲁迪斯还具备精炼的口才。他的学术讲演视野宽阔，思路清晰，逻辑性强，历史与现状结合，文献与临床结合，诊断与手术结合，偶尔带些幽默，但从没有废话。小到每周的病例讨论，大到国际学术讲演，同他的手术一样，干干净净，从不拖泥带水。每每聆听他的演说都有一种既是学习、又是一种享受的感觉。马弗鲁迪斯，性格认真严肃，办事雷厉风行，智商虽高于常人，情商则不可恭维。人无完人，金无足赤。他有一个幸福的家庭，有一个与他生活了30多年的妻子及两个非常成功的儿女。以上就是我所了解的马弗鲁迪斯。我非常有幸能和他相识并和他共同工作20余年，我不仅从他身上学到了宝贵的知识，同时也领略了他的风度与风采。

卡尔·贝克尔（Carl L. Backer）
医学博士
1955年4月—
美国西北大学医学院教授
芝加哥卢瑞（Lurie）儿童医院心外科主任

图13-14 卡尔·贝克尔
（照片由卡尔·贝克尔本人提供）

履 历

1972—1976年美国西北大学学士学位

履 历

1976—1980年梅奥医学院医学博士

1980—1985年西北大学医学院住院医生

1985—1987年西北大学医学院胸心外科住院医生

1987—1988年芝加哥儿童纪念医院心外科训练

1988—1996年芝加哥儿童纪念医院心外科主治医生

1996—2000年芝加哥儿童纪念医院心外科副教授

2000年起西北大学医学院外科教授

2010年芝加哥卢瑞儿童医院心外科主任

贡 献

行大血管环手术及气管狭窄术300余例（零死亡）[15,16]

行大血管转换术（Switch手术）300例，成功率98.5%

诺伍德手术100例，三期手术总死亡率14%

发 表

著作7部，论文350余篇

荣 誉

先天性心脏病外科医生学会（CHSS）主席（2016—2018年度）

卡尔·贝克尔是一位温厚儒雅、才华横溢的心外科医生，他对患者、护士、秘书、领导一视同仁，平等对待。他是我从医四十余年来，所接触到的、认识的、知道的，以及从书中所了解到的最谦卑、最和善、最安静的、极为罕见的胸心外科主任。我有幸和贝克尔医生相识共事三十余载，他那遇事不乱、荣辱不惊、得失无意、宽容忍让的作风，实在令人钦佩、折服及敬仰。与他取得类似成就但能有如此深厚的修养者，在古今中外的胸心外科顶级人物中，绝对寥寥无几。每当遇到他或时常想到他时，都让我惭愧，催我自省，并且也始终提醒我，一定要将此人收录进此书中。这对那些有一点微薄成就就沾沾自喜、狂躁不安的名人们，一定是面极好的镜子。

参考文献

[1] NORWOOD WI, LANG P, CASTANEDA AL, et al. Experience with operations for

hypoplastic left heart syndrome [J] . J Cardio Thorac Surg, 1981, 82: 511−519.

[2] RYCHIK J, WERNOVSKY G. Hypoplastic Left Heart Syndrome [M] . Kluwer Academic Publishers, 2003: 393−396.

[3] PHILLYMAG. Did Dr. Norwood go too far? Philadelphia, May 15, 2006.

[4] RYCHIK J. Survival Rates for Children with HLHS are Improving 2010 in CHOP News [N] .

[5] LEV M. Pathologic anatomy and interrelationship of the hypoplasia of the aortic tract complexes [J] . Lab Invest, 1952, 1: 61−70.

[6] NOONAN JA, NADAS AS. The hypoplastic left heart syndrome. An analysis of 101 cases [J] . Pediatr Clin North Am, 1958, 5: 1029−1056.

[7] SANO S, ISHINO K, KAWADA M, et al. Right ventricle-pulmonary artery shunt in first-stage palliation of hypoplastic left heart syndrome [J] . J Thorac Cardiovasc Surg, 2003, 126(2): 504−510.

[8] MICHAEL Ruhlman. WALK ON WATER [M] . NY: Pengjuin Putnam Inc, 2003: 46.

[9] WAN Song. Cardiothoracic Surgery in China Pat, Present and Future [M] . The Chinese University of Hong Kong Press, 2007: 527.

[10] BOVE E. Innovation in Cardiac Surgery: Then and Now 25th Annual Farouk S. Idriss Lecture, Lurie Children's Hospital of Chicago, IL Nov 11, 2015.

[11] REDDY VM, Liddicoat JR, Hanley FL. Midline one stage completes unifocalization and repair of pulmonary atresia with ventricular septal defect and major aorto pulmonary collaterals [J] . J Thorac Cardiovasc Surg, 1995, 109: 832−845.

[12] REDDY VM, PETROSSIAN E, MCELHINNEY DB, et al. One stage complete unifocalization in infants: When should the ventricular septal defect be closed? [J] . J Thorac Cardiovasc Surg, 1997, 113: 858−868.

[13] REDDY VM, MCELHINNEY DB, AMIN Z, et al. Early and Intermediate Outcomes After Repair of Pulmonary Atresia With Ventricular Septal Defect and Major Aortopulmonary Collateral Arteries Experience With 85 Patients [J] . Circulation, 2000, 101: 1826−1832.

[14] MAVROUDIS C, JACOBS JP. Proceedings of the international nomenclature ad database conferences for pediatric cardiac surgery, 1998−1999. The Society of Thoracic surgeons congenital heart surgery [M] . Nomenclature and database project.

[15] BACKER CL, MAVROUDIS C, HOLINGER LD. Trends in vascular ring surgery [J] . Thor ac Cardiovasc Surg, 2005, 129: 1339−1347.

[16] BACKER CL, HOLINGER LD. A History of Pediatric Tracheal Surgery [J] . World Journal for Pediatric and Congenital Heart Surgery, 2010, 1(3): 344−363.

第十四章 中国心脏界伟大的立业者

Chapter 14

Great Founders in Chinese Cardiology & Cardiothoracic Surgery

一、概述
I. Brief Introduction

  自20世纪中叶至21世纪初,中国心血管科学及其技术发展迅猛,从无到有,由弱到强,其成就壮丽辉煌。从这近百年的历史长河中,映射出许许多多立业者们的伟大身影。他们的大名常常出现在医学课堂里、书刊文献内、报告讲座上、临床讨论时、学术交流中,有的断断续续,有的时隐时现,有的似曾听说,有的如雷贯耳,由远到近映入我们的眼帘。他们便是董承琅、黄家驷、吴英恺、吴洁、马万森、兰锡纯、朱贵卿、顾恺时、黄宛、于维汉、石美鑫、苏鸿熙、陶寿淇、侯幼临、蔡用之、尚德延、方圻、汪曾炜、刘玉清、郭加强、陈灏珠、刘丽笙、孙瑞龙、丁文祥、张世泽、罗征祥、蒋文平、孙衍庆、潘治、李平、朱晓东、肖明第、高润霖、李仲智、刘晓程、胡大一、吴清玉、惠汝太、张运、韩雅玲、胡盛寿、葛均波、高长青、顾东风、杨跃进、孙立忠、马长生、霍勇、张澍等。本章将通过两个方面(心血管内科和心血管外科)分别列举一些具有划时代意义的代表人物,以及他们在各自的领域内或不同时期所做出的卓越贡献。并希望能和读者共同分享这些伟大立业者们矢志不渝追求科学的敬业精神和他们各自的人格魅力。

  郭继鸿教授主编的《中国心电学发展史》的开卷篇中叙述到:"在中国心电学发展的历程中,董承琅、戚寿南[1]、吴洁、卞万年、马万森等早年开创了心电图应用的

---

1 戚寿南:1893年2月2日—1974年10月29日,男,浙江宁波人,医学家,医学教育家,中国现代内科医学的奠基人。1916年南京金陵大学毕业并获得美国罗氏基金保送美国留学,就读于约翰霍普金斯医学院。1920年获医学博士学位,并在美国麻省总医院任职,一年后返回中国。(转下页)

先河；黄宛、林传骧、方圻等推动着全国心电图的普及与提高，……这其中，董承琅、戚寿南教授都是心血管内科最老的'协和'人。[1]" 著名美籍华裔心脏专家郑宗锷教授在 *Cardiothoracic Surgery in China*（《中国的胸心外科》）一书中说，董承琅是"中国现代心脏病学之父（Father of modern cardiology in China）"[2]。笔者称董承琅教授为"中国西医心脏病学鼻祖"及"中国心电图学开拓者"。因此，本章将以董承琅作为首位介绍者。

二、伟大立业者
Ⅱ. Great Founders

董承琅教授
1899年3月15日—1992年11月21日
上海第六人民医院内科主任
中国西医心脏病学鼻祖，中国心电图学开拓者

图14-1 董承琅
（照片由董承琅之子董天润提供）

履 历

1914—1918年毕业于上海沪江大学，获文学学士学位

（接上页）1922—1934年，任职于北平协和医学院内科主任。1934—1948年，任中央大学医学院院长。1937年创立中华内科学会，被推为首任会长。1948年，戚寿南以首席代表及团长身份率领中国代表团参加"日内瓦国际卫生会议"，会后应邀去加拿大讲学。中华人民共和国成立后，人民政府曾邀请戚寿南回国任卫生部副部长等职，然因私人原因未能成行，而是应聘去美国，在美国西弗吉尼亚州的马丁斯堡（Martinsburg）政府医院任职。退休后定居洛杉矶，1974年10月29日病逝，终年81岁。其遗体安葬于洛杉矶玫瑰山庄（Rose Hill）。主要成就：著有《内科学》《输血原理与技术》《体格检查学》《学习生作业规范》等教材专著。

履　历

1918—1920 年长沙湘雅医学院学习

1920—1924 年美国密歇根大学医学院，获医学博士学位

1924—1929 年北平协和医院住院医生，内科主治医生

1930—1931 年美国密歇根大学医学院研习心血管病学及心电图学

1931—1940 年北平协和医学院 [1] 内科副教授兼心脏病科主任（中国第一个心脏病科）

1940—1941 年美国纽约大学医学院及梅奥心脏中心研修心内科学及心电图学

1941—1949 年上海南京西路开设私人诊所，从事内科医学及心脏病学的临床工作

1945—1949 年上海医学院内科名誉教授

1949—1984 年上海第六人民医院内科主任

贡　献

1931 年创建中国第一个心脏病专科

1931 年开创中国心电图学临床应用及科研工作

1931 年发表《黏液水肿的心脏》[《美国心脏病杂志》（*American Heart Journal*）1931][3]

1934 年证明"长期体力劳动可致生理性心脏肥大"（《美国心脏病杂志》1934）[4]

1936 年发表《洋地黄毒性引起暂时性心房纤颤》（《美国心脏病杂志》1936）[5]

1937 年发表了《贫血性心脏病》[《中华医学杂志》（英文版）（*Chinese Medical Journal*）1937][6]

1941 年发表《心包积液病例的心电收缩时间观察》（《美国

1　1941 年太平洋战争爆发后，北平协和医学院被日寇封闭，直到 1947 年医院复诊，1948 年学院复业。

贡　献

心脏病杂志》1941)[7]

1957年举办全国心脏病进修班,培养中国第一代心血管、心脏病领域的人才

1958年阐明了中国冠心病发病率与血清胆固醇水平的关系

1962年与陶寿淇编写中国第一部心脏病学专著《实用心脏病学》(上海科学技术出版社出版)

发　表

学术论文近百篇,其中40余篇是在1925—1965年间发表,有9篇发表在国外学术期刊上。学术著作有1962年出版和陶寿淇一起编写的《实用心脏病学》,是我国第一部心脏病学专著,1978年出版第二版,1993年出版第三版(本版由董承琅、陶寿淇、陈灏珠3人编写)

荣　誉

九三学社上海分社顾问委员

第三、四、五届全国人民代表大会代表

中华人民共和国卫生部医学科学委员会委员

中华医学会心血管病学会主任委员,上海分会副会长

1991年获美国心脏病学院(ACC)荣誉院士(首位亦是唯一获此荣誉的中国人)

《上海医学》杂志主编,《美国心脏病杂志》国际编委会委员

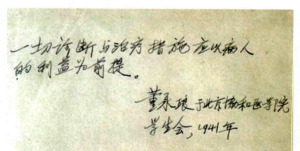

图14-2　董老亲笔手书(1941年)
(照片由董天润提供)

名　言

> 一切诊断与治疗措施应以病人的利益为前提（1941年）。

　　1899年3月15日[1]，我出生于浙江省宁波鄞县的一个书香门第。父亲董景安（1875—1944年）是清朝末次科举的秀才，上海沪江大学第一个中国籍教授，1908年任该校副校长。我是家里14个兄妹中的老大。从小在父亲的熏陶下，泛读精学，不仅文理双全，且英文过硬。15岁便考取国内知名高等学府上海沪江大学。1918年大学毕业后，当时父亲对我讲："人要有所专长，最好学医，因一方面可以解除患者痛苦；另一方面是为了回击国外侮辱我国民为'东亚病夫'。"此话有理，因此，我决定学医并奔赴被录取的长沙湘雅医学院学习（湘雅医学院是由湖南育群学会与美国耶鲁大学雅礼协会联合创建于1914年，是中国第一所中外合办的医学院）。1920年我出国留学并赴美国密歇根大学医学院（University of Michigan Medical School）学习，于1924年以优良的成绩获得医学博士学位。那时美国也是缺医少药，我完全可以留在美国，并在众多的医院里选择工作。当时的医学院院长卡伯特教授（Dr. H. Cabot）曾给本人公函一封："由于你学习成绩优秀，若你希望在美国任何一个医院任职，我完全愿意推荐你。"我在小学时代就深深受到小学老师爱国主义教育的感染，当时的官僚主义者对洋人卑躬屈膝，而对国人则趾高气扬，使我油然产生爱国主义思想。加之当时罗氏基金会在北京创办了高水平的北平协和医学院，故1924年夏决定走爱国道路，回祖国去北平协和医院任职。由于本人对心血管病稍有基础与兴趣，故于1930年被协和派送密歇根大学医学院专攻心血管病学及心电图学，师从美国心电图学奠基人威尔逊教授（Frank Norman Wilson，1890—1952）。1931年夏回国后开始进行内科及心血管病学的临床教学与科研工作。1940年秋，又由北平协和基金会出资留学美国，往各医学院观摩研究。出国3次，回国3次，究竟是什么力量推动我为祖国服务呢？当然是爱国主义！

　　我在北平协和医学院期间培养了不少优秀学生、内科医生及心脏科医师（包括郭培德、黄宛等），并做了不少研究工作，发表在国内外医学杂志上。其中不少论文在医学理论与实践上做出了贡献，并被各国心血管学者所重视与引证。例如，1931年发表《黏液水肿的心脏》（《美国心脏病杂志》1931）[3]，驳斥了当时的通行观点，即低钾，包括黏液性水肿的心脏不受到明显的影响。本人证明黏液性水肿

1　董承琅教授的简介文字是作者根据董承琅教授之子董天润医生提供的《董承琅自传》（1987年10月写于上海），章华明、黄美树（美）的《档案春秋——清末秀才董景安的教育人生》[8]，略加缩减整理成文。

患者的心脏可有明显的增大，心电图上多示极为显著的损伤改变，经治疗后，心脏可完全恢复正常。1934年证明"长期体力劳动可致生理性心脏肥大"（《美国心脏病杂志》1934)[4]，冲破了当时医学上通行的看法，即心脏增大是心脏病的可靠证据之一。1936年发表了《洋地黄毒性引起暂时性心房纤颤》（《美国心脏病杂志》1936)[5]一文中指出，洋地黄是治疗、控制心房纤颤的良药，但应用过量了，在原窦性心律会产生暂时性心房纤颤。1937年发表了本人认为价值较大的研究文章，即《贫血性心脏病》（《中华医学杂志》英文版1937)[6]。此篇论文明确证明严重贫血不仅可以引起极度心脏增大，并且可引起明显充血性心力衰竭和收缩期及舒张期杂音。贫血纠正后心脏方面异常改变可完全消失，心脏恢复正常。当时心脏病学权威保罗·怀特（Paul D. White）在他编写的《心脏病学》第一版（1931年）及第二版（1937年）中认为贫血对心脏的影响不可能引起心力衰竭，但在第三版（1944年）与第四版中（1951年）中引证了本人的全部结论，完全改变了他自己的观点。1941年发表了《心包积液病例的心电收缩时间观察》（《美国心脏病杂志》)[7]，此文章具创造性，它不仅具有病理生理方面的意义，而且也具有实际诊断治疗上的价值。

此外，受中央卫生部委托自1957年起，每年举办心脏病科进修班及心电图学习班，学员遍及全国各省市。30多年来培养数百名进修医生和心脏专科医生，而在旧中国我们仅仅有屈指可数的心脏专科医生。1960年初，本人与陶寿淇教授共同主编出版了我国第一部心脏病学专著《实用心脏病学》，该书独特论证了我国心脏病的病因、发病、特点和适合我国患者体质的诊断与治疗方案。本书的出版，推动了我国心脏病学水平的进一步提高，也反映了我国心脏病研究工作在自力更生的基础上已达到一定的先进水平。

在1949年后的几十年里，党和国家领导人不仅对我在业务上十分信任和重视，而且在政治上给我以光荣待遇。我曾多次被评为上海市及全国文教卫生方面的先进工作者，担任了历届上海市政协委员和常委，1964—1983年被选为全国人民代表大会代表（第三、四、五届）。同时党和国家让我负责国家领导人的保健工作。这也是我一生中最感自豪的，因为这是国家对我最大的信任和重视。

我一向尽可能培养和鼓励年轻的一代要用实事求是的精神，全心全意地为人民服务。在离开北京协和医院时（1941年），我曾给全院师生及同行赠送了一句话："我们一切诊断与治疗措施均以为患者的利益为前提，而不是从本人的名利点出发。"人要高瞻远瞩，前进的道路是崎岖的，但前途是十分光明的。我虽年达88岁，但人老心不老，还要再接再厉，为我们医学科研事业而继续奋斗。（1987年10月于上海董承琅）

　　通过以上董老自传的文字整理，可以清楚地看出：董老的一生是勤奋好学、胸怀大志的一生，是孜孜不倦、敬业授业的一生，是忧国忧民、同情患者的一生，是开创进取、建树卓越的一生。1924年，年仅25岁就获得美国密歇根大学医学博士学位的董老是当时全中国屈指可数的医界凤毛麟角，就是百年后的今天，来美国直接就读医学院并获博士学位者，亦是寥寥无几。他毕业回到祖国后并未飘飘然，而是潜心做学问，并于1927年发表学术论文《外国人在中国有相对低血压》，刊登在《美国医学会杂志》(JAMA 1927)上[9]。俗话说：人过三十不学艺。1930年进入而立之年的董老，为开创中国的心脏病专科而再次远渡重洋，到美国研习心脏病学及心电图学。1931年回到北平协和医院并开展心脏病专科及心电图学的临床应用。1940年，不惑之年的董老完全能够倚老卖老，随意而安。但他不吃老本，为了能让中国的心脏病学紧跟时代的步伐，不辞辛劳，第三次不远万里来到美国观摩和研究心脏病学的新进展。董老初级思维是开创中国的心脏病学科，而他晚年时的终极思想是普及心脏病学，要把他一生积累的所有心脏病学的知识和经验传授给他人，从而达到让更多心脏病患者受益的目的。因此，20世纪60年代初，他与陶寿淇教授共同主编中国第一部心脏病学《实用心脏病学》。董老一生共发表学术论文近百篇，约有40余篇是在1925—1965年间发表的，其中9篇发表在国外学术期刊上，包括1936年的《功能性束支传导阻滞》一文（《美国心脏病杂志》1936)[10]。由于董老的学术成就受到国际同行们的承认和重视，1991年美国心脏病学院授予

图14-3　美国心脏病学院主席威廉·温特斯（Dr. William L. Winters）（左）向董承琅教授（中）赠予美国心脏病学院荣誉院士证书
和董老同时荣获此奖的是"超声心动图学之父"瑞典医生英格·埃德勒（Inge Edler）
（照片由董天润提供）

图14-4　董承琅对儿子的希望

天润吾儿:好好学习,希望你做我的接班人。父
字 1979-4-24

(照片由董天润提供)

董承琅教授荣誉院士(Honorary Fellow of American College of Cardiology, HFACC)证书。董老不仅是首位,而且是到目前为止唯一获此荣誉的中国人。

董老不仅对外在全国范围普及提高心脏病学,而且还在家里重点培养幼子董天润学医,从事心脏病学,望儿日后成为自己的接班人。

董承琅幼子,董天润没有辜负其父的希望。"文革"中长大的他,自学数理化,还坚持跟父亲每天学习英语。他决心跟随父亲的脚印有朝一日也成为一名心脏专科医生。1978年董天润考取上海第二医学院,3年后的1981年他又考取美国密苏里大学医学院(University of Missouri-Kansas City, School of Medicine)。天道酬勤,董天润克服了无数的艰难困苦,终于在1985年获得了医学博士学位。这可能是1949年以来,中国学生第一个获取美国医学博士学位。董天润不忘初心,在完成3年的住院医生训练后,1988年又考取著名的梅奥医学中心(Mayo Clinic)心内科研训课程(Fellowship Program)。1993年董天润完成学业并成为名副其实的美国心内科医生及心脏电生理学专家。最终实现了父亲的希望,也圆了自己的梦想。

特别值得一提的是,董天润博士的研

图14-5　董天润荣获美国心脏病学院1991年度最佳青年科研奖,与获荣誉院士的其父合影

左起:董天润,董承琅,林秀珠(董天润夫人)

(照片由董天润提供)

究论文荣获美国心脏病学院颁发的 1991 年度"最佳青年科学研究奖"（First YIA at ACC in 1991）。这是荣获此奖的第一个中国学者。年仅 35 岁的董承琅之子，董天润博士不仅为祖国争了光辉，而且也为父亲及董家添了文采。更大的巧合是，领奖的那天，又是其父董承琅教授荣获美国心脏病学院荣誉院士证书的同一天。董家父子同日登台，同天获奖，可谓双喜临门，一时被传为佳话。

1992 年 11 月 21 日，董承琅教授因病在美国明尼苏达州的梅奥医学中心仙逝，享年 93 岁。心脏病学是董老的人生全部，亦是董老的生命源泉。古人曰："峨峨兮若泰山，洋洋兮若江河。"董老是中国心内科学的泰山、泰斗。他是传播普及心脏病学江河的源泉。"峨峨若泰山，洋洋若江河"是形容董老一生"行医志在高山，传医行若江河"的最佳美誉。

黄家驷和吴英恺——中国胸心外科的两位开山鼻祖

在中国胸心外科历史上有两位光辉夺目的巨星，两人都是小县城里长大的书香门第。有着相仿的年龄，相同的专业，相似的经历，耕耘在不同的区域，取得了同样的收获和同等的荣誉。他们就是黄家驷和吴英恺。他们在 1933 年同年在不同的医学院毕业，并同期在北平协和医院同一外科做住院医生。两人还在 1941 年同年到美国学习相同的专业——胸外科，而两人的导师又都曾任美国胸外科学会（AATS）主席。黄家驷在美国密歇根大学医学院师从美国著名胸腔外科前辈约翰·亚历山大（John Alexander，1891—1954，第 17 届 AATS 主席），吴英恺则在美国的圣路易斯华盛顿大学医学院跟随美国著名胸腔外科大佬埃瓦茨·格拉哈姆（Evarts A. Graham，1883—1957，第 10 届 AATS 主席）。两位医生具有同样的伟大爱国胸怀，在结束美国的学习后又都回到了共同的祖国贡献自己的光和热，并几乎同时在中国的南北方创建了胸腔专科医院。1956 年吴英恺在北京创建解放军胸科医院，1957 年黄家驷在上海组建上海市胸科医院。1951 年两人同年赴东北参加抗美援朝志愿医疗手术队。1951 年两人同时作为特邀列席代表，出席中华人民共和国第一届全国政协第三次会议。两人同是中国共产党党员。1955 年两人又同时荣获中国科学院学部委员（院士）这一中国科学界最高荣誉。值得一提的是，黄家驷是美国胸外科理事会创史会员中唯一的一名中国籍理事，而吴英恺则是美国胸外科学会（AATS）仅有的一位中国籍荣誉院士。由于黄家驷早年在上海创业，而吴英恺则长期在北京拓展，因此人们常常称赞两位是：南有黄家驷，北有吴英恺，或称：南黄，北吴。下面将对两位医界伟人进行分别简述。

黄家驷教授

1906年7月14日—1984年5月14日

中国医学科学院院长,中国科学院学部委员(院士)

图14-6 黄家驷
(照片由刘晓程提供)

履 历

1925—1933年北平协和医学院医学博士学位

1933—1935年北平协和医院住院医生,总住院医生

1935—1940年国立上海医学院住院医生,后任主治医生

1940—1941年上海沦陷后随上海医学院内迁昆明、重庆行医

1941—1943年美国密歇根大学医学院硕士学位

1943—1945年美国密歇根大学医学院胸腔外科实习

1945—1951年上海医学院胸心外科主任,教授

1951年1月—1951年7月任抗美援朝志愿医疗手术总队长兼第二大队队长

1952—1957年上海第一医学院副院长兼中山医院院长

1957—1958年上海市胸科医院院长兼胸外科主任

1959—1983年先后任中国医学科学院[1]院长,名誉院长,协和医科大学校长

---

1 中国医学科学院,其前身为原中央卫生研究院。1950年原南京中央卫生实验院的大部分研究单位与中央卫生实验院北京分院合并,同年10月改建为中央卫生研究院。1954年全院共有8个研究单位(其中6个在北京,南京有一所分院,海南岛有一个研究站)。1956年8月经卫生部批准正式命名为中国医学科学院,1957年国务院决定将中国协和医学院并入中国医学科学院。其后协和医学院停办2次,又复校2次(1979年复校后改名中国首都医科大学,1985年又改为中国(转下页)

贡　献

1945年上海医学院创建胸腔外科,施行手术

1951年首创食管胃颈部吻合术,扩大根治范围,降低手术死亡率

1957年组建上海市胸科医院

1959年改建国内第一所八年制医科大学——中国协和医科大学(中国首都医科大学)[1]

1960年对支气管成形术和体外循环进行研究,改进心脏动脉导管未闭的切断缝合方法

1965年在协和医院完成首例针刺麻醉下胸外科手术

发　表

用中、英、俄文共发表100多篇学术论文,出版医学专著10部,其中包括最著名的1960年主编的《外科学》第一版(人民卫生出版社出版,1964年出版第二版,1979年出版第三版),1986年《外科学》更名为《黄家驷外科学》出版第四版,由吴介平主编

(接上页)协和医科大学)。1983年5月中国首都医科大学与中国医学科学院组成一个统一体,设一套领导机构,两块牌子。1983年原属中国医学科学院的6个研究所划出,与卫生部直属的工业卫生实验所组成中国预防医学科学院。

中国医学科学院首任院校长:沈其震(1956—1958),第二任院校长:黄家驷(1959—1983),第三任院校长:吴介平(1983—1984),第四任院校长:顾方舟(1985—1992),第五任院校长:巴德年(1992—2001),第六任院校长:刘德培(2001—2011),第七任校长:曾益新(2011—2015),第八任院校长:曹雪涛(2015—2018),第九任院校长:王辰(2018—至今)。

1　北京(原名北平)协和医学院(Peking Union Medical College)是中华人民共和国国家卫生健康委员会直属的唯一一所重点医科大学,与中国医学科学院院校一体,是中国国家级医学科学学术中心和综合性科学研究机构。北平协和医学院由美国洛克菲勒基金会于1917年捐资创办,1919年10月开办八年制医学本科,是我国最早设有八年制临床医学专业和护理本科教育的医学院校,被誉为中国医学殿堂。学校历经1919年"北平协和医学院"、1951年"中国协和医学院"、1959年"中国协和医科大学",1979年"中国首都医科大学"、1985年"中国协和医科大学"等多个历史阶段,于2007年5月18日正式复名为"北京协和医学院"。(鉴于与清华大学合作办学需要,有时使用"北京协和医学院—清华大学医学部"这一名称。更名后,北京协和医学院仍为独立法人单位,原隶属关系、人员编制、资产关系和经费管理体制保持不变。)2017年9月,北京协和医学院入选世界一流学科建设高校名单。

历任校长:麦克林(Franklin C.Mclean,1918—1919),胡恒德(Henry S.Houghton,美国人,1920—1928),顾临[Roger S.Greene,1928—1938中华医学基金会驻华代表(代理校长)],刘瑞恒(1929—1938,中国第一位毕业于美国哈佛大学的医学博士,协和医学院第一位中国人校长),胡恒德(1938—1942),李宗恩(1947—1957),沈其震(1956—1958),黄家驷(1959—1983),吴介平(1983—1984),顾方舟(1985—1992),巴德年(1992—2001),刘德培(2001—2011),曾益新(2011—2015),曹雪涛(2015—2018),王辰(2018—至今)。

荣誉

1952年被美国胸外科专家委员会选为创始委员（唯一的中国人）（1979年收到证书）

1955年中国科学院生物学学部委员（院士）

1958年中国科学技术协会副主席，中华医学会外科学会主任委员

1961年苏联医学科学院外籍院士

1979年在美国医学会第75届医学教育会议上，荣获世界杰出医学教育家荣誉奖

1981年载入"世界名人录"，并被授予美国马里兰州巴尔的摩市"荣誉市民"称号

1988年黄家驷逝世后被中国医学会授予"胸心血管外科科学进步贡献奖"

黄家驷曾是全国第一、二、三、四届人大代表，全国第五、六届政协委员

名言

外科医生的头条戒律："能用非手术疗法治疗的疾病就一定不要拿起手中的手术刀。"

学业事业，才子年华

1906年7月14日，黄家驷出生于江西省上饶市玉山县县城的一个书香门第家庭。5岁丧父，由母亲带大。1925年，黄家驷考入北京协和医院/燕京大学预科班学习。1933年，他以优异的成绩毕业于北平协和医学院，获医学博士学位并留院做住院医生。1937年应聘到国立上海医学院完成了住院医生的严格训练后成为主治医生。抗战期间，随上海医学院内迁昆明、重庆。1940年，黄家驷作为外科学讲师，在昆明、重庆先后任教。在昆明期间，他参加了在西南联大举办的清华大学庚款（Boxer Indemnity）留美考试，取得了当年20名幸运者中唯一的医学名额（当时的奖学金是每月100美元）。

出国留学，回国报效

1941年10月23日，他告别了妻子儿女，来到大洋彼岸的美国，在密歇根大学医学院学习胸外科。他的导师约翰·亚历山大教授是美国胸腔外科学的显赫人物。在为期4年的学习工作中，他在导师指引下很快掌握了胸外科技术，并获外科学硕士和美国外科行医执照两项证书。1945年10月23日，黄家驷放弃留美工作的机会，抱着开创中国胸外科事业的决心，带着整套开展胸外科手术的器械设备离开美国回到上海。他一面在上海医学院执教，一面在附属中山医院和中国红十字会第一医院（今华山医院）从事胸外科的创建工作。不久即开展了肺结核、肺化脓性感染、食管肿瘤和先天性心脏血管畸形等胸外科手术[11,12]。

保家卫国，医治伤员

1950年冬朝鲜战争逼近鸭绿江，黄家驷带头报名参加上海市首批抗美援朝志愿医疗手术队并担任医疗队总队长，率领320人奔赴东北前线，在齐齐哈尔陆军第二医院治疗志愿军伤员。他与他的团队共做了942例手术。1951年11月，他应邀到北京列席第一届全国政协第三次会议，并以《决心尽一切力量医好志愿军伤员》为题做了大会发言。在会议结束的晚宴上，黄家驷被安排坐在毛泽东主席的身旁。席间，他汇报了主席询问的情况并聆听主席关于中西医结合和加强团结的指示，这使他万分感动，终生难忘。从此黄家驷决定永远跟党走，并于1955年3月光荣入党。当时《解放日报》发表了他《终生难忘的日子》一文，表达了他为党和人民奉献一切的决心。

艰苦创业，屡建奇功

1951年，黄家驷首创食管胃颈部吻合术，扩大根治范围，降低手术死亡率[13]。1953年，黄家驷针对我国结核病防治工作取得显著成效，肺结核病发病率逐渐下降，肺癌病例相对增多，而肺癌早期易被误诊为肺结核或炎症。他又著文呼吁重视肺癌早期诊断，并亲自开展气管、支气管外科手术的动物实验研究。1956年，黄家驷参加制订全国12年科学技术发展规划，同年他总结了对肺结核病施行外科瘘陷疗法和切除疗法1 376例的经验[14]，组织上海市胸腔外科医生进行学术交流，推广提高。他上报卫生部，提出对肺癌早期诊断、早期治疗，倡议联合第一医学院、第二医学院和南洋医院的力量成立上海市胸科医院。1957年他组建了我国第二所胸心外科专科医院——上海市胸科医院，并担任第一任院长。1965年，他在北京协和医院完成首例针刺麻醉下胸外科手术，接着又完成高难度的针麻下外侧切口全肺切除术。

习于协和,作于协和

1959年黄家驷受命到北京执掌中国医学界最高学府——中国医学科学院并任院长。此后的23年岁月里,他把他的全部精力都投入到建设和发展中国医学科学院的这一伟大工作中。在他的宏伟规划及多年的辛勤耕耘下,中国医学科学院从最初的一个行政办公楼发展成为共有18个研究所、5所分院、7所临床医院、6所学院,与北京协和医学院(原中国协和医科大学)院校一体,成为中国唯一的国家级医学科学学术中心和综合性医学科学研究机构[15]。

下乡医农,普及医疗

黄家驷对农村医疗卫生工作非常重视,十分关注医疗技术的普及,并多次深入农村与当地农民实行"三同",即同吃、同住、同劳动。1964年秋,年近花甲的黄家驷老校长去湖南湘阴,住在关公潭农民黄保生家,和一位年轻的同志在这家做厨房的外屋合睡一张硬板床。他和农民同桌吃饭、谈心,卷起裤腿修堤挖土,脱掉鞋袜下水田插秧,深入了解农民的生活和思想感情。他特别注意到农村缺医少药的严重情况,仔细调查了农村各级卫生机构的状况。

1965年2月,黄家驷带领中国医学科学院14位著名教授、30名医疗队员参加农村巡回医疗队,加上地方卫生干部共48人,编成3个分队,分布在新泉、关公潭和浩河3个地方进行巡回医疗,又定点设置门诊和临时病床、手术室。对于病重不能前来就诊的,不论路途远近和时间早晚,均上门出诊,风雨无阻。4个半月,医疗队共救治患者30 000多。为了给农村留下一支不走的医疗队,黄家驷举办了一年制的半农半读医学班。他根据学生的实际基础,提出了"基础不分系,临床不分科"的教学方案,收到很好的效果。他和各科专家夜以继日地赶写了常见病医疗常规和医学班教材,他担负了最重的写作任务。该教材于同年12月由人民卫生出版社以《农村医学》为名正式出版,不仅为医学班提供了急需的教材,而且也为当时培训全国农村医疗人员起到了重要作用[16]。

治学严谨,著书立说

鉴于当时我国高等医学院校没有自己编写的外科学教材,黄家驷教授于1957年春开始编写我国第一部《外科学》,1960年5月第一版问世,全书107万字,获得全国各地高等医学院校广大师生的好评。接着他又在1964年和1979年分别再续第二版、第三版。黄家驷教授逝世后,《外科学》编委会的委员们一致决定把此书更名为《黄家驷外科学》。

鞠躬尽瘁，死而后已

黄老晚年身体状况出现问题，1982年因双侧髂总动脉狭窄，供血不足，日益行走困难，但依然忙于工作。1983年他又被诊断出腹主动脉瘤，并于同年6月22日接受了腹主动脉更换手术。这是一个较大的高危手术，特别是黄老已是77岁高龄的老人。尽管医护人员全力以赴，但术后仍然出现心肌梗死并发症[17]。而黄老则仍然一心想着工作，正如黄老的女儿，黄文美所讲："手术后1个来月，他便又如饥似渴地投入了繁忙的工作。晚年的父亲，更加珍惜有限的光阴。他案头的书刊资料越堆越高，校译、编写专著的工作量也越来越重。[18]"

1984年5月14日，黄家驷感觉身体不适，从东单外交部街宿舍步行到首都（协和）医院看病。突然发作的心室颤动，最终击倒了这位勤勉一生的老人。下面是摘自黄老的学生，北京协和医院前主治医生方国栋教授在他《纪念黄家驷老师逝世30周年》一文中对抢救黄老生命时的描述。

1984年5月14日上午9时许，我正在北京协和医院东单老门诊楼六楼的外宾高干门诊当班。刚看完一位外宾，面色苍白的黄老师由外宾医疗科副主任张尤局大夫扶着缓缓走了进来。张大夫说："黄院长心脏不舒服，请你先给黄院长看看。"我上前扶着黄老师躺到诊查床上，戴上听诊器听诊，但居然听不到心跳。我心想：不好，室颤？！

我立刻开始做心脏按压，同时大声疾呼，叫护士推抢救车过来，并叫上隔壁诊室的周志超大夫一起来抢救。嘱咐护士准备好心脏三联注射，由我做心内注射。外宾医疗科立刻呼叫全院抢救系统。在我和周志超全力抢救的同时，心内科吴宁大夫、麻醉科、急诊科等的教授们都第一时间赶来了。经过连续两次的电除颤，黄老师的心跳才得以恢复，自主呼吸也恢复了，静脉通道打通了。

这时候，方圻主任、戴玉华大夫闻讯赶到，院领导到了，医科院吴阶平院长也赶到了，卫生部钱信忠部长来电了。抢救现场立即成立了由吴阶平牵头、包括方圻主任和几个科室的教授们组成的抢救小组。我作为第一线第一时间的抢救大夫也成为抢救小组里唯一的主治医生级成员。我看到黄老师的眼睛睁了开来，嘴角动了动，好像要说啥但没有说出声，紧接着眼睛又闭上了。注视着他苍白的脸庞、稀疏的白发，我禁不住热泪盈眶。尽管抢救现场不允许我思绪万千，但黄老师和我这些年来的师生之情仍然一幕一幕地闪现在我的脑海中。抢救已经进行了5个多小时，黄老师就静静地躺在我身边的抢救床上。到下午3时许，抢救小组领导还正在考虑是否要将黄老师移动到病房时，黄老师再次出现心搏骤停。抢救小组全力以赴，采用多种措施，但仍未能挽救黄老师的生命。写完黄老师的"急诊抢救死亡记录"，签上我的名字后，我已经涕泪横流。透过眼前的心电监护仪器，我在泪眼中注视着黄老师慈祥平静的遗容，仿佛他还在跟我说话[19]。

师道垂世，永志不忘

黄家驷一生医治过的患者遍及大江南北，教过的学生和弟子遍及世界各地，黄老逝世后，唁电、唁函像雪片一样从中国的四面八方，从世界各地，飞到黄老的家里、中国医学科学院、北京协和医院。时任国家主席李先念等党和国家领导人送了花圈。语言难于表达人们对黄老的哀思。黄老的开门弟子，著名心外科专家，石美鑫教授用这样八个字缅怀恩师"师道垂世，永志不忘"。黄老真可谓"习于协和，作于协和，卒于协和"，为伟大的医学事业鞠躬尽瘁，死而后已。黄家驷教授是中国胸心外科奠基者之一，是中国伟大的医学教育家、医学科学家，是爱国、爱民、救死扶伤的光辉典范。

吴英恺教授
1910年5月8日—2003年11月13日
中国医学科学院阜外医院首任院长，中国医学科学院心血管病研究所首任所长
北京安贞医院原院长，中国科学院学部委员（院士）

图14-7 吴英恺
（照片由李式琰提供）

履 历

1927—1933年辽宁盛京医科大学（小河沿医学院）获内科、外科双学士学位

履历

1933—1935年北平协和医院外科实习医生

1935—1936年北平协和医学院外科研究生

1936—1941年先后任北平协和医院外科助理住院医生,总住院医生,外科学助教、讲师

1941—1943年美国圣路易斯华盛顿大学医学院胸外科进修

1944—1946年组建重庆中央医院外科并任主任

1946—1948年组建天津中央医院外科并任外科主任

1948—1950年任北京协和医学院外科学系教授

1950—1956年任中国协和医学院外科学系主任,教授

1951年冬参加北京第二批抗美援朝志愿医疗手术队

1956—1958年组建中国第一家胸外专科医院——解放军胸科医院,任院长兼外科主任

1958—1980年组建中国医学科学院阜外医院,任院长兼外科主任

1962—1980年任中国医学科学院心血管病研究所所长

1980年中国医学科学院心血管病研究所名誉所长

1981年中国协和医科大学外科教授

1981—1987年组建北京市心肺血管医疗研究中心并任主任

1984—1987年北京安贞医院院长

1987年北京市心肺血管医疗研究中心名誉主任

贡献

1940年4月26日行中国首例食管癌切除术(北京协和医院)[20]

1944年春行中国首例动脉导管结扎术(重庆中央医院)[21]

1948年中国首例缩窄性心包炎切除术(天津中央医院)[22]

1956年组建中国第一家胸外专科医院——解放军胸科医院(北京黑山扈)

1958年组建中国第一家心血管专科医院——北京阜外医院

1959年行主动脉瘤切除术

贡　献

1959 年创立中国第一个食管癌防治科研协作组

1962 年创立中国医学科学院心血管病研究所

1978 年创立中国第一个心血管病流行学与人群防治研究室

1981 年组建北京市心肺血管医疗研究中心——北京安贞医院

发　表

发表学术论文 200 余篇（其中 156 篇为第一作者，63 篇英文论文中 48 篇为第一作者）

出版医学专著作 17 部，其中包括：1956 年由人民军医出版社出版的《野战外科学》，1965 年由上海科学技术出版社出版的《食管癌和贲门癌》，1974 年由人民卫生出版社出版的《胸部外科》，1985 年由科学出版社出版的《国际胸心外科实践》，1990 年由中国科学技术出版社出版的《吴英恺学术论文集》

荣　誉

1953 年中华医学会外科学会主任委员

1955 年中国科学院生物学学部委员（院士）

1955 年苏联外科学会荣誉会员

1978 年中华医学会心血管病学会主任委员

1979 年美国外科学会（American Surgical Association）荣誉会员

1980 年美国外科医师学院（American College of Surgeons）荣誉会员

1981 年国际外科学会（International Surgical Society）荣誉会员

1982 年美国胸外科学会（AATS）仅有的中国籍荣誉院士

1974—1986 年世界卫生组织心血管病专家委员会委员

1992 年中国高血压联盟名誉主席

荣　誉
　　　　　1998年中国医学科学院授予他中国医学科学的最高奖——中国医学科学奖
　　　　　2001年中国医学基金会授予他"医德医风奖"

名　言
　　　　　多看，多思，多帮，达到一专多能，专能结合，无往不胜。

立志学医，治病救人

　　1910年5月8日，吴英恺出生于辽宁省新民县一个满族知识分子家庭。父亲是县师范学校的教书先生，母亲是家庭妇女。吴英恺是家里五兄妹中的老二。由于祖母体弱多病，常请东西街的几位老中医，偶尔也请县里教会医院的院长到家里来为她治病。这些登门的医生给童年的吴英恺留下了深刻的印象，他觉得医生是一项被人尊重的职业。于是，做一名医生成了吴英恺很早就拥有的梦想。1926年，吴英恺考入沈阳北陵的省立第三高中，由于对理工科缺乏兴趣，次年他还没等毕业就投考了沈阳医大，又称"小河沿医学院"，童年的梦想开始逐渐变得清晰起来。这所医学院是苏格兰人创建的，完全遵照英国式医学教育的规格，医风、学风非常严谨。在这里，吴英恺养成了学习循序渐进、工作认真负责的好习惯，同时，他的视野不断开阔，思想也发生了转变，开始决心要学好技术，为患者、为大众解除痛苦。他不仅很好地完成了学业，而且还秘密地参加了抗日工作，从而萌芽了爱国主义思想。1933年毕业后，他离开沈阳，去北平协和医院实习。在吴英恺的自传中，他提到在协和学习生活的岁月是他人生中极其重要的岁月[23]。

乡土包子，立脚协和

　　1933年，吴英恺来到北平协和医院做实习医生。下面是吴英恺在他的自传中对他初到协和时的印象："在沈阳医大是洋学生，到了北平协和顿时变成'土包子'。这里绿瓦顶白栏杆，找人打灯号，见面说英语，行路带小跑，办事死规矩。医生个个白衣笔挺，皮鞋光亮，尤其是那些专家教授个个威风凛凛，令人望而生畏。住入住院医生宿舍，2人合住一间房，每人一床一桌一五屉柜，屉内放着4件白上衣，7条白裤子，熨得极为平整。室内还有壁橱，橱门内挂着洗衣袋，室中央摆着1把可供半躺半坐的沙发椅；桌上有台灯，五屉柜上有一茶盘，放着凉开水和水杯。宿舍楼道里有电话,24小时有服务员,不分昼夜接电话找人。每日三餐,伙食丰富,下午4点和晚上11点还有2次茶点。宿舍楼有娱乐室,院内有5个网球场。但是工作紧张,任务繁重,不折不扣的24小时责任制,行踪要便于找到,外出要请假并找人代理,有事找你(电话及灯号),半小时找不到,第二天院长就要找你问话。[23]"

吴英恺每天从清晨到午夜(上午手术,下午门诊,晚上写病历及准备第二天的工作)一刻不停,井井有条,兢兢业业,奉公守法。很快就从适应到胜任,最终得到大外科主任劳克斯(Harold H. Loucks)的赏识及出色的评定,并于1935年被选任为外科研究生(fellow)。这是每年从十几名实习医生中挑选1名最有培养前途的优秀者。用吴老本人的话:"我以一个从沈阳来的土包子,在与协和医学院毕业生和美国医学院校毕业生等的竞争中获此机会,实在来之不易。[23]"是啊,一个外校毕业的"乡巴佬"不仅在精英荟萃、强手如林的北京协和医院里站稳,还能在优胜劣汰的竞争中崭露头角,可见吴英恺的确非凡人也。

成绩出色,提前晋升

在两年的外科研究生及助理住院医生期间,吴英恺勤奋学习,努力探索,从而完成了两项重大课题并先后发表在《中华医学杂志》(英文版)[24]和《美国医学杂志》上[25]。因此,他提前一年被任命为协和医院外科总住院医。1939年底,由于优秀的科研成绩及出色的工作效率,吴英恺毕业后被留任协和医院并成为一名外科主治医生。

二十九岁,开创先河

成为外科主治医生后,吴英恺就开始对食管癌手术的方法进行研究和探索,并阅览了百余篇有关文献。当时的最新成就要数美国芝加哥大学的威廉·亚当斯(William Adams)和波士顿的塞缪尔·马歇尔(Samuel Marshall)1938年报道的经左胸腔切除食管癌。这种手术最大优点是术后患者可以从口腔正常进食。于是吴英恺和劳克斯主任决定尝试此方法,并选定了一名50多岁男性食管癌患者(冯光世)。手术定于1940年4月26日进行。很不巧,手术前一天,劳克斯患重伤风并决定让吴英恺上台主刀。吴英恺采用了亚当斯的新方法,经左胸腔和左纵隔游离并切开食管下段,而后将胃游离上提到胸腔,并在主动脉弓平面以下做食管胃吻合术。手术经过7个小时后,顺利完成。3周后患者平安出院。这是中国第一例食管癌切除及胸内食管胃吻合术。正可谓,天赐良机,大显身手,刀不虚发,开创先河。吴英恺开创了中国胸外科的先河,那天他还不到30岁。

留洋深造，为国争光

　　由洛克菲勒中华基金会资助（每月100美元），从1941年8月—1943年8月间，吴英恺先后在美国密苏里州圣路易斯市，华盛顿大学巴恩医院（Barnes Hospital）和科赫医院（Robert Koch Hospital）进修胸外科。导师是闻名世界的胸外科权威人物埃瓦茨·格拉哈姆教授，他于1933年行世界首例肺癌全肺切除术而闻名。吴英恺到该院不久，在圣路易斯市的外科学会上做了中国11例食管癌切除术的报告，引起格拉哈姆教授的赏识并允许他做手术。在此后的多种胸外科手术实践中，吴英恺又改进了无菌操作方法，取得了10个月内120例次胸廓成形术中无1例化脓感染的成绩，并将这一结果和经验写成论文发表在美国胸外科杂志上[26]。在20世纪40年代，这是非常了不起的成绩，受到美国同行们的瞩目和尊重，同时也为中国人争了光。因此，1943年夏，当吴英恺向格拉哈姆教授请辞回国时，格拉哈姆严肃地说："吴，你就在我这里干吧！中美是盟国，你在这里工作也是对日本侵略的抵抗，你将有很好的前途。"吴英恺回答："谢谢您，尊敬的教授，我很感谢您的好意，但您晓得当自己的国家遭受别国侵略的时候，国内迫切需要像我这样的人，我怎能久居国外呢？"教授点点头说："我明白了。"

　　吴英恺与这里医院的医护人员和患者建立了深厚的友谊，离开医院时，百余名患者合资送给吴英恺一块手表，背面刻着"科赫医院病人献给吴英恺医生"，这

图14-8　吴英恺（二排左2）1942年在美国圣路易斯市科赫医院进修期间与该院胸科医生们合影
（照片由李式琰提供）

块表吴英恺使用并珍藏了多年。离开美国前，吴英恺持着格拉哈姆教授写给他的介绍信，走访了十几个全美著名的胸外科和心脏中心并结识了许多显赫的权威人士，其中包括明尼苏达州的欧文·万根斯坦（Owen Wangensteen）、密歇根州的约翰·亚历山大、波士顿的罗伯特·格罗斯（Robert Gross）等。

回国报效，屡建奇功

1943年8月临行前，美国医药援华会资助了吴英恺1 500美元购买手术器械。他根据国内需要购买了一台麻醉机，一套胸外科手术器械和各式食管镜、气管镜、缝针、缝线等。1943年8月中旬从费城搭乘一艘开往印度的货船，途径南非的开普敦、斯里兰卡的科伦坡，6个星期后于9月下旬到达印度的加尔各答。然后再乘飞机经昆明转机，最终到达战时的首都——重庆，回到了祖国的怀抱。

初创胸科，首结导管

1944年春，吴英恺应朱章赓教授推荐、陈崇寿[1]院长聘请到重庆中央医院新组建胸外科并任科主任。这里的外科只有20多张病床，1个主治医生崔永锡，3个住院医生：陈仁亨，梁心光，罗春麟。手术室没暖气，冬天以炭火取暖，手术2个小时下来，一氧化碳熏得人们头昏脑涨。电源也常没有保证，有时手术正在进行时断了电，只好打手电筒完成手术。就是在这种艰苦的条件下，吴英恺实施了中国第一例动脉导管结扎术并开展了肺切除和交感神经切除术治疗高血压等新手术。

再建胸科，首除心包

1946年6月，陈崇寿出任天津中央医院院长并特邀吴英恺组建胸外科，在这里，吴英恺整整工作了2年，他不仅建立了胸外科还完成了中国首例缩窄性心包炎切除术。

首位国人，掌门外科

1948年10月，吴英恺重新回到阔别7年之久的北平协和医院。1950年6月劳克斯主任返美。1951年协和被新中国人民政府接管，吴英恺成为协和医院第一位由中国人担任、并且是最年轻的外科主任。

1　陈崇寿：英国皇家医学院毕业，获博士学位。回国后，曾任重庆中央医院院长，天津中央医院院长，天津市总医院院长。

抗美援朝,救死扶伤

1951年冬天,吴英恺和吴蔚然、黄国俊、李功宋、哈献文、郭淑如等参加了北京第二批抗美援朝医疗手术队,在长春市立医院治疗由朝鲜前线下来的伤员。然后他总结经验,并与陈景云、许殿乙、赵连壁合作出版了《野战外科学》一书,1956年由人民军医出版社出版。

建立中国第一座胸外专科医院——解放军胸科医院

1956年春,解放军总后勤部任命吴英恺为解放军胸科医院院长兼外科主任,并指派他将北京西北黑山扈解放军122疗养院改建为全国第一所胸科医院,即解放军胸科医院。吴英恺接受任命后,雷厉风行、大刀阔斧地进行改组和建设,并从协和医院调来蔡如升和董炳琨为业务副院长,朱贵卿任内科主任,侯幼林、黄孝迈为外科副主任,尚德延任麻醉科主任,方圻和胡旭东分别负责心导管室和心电图室,吴逷任病理科主任,王凤莲任检验科主任,杨英华任护理部主任,原122疗养院宋钦惠继续任后勤副院长。半年之后,医院的改组和建设就基本成型,并开展了肺切除及食管癌手术、闭式二尖半分离术,以及肺动脉半狭窄闭式扩张术,使其成为一所真正名副其实的胸部专科医院。

图14-9　解放军胸科医院(1956—1958年)
(照片由李式琰提供)

建立中国第一座心血管专科医院——北京阜外医院

1958年8月,由总后勤部和中央卫生部决定,将解放军胸科医院转入由协和医学院改组成的中国医学科学院系统,和一所正在筹备中的位于阜成门外的医院合并,故称为阜外医院,吴英恺受命担任院长兼外科主任。除了原胸科医院人马进入阜外医院外,吴英恺又从协和调来黄宛接替内科主任(朱贵卿和方圻调回协和),还有刘力生、陈在嘉、陈星正、王诗恒等。外科有侯幼临、郭加强、李平等,并在麻醉科尚德延的协助下,于1958年冬成功完成了单纯低温麻醉下房间隔缺损直视修补术、室间隔缺损低温直视修补术、主动脉瓣直视交界切开术、主动脉窦瘤破裂根治术及部分型肺静脉异位引流矫治术。1958年完成了第一例二尖瓣成形术,1959年完成了第一例主动脉瓣成形术。1959年11月25日,侯幼临为一名5岁女孩成功完成了阜外医院第一例体外循环下室间隔缺损修补术,真正打开了心脏禁区。又于同年进入更加复杂的紫绀性心脏病的研究领域,成功完成了阜外医院第一例法洛四联症根治术,从而开拓了中国心脏外科的发展,进一步奠定了阜外医院在国内心脏外科领域的领先地位。

图14-10　阜外医院创始人吴英恺院士1958年8月在医院开幕式上讲话
(照片由李式琰提供)

图14-11　北京阜外医院(1958年)
(照片由李式琰提供)

第一个食管癌防治科研协作组

　　1959年,吴英恺组织了北京、河北、河南、山东、山西四省一市的食管癌科研大协作。吴老还曾经亲自在1959年、1964年和1979年3次到河南林县食管癌高发区调查发病患病情况。通过长期不断的实践和组织四省一市大协作,他初步阐明了食管癌的自然病史、流行特征及发病机制。在此基础上,他结合临床表现和X线诊断特点,提出了食管癌病理分型的概念,此后又提出了在国际上也属于创新的四期分类法及多点来源的病理学理论,大大推动了食管癌防治科研工作,使中国的食管癌防治达到国际水平。

第一个心血管病流行学与人群防治研究室

1978年，吴英恺邀请流行病学家何观清教授、医学统计学家高润泉教授和心肺临床学家俞九生大夫共同组建了中国第一个心血管病流行学与人群防治研究室。最初以北京石景山地区为调研防治基地，进行普查，预防和治疗高血压、冠心病、脑卒中的工作。他亲自下现场组织调查，培养干部，总结经验。普查逐渐扩大到多省市大协作，最终范围覆盖全国29个省市自治区，在90个城市及208个农村地区，用世界卫生组织的高血压诊断标准对1.2万人行抽样普查血压，得出确诊高血压和临界高血压的患病率及全国性高血压分布蓝图。此项工作受到政府的重视，并被卫生部评为科研二等奖。

建立北京心肺血研究中心和北京安贞医院

1981年9月2日，71岁高龄的吴英恺，老骥伏枥，志在千里，英雄暮年，壮心不已。他从阜外医院抽调李平、林训生、陈宝田、吴兆苏、姚崇华、刘淑媛等人员与北京朝阳医院翁心植教授商量，研究共同创办北京市心肺血管医疗研究中心，由吴英恺任中心主任，翁心植任副主任，地点在北京朝阳医院。1983年6月，经北京市卫生局决定及市政府批准，将心肺血中心迁往位于安定门外的原北京结核病院院址，并取名为北京市安贞医院和北京市心肺血管中心（两块牌子）。吴英恺对亲手创建的安贞医院有着这样的评价："方向正确，体制先进，环境优美，设备精良，人强马壮，成果初现，还要发展。"今天的北京安贞医院已成为仅次于阜外医院的中国第二大心血管病中心，并在世界心血管范围内起着重大的影响作用。

吴英恺的遗嘱

1995年，吴英恺写下一首诗歌作为自己的遗嘱："行年八十五，提前立遗嘱，死后做尸检，火化不留骨，不开追悼会，不搞告别式，如得不治病，我宁安乐死。我死心平静，亲友莫悲伤，人生总有死，活时当自强。"2003年11月13日凌晨4时50分，饮誉世界的一代名医、中国现代胸心血管外科的开创者吴英恺教授与世长辞，享年93岁。

吴英恺院士是当之无愧的大医，人格精神大，行医观念大，拓展范围大，医学成就大。笔者有幸在吴院长领导下的阜外医院工作数年，常亲聆他的谆谆教诲，仰慕他的风度风采。吴院长讲话非常朴实、精炼且意义深长。他常言："多看，多思，多帮，达到一专多能，专能结合，无往不胜。"1987年4月的一天，吴院长回阜外医院视察，我和他在楼道巧遇。让我感动的是，吴老还记得我的名字。我从衣兜里拿出小本让吴老留个言，吴老随即写下："阎鹏同志，一专多能，多能一专，专能结合，无往不胜。（图14-12）" 在吴老为我题作之时，随同的摄影师李武奎将这一宝贵镜头摄取（图14-13）。几十年来，我始终保留着这幅珍贵的照片及吴老为我的题词。吴老不愧为"爱祖国丹心照明月，爱事业刚正垂千秋"。

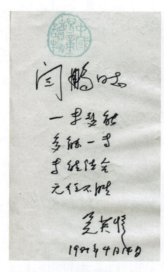

图14-12　吴英恺院长题词手书
（照片由阎鹏提供并拥有）

图14-13　吴英恺院长为阎鹏题词，吴院长身后为阜外医院副院长蔡如升教授
（照片由阎鹏提供并拥有）

　　上述是作者对吴英恺院长一生的简单概述。吴老一生学医、行医、传医七十余年，他的事迹7天7夜也难言尽。我对吴院长的概述肯定会有遗漏，下面让我们看下跟随了吴老五十余年的李平教授简述他所了解的吴院长。

跟随吴英恺院长50年

李　平

　　我从20世纪50年代初就荣幸地在吴英恺院长手下工作。吴院长当时是协和医学院大外科主任兼胸外科主任。我想把我从那时起所听到、看到的有关吴院长的事，简要地做个介绍。

　　吴院长早年立志学医，从一开始就碰上困难——报名未成，他就冒他人名去投考而入学,就此改名为吴英恺(不和他弟兄姐妹排行中字)。毕业后到协和医院实习,却又患肺结核,那年头结核没药治,有人劝他不要学医了,但他坚持要从医,经9个月疗养好转后重新实习。因工作出色誉为优等实习医生,而且得到"打"(一打)里挑一的研究生名额,从此被亲切地称为"Y.K."(英恺)(不叫吴大夫),并享受教授下午茶待遇。1939年任助教时参加胸外科研究工作,主任劳克斯在攻食管癌手术。当时食管癌手术是分期先切除肿瘤,旷置食管上下端;进食用管子连接;二期再用皮肤做成管道连接食管,进食用手从上向下挤。患者精神和肉体都很痛苦。1939年,美国波士顿的塞缪尔·马歇尔和芝加哥的威廉·亚当斯分别各行1例一期切除吻合成功。在协和医院外科劳克斯也在组织放射、病理、肿瘤、喉科共同研究这种手术。1940年安排了第一例临床手术,不巧,手术日主任病倒,吴问劳是否取消手术?劳说:"既已安排还是做,我相信你可以主刀,祝你成功。"手术顺利完成。以后几个月,胸科连续做了10例这种手术,7例成功,证明此项研究有较成熟经验。1941年吴被选为最佳医生派往美国留学整形外科。不料才3个月,该院胸外科专家格拉哈姆通知吴:劳克斯来信要吴继续从事胸外科。这真是求之不得。碰巧2周后,胸外主任格拉哈姆报告他的2例食管癌成功病例。会后讨论,吴谦虚地用幻灯片介绍了协和的经验使格拉哈姆敬佩不已,请吴在市学术会上作报告。次年吴又创连续120例胸廓成形术无感染的记录(该院10月前感染率为12%)。1943年该院拟留吴继续在该院工作,但他坚决要回国抗日。格拉哈姆劝他留下说:"我们是同盟国,在这里一样可以抗日。"吴说:"我国是战场,我还是要回去。"这就是吴一生中他认为的第一个最重大的决定:"出于爱国选择放弃优良工作条件和较好的生活回国奋斗。"

回国后,吴先在重庆中央医院任主任,自己动手先麻醉插管再上台手术(当时国内还没有麻醉专业)。1944年做了我国第一例动脉导管结扎术。1947年随医院搬天津继续胸科工作,成功切除缩窄的心包。1949年回到协和任副教授,1950年任外科主任。他成功了,但成功不是目的,只是开始。这就成为他后来创办胸心血管专科和领导这专业发展的条件。

新中国成立后,他致力于我国胸外科工作的开展。从一个医院的一个科室扩展到包罗有内外科和其他有关科室的胸科医院。20世纪50年代初协和医院胸外科只有20张病床,主治医生共六七人,潜力很大。吴院长派人去解放军结核疗养院帮助开展手术,等他结束东北晚期战伤医院工作就筹建胸科医院。吴院长仅用了一年多就组成有心、胸、内、外科和各有关诊疗科室和研究室的专科胸科医院，开始了临床科研工作。吴院长还举办胸外科进修班，为军队和地方培养专科医生。他还利用当时很稀少的出国去参加学术会议的机会，带回有关心脏病的进展和新器械来促进工作，并组织人力研究体外循环机的制作和动物实验，力求追上国际水平。

1958年军队整编，胸科医院转地方，改名为阜外医院。在结构上，吴院长对院内科室和人力进行了调整，使有专长的人能充分发挥作用；建立了各种讨论和学术会议制度，保证工作走上正轨；加强图书馆建设，给医护人员有充分学习新知识的条件。在业务上开展高血压普查，群防群治运动，为心脏病防治工作做出了一定成果。为建立"中国医学科学院—心血管研究所"开辟了道路。吴院长很重视医学教育，20世纪50年代初在协和医院就与曾宪九主任合编《外科临床手册》，作为外科住院医生的工作指导；20世纪60年代，在阜外医院他主编了《胸部外科》，还创刊了院内心血管通讯，定期出版，后发行全国，因效果好被医学会转成《中华心血管病杂志》。

吴院长还建立了心血管病流行病学研究室（他的第二职业），除对高血压病外，他还重点对动脉硬化进行研究，有发病调查、血液生化检查，并研究某些食品对动脉硬化的影响。因为效果卓著，被纳入世界卫生组织亚太地区的部分工作。

在20世纪60至70年代他任职时，曾多次举行国际会议和在院内邀请国外冠心病专家讲学，为在我国开展此项工作做准备。70年代后期，他派出造影、麻醉、外科医生组去欧洲进修这项技术。吴院长还用外科方法治疗高血压。对肾血管性高血压和继发性高血压施行手术并建立血管外科。在这些年间，阜外医院举办了多次进修班，和各地有关医院组织院际协作，为国内培养胸、心内、外科医生和护士，使国内心胸医疗工作得到广泛开展。60年代后多次邀请国外专家来讲学和举行专科学术会交流经验。从此就奠定了医院今后的办院方针，那就是"医疗、教学、科研、国内外交流四方面齐头并进，以促进医疗防治工作不断前进"。这些工作使阜外医院成为世界知名的心血管研究所。1966年后，"文革"停止了吴院长的医疗和行政工作，到20世纪70年代后期才得以恢复。

1980年在他出国时，医科院宣布他退休时间到了。他完全可以安享晚年，但他向卫生部表示，我仍是中国共产党党员，仍是中国医学科学家，仍要为中国的心血管发展继续工作。这就是他一生中的第二个重要决定：不愿退休，还要为胸心血管工作做贡献。卫生部同意让他从阜外带五六个人，拨给1 200平方米建筑面积自行建立工作场地。从那时起，吴院长每天设计"心肺血管医疗科研中心"的组织和人力配备，他带着留在身边的个别人，去用技术合作方式争取立足之地，并把医生送去美国进修临床工作。经过1年多努力，得到朝阳医院院长翁心植的同意，与该院胸外科合作。同年，吴院长就在该院举行了一次国际心血管学术会议，出版了专辑；并举办了国际心肺复苏学习班，请国外专家培训全院医护人员，普及此项技术。吴院长还动员国内外专家合写《胸心外科实践》一书，分别用中英文在国内外出版。临床上，半年内共治疗胸、心、血管各类患者一百好几十例。此时，北京市卫生局把当时正在迁往市郊的结核病医院院址拨给吴院长，成立了目前的安贞医院。1 200平方米，在原有病房的西边增加了病房，顶层为大会议室，可容纳200多人，供院内和外宾讲学等学术活动使用。

资金不足，他游说石油部领导给干部保健，来筹集增添医院仪器设备经费。医院工作很快开展起来。吴院长继续在新院举办国际会议和请国外专家讲学，促使业务水平提高。根据承担保健医疗的需要，医院增加其他专科，形成有综合各科但以心肺血管科为重点的特点，进而成为首都医学院的附属教学医院。

这50年每件事都不是一帆风顺、水到渠成的，都有困难阻挠，但他以坚韧不拔的毅力和不懈的努力终于成功。美国一篇文章对他的说法是"评价他事业的成功不是根据他所取得的名声地位，而是达到成功所克服的障碍"。

安贞医院巩固了，发展了，在国内外得到了承认。吴院长完成了他的夙愿，20世纪80年代末他真正退休了。虽然离职，他还几乎每天到院"办公"：写稿，了解医院工作进展和医护等人员的情况并和他们谈心，参加外事活动等，直到他病重。

吴院长是胸外科医生，虽然他没有举世的发明创造，但他在食管癌治疗上从1940年"直接一期切除吻合术"开始，到食管癌的防治上做出的杰出成绩，是世界公认的，因而他获得了美国胸心外科学会的荣誉院士。在防治心血管病的挑战上，他不遗余力地引进新技术，并在我国推广和实践，使我国在这方面努力赶上世界现状。这就是他一生为中国医学科学所做的伟大贡献。世上的事从无到有，都是先有人开拓，再有人盖楼。吴院长就是中国胸心外科的一位开拓者。

吴院长给我的印象：为人上，他是耿直、谦虚、和善，爱国，爱科学，爱自己的事业，不争名，不图利；工作上，他不怕吃苦，认定目标坚持努力直到成功，做起来必求完善；用人上，他看到每个人的长处和不足，所以任何人参加他的工作，他都会给予安排，给予机会，使其能发挥所长。吴英恺院长是值得我们敬佩和学习的医生、学者和领导。

图14-14 李平教授2010年7月在北京安贞医院为纪念吴英恺院士诞辰100周年大会上作《跟随吴英恺院长50年》的报告,右侧为吴英恺院士铜像
（照片由李平提供）

图14-15 吴英恺院士与李平教授（右）
（照片由李式琰提供）

李平教授

1927年3月21日—

北京市心肺血管中心,北京安贞医院胸心外科首任主任

履历

1944—1950年上海医学院

1950—1954年志愿军第67军后勤防治队副队长（反细菌战,野战外科）

1955—1957年北京协和医院外科医生

1957—1958年解放军胸科医院外科医生

1958—1978年中国医学科学院北京阜外医院外科医生

1979—1980年中国医学科学院北京阜外医院外科副主任,副教授

1979—1980年瑞士吉尼列尔（Genolier）心脏中心进修

1980—1981年美国纽约西奈山（Mount Sinai）医院心外科进修

1981—1982年北京市心肺血管医疗科研中心（驻北京朝阳

阜外医院,人称铁人

吴英恺院长50年行医中做出了太多的伟大创举和贡献。正像李平教授所说,这50年每件事都不是一帆风顺、水到渠成的,都有困难阻挠,但吴院长以坚韧不拔的毅力和不懈的努力终于成功。其实并非所有的建设和创举都由吴院长一个人单独完成,这里面不仅有吴老的独特的领导才华和精湛的专业技术,还有他手下的优秀团队以及团队中忠于他、为他无私奉献的诸多干将们。李平教授就是其中一位,他跟随吴英恺院长50年忠心耿耿,埋头苦干,任劳任怨,默默无闻,是吴老的优秀弟子和得力助手。吴院长的每一个新的课题,都是李平医生先在动物身上进行实验;吴院长操作的每一台重大手术,李平医生总是第一助手。特别是当年开展大血管置换术,一台手术要行10多个小时,李平医生总是提前上台准备:切皮,开胸,电烧止血,插管,阻断循环,暴露视野,待一切就绪后,通知吴院长上台主刀。然后,李平医生开始协助吴老进行拉钩、剪线、清理视野,吴老待完成手术的关键部位后便下台离去。此时,李平医生继续缝合非关键部位,然后拔管、清点纱布、关胸、缝皮等一系列步骤。李平医生就是这样,每天从早到晚浴血奋战,披星戴月,日复一日,年复一年,因他从不知疲倦,所以当年阜外医院的老人们都称他为"李铁人"。因李医生在20世纪50年代末和60年代初做了大量血管外科的工作,其中包括10多例主动脉瘤和主动脉弓动脉瘤切除术,所以大家也称他为"血管大王"。

建立安贞,功不可没

1981年,李平医生跟随吴英恺院长创建北京安贞医院,立下汗马功劳。从建立手术室、开展体外循环,到建立放射科、导管室、超声心动图室,从安排术前准备到术后监护,从门诊到病房护理,对每一件事他都操碎了心。每早5点多钟离家,每晚8、9点钟到家,真可谓"拼命三郎"。建立安贞,功不可没。

知识渊博,英文娴熟

李平医生真可谓一专多能,专能结合。他除了熟知胸心血管外科学专业外,对其他旁系专业也都非常在行,包括麻醉学、护理学、放射学、心电图学、心导管学、高压氧舱学等。李平医生心灵手巧,会安装和修理呼吸机、麻醉机、体外循环机等。因此,吴英恺院长创建北京安贞医院,特请李平为助手和大管家,可谓慧眼识珠。

吴英恺院长擅长搞国际协作及学术交流,聘请多国学术顾问,邀请数十个国家的上百位专家、学者到安贞医院参观、讲学,并举办大型国际学术交流会。由于李平主任具有深厚的英文功底,因此,对上述所有外事活动,李平主任更是责无旁贷,能者多劳。一次,李平主任为一主动脉瘤切除术实施了十几个小时,术后患者情况不平稳,李平主任便在监护室里看护了一整夜。第二天早晨又赶往国际会议中心为一大型国际学术会做翻译。这时的李平主任,眼睛红着带血丝,用沙哑的声音连续为3位外宾的报告及听众的问题做了完整的英文口译。听众中的乐效睪教授(老协和毕业,英文极好)会后对我讲:"李大夫的翻译真是滴水不漏,漂亮!"我有幸多次参加由吴英恺院长举办的国际学术会,每一次聆听及领教李平主任的英文翻译都不仅是一次学习,而且是一种享受。由于李平教授知识渊博,涉猎广泛,他可以从头翻到脚,不论内、外、儿、妇科,还是文学、政治、天文、地理、风土人情,翻译起来总是酣畅淋漓,行云流水。很多人都以为李平教授一定在国外留学过多年。其实在他55岁之前,除短期开会外,从没长期在国外待过(55岁那年他被吴院长送到美国进修一年)。李平教授的英文功底完全来自他幼年时的修炼。

纯朴谦卑,甘做黄牛

李平医生,生活简朴,谦虚谨慎,平易近人,有求必帮,没有任何主任教授的架子。一生勤奋努力,俯首甘为孺子牛。1985年李平医生被评为全国劳动模范。他常对我讲:"'不为名,不为利,老老实实为患者服务。'这是我的座右铭,伴我一生。"李平老师永远是我学习的光辉典范。

兰锡纯教授

1907年2月3日—1995年4月12日
上海第二医学院院长

履 历

1925—1933年毕业于山东齐鲁大学医学院,并获加拿大多伦多大学医学博士学位

履　历

　　1933—1938年齐鲁大学附属医院、上海仁济医院、上海雷士德医学院任外科医生

　　1938—1939年英国利物浦大学医学院进修外科

　　1939—1954年上海仁济医院、宏仁医院外科主任,圣约翰大学医学院外科教授

　　1955—1957年上海第二医学院一级教授,外科教研室主任,心血管病研究室主任

　　1957—1984年上海市胸科医院副院长兼胸心外科主任,上海第二医学院院长

　　1984年上海第二医学院顾问、专家委员会主任

　　1985年上海生物医学工程研究所所长、名誉所长

贡　献

　　1952年8月中国首例脾肾静脉吻合术

　　1954年2月中国首例二尖瓣闭式分离术(中国第一例心内手术)

发　表

　　发表论文110多篇,其中英文论文有31篇,涉及的内容有普通外科、心脏外科、心室辅助装置和人工心脏等。出版医学专著4部,其中包括1959年出版的《心脏外科学》,1983年出版的《血管外科学》,1984～1985年出版的《心脏血管外科学(上、下册)》

荣　誉

　　中华医学会理事

　　中华医学会上海分会学术委员会主任

　　上海市科协常务理事

　　1907年2月3日兰锡纯出生于山西省河津县东母庄村(今属万荣县),兄弟姐妹5人,他排行第五。1925年8月他以太原考区第一名的成绩,考取山东济南齐鲁大学医学院。齐鲁大学医学院是一所同加拿大多伦多大学有校际关系的教会学

校。兰锡纯毕业后，留在齐鲁大学附属医院内科工作一年。1934年到上海仁济医院工作，数月后转上海雷士德医学院任外科医生。1935年加入中华医学会，为永久会员。1938年8月12日，兰锡纯获雷士德医学院奖学金，赴英国利物浦大学医学院进修外科。

　　1939年7月，兰锡纯在利物浦大学医学院进修期满，导师挽留他在英国工作。他懂得中国更需要外科医生的服务，毅然决定回国。回国后，他陆续担任上海仁济医院、宏仁医院外科主任，圣约翰大学医院临床外科教授。1952年，兰锡纯参与筹建上海第二医学院，并同时探索和开展心脏和腹部外科工作。1952年8月行中国首例脾肾静脉吻合术，从而大大提高了门静脉高压症的疗效[27]。1954年2月，兰锡纯在宏仁医院施行二尖瓣分离术（应用手指经左心耳入左房到二尖瓣口），患者在术后第五天起床走动，不久康复出院[28]。这是中国第一例心内手术。1957年10月，上海市胸科医院成立，黄家驷任院长，兰锡纯任副院长和心脏外科主任。从这时起，他致力于发展中国心血管外科，并组织心脏血管手术器械的研制，领导和参与研制二尖瓣扩张器、人工心肺机、人工瓣膜等，为改进心脏手术创造条件。兰锡纯在心外科领域涉猎广泛，其中包括动脉导管未闭、房间隔缺损、主动脉窦动脉瘤破裂、法洛三联症、主动脉狭窄、二尖瓣关闭不全、主动脉夹层分裂、胸主动脉瘤，及心脏移植、人工心脏等。

　　兰锡纯教授多才多艺，善于思考，勇于探索，并取得一系列开拓性的成果。兰锡纯文笔流畅，论理透彻，概念清晰，善于把科研成果和丰富的实践经验写成论文并著书立说影响深远。因此，他被人们称为中国胸心外科四大先驱者之一。1995年4月12日兰锡纯教授病逝于上海，享年88岁。

图14-16　中国胸心外科四大先驱，左起：顾恺时、吴英恺、黄家驷、兰锡纯（1983年10月于天津）
（照片由李式琰提供）

顾恺时教授

1913年1月—2005年7月7日

上海市胸科医院副院长兼胸心外科副主任,上海铁道医学院副院长

履　历

1931—1932年天津南开大学生物系

1932—1938年国立上海医学院

1938—1947年国立上海医学院,中山、华山、南洋等医院任职

1947—1948年美国梅奥医学中心学习胸外科

1948—1949年哈佛大学附属马萨诸塞州医院学习胸外科

1949—1956年上海南洋医院院长

1957—1981年上海市胸科医院副院长兼胸心外科副主任

1981—1985年上海铁道医学院副院长

1985年起上海市胸科医院名誉院长

贡　献

1951年肺脓疡的肺叶切除术

1954年首创以"骨膜外塑胶球填充术"治疗双侧空洞型肺结核

1956年将自己所拥有250张病床的私立南洋医院无偿捐献给国家

1957年创制无缝塑料纤维人工血管,并用其修补主动脉瘤

1957年与黄家驷共创上海市胸科医院

1958年成功研制我国第一台鼓泡式人工心肺机

1958年7月首次用国产人工心肺机为一名右室漏斗部狭窄的12岁女孩行心内直视修补术

1958年11月施行第一例全肺切除术

1960年12月首创心脏二尖瓣扩张器并成功行经左心室施二尖瓣交界分离术

贡 献	
	1962年用国产人工心肺机实施主动脉全弓及动脉瘤切除
	1963年开展结肠代食管治疗晚期食管癌
	1978年将个人珍藏的历代文物225件无偿捐献给国家（上海博物馆）

发 表	
	编著《心脏血管外科学图解》《实用肺结核病治疗学》《临床心血管外科学》《胸心外科手术学》《顾恺时胸心外科手术学》（2002年）

荣 誉	
	九三学社成员、上海市政协一届至七届委员、上海市劳动模范
	1983年在全国心脏血管外科学术交流会上，他与黄家驷、吴英恺、兰锡纯被誉为中国胸心外科四大先驱和奠基人
	1984年被美国胸外科学会聘为终身会员

1913年1月，顾恺时出生于江苏崇明外沙大同村（今属江苏启东惠萍镇）。其父顾南群（1892—1964）早年留学日本医科大学，回国后在上海创办著名的私立南洋医院并任院长。1931年顾恺时上海中学毕业，入天津南开大学生物系，后转入国立上海医学院七年制。1938年毕业后留校任教，后在中山、华山、南洋等医院任职。1947年赴美国梅奥医学中心研修外科和胸外科，1948年转入哈佛大学麻省总医院进修，师从斯威特（R. Sweet）教授。1949年回国任南洋医院院长，1957年起任上海市胸科医院副院长兼胸外科副主任，1985年起任上海市胸科医院名誉院长。

作为我国胸心外科的先驱，顾恺时早在1951年即开展了治疗支气管扩张、肺脓疡的肺叶切除术，1954年首创以"骨膜外塑胶球填充术"治疗双侧空洞型肺结核，1956年顾恺时将自己所拥有250张病床的私立南洋医院无偿捐献给国家。1957年他与黄家驷合作筹建了上海市胸科医院。1957年创制无缝塑料纤维人工血管，并成功施行胸主动脉瘤切除、血管移植术。同年以他为主并与上海医疗器械厂协作研制成上海I型（滚压泵-鼓泡氧合器）体外循环机，并于1958年7月使用于临床，为一名患右心室漏斗部狭窄的12岁女孩施行体外循环下的心内直视术，并获得成功。1958年，在国内率先成功施行第一例全肺切除术。1960年12月首创心脏二尖瓣扩张器，并成功行经左心室施二尖瓣交界分离术。1962年，他又以国产人工心肺机在体外循环下实施主动脉全弓及动脉瘤切除，以自制的无缝塑料纤维行人工血管移植术；1963年，开展结肠代食管治疗晚期食管癌。

几多首创，几多第一，使顾恺时与黄家驷、吴英恺、兰锡纯三位教授一起，在1983年全国心血管外科学术交流会上被确认为我国胸心外科四大先驱和奠基人。1985年他出席印度召开的"世界心脏直视手术"会议，并荣获大会颁发的"顾恺时心血管外科手术卓越成就和伟大贡献"金字奖牌。顾恺时先后编著《心脏血管外科学图解》《实用肺结核病治疗学》《临床心血管外科学》《胸心外科手术学》等多部医学专著。2002年，年届90的恺时先生怀着对胸心外科专业的无限热爱，又组织编著出版了《顾恺时胸心外科手术学》巨著，为我国胸心外科事业的发展再次做出重大贡献。

顾恺时先生不仅是一位大医学家，还是一位蜚声文物界的收藏家、鉴定家，更是一位热情澎湃的爱国人士。1978年，他和夫人成言嘉教授将毕生积蓄购置的225件珍藏的文物全部捐献给国家，实在令人钦佩。

2005年7月7日，顾恺时教授不幸因病逝世，享年93岁。

石美鑫教授
1918年1月5日—2014年1月10日
上海第一医学院院长，上海市心血管病研究所所长

图14-17　石美鑫
（照片由姜楞提供）

履　历

1936—1943年国立上海医学院（上海第一医学院）
1943—1946年上海第一医学院外科助理住院医生和外科系

履　历

助教

1946—1948年上海中山医院外科总住院医生

1948—1950年上海中山医院外科主治医生、外科学讲师

1950年冬参加上海市第一批抗美援朝志愿医疗手术队，赴黑龙江工作半年

1951—1954年上海中山医院外科主治医生

1954—1956年上海中山医院副教授

1956—1978年上海中山医院教授及外科主任

1978—1984年上海第一医学院院长

1984—1988年任上海医科大学顾问

贡　献

1953年施行中国首例锁骨下动脉–肺动脉端侧吻合术姑息治疗法洛四联症

1957年成功行中国首例先天性食管闭锁及食管、气管瘘施行一期根治手术

1958年4月成功行深低温心房间隔缺损修补术

1959年低温麻醉行主动脉弓全弓切除同种异体主动脉弓移植术

1959年成功研制出国产静立垂屏式人工心肺机

1959年12月应用体外循环成功施行中国首例法洛四联症根治手术

1960年施行主动脉瓣窦动脉瘤破裂缝补术

1962年应用深低温体外循环施行左心室室壁瘤切除术

1962年行二尖瓣狭窄合并关闭不全心内直视瓣膜整复术

1977—1980年应用硬脑膜、猪主动脉瓣和牛心包制成三种生物瓣膜对108例患者施行单瓣膜或多瓣膜替换术

发　表

学术论文近百篇，出版医学专著6部：《实用外科学》《胸心外

发　表

科手术图解》《胸心外科手术学》《血管外科手术图谱》《血管外科学》《乡村医生手册》。译著有《胸部外科学及其有关病理学》，担任中国特大型综合性辞典《大辞海》的副主编

荣　誉

国务院学位委员会委员，卫生部学位委员会副主任委员

中华心血管病学会副主任委员

上海市科协副主席，上海市胸心血管外科学会主任委员，上海市生物医学工程学会理事长

中国共产党第十一大和十二大代表

1956、1959及1960年全国先进工作者

1978年获全国科学大会奖状，卫生部科学技术进步二等奖

中华胸心血管外科学会终身成就奖

少年时代，立志学医

1918年1月5日石美鑫出生在福建省福州市的一个医生家庭。受父亲熏陶，石美鑫少年立志要像父亲一样长大后成为医生。果不其然，1936年他顺利考入上海医学院。

育人治病，名师高徒

1940年的一天，黄家驷医生在给学生上课时，发现石美鑫因腹痛缺课。下课后，黄来到石的宿舍探查病情，并迅速诊断石美鑫为急性阑尾炎。黄立即将石送到手术室，并亲自操刀切掉了即将穿孔的炎症阑尾。为表示对老师的救命之恩，石美鑫决心要做一名外科医生。无独有偶，1948年石美鑫在上海中山医院做外科总住院医生时，患了肺结核病。数月不见好，只好行隔神经分离术。主刀人又是恩师黄家驷，此时的黄已经是知名大教授及胸心外科主任。石深感幸运，并决心做一名胸心外科医生。黄也发现石是一个心灵手巧的外科苗子，慧眼识珠同意收留。

不负恩师，屡创第一

石美鑫在中国胸心外科领域里做了大量的先驱工作并创下多个第一，其中包

括如下成就。1953年3月2日，石美鑫在上海中山医院为一名13岁患法洛四联症的男孩成功实施中国首例锁骨下动脉-肺动脉端侧吻合术。1954年动脉导管缝合切断术。1957年行国内首例先天性食管闭锁及食管、气管瘘一期根治术。1958年4月10日低温麻醉行心内直视房间隔缺损缝合术（用时7分15秒）。1959年低温麻醉行主动脉弓全弓切除同种异体主动脉弓移植术治疗二例梅毒性主动脉弓动脉瘤。1959年成功研制出国产静立垂屏式人工心肺机，同年9月21日至12月8日，石美鑫在上海市六所医院为11例先天性心脏病患者行体外循环心脏直视手术，9例获得成功。1960年行首例体外循环主动脉瓣窦动脉瘤破裂缝补术。1962年应用深低温体外循环施行左心室室壁瘤切除术和二尖瓣狭窄合并关闭不全心内直视瓣膜整复术。1970年石与骨科协作，进行一例胸骨柄软骨瘤切除术，他采取新的手术方法，将冷冻保存的胸骨柄及两侧胸锁关节行同种异体移植术，取得良好治疗效果。1977—1980年他应用硬脑膜、猪主动脉瓣和牛心包制成三种生物瓣膜，对108例患者施行单瓣膜或多瓣膜替换术，手术生存率达到90.7%，取得很好疗效。

仁心仁术，大医大德

石美鑫教授勤奋好学、严于律己、待人诚挚、医德高尚、医术精湛，尽心尽力为患者解除病苦，让患者恢复健康。他几十年如一日，为我国的卫生事业不断奉献他那光和热。石美鑫教授1954年4月加入中国共产党，是中国共产党全国第十一大和十二大代表。2014年1月10日，石美鑫教授因病医治无效在上海中山医院逝世，享年96岁。

黄宛教授
1918年9月—2010年2月28日
解放军总医院心内科主任，中国心脏介入诊疗技术开创者

图14-18　黄宛
（照片由孙瑞龙提供）

履 历

1935—1937年清华大学化学系

1937—1938年燕京大学医预系

1938—1943年北平协和医学院

1942—1947年上海第一医学院红十字会医院（现华山医院）和成都中央大学医学院

1947年10月—1948年5月美国罗切斯特医学院（University of Rochester Medical Center）进修

1948年5月—1950年7月芝加哥迈克尔里斯（Michael Reese）医院进修

1950—1958年北京协和医院心内科

1958—1966年北京阜外医院心内科主任

1966—1982年解放军总医院心内科主任

1979年加入中国共产党

贡 献

1951年推广应用12个导联心电图

1952年成功行中国第一例右心导管检查，并在国内医学杂志发表

1957年在北京协和医院举办全国首次心脏导管观摩学习班

1962年提出"多发性大动脉炎"概念（与刘力生共同提出）

1966年创新使用加压给氧法抢救急性左心衰竭

黄宛教授长期担任中央领导的保健工作，为国家的医疗保健事业做出了重要贡献

发 表

1956年人民卫生出版社出版的《临床心电图学》（本书先后6次再版）及《临床心电图图谱》

荣 誉

1952年荣立二等功

荣　誉

　　1963年获越南人民共和国友谊勋章，1969年获越南人民共和国最高勋章

　　1985年获中央保健局颁发的荣誉证书

　　1998年被总后勤部评为"一代名师"

名　言

　　学一样东西，就要把它钻透，把它学到最好的程度，我从不讲我没弄懂的东西。

　　黄宛教授1918年9月生于北京，祖籍浙江嘉兴。父亲是中国银行的高级职员。黄宛在家排行老三，上有哥姐，下有弟弟。1935年北京潞河中学毕业后考入清华大学化学系，1937年入燕京大学医预系，1938年考入北平协和医学院并于1943年获医学博士学位。1947年赴美国，先后在纽约罗切斯特大学医学中心和芝加哥迈克尔里斯医院从事心脏研究工作，主攻心电图学和心导管学。

　　下面是黄宛教授回忆他在美国学习时的经历和感想，参见其《心电学进展》一书。

　　那时正值第二次世界大战后的初期，美国人对中国人抱有极高的热忱，便立刻借我一册由乔治·伯奇（George Burch）写的《心电图学入门》。这薄薄的一册书在五章中的四章讲的是3个标准导联，主要谈的是CF导联，虽然也提及单极导联，但未重视。我这嗜学如命的人2个月内便掌握了3个标准导联所能掌握的内容。他们看到我如此钟爱心电图学，因而安排我改为每2个月轮流到心电图室学习。在我感到不满足时，就去学心脏的透视及X线（同样是自己买书、自己干），也不太难地掌握了各房室的X线检查。这时该大学正像其他心脏病学实验室一样，掀起心导管检查热，但因不熟悉心脏透视，便把我找去为他们指点导管端的位置。他们在那里测量压力及分析各处的血氧含量，我无意中却掌握了心导管的关键。随之，一位犹太医生告诉我，真欲学好心电图学最好掌握路易斯·卡茨（Louis Katz）[1]的心电图学。我立即买来了卡茨的书，从头到尾看了一遍，大为欣赏，便申请去卡茨所在的芝加哥迈克尔里斯研究所去学习心电图。就在这个时候我发现了一篇文章，由威尔逊（L.

1　路易斯·卡茨（1897—1973）是黄宛教授在芝加哥迈克尔里斯医院学习的导师，亦是世界著名心内科专家，曾获拉斯克—德贝基（Lasker-DeBakey）奖，并出版7部学术论著，发表500余篇论文。

Wilson)等发表在1944年《美国心脏病学杂志》(*American Heart Journal*)上。这是一篇厚达40页左右的巨著,讲述中心电站、单极导联在V1—V6的应用,我看后立刻被深深吸引了。好的文章终究会被广大心脏学者欣赏,特别是巴尼(Barney)一组引用这些导联与尸检配合,发现能据以判断前间壁、前壁、侧壁及高侧壁心肌梗死,而后壁心肌梗死,则主要靠Ⅱ、Ⅲ、aVF来诊断(那时对后壁及下壁分析不清,把今天所称的下壁一律称为后壁),这种想法及检查法也由卡茨很勉强地、但又不得不采纳了。

回顾那时心电图成就,从20世纪初至50年代,通过刘易斯(Lewis)、维格尔(Wiggers)、卡茨、朗根多夫(Langendorf)及后来的皮克(Pick)、南非的沙姆罗斯(Schamroth)等各大师及学者们的辛勤实践,心电图学已成为一个成熟的学科。它建立了正常人的心电图各种数值,树立了心室、心房肥厚扩大、房室和室内传导异常,包括差异性传导、干扰与脱节、隐匿性传导、折返传导等现象的诊断标准,并且观察到在多种疾病状态下的心电改变,直到今日这些标准仍是临床诊断的准绳。尤其是心律失常及心肌梗死的诊断,心电图是绝对权威工具。可是当时对心律只有长条的心电图记录,上述学者们就是通过对这些长条记录进行反复推敲、长时间的分析和思考,提出了一系列心脏传导系统的电生理现象和假说。这些假说在以后发展的实验和临床电生理学中一一获得证实,并成为电生理学的基础,不能不令我们这些后人由衷地敬佩,至今仍是心电图学中宝贵的财富。我在芝加哥迈克尔里斯研究所对这些大师们做出的巨大成就耳濡目染,坐享其成,实属万幸。美国学习期间我几乎没有在深夜两点之前睡过觉,从未休过节假日。由于劳累过度,从此留下终身的失眠症。美国有位教授曾不解地问我:"你为什么这样勤奋?"我回答:"我在这里时间有限,这么多新的东西,不这样怎能学会。"

1950年,黄宛应张孝骞邀请回到北京协和医院心内科工作。他和方圻、刘士珍等人一起,将直径7 μm镀银的弦线装在间距只有1 mm的两磁铁的缝隙中,改造了在协和医院沉睡22年的弦线式心电图机的导联系统,将之从双极肢导联心电图机变成先进的标准12导联心电图机。

1951年,黄宛教授在内科学杂志上介绍12导联心电图技术,并开始主办全国性的学习班。短短几年,为全国各省、各大医学院校培养出一批又一批心电图学专业骨干。1956年在原心电图学讲义的基础上出版了《临床心电图学》一书,以后5次再版,印刷22次,发行32万余册。新中国几代心血管医生和心电图专业人员,都是通过此书入门,并逐步精通心电图。黄宛教授所著的《临床心电图学》一书为中国心电图学者的普及与提高立下了卓越的功勋。黄宛教授渊博的心脏知识和忘我探索的精神为中国心电图学的发展树起了一面旗帜。

1952年，黄宛教授仅用他带回国做示范用的两根6F、7F导管和自制的血氧测定仪成功地进行了我国第一例右心导管检查，并发表在国内医学杂志上[29]。随后的3年内，黄宛和同事又为10个人做了心导管检查，从而熟练掌握了右心导管技术。1957年，黄宛在北京协和医院举办全国首次心脏导管观摩学习班，将这一重要而又高难度的心血管诊治技术及时推向全国，奠定了中国现代心脏介入诊疗技术的基础。

1957年，全国首届心导管学习班合影（前排左起：翟树职、邵孝鉷、翁心植、黄宛、方圻、傅世英、孙纹普；二排左起：陈在嘉2、陈新3；三排左起：刘士珍1、赵毅2、陈灏珠3、陈思聪7）

图14-19　中国协和医学院内科学系心脏导管观摩班结业纪念（1957年2月27日）
（照片由刘士珍转送孙瑞龙并由孙瑞龙提供）

1962年，黄宛和刘力生教授在国际上首次提出"多发性大动脉炎"概念，并发表在《中华医学杂志》上，题为《主动脉及其分支的炎症狭窄》，后获国家卫生部一等奖[30]。

1966年黄宛教授创新使用加压给氧法抢救急性左心衰竭患者、二尖瓣狭窄并肺动脉高压患者等都取得了良好的治疗效果，且得到广泛推崇。20世纪60年代在应用静脉肝素治疗不稳定心绞痛之前，他提出使用右旋糖酐40缓慢静脉滴入增加冠状动脉侧支循环的方法成为当时的常用有效方法，为广大心脏病医生所接受。

黄宛教授除了忙于临床、科研和教学工作外，还长期担任高干保健工作。他先后为邓颖超、李先念等许多党和国家领导人以及外国首脑看病、会诊。由于他经验丰富，遇到病情能果断拍板，又严格遵守保密纪律，不仅保证了这些领导人的健康和安全，而且也受到了同行们的敬仰和爱戴。

　　黄宛教授是中国心导管学的开创者，为中国的心电图学、中国心血管内科学的应用和发展做出了里程碑式的奠基性工作。2010年2月28日因病医治无效不幸逝世，享年91岁。

　　中国著名心脏电生理与起搏学专家孙瑞龙[1]教授为恩师黄宛教授献悼念诗一首。

悼念黄宛老师

恨吾庸碌事无成，负疚灵前哭纵声。
未达杏林所期望，汗颜不敢面师尊。

学生　孙瑞龙
2010年2月28日

苏鸿熙教授
1915年2月2日—2018年7月31日
解放军总医院心外科主任，中国体外循环开创者

图14-20　苏鸿熙
（照片由苏锦提供）

1　孙瑞龙：1928年2月22日—2011年2月7日，上海崇明县人。1946—1949年燕京大学医预学系，1949—1954年北京协和医学院医学系。1961年拜师黄宛教授，攻读心血管专业硕士研究生。1966年起到逝世在中国医学科学院心血管病研究所、北京阜外医院心内科工作，并先后任电生理室主任、研究员及主任医生。孙瑞龙教授生前是中国生物医学工程学会心脏起搏与电生理分会副主任委员、中华医学会心脏电生理与起搏学会常务委员、心脏电生理与起搏学会北京分会名誉主任、国际心脏起搏与电生理协会委员、北美洲心脏起搏与电生理协会会员。《中国心脏起搏与心电生理学》杂志主编，《中华心律失常学》杂志、《中国循环》杂志等10余种专业刊物编委。从事心脏病学的临床、科研、教学工作，对心电学、心电生理学、心脏起搏技术等领域尤为特长。编著《简明心电图学》《心导管检查与诊断》等5本专著。发表论文例如《心脏起搏器的临床应用》《心脏电生理检查的临床应用》等100余篇。参加的研究工作获部级奖6项，省市级奖2项。获中华医学会第一届黄宛心电学奖。

履　历

　　1937—1943年南京中央大学医学院（日本侵华期间迁往重庆和成都）

　　1943—1949年南京中央大学医学院外科住院医生、总住院医生、主治医生

　　1949—1951年美国芝加哥西北大学附属韦斯利（Wesley）医院进修麻醉

　　1951—1953年芝加哥肺结核病院外科住院医生，行肺肿瘤切除术、心包炎切除术

　　1954—1955年芝加哥福音医院（Evangelical Hospital）总住院医生

　　1955—1957年伊利诺伊州大学医院胸心外科研究生

　　1957—1972年解放军第四军医大学附属医院胸外科主任、副教授、教授

　　1972—1985年中国人民解放军总医院先后任心脏外科主任、教授

贡　献

　　1958年6月26日中国首次成功应用人工心肺机体外循环下行室间隔缺损修补术

　　1959年体外循环下直视修补5例室缺、1例房缺、1例严重右室漏斗部狭窄

　　1962年国内首次成功应用人造血管进行主动脉—颈动脉搭桥术

　　1966年体外循环下直视修补4例法洛四联症（1例死亡）

发　表

　　发表论文110余篇，专著4部：1984年出版的《矫正型大动脉转位合并心内畸形的外科治疗》（本书获军队科技进步二等奖）、1991年出版的《辅助循环实验研究及临床应用》、1993年主编的《现代多发伤治疗学》和1996年出版的《重症监护学》

荣 誉

1958年中国人民解放军全军科学委员会委员

1958年卫生部授予"卫生医药技术革命先锋"奖

1964年中国人民解放军总后勤部授予一等奖

1965年第四届全国政协委员会常务委员

1998年被总后勤部评为"一代名师"

1985—1992年被选为中华医学会胸心血管外科学会首两届主任委员

1992年中华胸心血管外科学会体外循环委员会主委

名 言

与人为善,我视所有我认识的人都是亲人和朋友。

1915年2月2日,苏鸿熙出生在江苏省铜山县的一个大户农民家庭,上有4个姐姐,他排行老五。1943年南京中央大学医学院毕业后留校并先后任住院医生、总住院医生及外科主治医生。1949年9月15日苏鸿熙乘船从天津港启程前往芝加哥,分别在西北大学附属医院进修麻醉学及伊利诺伊州大学医院学习胸心外科学。在美国学习期间,苏鸿熙掌握了当时世界上心外科最先进的技术——体外循环机的应用。1957年2月23日,苏鸿熙用自己多年的积蓄购买了2台德瓦尔-利乐海(DeWall-Lillehei)体外循环机,携着新婚洋媳妇,克服了重重障碍回到祖国的首都——北京。

初到芝城,一针出名

1949年10月,苏鸿熙来到位于芝加哥的美国西北大学医学院麻醉组进修。上班的第一天,科主任就让他做腰麻,他连做几例都是针一进去脑脊液就出来了。日子一久,就传出了"一针苏"的称号。麻醉科主任看重了苏鸿熙的才华并要求他成为正式麻醉师(第一年的年薪5 000美元)。"主任,我的目的不在这里,而是胸外科,我的国家需要这项技术!"苏鸿熙婉言谢绝。

掌握尖端,惦念祖国

外科的海德教授对苏鸿熙的工作能力和学习态度很欣赏,并指导他做肺部肿瘤切除术及肺叶切除术,然后学慢性心包炎切除术和二尖瓣狭窄分离术。自1955

年起苏鸿熙来到伊利诺伊州大学医院胸心外科,此时他可以主刀做一些简单胸科手术。这时从美国费城托马斯杰弗逊大学传来约翰·吉本(John H. Gibbon Jr.)发明的体外循环机的消息,这给医学界带来了心外科革命,从而使无数的心外科医生能够从容地为心脏病患者进行各种心内手术。吉本的这一伟大创举,开启了现代心外科之门。苏鸿熙非常兴奋并渴望学到这一最先进的技术。1956年2月苏所在的伊利诺伊州大学医院购置了一台体外循环机,他被受命对该机进行研发使用。苏鸿熙心灵手巧,不久就熟练掌握了这门高新技术。此时能掌握此高精尖技术的人为数不多,苏鸿熙完全可以留在美国,但他却一门心思想着如何将这一最新技术带回国内。

异国之恋,顺风顺水

图14-21　苏鸿熙与苏锦新婚照
(照片由苏锦提供)

　　在伊利诺伊州大学医院学习期间,苏鸿熙结识了一位小他14岁的美国姑娘,简·麦克唐纳(Jane McDonald),不久两人一起陷入了爱河。"我是要回中国的,也许就在不远的将来,你能同我一起回去吗?"苏鸿熙在简面前毫不掩饰自己对未来的设计,在潜意识里,能否一起去中国是他择妻的一个重要标准。此时的简已无法抗拒苏鸿熙,这个聪慧开朗、勤奋工作的中国人给她带来了一个崭新的生活世界。在一起工作和交往的过程中,她深深感觉到这是一个值得自己为他抛弃一切而托付终身的男子汉,她愿意和他在一起,哪怕走到天涯海角。1956年9月15日,苏鸿熙和简举行了简朴的婚礼,并为妻子取名为苏锦[1]。这是他离开祖国7周年的日

1　苏锦,英文原名是 Jane H. McDonald。1929年出生在美国威斯康星州的密尔沃基(Milwaukee)。1951年毕业于威斯康星州的马凯特大学(Marquette University),获文科艺术和社会学双学士学位(Bachelor Degree of Liberal Art and Sociology)。1955年在芝加哥与中国医生苏鸿熙相识,相爱。1956年9月15日,两人在芝加哥结为伉俪。1957年2月底同苏鸿熙一起来到中国定居。曾在北京的一所外语学院教授英文。苏鸿熙和苏锦夫妻两人,生活和谐,家庭美满幸福,并育有两儿一女。几十年后,白发苍苍的苏鸿熙坐在轮椅上,用英语问妻子:"你有没有后悔过和我来中国?""我从来没有后悔。"同样满头白发的苏锦用汉语回答,"我一辈子能跟你在一起就很高兴了。"苏鸿熙曾为苏锦作诗一首,其中有"识我报国志,爱君美心田"以表达两人之间的深厚感情。

子,也是从这一天起,他和他的妻子苏锦开始实施重返祖国的计划。

归国之路,曲折艰难

20世纪50年代中叶,正是中美关系最僵持的阶段,朝鲜战场的烽火毫不留情地将两国难以融合的政府关系推向了顶端,中国科学家要返回自己的祖国成了一件非常困难的事情。首先是苏锦要同苏鸿熙一起回国能否得到祖国的许可,因为她是一名美国公民。如果苏锦和他一同进入中国的话,以后再回到美国等待她的将是许多麻烦。为此,苏鸿熙给在北京的外甥写了信,请他征询国家有关部门意见并办理一切手续。为了保险起见,苏鸿熙将信先寄给一位在加拿大的好友,然后又转寄到中国。很快从有关部门获得了欢迎苏锦入境的保证。他的外甥迫不及待地给舅舅发了一纸"一切齐毕"的电文。没想到,就是由于这件事,苏鸿熙的行动受到了美国情报机关的监视。不久,苏鸿熙被要求到联邦调查局总部约谈数次,并软硬兼施极力阻拦这对夫妇去中国。为了躲过联邦调查局和美国移民局的刁难,苏鸿熙和苏锦两人急中生智,决定分头行动。1957年1月3日午夜,苏鸿熙离开纽约机场取道欧洲,苏锦以旅游为名取道加拿大,再抵达伦敦并与苏鸿熙在苏格兰会合,然后两人再取道法国、捷克,经苏联,共辗转6国,行程10万里,耗时51天,终于在1957年2月23日回到祖国的首都北京。与他们一起回到祖国的,还有苏鸿熙用自己多年的积蓄购买的两台德瓦尔-利乐海体外循环机。

学成归来,酬我故土

回国后,苏鸿熙决定去位于西安的第四军医大报到。就是在这里,他掀开了中国心脏外科崭新的一页。1957年4月,苏鸿熙正式走马上任并负责心血管外科工作,5月起开始进行体外循环的动物研究。经过42次动物实验后,他所领导的团队已具备临床应用体外循环的能力和信心。1958年6月26日,苏鸿熙成功地为1例6岁男孩(刘金生)修补室间隔缺损,这是中国第一例体外循环下心内直视手术,亦是中国第一例室间隔缺损修补术。由苏鸿熙操刀,并带领蔺崇家、刘维永、张威谦(分别为第一、二、三助手)、石慧良、王宝兰操作人工心肺机,史誉吾为麻醉师,牟善初与郑笑莲担任心电图监护。手术顺利完成,患儿恢复良好[31]。中国体外循环下心内直视手术的成功仅比美国晚5年,而早于加拿大、联邦德国、东欧、苏联和印度等国。2天之后,全国22家新闻媒体报道了这一消息,称为我国心脏外科史上的一个伟大创举,标志着我国心外科技术进入了一个更新而广阔的领域。此时的苏鸿熙教授心情无比激动,终于实现了8年前在留美的客轮上自己写下的"客轮载我赤子情,学成归来酬故土"的鸿鹄之志。

接着苏鸿熙于1963年在国内又首次成功应用人造血管进行主动脉-颈动脉搭桥术。他还在国内首先在动物实验中发现高浓度钾盐对心肌的损害。为了避免临床应用的不良后果,他又在国内首先对体外循环下心脏手术后颅内出血和血肿致死性并发症的产生机制和规律进行了深入探讨,其中包括探索体外循环下心脏手术前、手术中、手术后钾的代谢规律,并提出了有效的防治方案,且取得良好的临床效果。他的这些研究和防治措施使体外循环这一新技术更加成熟和安全。

1998年在我国首例体外循环手术40周年纪念会上,吴英恺院士说:"以苏鸿熙教授为首的第四军医大学心脏外科于1958年6月成功地完成了我国首例体外循环下心内直视手术,这是我国心脏外科发展史上一次具有里程碑意义的成就。有了体外循环这个基本条件,心脏外科才得以安全地在直视下进行细微可靠的技术操作,许多先天后天心血管病才有了根治的可能。"如今,全国已有700多家医院可以应用体外循环技术开展心内直视手术,每年约有15万心脏病患者因此得以受益[32]。

九八老翁,终实夙愿

除了医病救人,苏老的一生还有一个不懈的追求:加入中国共产党。因为有海外关系,他一直未能如愿。"实际上从美国回来后,我从思想上就把自己当成了共产党员。"坐在轮椅上的苏鸿熙艰难地说。由于患过脑中风,他身体的右半侧活动不便,表达也受到影响。

2013年6月26日下午,解放军总医院金沟河干休所第三党支部召开会议,正式吸收苏鸿熙入党。在后来举行的入党仪式上,98岁的苏老用左手托举起活动不便的右臂,郑重宣誓加入中国共产党,他的多年夙愿终于得以实现。

枚举历史,如数家珍

在阜外医院杨浣宜教授和301医院智光教授的帮助下我得到了苏老的地址。2015年11月4日,北京天高云淡,秋风爽朗,在去苏老家的路上,我不停地在脑海中勾画着百岁寿星苏老的面孔,应是何样? 30多年前我曾多次在学术交流会上见过苏老,领略过他那地道的英文。上午11点10分,我叩开了苏老的家门。苏锦把我请到客房,当得知我是从芝加哥西北大学来访时,苏老笑眯眯地说:"坐,坐,有朋自远方来,不亦乐乎。"接着便问我他曾经工作过的西北大学韦斯利医院现在何样,我说:"那座大楼早已被拆除,原地盖了新大楼。"我一边回答,一边端详着苏老那慈祥的面孔,这是我有生以来第一次见到百岁老人。虽说他与30年前相比判若两人，但仍然充满活力。苏老又问："那迈克尔里斯医院呢？"我说："那座大楼在2009年也被拆除了，整个医院都没了。""噢，那是黄宛曾经工作过的医院。"苏老慢条斯理地说着。使我惊讶的是，苏老能够精确复述半个多世纪前的往事，如那一年的几月几日，他离开中国，几月几日到达何地，又何时何地离开美国，经何国绕何地到达北京。当得知我在写一本20世纪世界心脏伟人录时，苏老突然心血来潮，然后开始用英文问我，你应该写格罗斯（Gross），还有利乐海（Lillehei），特别是利乐海的交叉循环方法（Cross Circulation）等一连串的人名及其作为，他枚举历史如数家珍。我一一做了回答。考虑到苏老的年龄，不敢多打搅，然后与苏老和苏锦合影留念，又拷贝了一些资料，便满怀喜悦匆匆离去。

百岁寿星，长寿之道

在采访结束之时，我向苏老提出最后一个问题："苏老，您能否告诉我，您的长寿秘诀是什么？"苏鸿熙又笑眯眯地说："我没有秘诀，如有的话就是与人为善，我视所有我认识的人都是亲人和朋友。"多么仁善的老者！此时我想起中国的一句老话：仁者长寿！

2018年7月31日，苏老对夫人苏锦说："我感觉今天我要睡一个很长、很长的觉。"苏锦回答说："你会去一个非常、非常美丽的地方。"然后苏老闭上眼睛，不久就驾鹤西去。苏老走了，但他的光辉事迹将永存人间。

图14-22　2016年9月15日摄于苏老家：苏锦，苏老和作者

（照片由阎鹏提供并拥有）

图14-23　苏鸿熙百岁生日照

（照片由苏锦提供）

陶寿淇教授

1918年3月31日—2000年3月20日

中国医学科学院阜外医院院长，中国医学科学院心血管病研究所所长（1980—1984）

图14-24　陶寿淇

（照片由陶丕章提供）

履　历

1934—1940年上海医学院

1940—1947年上海医学院住院医生，主治医生

1947—1948年美国哈佛大学医学院和密歇根大学医学院学习心内科和心电图学

1948—1951年上海医学院心脏内科讲师

1951—1952年参加抗美援朝志愿医疗队

1952—1958年先后任上海华山医院内科副主任、上海中山医院内科主任

1958—1974年上海医学院医疗系教授（1958年晋升为教授）

1974—1980年中国医学科学院阜外心血管病医院任副院长兼内科主任

1980—1984年中国医学科学院阜外心血管病医院心血管病研究所院（所）长

1984年后任该院（所）名誉院（所）长

贡　献

1952年国际上首先报道锑剂是治疗血吸虫病时引起室速和室颤，导致猝死的直接原因

贡　献

　　1954年根据对奎尼丁诱发多形性反复短阵室速、室颤的观察，在国际上提出了抗心律失常药物可导致严重心律失常的论点
　　1956年提出"用补充氯化钾纠正血钾过低所致的恶性心律失常"

发　表

　　发表论文100余篇，出版著作有1962年的《实用心脏病学》（董承琅，陶寿淇），该书1978年出版第二版，1993年出版第三版（董承琅，陶寿淇，陈灏珠）

荣　誉

　　世界卫生组织心血管病专家顾问团成员
　　国务院第一届学位委员会委员
　　卫生部医学科学委员会委员
　　中华医学会心血管学会主任委员
　　中国高血压联盟第一、二届名誉主席
　　1993年获医科院、协和医科大学"名医"称号
　　1995年获"保健工作特殊贡献奖"

名　言

　　谦虚谨慎，戒骄戒躁。

　　为了更好地全面概括陶寿淇老院长的学术人生，作者特邀陶老的优秀门徒，中国杰出的心血管病学专家高润霖院士选写陶寿淇教授功绩。

陶寿淇教授
中国现代心血管病学和预防心脏病学的奠基者之一

中国医学科学院阜外心血管病医院
高润霖

　　我的老师陶寿淇教授（1918—2000年）是中国杰出的心血管病学家，中国

现代心血管病学和预防心脏病学奠基人之一。曾任中国医学科学院阜外心血管病医院心血管病研究所院(所)长。陶寿淇教授一生开拓进取,无私奉献,淡泊名利,60年医学生涯中始终毕躬临床及科研第一线,为奠定和发展中国心血管病学和预防心脏病学做出了不可磨灭的贡献。

陶寿淇,浙江绍兴人,1918年3月出生于上海,1934年就读上海医学院,1947年在美国哈佛大学医学院和美国密歇根大学医学院学习心脏内科和心电图学,并深得保罗·怀特教授和心电图权威威尔逊(Frank Wilson)教授的教益。1948年回上海医学院任心脏内科讲师。1951年参加抗美援朝志愿医疗队。1952年任上海中山医院内科主任,1958年为上海医学院内科学教授。1974年调入北京并任中国医学科学院心血管病研究所、阜外心血管病医院副院(所)长兼内科主任。1978年加入中国共产党。1980年任中国医学科学院心血管病研究所、阜外心血管病医院院(所)长,1984年起任名誉院(所)长。

1952年,34岁的陶寿淇在国际上首先报道了"酒石酸锑钾在治疗日本血吸虫病过程中对心脏和心电图的影响"[33],以后又进一步证明,患者在治疗过程中发生晕厥和猝死的直接原因是锑剂引起的室性心动过速和心室颤动。该研究结果在瑞典召开的欧洲心脏病学会上报告后,受到同道的高度赞赏。

1954年,陶寿淇报道一例应用奎尼丁诱发多形性反复短阵室性心动过速,有时心室颤动而导致晕厥,得出抗心律失常药物本身亦可导致心律失常,这一论点在当时国际心脏界影响重大。

1956年,陶寿淇在临床实践中发现各种原因造成的体内缺钾,可使原来无心脏病者发生反复短阵多形性室性心动过速和心室扑动、颤动,引起晕厥或突然死亡,而经过及时静脉滴注足量氯化钾,患者可以完全恢复[34]。

1965年,陶寿淇对并发休克的重型肺炎,弃用以往常规的血管收缩药,加强静脉内补液和纠正酸中毒,并在大多数病例中加用具有强心和扩血管作用的异丙肾上腺素,以此降低心脏排血阻力,改善心功能和末梢循环,这种疗法使肺炎休克病死率由28%降至约5%。研究结果不仅是肺炎休克治疗本身的突破,也是对整个感染中毒性休克治疗方针的一次变革[35]。

1966年,陶寿淇与上海医疗器械人员和第一人民医院协作,在我国率先成功开展同步直流电转复疗法。

1981年,受卫生部委托,陶教授承担了中美政府间医药卫生科技项目——中美心肺疾病流行病学合作研究,与美国心肺血研究所合作,20年如一日,坚持开展流行病学调查。在中美研究基础上发展了中国心血管病流行病学多中心合作研究,建立了我国第一个国际标准化方法的心血管病流行病学前瞻队列。首次指出和明确了心血管病在我国的流行特点（北高南低，城高乡低）和主要危险因素特点，以及与我国经济社会发展的相互关系，为掌握我国心血管病总体流行趋势、制定防治策略提供了大量科学依据，也为国际心血管病流行病学提供了有价值的资料。陶教授重视和倡导循证医学研究，主持领导了多项大规模多中心随机临床试验，尤其是主持领导了血脂康冠心病二级预防的多中心临床试验，首开我国中医药领域随机对照研究的先河。

　　作为临床医学家，陶教授对患者有特殊的"偏爱"，直至病重住院前始终坚持每周1次的大查房。在查房中强调"三基三严"，强调物理检查基本功。针对当前不少年轻医生只重视大型检查，忽视物理检查的情况，每次查房，他都会认真核对体征，并检查出不少病房没有发现的、对诊断有重要价值的体征。大家都不会忘记，他凭借过硬的听诊技术，诊断了当时超声心动图尚无明显改变的二尖瓣狭窄（病情的发展证实了他的诊断）。他以极端认真负责的态度、敏锐的观察力、严谨的思维逻辑、娴熟的诊疗技术及丰富的临床经验，挽救了无数疑难危重患者的生命，1993年获得医科院、协和医科大学"名医"称号。

　　作为医学教育家，自1948年从教以来，循循善诱，诲人不倦，胸怀博大，甘为人梯，培养了大批杰出人才，桃李满天下。先生的为人之道、治学精神使学子们获益终生。陶教授与董承琅教授共同主编的《实用心脏病学》是我国第一部心内科学专著，为促进我国心内科学科发展做出了贡献。陶寿淇教授为人正直、治学严谨、学识渊博、医术精湛、医德高尚，是当之无愧的一代名医。

图14-25　世界卫生组织心血管病研究与培训合作中心1981年在中国医学科学院心血管病研究所挂牌，陶寿淇、蔡如升与世卫组织代表

（照片由高润霖院士提供）

陶寿淇教授相当长时间肩负着党和国家领导人及老一辈无产阶级革命家的医疗保健工作，其中包括为毛泽东、周恩来、邓小平等国家领导人做过保健工作，也为多位外国首脑治过病。他为此尽心尽力，曾多次受到党和国家领导人的表彰，并获"保健工作特殊贡献奖"。陶寿淇教授因病医治无效，于2000年3月20日凌晨4时在解放军总医院与世长辞，陶寿淇教授的逝世是我国医疗卫生事业的巨大损失。陶教授永远离开我们已经15年了，但先生的音容笑貌仍在眼前，先生的精神仍在激励着我们前进！

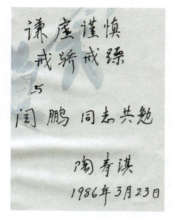

图14-26　陶寿淇院长为作者题字

（照片由阎鹏提供并拥有）

作者有幸在陶寿淇老院长领导下的阜外医院工作数年，并时常有机会向他老人家请教。陶老从来没有任何高高在上的架子，总是谦虚和蔼，温文尔雅，虚怀若谷，平易近人。记得1986年出国前请陶老写一封推荐信，他的秘书宋宏通知我去院长办公室与陶老面晤。陶老问了我一些问题后，拿起笔用英文书写了一封推荐信。陶老没有打底稿，更不用字典，一气呵成，使我立等可取。我从心里由衷地佩服陶老的英文功底，心想我一辈子也追不上。接过推荐信后，我从口袋里掏出小本子让陶老为我留言签字。陶老工工整整写下"谦虚谨慎，戒骄戒躁，与阎鹏同志共勉"（图14-26）。我立刻肃然起敬。多么谦卑的老院长啊！

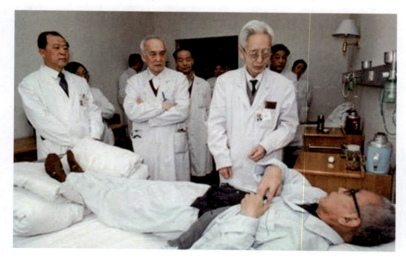

图14-27　前排左起：高润霖、蔡如升、陶寿淇，后排左起：陈再嘉、孙瑞龙、郑德裕在查房

（照片由高润霖院士提供）

多么伟大的胸怀啊！他长我40岁，要和我共勉"谦虚谨慎，戒骄戒躁"。陶老是这么说的，也是这么做的。陶寿淇教授人品高尚，学养深厚，勤奋至极。刘力生老教授常说："陶院长，严以律己，善以待人，一身正气，两袖清风，是我们大家学习的楷模。"

刘玉清教授

1923年3月14日—

中国医学科学院阜外医院副院长，心血管病研究所副所长，中国工程院院士

我国心血管放射-影像学主要创建人

图14-28　刘玉清

（照片由刘玉清院士提供）

履　历

1943—1948年满洲医科大学（国立沈阳医学院）

1948—1950年国立沈阳医学院住院医生

1951—1953年北京协和医院研究生

1953—1956年北京协和医学院放射科主治医生

1956—1958年解放军胸科医院（北京黑山扈）放射科主任

1958—1993年中国医学科学院阜外医院放射科主任（1978年起副教授）

1981—1989年中国医学科学院阜外医院副院长，心血管病研究所副所长

1982—1993年中国医学科学院阜外医院正教授，中国协和医科大学影像中心主任

1994年当选为中国工程院院士（医药卫生学部首批院士）

贡　献

1957年中国心血管造影技术的重要奠基者之一

1972年中国首位倡议:现代医学影像学

1978年起提高我国医学影像学在世界的影响力

1990年组建"大影像"概念的现代医学影像学体系

发　表

发表学术论文300余篇(其中60%为第一作者)。出版8部放射影像学专著,包括1962年编著的《心血管造影术及诊断》(由人民卫生出版社出版),是我国最早出版的心血管造影方面的书籍

荣　誉

中华医学会放射学会原主任委员

1978—1994年连续四届担任世界卫生组织(WHO)放射-影像学专家咨询委员会委员,是首位在WHO任职的中国影像学家

1984年美国哈佛大学客座教授

1988年任WHO临床影像诊断学研讨会副主席

1990年日本全国放射学会和磁共振医学会授"荣誉证书"及日本医学放射学会名誉会员

1994年当选为中国工程院院士(医药卫生学部首批院士)

2002年被授予第四届中国工程院光华工程科技奖

2010年被中华放射学会授予终身成就奖

2015年被授予中华医学会百年纪念荣誉状

名　言

认真思考,认真总结,刻苦努力,持之以恒。

　　刘玉清,1923年生于天津市宁河县(原河北丰润县)的一个农民家庭,5岁随父母迁居到辽宁省开原,后来到四平市。刘玉清在沈阳读完中学,并于

1943年春考入沈阳满洲医科大学,后(1945年)改为国立沈阳医学院,1948年7月毕业。先后在沈阳医学院(2年)和北京协和医院(6年)放射科工作,打下了较深厚的不同放射学基础。他工作认真负责,努力钻研,其间发表论文12篇,涉及骨关节、泌尿、消化和胸部放射学方面。1956年春被吴英恺院长选入解放军胸科医院,任放射科主任。1958年秋胸科医院划归中国医学科学院建制,先后成立阜外医院和心血管病研究所,成为心血管专科医研机构。在20世纪50年代中期,刘玉清就熟练掌握对支气管造影、肺脓肿、食管癌、大动脉炎和主动脉疾患、心肌病、先天性心脏病和肺心病的放射诊断及心血管造影技术。20世纪80年代初和中期,他对数字减影血管造影、心血管磁共振成像等研究属国内领先,某些达到国际先进水平。先后获2项国家级科技成果奖,5项部级科技成果奖,1项医科院科技成果奖。刘玉清教授是国内外著名医学影像学家、我国心血管放射及影像学主要创建人,为发展我国现代医学影像学做出重要贡献。

中国心血管造影技术的重要奠基者

早在1957年,刘玉清教授与上海的郭德文教授就分别开始实施心血管造影技术,并于1959年合作发表综述文章,其中包括总结国内北京、上海及武汉地区48例血管造影的病历讨论[36]。之后刘玉清不断地探索并对300余例心血管造影病历总结了经验,提出了心血管造影术的仪器使用,检查技术及其适应证,造影反应和并发症(包括死亡率),并于1962年出版《心血管造影术及诊断》(人民卫生出版社)一书,这是我国最早出版的心血管造影方面的书籍。该书为我国心血管造影技术的发展和普及起到了奠基性的作用。

现代医学影像学在中国的首位倡议者

1972年计算机断层扫描(CT)问世,刘玉清敏锐地意识到这是放射学向医学影像学发展的新动向。他结合能看到的文献资料,于1974年在国内提出"医学影像学"这一新概念。1977年最先发表文章较全面地向国内介绍了电子计算机X线扫描体层摄影及其临床应用的概况。

1984年,应用电子枪的超高速CT样机在美国研制成功,刘玉清于1985年即翻译了《CT电影扫描》,首先向国内介绍可将CT用作心脏检查。数字减影血管造影(DSA)技术刚刚起步的时候,刘玉清就看准苗头,引进国内第一台设备并很快就总结了初步的应用经验,发表了论文。刘玉清同时指出磁共振成像(MRI)作为无创性、非射线成像技术,对于心血管病诊断具有潜在的诊断优势。自20世纪80年代中期,刘玉清提出并一直倡导医学影像技术的"综合诊断,优选应用",以患者及诊治的需要为中心,用最少的代价取得最大的诊治效益。1995年,刘玉清明确指出,现代医学影像学必须走产、学、研相结合的道路。1996年,国家科委、卫生部和国家医药总局建议刘玉清主持"中国介入医学发展战略及学术研讨会",他首次在国内提出介入诊疗已成为与内科、外科并列的三大诊疗技术之一。在此基础上,"介入诊疗技术及相关的器械、器具的应用研究"被列为国家"九五"攻关项目。为表彰刘玉清在中国介入放射学领域做出的开创性贡献,中华放射学会于2010年向他颁发终身成就奖。

组建"大影像"概念的现代医学影像学体系

刘玉清于20世纪90年代初期提出并积极推动组建"大影像"概念的现代医学影像学[包括放射(含介入)、超声与核素成像]体系。他认为,目前上述专业都是独立科室,处于分割状态,不能适应新世纪这一新的交叉学科发展和专业人才培养的需要,同时也给患者带来很多不方便。患者在放射科做完检查,若需要做超声检查,还要再找医生重新开超声检查申请单。他提出"大影像学两步走"的策略:第一步是先组建"独联体"式的医学影像学部,联合开展学术活动,协调不同影像专业科室的科研工作;第二步是逐步组建统一的医学影像学科。在医院领导的支持下,阜外医院首先成立了医学影像学管理委员会。随后全国许多医院也都先后成立了医学影像学部。

提高我国医学影像学在世界的影响力

刘玉清在1978—1994年期间,连续四届应邀担任世界卫生组织(WHO)放射-影像学专家咨询委员会委员,是首位在WHO任职的中国放射-影像学家。1988年担任WHO临床影像诊断学研讨会副主席。1984年6月,刘玉清应邀赴美国波士顿哈佛医学院布里格姆和妇女医院(Brigham & Women's Hospital)做专题学术报告,并被聘任为美国哈佛大学放射学客座教授,是第一位获此殊荣的中国放射学家。1990年,他分别应邀在日本全国放射线学会和磁共振医学大会上用日语作"特别演讲"并获荣誉证书,是首位获此殊荣的中国放射学家。经过多方努力,刘玉清于1991年12月推进中华放射学会加入亚太放射学会和国际放射学会,正式成为国际学术组织的会员国。1993年,他参与创建亚太地区心血管和介入放射学会并在首届学术会议上做专题报告。同年,作为中国放射学专家组组长率团赴中国台湾地区进行学术交流并做专题报告,为拓展海峡两岸学术交流做出重要贡献。刘玉清于1994年当选为中国工程院院士(医药卫生学部首批院士)。

1983年美国放射学家代表团来我国学术访问，著名放射学家HL. Abrams，S. Paulin, S. Baum, D. Levin等教授，以及原医科院黄家驷院长（前排左三）陶寿淇教授（前排右一）等国内外专家与刘教授（前排左二）合影。

图14-29　1983年美国放射学家代表团来我国学术访问

前排右2是赫伯特·艾布拉姆斯（HL. Abrams）[1]，后排左1戴汝平，二排右2韩一江
（照片由刘玉清院士提供）

1988年11月刘教授参加WHO《临床影像诊断学专题研讨会》与来自欧、亚、非、美州的各国专家合影。本次会议刘教授任大会副主席。（摄于日内瓦WHO总部）

图14-30　刘教授参加WHO会议，前排右一为该届大会副主席刘玉清教授
（照片由刘玉清院士提供）

1　赫伯特·艾布拉姆斯（1920年8月16日—2016年1月20日）曾任美国哈佛大学医学院和斯坦福大学医学院放射科主任，《心血管及介入性放射学》杂志创刊人及主编，出版著作7部，包括《亚布拉罕斯造影学》（Abrams' Angiography），发表论文190篇。1985年获诺贝尔和平奖。

著名放射学家朱杰敏教授回忆老师刘玉清

刘玉清老师一生人品高尚，为人、做事、治学一贯以"认真"著称。学识渊博、厚积薄发是刘老师治学的特点之一。遇到疑难病、少见病和特别复杂的病例，他总能做出准确的诊断。他第一个做出了"大动脉炎""先天性主动脉瘤""十字交叉心脏""限制性心肌病"的放射学诊断。根据血管造影反映的病理改变，首先提出大动脉炎不仅引起狭窄、阻塞，尚可引起动脉扩张和动脉瘤。通过严谨的学术论文，在国内外权威期刊上报告了当时世界上样本量最大的造影诊断分析，并提出了大动脉炎（aorto-arteritis）的命名，在这一领域树立了国际认可的学术地位。

1978 年，朱杰敏在门诊透视时发现一个内科拟诊"风湿性心脏病"的英俊小伙，不但影像不典型，而且心杂音也不像。朱只好让患者摄片。第二天上午读片，大家还是不得要领，最后请刘玉清拍板。分析了 X 线征象之后，刘玉清提出最大的可能是"闭塞性心肌病"（是一种少见的嗜酸性粒细胞增多性心内膜心肌病），指出这是东非乌干达一带多发的心肌病，国内罕见，仅广西有过 1 例尸检诊断报告。于是他让患者化验嗜酸性细胞，如有增高，就应该是散发的所谓的 Löffler 肉芽肿或称为 Löffler 心肌心内膜炎。

刘玉清还特别强调那个"ö"上有两个点，是德文。第三天血象回报，嗜酸粒细胞明显升高。我们就想：太神奇了！书本上没有，听都没听说过，刘玉清事先并无准备，等于是"突然袭击"，他却信手拈来。后来经造影证实了诊断，这是我国第一例生前诊断的 Löffler 心肌病（以前只有尸检报告）。这件事不仅显示了刘玉清渊博的学识，也显示了他对心脏平片诊断的深厚功力。刘玉清常参加中央首长和高级将领会诊。当时没有 CT，胸片上肺内结节是良性还是恶性，成了保健工作中最常见的难题之一。朱杰敏的父亲，朱贵卿（阜外医院 1956—1958 年首任内科主任，20 世纪中国顶级心肺专家）在家曾谈起一次会诊时的情形。吴英恺、黄家驷、黄孝迈和朱贵卿等"顶级人物"诊断意见一致，只有刘玉清仔细分析了胸片的 X 线征象后提出了不同的看法，使众人受到启发，最后手术结果证实刘玉清诊断正确。后来又发生了几次类似的事情。朱贵卿调回协和以后，当"疑难"患者求诊时，朱贵卿在提出自己的看法之后经常建议"请刘玉清主任会诊"[1]。

---

1 以上内容来自作者电话采访朱杰敏教授（2018 年 5 月 14 日），杨进刚编写的《不忘初心：讲述·见证阜外医院 60 年历程》里刘玉清一章，并略作修改。

品学兼优，大德大医

我与刘玉清教授相识近40载，曾朝夕相处多年。他为人正直，做学严谨，生活朴实，坚守原则，谦卑有礼，一生勤奋，平易近人，可谓大德大医。刘玉清教授有两精和四快：精通日语，精通英文；思维反应快，说话频率快，走路速度快，如厕方便快。刘玉清教授永远都有一颗年轻的心，现已95岁高龄的他，仍思路敏捷，勤奋工作，并为本书作序。在此，我再次由衷地感谢刘玉清教授为本书作序及对我数十年的教诲。

图14-31　刘玉清院士在国际学术会上亲切教诲作者（2005年6月）

（照片由阎鹏提供并拥有）

郭加强教授

1923年11月18日—2010年5月24日

中国医学科学院中国协和医科大学北京阜外医院院长，心血管病研究所所长（1984—1992年）

中国心血管技术协作培训中心首任主任

图14-32　郭加强

（照片由郭小平提供）

履　历

1942—1944年四川民国中大医院

1945—1946年成都医学院

1946—1951年南京民国中央大学医学院（现南京大学医学院）

1951—1952年参加抗美援朝手术队

1952—1956年北京协和医院住院医生

1956—1958年解放军胸科医院（北京黑山扈）胸外科主治医生

1958—1968年中国医学科学院北京阜外医院心外科主治医生

1969—1971年江西永修县卫生部"五七"干校（1971年调回阜外医院）

1972—1975年中国医学科学院阜外医院心外科副主任

1975—1979年中国医学科学院阜外医院心外科主任（1978年副教授，1982年教授）

1980—1983年中国医学科学院阜外医院副院长兼心外科主任（至1985年）

1984—1992年中国医学科学院阜外医院院长，心血管病研究所所长

贡　献

1972年中国首例心室壁瘤切除术

1974年中国首例大隐静脉冠状动脉架桥术

1976年首先将牛心包生物瓣置换术应用于临床

1983年创建中国心血管技术协作培训中心，推动全国心血管病诊治整体水平的提高

1986年与刘晓程共同创建我国第一个液氮保存同种瓣膜和血管库

发　表

学术论文99篇,学术著作4部:1965年与侯幼临合编《心血管外科与护理》,1995年主编《心脏外科技术图谱》,2003年主编《心脏外科护理学》,2003年出版《郭加强教授文集》

荣　誉

1980年获卫生部科技进步甲等奖

1987年获国家科技进步三等奖

1987年获首都"五一劳动奖章"

1989年国家级有突出贡献专家

1991年获国家计委、科委及财政部重大成果奖

1992年获全国卫生系统模范工作者称号

1993年获医科院、协和医科大学十大名医称号

2004年获何梁何利基金科学与技术进步奖

2009年被中华医学会胸心外科学分会授予"中国胸心外科杰出贡献奖"

名　言

中国心外专家的贡献在于普及心外科。

　　郭加强,曾用名郭有珠,1923年11月18日出生于辽宁省营口市。父亲是一个家传的中医大夫,郭加强是家中10个兄妹中的老四,从小在父亲的影响下立志长大后做个医生。1942年至1944年,他在四川白沙民国中大医院学习。1944年冬至1945年夏在印缅远征军50师148团医疗队投身抗日战争,参与保卫抗日补给生命线印缅公路的战斗。1945年秋至1946年在成都医学院学习。1946年秋至1951年在南京民国中央大学医学院(现南京大学医学院)学习。其间于1949年加入中国共产党,成为中央大学地下党组成员,为迎接南京解放做出贡献。1951年2月,郭加强从医学院毕业,参加了抗美援朝手术队,并荣立三等功。回国后,郭加强在协和医院完成住院医生培训;1956年,奉调到中国人民解放军胸科医院任胸外科主治医生。1958年,随院迁至阜外医院,师从心脏外科主任侯幼临教授,开始了他的心脏外科生涯。1966年,郭加强被下放到江西永修县卫生部"五七干校"。1971年7月应召回到阜外医院,并于1972年任心外科副主任,1978年任心外科主任,

1983—1984年任血管外科研究室主任,1983—1994年任先天性心脏病研究室主任,1980年11月起任阜外医院、心血管病研究所副院所长,1984—1992年任阜外医院、心血管病研究所院所长。

临危受命,艰苦耕耘

1971年9月9日,阜外医院心外科主任侯幼临[1]教授因急性胰腺炎英年早逝(终年54岁)。从此,郭加强接过老师的手术刀,在中国心外科辽阔的处女地上,开始艰苦耕耘,发奋图强。那年正是"文革"中期,阜外医院和全国其他医疗单位一样技术人员散失,设备凋零,心外科工作更是七零八落。此时郭加强刚刚从江西"干校"回到北京,又恰逢老师侯幼临突然离世,所有的重担都落在了他的肩膀上。用他自己的话说:"我们那时的干劲儿和工作条件,在如今的年轻人看来简直不可思议。一切无现成经验可循,须先拿动物'开刀'。可动物实验缺乏相应的手术器械,连合适的针线都没有。我们只好找来眼科手术器械,人工打磨使之变细后再使用。"郭加强及同道们不分昼夜,每天一早就抓狗、麻醉,然后开胸。手术一直做到下午,晚上再看着狗,护理并观察记录。就这样,郭加强和麻醉科专家尚德延教授、心内科刘力生教授、陈在嘉教授和影像科的刘玉清教授等通力合作,日复一日,年复一年地艰苦耕耘,不断收获累累硕果。

三驾马车,齐头并进

1972年郭加强实施了中国第一例心肌梗死后室壁瘤切除术。当时许多人说他取得了傲人的成绩,而他认为,那只不过是小试牛刀,初见成效。当时中国心外

1　侯幼临(1917—1971),广东汕头人,中国心血管外科杰出奠基人之一。1936年至1940年就读于苏州东吴大学化学系,后转入北平协和医学院学习,并在上海圣约翰医学院、成都华西协和大学医学院(华西医科大学)、重庆中央医院实习。1944年在贵州205野战医院工作。1946年在上海中美医院任医生。1948年又回到北平协和医学院外科学系任住院医生。此后侯幼临教授一直在北京协和医院外科学系任助教、总住院医生、主治医生、讲师。1956年随吴英恺院长转入解放军胸科医院(阜外医院前身)。此后专门从事心脏外科,长期领导心脏外科的医教研工作。1958年解放军胸科医院转地方,即北京阜外医院,他任中国医学科学院阜外医院心外科主任、研究员。此后侯教授全身心投入心脏外科的开创工作。侯教授早期和尚德延教授一起研究低温麻醉与心脏直视手术,在主动脉瘤切除、心脏瓣膜成形与法洛四联症的外科治疗方面成绩显著。1955年3月成功开展二尖瓣狭窄闭式分离术;1958年9月开展第一例二尖瓣成形术;1959年3月开展第一例主动脉瓣成形术;1959年3月成功开展我国第一例低温麻醉下主动脉窦瘤破裂修补术;1961年12月17日在低温保护下,成功开展了主动脉缩窄矫治术和主动脉弓部瘤的全弓移植术。侯教授在20世纪60年代以来发表论文20余篇,其中代表性的有《主动脉瘤全弓切除及血管移植》《房间隔及室间隔缺损的治疗》《主动脉窦瘤,主动脉狭窄的治疗》。侯教授和他人合作著书3本,包括与郭加强教授合著《心脏外科与护理》。1971年9月9日,侯教授因病不幸去世,享年54岁。

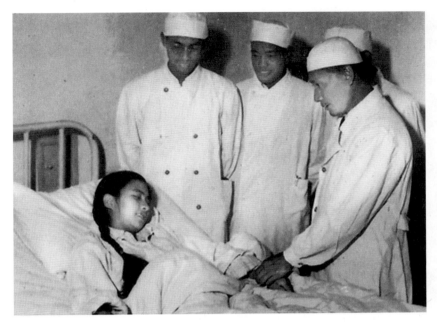

图 14-33　侯幼临（右 1），郭加强（左 1）1959 年 11 月看望首例体外循环手术患者
（照片由郭小平提供）

科与国外的巨大差距在心血管外科三个主要领域：心脏瓣膜外科、冠心病外科和婴幼儿先天性心脏病外科。其中，"文革"前刚刚起步的人工心脏瓣膜外科陷入停顿，冠心病外科和婴幼儿先天性心脏病外科尚属空白。为奋起直追，郭加强创建了心脏瓣膜、冠心病和婴幼儿先天性心脏病三个研究组，三驾马车，齐头并进。

1974 年 11 月 8 日，郭加强成功为一位 50 多岁的太钢烧结厂的副厂长实施了中国首例大隐静脉冠状动脉搭桥术[37]。这距世界上第一例冠脉搭桥术仅仅晚了 6 年。这一天，是值得在中国心血管外科史上彪炳的一天。中国冠脉外科治疗的史剧，从此拉开了属于自己的辉煌帷幕。

1976 年由他领导的心瓣膜组与航天部 703 所合作，成功研制出我国第一枚牛心包生物瓣（BN 型）并于同年成功应用于临床，该技术填补了我国瓣膜外科生物瓣置换的空白。他积极地将此项技术推广至全国 60 多家医院，挽救了大批亟待治疗的心脏瓣膜患者，促进了我国瓣膜外科的发展。

1976 年和 1982 年，他分别成功开展体外循环下 2 岁和 1 岁以下婴幼儿心内直视手术。1981—1984 年，郭加强通过深入的临床研究，及时总结了 1 016 例动脉导管闭合术、1 187 例室缺修补术、1 083 例房缺修补术的经验。这些大组报告当时在国内外均属罕见，对全国开展心脏外科常规手术具有重要的指导意义。通过推广

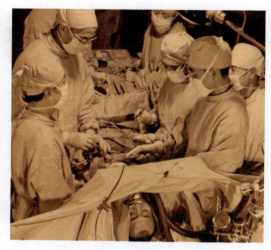

图14-34　1974年11月8日，郭加强（左2）正在实施我国首例冠状动脉搭桥术（左1乐效罕，右1曹嘉湘）

（照片由郭小平提供）

经验，明显提高了全国范围上述手术的安全性和疗效。

1983年，郭加强组建了婴幼儿专用病房、专用手术室和术后ICU，并于1988年成功开展了体外循环下新生儿（14天）室间隔缺损修补术。

1986年，郭加强与刘晓程创建了我国第一个液氮保存的同种瓣膜和血管库，并将同种血管和瓣膜应用于临床；在国内首次成功完成了完全性大动脉转位的动脉Switch手术；应用外管道矫治完全型大动脉转位合并肺动脉狭窄；应用拉斯泰利（Rastalli）手术矫治右室双出口合并肺动脉狭窄。

1989年，郭加强与刘晓程一起在国内首次将同种带瓣血管片应用于法洛四联症根治术，通过大量的临床实践，确定了我国法洛四联症患者右室流出道重建标准并在国内推广。

1987年和1988年郭加强成功完成国内第一例胃网膜右动脉冠状动脉搭桥术和巨大室壁瘤左室腔内成形术。

1990年，郭加强首次在国内应用心尖-降主动脉外管道治疗先天性左室流出道及主动脉发育不良畸形。上述开创性工作明显提高了我国复杂先天性心脏病的外科治疗水平。

1991年由他所领导的国家"七五"攻关课题"冠状动脉腔内成形术和旁路手术以及溶栓疗法的研究和推广"取得了突破性进展，开创了冠心病的综合治疗手段，使当时冠状动脉旁路移植术的手术死亡率大幅下降，接近国际水准，为缩短我国冠心病外科与国际先进水平的差距奠定了坚实基础。郭加强共获国家科技进步奖2项，部级科技进步奖4项。1993年获中国医学科学院、协和医科大学十大名医称号。由他主编的《心脏外科技术图谱》和《心脏外科护理学》于1995年和2003年相继出版。

普及心外，造福患者

郭加强常讲：中国心外专家的贡献在于普及心外科。为提高我国心血管疾病治疗的整体水平、缓解贫困地区患者就医难的问题,郭加强不仅在心血管外科尖端上进行深度探索,同时又为普及中国心血管外科治疗技术上尽心竭力。20世纪80年代初,全国心血管病治疗年手术量尚不及心血管病患者需求的1%。特别是那些来自边远地区、在阜外医院等半年甚至一年都做不上手术的患者,这些患者无助的眼神深深刺痛了郭加强的心,他根本看不得患者受罪。他想,自己从学生时代起就投身革命,图的不就是为最广大的人民谋利益吗?郭加强的儿子郭小平记得,父亲多次跟他讲,那些贫困孤弱的患者及家属不易呀,来了的可能倾家荡产,还有许多来不了的,不是短命就是苦命。因此在治疗中,郭加强尽量从患者的长远利益着想,减少患者精神和经济上的负担。他誓言:"一定要将阜外医院领先的技术传播出去,造福于更广大的人民群众!"1983年他创建了中国心血管技术协作培训中心并亲自任主任,在全国26个省(市)103家医院建立了协作网络,通过派出技术队伍、培训当地专业人员,使全国44家医院建立了心外科,使30家医院之前被停掉的心外科得以复苏,29家医院已经解体的心外科得以重组和发展,培养了各类心血管外科专业人才2 000余名。这一壮举为老、少、边、穷地区留下了带不走的心血管专业队伍,为数十万心血管患者解除了痛苦,使全国心血管病诊治整体水平得以提高和发展。

国际交流,弘扬中华

郭加强教授担任阜外医院、心血管病研究所院所长的9年间,以创建中国第一、亚洲领先、世界一流的心脏中心为目标,积极引进国外先进技术;先后派出321

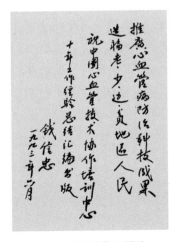

前卫生部长钱信忠题词

前卫生部长崔月犁题词

时任卫生部长陈敏章题词

图14-35 1993年为庆祝中国心血管技术协作培训中心成立10周年,三位卫生部长为此题词
(以上三位卫生部长的题词照片由郭小平提供)

341

人出国进修和参观访问；共接待来自33个国家423批2 326人次外宾参观访问；与美国罗马琳达大学医学院建立了姊妹医院关系；与澳大利亚、德国、俄罗斯、日本等国同道建立了心血管病合作关系；先后聘请了6个国家10位著名专家、教授担任医院的名誉顾问或教授[38]，带领阜外医院在对外交流方面取得了丰硕成果，扩大了中国心血管外科学及阜外医院在国际上的影响。

图14-36　郭加强与叶夫根尼·梅沙尔金[1]（Evgenii Meshalkin）1990年摄于俄国新西伯利亚梅沙尔金国家医学研究中心
（照片由郭小平提供）

大气如山，细致若水

郭加强教授是个品学兼优、讲究效率的实干家，在发展中国心血管病战略上，他大气如山，高瞻远瞩；在挑战心外科尖端技术上，他又心灵手巧，细致若水；性格上，他纳言敏行，从不高谈阔论；作风上，他雷厉风行，惜时如金，尤其厌烦参加那些冗长的会议，是医科院系统出了名的"缺会专家"。郭加强，性格坚强，坚守原则，手术室内从无笑脸，工作态度严肃认真，错误面前绝不留情。他的心里永远只想着中国心血管外科技术的发展和如何有效地解除患者的痛苦，很少考虑人情世故。他的儿子郭小平曾说过，家父性格内向，平时不苟言笑，即便是关系很近的朋友来了，也不会或不习惯于兴高采烈、滔滔不绝地聊上半天。他厌恶那些阿谀谄谄、媚上欺下、无能却霸道的恶习和世俗，与之相反，家父善待穷人，尤其同情患者和弱者。

一腔报国，回首无憾

郭加强教授将毕生精力献给了祖国医学事业，几十年如一日，兢兢业业耕耘在心

1　叶夫根尼·梅沙尔金，1916年2月25日—1997年3月8日，俄国科学院院士。1956年4月3日，梅沙尔金在莫斯科科胸外科研究所首次成功地为一法洛四联症患者实施腔-肺分流术，并于1956年终在世界外科杂志上报道了一组24例儿童实施腔-肺分流术。这是全世界最早的一篇有关成功临床应用腔-肺分流术的文章，该文章早于威廉·格伦（William Glenn）2年。详细介绍请参见第四章。

血管病医疗、科研、教学及医院管理的第一线，为我国心脏外科技术的普及和整体水平的提高做出了卓越贡献。虽然他的贡献得到各界公认，但没能获得他应有的最高科学地位。中央电视台《东方之子》节目采访中记者说，有人认为，选择做心外科医生就等于是上了贼船。郭加强则认为，假如在船上也能够很投入的话，就不觉得是贼船，但上去就后悔了，那就没办法了。记者又问他："您不后悔吗？"郭加强说："我不后悔。"

2003年9月27日，在庆祝郭加强80寿辰的庆典上，他的来自全国各地及世界20多个国家地区的学生、同道、老同事、老部下等1 000多人汇集在阜外医院会议中心。郭家强的开门弟子刘晓程教授在发言时说："刚才大家总结郭院长创造了中国十几个第一，但是忘记了最重要的一个'第一'，那就是他老人家是中国心血管外科技术普及推广的第一人。他不仅学术上深有造诣，更把大量精力用于普及心血管外科技术上。他的足迹遍布大江南北、长城内外，手把手地教基层医生做简单的心外科手术。如果将他的所有能量聚焦的话，难道还烧不透阻挡他通往院士的那道铁门吗？！"可他终究没能获得中科院院士头衔，但是郭院长不在乎……郭院长从容感言："我对自己一生所选择的事业尽心尽力、回首无憾。……退休后有时间看杂文，从中得知，人有智商，还有情商。自认为智商高于一般人，但情商偏下。因此在过去的工作中，开罪了许多同事，我在此深表歉意！"此时全场起立鼓掌以示理解，并对他老人家的坦荡胸怀和雅量表示深深的敬意。有些老同事流下了热泪。此事至今仍在我眼前浮现。

2010年5月24日7时38分，郭加强教授，因病医治无效，在北京协和医院逝世，享年87岁。郭加强的一生是伟大的一生，光荣的一生，开拓进取的一生，实事求是的一生，全心全意为人民奉献的一生。郭加强的逝世，使我国失去了一位著名的心血管外科开拓者，也使我们失去了一位敬爱的师长。

陈灏珠教授

1924年11月6日—

上海市心血管病研究所名誉所长，复旦大学上海医学院中山医院教授

中国工程院院士

图14-37　陈灏珠

（照片由陈灏珠院士提供）

履 历

1943—1949 年国立中正医学院

1949—1951 年复旦大学上海医学院中山医院住院医生

1951—1952 年参加抗美援朝志愿医疗队

1952—1974 年复旦大学中山医院住院医生,主治医生

1974—1978 年复旦大学中山医院心内科主任

1978—1980 年复旦大学中山医院副教授,上海市心血管病研究所副所长及硕士生导师

1980—1984 年复旦大学中山医院正教授及博士生导师

1984—1994 年上海市心血管病研究所所长

1988 年加入中国农工民主党

1997 年当选为中国工程院院士

贡 献

1954 年国内首次提出"心肌梗死"一术语,并首用心电图单级导联诊断及定位心肌梗死

1968 年 4 月与石美鑫安置中国首例埋葬式起搏器

1973 年 4 月 23 日施行中国首例选择性冠状动脉造影术

1991 年与沈学东等开展血管腔内超声检查

发 表

学术论文 300 余篇,专著及编著学术著作 13 部,其中包括 1962 年《心脏导管术的临床应用》(上海科学技术出版社),1982 年《中国医学百科全书心脏病学》(上海科学技术出版社),1996 年《心血管病鉴别诊断学》(安徽科学技术出版社)

荣 誉

1983 年卫生部甲级科学技术成果奖

1984 年上海医学会心血管病学会主任委员

1988 年中华医学会心血管病学会副主任委员

1988 年中国农工民主党中央副主席

荣　誉

1996年卫生部科技进步一等奖

1997年中国工程院院士

2005年中华医学会授予"中国介入心脏病学终身成就奖"

2009年上海市科技功臣奖

2017年人民网、健康时报主办的首届国家名医高峰论坛，获"国之大医·特别致敬"奖

国家、部、省级科技和教学成果奖10余项

名　言

勤学获新知，深思盟创意，实干出成果。

陈灏珠1924年11月6日在香港出生，祖籍广东新会县石头乡。父亲陈国伦曾是中国同盟模范军教官，后在国民革命军粤军中从事后勤工作。陈灏珠在家排行老三，上有哥姐，下有弟妹。他的童年及青少年是在香港度过的。因受宋代大文豪范仲淹一句"吾不能为良相，必为良医，以医可以救人也"而受影响和激励，1943年陈灏珠报考国立中正医学院并被录取，从此开始了他漫长的医学人生。

1949年陈灏珠毕业于国立中正医学院（1950年后该为复旦大学上海医学院），由于学习优秀、工作勤奋，毕业实习时陈被中山医院心内科陶寿淇看中并录取陈为中山医院住院医生。从此，陈灏珠与上海中山医院结下了70年不解之缘，并为中山医院及中国心血管病事业创建了诸多令人瞩目的辉煌成就。

路标术语，意义重大

据《中国心血管病报告2016》[39]报道，当时我国心血管病患病人数2.9亿，其中冠心病患者1 100万，冠心病中心肌梗死死亡率仍处在整体迅速上升阶段。而首先提出"心肌梗死"这一路标术语（即里程碑术语）的正是陈灏珠教授。1954年，年仅30岁的陈灏珠发表了题为《心肌梗死》的文章[40]，在该文中他还首先报告了应用心电图单级胸导联诊断及定位心肌梗死。这一诊断标准至今仍是诊断该病最快速的方法。该术语意义重大，因它不仅对由于心肌缺血出现坏死时的现象授予诊断命名，而且还标志着心血管疾病发展的趋势和走向。

埋藏起搏，中国首例

1962年，陈灏珠带领他的研究团队与上海第一人民医院合作制成了中国第一个用心外膜或心肌电极的体外起搏器，之后又研制出心内膜电极起搏的体外起搏器。1968年4月，陈灏珠与心脏外科教授石美鑫合作，在国内首次施行埋藏式起搏器安置术治疗1例患完全性房室传导阻滞的患者，获得成功。此后这个研究团队又相继研究出用镍电池和锂电池作动力的国产埋藏式起搏器，并应用到临床上，挽救了许多患严重心律失常患者的生命。

冠脉造影，开创先河

1972年，陈灏珠开始研究冠状动脉造影技术。这时上海市第六人民医院的王恒润医生从加拿大访问归来并带回2根心导管。陈灏珠便和第六人民医院合作，首先在动物身上做心导管检查，然后在人的尸体上实践整个操作过程，"不能在完全冷却的尸体上操作，必须用尚未僵冷的还有点软的尸体……经过反复实验，在尸体上进行冠状动脉造影手术获得了成功。"

1973年4月23日，一位患者因剧烈胸痛被送入中山医院。医生怀疑他患了当时并不常见的冠心病，但无法确诊。正当所有人一筹莫展时，陈灏珠决定为患者施行冠状动脉造影手术。陈灏珠小心翼翼把心导管送到患者血管中，注入造影剂。不到1个小时，几张清晰的冠状动脉X线造影片出现在眼前，精确显示患者冠状动脉堵塞情况。这也是中国首例选择性冠状动脉造影手术，开创了我国冠心病介入性诊断的先河。随后，陈灏珠将这次研究工作的论文发表在《中华医学杂志》上[41]。如今，冠状动脉造影手术已成为诊断冠心病的"金标准"。根据造影结果，心脏医生便可决定是否需放支架，或是否施行"搭桥"手术。

1973年6月，毕业于前上海圣约翰大学，时任美国华盛顿市乔治华盛顿大学医学院心内科医生，美籍华人郑宗锷教授受北京阜外医院邀请来华做学术访问。郑宗锷教授于1973年6月7日，在阜外医院进行了阜外医院第一例冠状动脉造影术。之后，郑宗锷来到上海中山医院，与陈灏珠一起交流切磋，并相互演示了冠状动脉造影手术。然而，郑宗锷教授在日后的多次场合及书、刊内宣称他本人是中国第一例冠状动脉造影手术者。比如，"我与英恺初次相识（也是大多数西方同道首次认识他）是我做中国首例选择性冠状动脉造影术的时候。那是1973年6月7日，在中国协和医科大学阜外心血管病医院，"［摘自《中华心血管病杂志》2004年第11期，作者是Tsung O. Cheng（即郑宗锷）和徐静[42]］。又如，"我于

1973年6月7日在阜外医院行中国第一例选择性冠状动脉造影术,站在我身后的助手是孙瑞龙。"[万松著《中国心血管外科的过去,现在和未来》(*Cardiothoracic Surgery in China Past, Present and Future*, Edited by Song Wan)一书中节选"中国心脏病学的进程"(The Evolution of Cardiology in China),香港中文大学2007年,243页][43]。

本书作者阎鹏通过调查研究在此郑重证实,陈灏珠教授于1973年4月23日在上海中山医院实施的是中国第一例冠状动脉造影术。42天之后,郑宗锷教授于1973年6月7日在北京阜外医院实施的是中国第二例冠状动脉造影术。

普查血样,预测未来

在20世纪70年代,陈灏珠和同事们一起完成了中国首次大规模的居民血脂水平调查。这个调查结果发现中国居民的血总胆固醇、甘油三酯和低密度脂蛋白胆固醇水平平均低于西方人,而高密度脂蛋白则高于西方人。基于这份调查,他提出,这可能是当时中国冠心病患者少于西方人的主要原因。陈灏珠在国人冠心病尚未井喷式爆发时做了调查,调查的数据几乎是最健康的中国心血管数据,为后来的对照研究留下了宝贵资料,而且奠定了总胆固醇、甘油三酯和低密度脂蛋白胆固醇水平是衡量和预测冠心病严重程度的重要诊断依据。在20世纪90年代,陈灏珠再一次开展了血脂水平研究,发现中国人的血脂水平在不断升高,而冠心病及其发病趋势也逐渐升高,冠心病已逐渐成为我国最常见的心脏疾病。而正是在把握了冠心病和心肌梗死的本质,并进行了中国最早的心血管病学的流行病学调查研究后,他在国际上首次确认了中国健康人的血脂正常值,就中国心脏病病种变迁、流行趋势和防治对策率先做出提示。

心肌类型,较早报告

陈灏珠自1976年起开始研究并报道原发性心肌病,他是中国最早系列报告"原发性心肌病临床探讨"者,其中包括充血型原发心肌病、梗阻型和限制型原发心肌病[44,45]。他还深入研究探讨原发性心肌病与病毒感染的关系,深入观察培养的心肌细胞及其感染病毒后和缺氧时用微电极(1989)和用膜片钳电极(1996)技术研究的电生理和离子通道的变化。

沉着应变,起死回生

1976年,陈灏珠救治了一位28岁患心房颤动的患者,用奎尼丁0.2克每6小时1次,达0.6克时心律转为窦性。改服维持量后,患者先是恶心、呕吐,随即抽搐不止,失去了神志,即奎尼丁最严重的不良反应——"奎尼丁晕厥"(严重快速室性心律失常)。在随后的10小时内,患者先后发作了29次,虽然每次都抢救了过来,但两次晕厥间的间隔却越来越短。这样的险情从未碰到过,谁也不知道该怎么办。陈灏珠并没有慌乱。趁着患者发作间隙,他仔细分析之前每一次抢救过程。突然,一条"历时200分钟没有发作"的病案记录在眼前一亮。"这是偶然,还是另有原因?"陈灏珠反复询问自己。经过仔细观察并推断出,此前注射过的异丙肾上腺素很可能具有"回天之力"。很快,药效逐渐显现,而用量也在一点点加大。最后,当异丙肾上腺素的用量达到正常剂量的15倍时,30小时后病情才逐渐趋稳。减量维持6天后患者病情达到完全控制。那次抢救创造了逆转"奎尼丁晕厥"的奇迹。

腔内超声,首先起步

1991年陈灏珠与沈学东教授等率先在国内开展并报告血管腔内超声检查显示血管壁病变的实验研究工作[46],随后他和他的同事们应用于临床诊断冠状动脉病变取得成功,并在国内较早用于诊断冠状动脉粥样硬化。

慷慨解囊,资助贫困

2007年,在女儿和夫人的共同支持下,陈灏珠向复旦大学教育发展基金会捐资100万元人民币成立"复旦大学陈灏珠医学奖助学基金"。10年来该基金已经资助了67位贫困医学生完成学业。为了帮助更多医学生和青年医务人员成才,陈灏珠于2014年把基金更名为"复旦大学陈灏珠院士医学人才培养基金",动员更多爱心人士参与。基金下设"生命之花"项目,主要支持西部地区医学人才的培养,开展西部地区医疗精准扶贫。

国之大医,风度翩翩

如今94岁的陈老仍然坚持上班,为了提高年轻医生的专业英文水平,他每周1次的查房完全使用英语,吸引了许多医生前来观摩、听讲。陈灏珠治学严谨,善于创新,兢兢业业,70年如一日。正是以上这些令人瞩目的医学成就,在2017年由人民网、健康时报主办的首届国家名医高峰论坛上,陈灏珠院士获得大会"国之大医·特别致敬"奖。陈老永远都是精神饱满,儒雅随和,西装领带,风度翩翩。无论是台上台下,院内院外,还是闲庭信步,骑马射击,从早到晚,无冬历夏,鲜有不配领带之时。陈老真可谓医学成就大,品行修养大,知识学问大,人格魅力大,不愧是20世纪中国心脏内科学的国之大医。

刘丽笙教授（常用名刘力生）

1928年3月28日—

中国医学科学院阜外医院副院长，心内科主任

世界高血压联盟主席，中国高血压联盟主席，北京高

血压联盟研究所所长

图14-38　刘丽笙

（照片由徐捷提供）

履　历

1946—1949年燕京大学医预科

1949—1954年北京协和医学院（医学博士）

1954—1957年北京协和医院住院医生

1957—1958年解放军胸科医院（北京黑山扈）心内科住院

医生

1958—1974年中国医学科学院北京阜外医院心内科住院医

生，主治医生

1974—1980年中国医学科学院北京阜外医院心内科副主

任，副教授

1980—1981年美国伯明翰阿拉巴马大学客座教授

1981—1989年中国医学科学院北京阜外医院副院长兼心内

科主任

1983—2017年中国医学科学院北京阜外医院心内科教授

贡　献

1962年首先在国际上提出"缩窄性大动脉炎"的概念（与黄

宛教授一起）

贡　献

1969年建立北京首钢防治基地，成为中国心血管病大规模临床试验的奠基人

1989年创建中国高血压联盟并任首届主席

1999年创建北京高血压联盟研究所并任所长

发　表

在国内发表论文200篇，国际发表60余篇。主编《中国高血压防治指南》《临床高血压病学》《高血压》。参加编著《实用心脏病学》《心脏急症》《高血压的治疗实践》等著作

荣　誉

1947年燕京大学金钥匙奖

1985年国家卫生部科技进步一等奖

1988年中华医学会心血管病学分会主任委员（直到1998年卸任）

1989年中国高血压联盟主席（直到2010年卸任）

1994年国家卫生部科技进步二等奖

1995年国家卫生部科技进步三等奖

1996年国际华人心脏网络委员会主席

1999年世界卫生组织·发展中国家心血管病研究执行委员会共同主席（直到2003年）

2006年世界高血压联盟主席[1]，这是中国人在医学专业组织中担任的最高职位

2009年连任世界高血压联盟主席（直到2013年卸任）

2008年获欧洲高血压学会授予的特别贡献荣誉奖

1　世界高血压联盟，1984年成立于瑞士日内瓦。主要负责人是斯特拉塞博士（Dr.T Strasser）（秘书长）。银行资本来源为会费。世界高血压联盟的宗旨是促进对人群高血压普查、控制。通过盟员机构之间建立联系和提供世界通用的高血压防治方案，协助各国盟员机构的活动。设正式盟员，截至2010年底已有86个成员国遍布全球五大洲。

荣　誉

2012年获国际高血压学会颁发的罗伯特·蒂格斯泰特终身
成就奖（The Robert Tigerstedt Lifetime Achievement Award），
该奖每两年颁发一人，她是38年来第一个亚洲获奖者
2016年获国际高血压学会颁发的杰出贡献奖

名　言

干惊天动地之事，做默默无名之人。

刘丽笙（刘力生），1928年3月28日出生在北京一个医学世家，祖籍山东。父亲刘继成曾是北平协和医院的内科医生，母亲是幼儿教师。1954年刘丽笙毕业于中国协和医学院（现北京协和医学院），先后在北京协和医院、中国医学科学院阜外医院工作。1962年刘丽笙与黄宛教授首先在国际上提出"缩窄性大动脉炎"的概念，解决了医学界对此病的模糊认识，提高了继发性高血压，尤其是肾血管性高血压的临床诊治水平。刘丽笙是我国心血管病大规模临床试验的奠基人。20世纪60年代末她在吴英恺院士的带领下率先在首钢开展基层高血压人群防治工作，建立了中国第一个心血管患者群防治点，在国际上首先阐明了东方人血压与卒中尤为显著的直线相关关系，被世界卫生组织命名为"首钢模式"。1981年刘丽笙到美国伯明翰阿拉巴马大学心血管研究所做客座教授，同时完成博士后研究工作。回国后历任中国医学科学院阜外医院副院长、内科主任，高血压病研究室主任，中华医学会心血管病学会主任委员，中国高血压联盟首任主席，世界高血压联盟主席等职位。在国内外刊物上发表论文260余篇，多次获得国家和卫生部成果奖；主编《临床高血压病学》和《高血压》两部重要著作，是国内外9种杂志的主编或编委，培养研究生40余名[47]。

高血压病，一生之缘

刘丽笙一生与高血压研究结下不解之缘，从1958年起她就和大家一起利用周末时间，去给职工和学生量血压，并一个一个记录下来。回忆起这些60年前的往事，刘丽笙仍然非常兴奋："那一次，我们调查了16万北京市民的血压情况。"1959年在西安召开了"全国第一次心血管会议"，提出了进行全国高血压普查，普查结果是高血压患病率为5.5%。刘丽笙回忆道："准确地说，我国的高血压防治工作就是从那个时候开始的。"1969年，刘丽笙主持建立了我国第一个高血压防治点：北京首钢防治基地。作为队长，她带领12个人的协作组进驻首钢。大家在首钢下属

的炼铁厂、炼钢厂、焦化厂、机械厂、发电厂、白云石车间等10余个厂开展调查,帮助那里的工人量血压等。这个小队通过1年的工作,共给10 000多名工人量了血压。结果令人吃惊,首钢工人中,有高血压的人竟然达到了11.7%。有了这第一手的资料,1972年,专家组成立心血管病防治组,对高血压工人建立三级防治网,进行分级管理。经过10年的跟踪随访,60.8%的高血压工人都得到了管理。服药的人中,71%的人血压降下来了。其管理经验已成为我国慢性病防治的范本。

全国普查,一点六亿

刘丽笙说从1959年起,中国开始了每10年一次的全国高血压普查。1980年,全国400万人抽查,高血压患病率为7.7%;1991年普查时,患病率为11.25%;到2002年普查时,患病率上升到18.8%。也就是说,全国13亿人口,有1.6亿人患有高血压!且患病人群呈现以下特点:一、农村患高血压人数逐渐赶上城市,这说明我国城市化的发展非常快;二、人口老龄化也是导致高血压人群急速上升的一个重要原因;三、发病日趋年轻化,尤其是35~40岁这一人群,发病率上升得特别快。

无声杀手,麻痹大意

经过长期对高血压的普查、研究和临床实践,刘丽笙说:"高血压是人类的'无声杀手'。"这是由于高血压通常没有明显的临床症状,尤其早期往往无任何感觉,仅有少数人会出现头痛、头昏、胸闷等症状,且这些症状也不是高血压所特有。但长时间的高血压则会悄无声息地损害着心、脑、肾等重要脏器,直到出现脑卒中、脑出血、脑血栓、心肌梗死、心力衰竭、肾功能衰竭等严重的并发症,威胁人的生命。预防这些致命并发症的发生,最重要的就是及早发现高血压这个危险因素,将它控制到正常范围,即130/80 mmHg以内。但大部分患者却麻痹大意、不主动控制诱发高血压的各种危险因素,放任血压"高高在上"。刘丽笙还发现,有很多人并不知道高血压的厉害,患了高血压症不吃药、不控制血压的人相当多。高血压患者中,服药治疗率为28.2%,而控制率仅为8.1%。基本上2/3的高血压患者不吃药,90%的患者血压控制不理想。

预防为主,长期控制

刘丽笙长年对高血压领域研究的独特心得和经验是预防为主:第一要了解自己的血压,尽量将其控制在正常范围以内,特别合并靶器官损害或糖尿病者,要控制在130/80 mmHg以下,而理想的血压最好是在120/80 mmHg左右;第二是注重健康的生活方式。高血压预防比治疗更重要,健康教育要从儿童做起,教育他们不要吃高热量的垃圾食品、避免过度肥胖等。关于健康的生活方式总结起来就是"少盐少脂多运动、戒烟限酒减压力,劳逸结合心舒畅,谨遵医嘱把药服"。

刘丽笙认为:收缩压升高危险性更大,其发生心肌梗死的概率更高!脉压差值越大,代表动脉硬化越明显。一些轻微的高血压只要通过控制体重、低盐饮食、运动等健康生活方式就可以降下来,通过这些方法降不下来了再吃药。多数轻型高血压只要一种降压药就可以控制;如果一种药控制不下来,再考虑两种或复方用药。现在临床上医生们比较喜欢低剂量、固定复方用药,因为这样副作用比较少,对人体损伤也就会减少,这也是以后高血压的用药趋势吧。

1982年,刘丽笙在世界卫生组织"轻型高血压会议"上报道了首钢高血压管理5年和10年的随访结果。世界卫生组织专家进行实地考察后,认为首钢的管理模式很有借鉴意义,为流行病研究和高血压管理提供了范例,大医院与基层医疗配合,对高血压的管理效果显著。刘丽笙说:"我们现在认为,最适合的方法还是在社区开展慢性病的防治工作,通过提高社区服务站的治疗能力、宣传能力,将高血压的患者在基层管起来,否则有再多的'协和医院'也于事无补。"由于在首钢的工作受到了好评,她也在世界卫生组织的轻型高血压会议上被接纳为国际高血压学会的会员。

健康血压,始于限盐

刘丽笙教授常说:"健康血压,应从限盐开始。"因盐的摄入量长期偏高是导致高血压的主要原因之一。世界卫生组织最新提议,建议每人每日盐的摄入量由原来的6克改为5克。然而调查显示,中国北方地区每人每日平均摄盐量为15～18克,南方地区每人每日平均摄盐量为10克左右。如此看来,中国居民实际摄盐量已大大超过世界卫生组织的建议标准。因此,刘丽笙带领中国高血压联盟不仅提出了循序渐进的限盐措施,还指出限盐与限制高脂肪和高糖饮食相比,其效果更直观、更易操作,是中国民众健康膳食的起步。限盐不仅仅是个人的事情,政府和学术机构有义务倡导和引导民众采取低盐膳食模式。

双联主席,高防斗士

1986年,刘丽笙与龚兰生教授共同发起组织中国高血压联盟,并于当年申报国家科委、外交部、卫生部获批准,当时,首批盟员120名。世界高血压联盟于1989年5月12日正式审定中国高血压联盟为唯一代表中国参加世界高血压联盟的成员。中国高血压联盟于1989年10月26日在湖北襄樊市召开了成立大会,通过了《中国高血压联盟章程(草案)》,选举产生了中国高血压联盟第一届理事会。主席刘丽笙,副主席龚兰生,名誉主席陶寿淇、何观清。截至目前已陆续发展盟员1 600余名,盟员分布遍及全国各省市区及基层卫生组织。她领导编写我国第一部《中国高血压防治指南》,并于2005年和2010年对该指南2次进行修订,规范临床治疗和管理,改善人群知晓率、治疗率和控制率。

1987年欧洲国际高血压学会又主动邀请刘丽笙与欧洲十一国协作,进行老年收缩期高血压研究。从这时起的7年中,协作组二十几个单位,就在人力物力相当匮乏的情况下,凭一股热情和苦干完成了中国第一次大规模的高血压临床试验。后来,刘丽笙又克服种种困难,组织进行了Syst-China、CCS-1、PATs、FEVER、CHIEF和CHINOM等一系列中国独立或合作设计和完成的研究。"想在指南上说一句话,需要做相当多、相当久的工作。"刘丽笙说。在收获研究成果的背后,往往历经了重重的阻力和困难。在国内,开展临床研究先要经历必要的手续,再到处筹集经费,组建研究协作组,并要与患者及家属多次耐心地沟通。刘丽笙说:"如果不克服这些困难,就得不到我们自己的证据,那么在国际上就永远没有发言权。"刘丽笙更是带领国内学者参加多项国际合作研究,如HOT、PURE、ONTARGET、INTERHEART等多项研究,包括近期公布的HOPE-3研究以及"卒中后降压治疗临床研究"和"急性心肌梗死临床观察"等都取得了一定成绩并受到国内外专家的高度评价。结果是几乎所有国际大型人群研究都包含中国人的数据,而中国人也能享受这些研究的成果。在刘丽笙教授长期的积极努力下,中国加入了世界高血压联盟。我国五星红旗飘扬在世界高血压联盟大会上空,中国高血压联盟在世界高血压联盟和世界卫生组织中产生了一定影响,在世界高血压联盟各成员国中有一定威望。

2007年,由于刘丽笙教授对高血压病防控工作的特殊贡献以及她那娴熟的英文,她当选为世界高血压联盟主席,并在2009年获得连任,直到2013年卸任。这是中国人在国际医学专业组织中担任的最高职位,是这个位置上的第一位亚洲人及第一位女性。前任美国心脏学会(AHA)主席苏珊娜·奥帕里尔(Suzanne Oparil)教授说:"刘丽笙在高血压的临床医学、组织大规模试验项目及基础研究方面具有罕见的才能。她堪称真正的防控高血压的'斗士'。"

饮水思源,成功之道

刘丽笙教授几年前就已身为世界高血压联盟主席,走上国际医学领域的领导位置。那她成功的秘诀是什么呢?刘教授说:"首先要感谢我的几位老师的指导,第二就是持之以恒,再有就是依靠团队力量。"刘丽笙表示,正是因为她在毕业以后很快就得到朱贵卿主任及其后的黄宛主任的指点,才使她懂得了搞临床不只是经验的积累。"更重要的是勤于思考,发现问题,与研究相结合。开展临床研究,才能使道路越走越宽阔。"她还说,"朱贵卿主任给予我这样一种思想——作为一名医生,不是只会看病就够了,一定还要在某些方面有所钻研。黄宛主任也启发我走临床科研的道路。他说临床好像一座矿,临床工作者好比去探采矿一样,从临床实践中发现的问题,就有可能通过进一步研究总结出新的规律,关键是你是否用心去观察和发现问题。"1980年,刘丽笙获得了前往美国伯明翰阿拉巴马大学进修的机会。到了美国,达斯坦(Dustan)教授对刘丽笙说的第一句话就是:"你到了美国,可以学习美国有用的东西,同时也会看到中国有许多优势,值得美国向中国学习。"刘丽笙在美国也看到,中国确实有许多优势和潜力。刘丽笙教授将自己的成就首先归功于老师们的指点,真可谓饮水思源,品德高尚。然后她才谈到自己的不懈努力。她说,做一件事,坚持就是胜利!只要选准了事业,就要一往无前,这个世界上没有哪件事会一帆风顺的,遇到挫折就退缩,到头来一事无成。刘教授最后说,这其实不是她一个人的功劳,是大家共同奋斗的结果。人只有多宽容、多尊重,别人才会愿意和你合作,你的事业也才会越做越大。一个人再聪明、再能干,如果不能团结大家,那终究是有限的;如果将大家的聪明才智和力量都能发挥出来,那才是无限大。

默默无闻,惊天动地

今年90高龄的刘丽笙老教授还在为中国的医学事业马不停蹄地四处奔波,努力工作。2018年6月5日,北京气温高达39℃,当我拨通刘丽笙老教授的电话时,她说她正在河南参加学术会议。我当时真不敢相信自己的耳朵。这么高的年龄,这么高温的天气,她只身一人去河南开会,多么崇高的敬业精神啊!当得知我要将她纳入本书时,她说:"还是别写我为好,最好是干惊天动地之事,做默默无闻之人。况且我也没做什么大事,更不能宣扬了……"常言道:人过留名,雁过留声。而刘丽笙老教授真"非常人也"。她只愿做默默无闻之人,而干惊天动地之事。有人曾问我:"你写大师,何为大师?"我认为:这就是大师!这就是大师的境界和修养。刘丽笙看穿了人生,抛开了名利,她用生命的极限挑战所追求的事业而且做到了极致。

每次采访大师,总有震撼收获。刘丽笙曾长期担任前国家主席及全国政协主席李先念的保健工作,她为此尽职尽责,但从不借公行私。她既没任过政协委员,也不是科学院院士,这些都不是她所追求的。刘丽笙老教授可谓:道德高尚,生活简朴,敬业爱业,勤奋进取,淡泊名利,大公无私。她是中国心血管病领域里的一面旗帜,并且在世界高血压病坛的顶峰上飘扬。

刘晓程教授

1949 年 7 月—

中国医学科学院副院长,中国协和医科大学副校长

中国医学科学院 北京协和医学院 泰达国际心血管病医院院长

中国医学科学院 北京协和医学院 泰达国际心血管研究所所长

天津医科大学心血管病临床学院院长

图 14-39 刘晓程

（照片由刘晓程教授提供）

履 历

1973—1976 年哈尔滨医科大学医疗系学生

1976—1978 年哈尔滨医科大学外科医生

1979—1982 年中国协和医科大学心血管病研究所硕士研究生

1982—1984 年中国医学科学院阜外医院心外科医生

1984—1985 年澳大利亚布里斯班市查理王子医院心外科进修医生

1985—1987 年中国医学科学院阜外医院心外科主治医生

1987—1994 年黑龙江心血管病研究所所长,牡丹江心血管病医院院长、心外科主任

1994—1995 年中国医学科学院副院长,协和医科大学副校长,协和医院心外科主任/教授

1995—1996 年中共中央党校学习

1996—1998 年中国医科院及协和医科大学副院/校长,协和医院心外主任/教授、博士生导师

1998—2000 年中国医科院及协和医科大党委书记,副院/校长,心外主任/教授,博士生导师

2003—2019 年天津泰达国际心血管病医院院长、党委书记

2005—2019 年天津医科大学心血管病临床学院院长

贡　献

1986年创建我国第一个液氮保存同种瓣膜和血管库

1991年创建中国第二大心血管病专科医院——黑龙江省牡丹江心血管病医院

1992年12月26日成功完成中国首例心肺联体移植手术

1996年开展全动脉化冠状动脉搭桥术（北京协和医院）

2003年创建泰达国际心血管病医院（泰心医院），开中国公立医院管理体制改革的先河

2006年成功实施心肾移植手术（中国第二例）

2010年与中国运载火箭研究院联合研制出磁液悬浮心室辅助装置（LVAD-HeartCon）达国际先进水平；最新研发的Champ是轴流为主的全悬浮血泵，达国际领先水平

荣　誉

1987年卫生部授予全国卫生文明建设先进工作者（卫生部）

1988年卫生部授予全国卫生文明建设先进工作者（卫生部）

1988年国家级有突出贡献的中青年专家（人事部）

1989年全国先进工作者（国务院）

1990年全国卫生系统优秀留学回国人员（卫生部）

1991年有突出贡献的回国留学人员（国家教委、卫生部）

1993年美国胸外科学会（AATS）会员

1994年美国胸外科医师协会（STS）会员

2007年全国五一劳动奖章（中华全国总工会）

2009年全国优秀公益人物（国家民政部）

2010年中国十大医改新闻人物

2011年国务院医改专家咨询委员会委员

2013年改革创新人物奖（健康报社）

2014年中国医院院长最具领导力卓越贡献奖（中国医院院长杂志社）

我可以丢掉一切，唯独丢不下患者。

　　刘晓程，1949年7月26日出生于黑龙江省佳木斯市一个医学世家。受父母影响，他从小立志将来要成为一名医生。1968年下乡到黑龙江省宝清县生产建设兵团，接受劳动锻炼。1971年黑龙江省佳木斯医学院生理教研室实验员，1973年哈尔滨医科大学医疗系学生，1976年哈尔滨医科大学外科医生，1979年考取中国协和医科大学心血管病研究所硕士研究生。1982年研究生毕业，被聘为中国医学科学院心血管病研究所，北京阜外医院心外科主治医生。1984年刘晓程赴澳大利亚查理王子医院专修心外科。学业期满后，为了解除同胞的疾苦，他谢绝了导师的盛情挽留，回国效力。为了解除家乡父老的疾苦，他又于1987年主动从北京举家北迁，到经济文化落后的东北边城牡丹江，在极其艰苦的条件下开拓心血管事业，创建了中国第二所心血管病专科医院——牡丹江心血管病医院。在牡丹江工作的7年中，他培养了大批心血管专业的优秀人才，为来自23个省的3 000多位患者做了心脏手术，成活率达98.6%。1992年7月，他在6天中连续为2位晚期心脏病患者进行了心脏移植手术；同年12月26日，又完成了我国首例心肺联体移植手术。1994年，刘晓程奉调回京，先后担任中国医学科学院和中国协和医科大学副院、校长和党委书记等领导职务。2001年他又一次辞去所有职务，到天津创建泰达国际心血管病医院。在这里，刘晓程敢为天下先：取消行政级别和事业编制，采取法人治理下的全员聘任制，开了中国公有制医院管理体制改革的先河。

天降大任，下乡锻炼

　　1968年，毛泽东主席发出指示："知识青年到农村去，接受贫下中农的再教育，很有必要。"于是，全国掀起了知青上山下乡的热潮。17岁的刘晓程高中未毕业，同当时全国1 000万"老三届"（1966、1967、1968届）中学生一样到农村接受劳动锻炼。北国边陲黑龙江的冬天，零下40多度。凌晨4多点钟，正是老百姓称之为鬼龇牙的时刻，在宝清县生产建设兵团一座原始而古老的石灰窑里，刘晓程和他的一群知青战友们已经开始劳作了。只见这个消瘦的青年跳进滚烫的石灰窑里进行"平窑"。他忍受着炼狱般的痛苦，冒着火焰和浓烟拼力码着石头。别人换班轮流休息，他却坚持到把整个窑平完。每天完工后，刘晓程和他的战友们才筋疲力尽地爬上窑顶，身上蒙着一层汗水浸透的白花花的盐卤。苦难犹如手中的铁锤，而青年们的身躯却像脚下的石头，在无数次的锤打中变得无比坚强。他在石灰窑上所照的相片上写下了明代于谦的《咏石灰》：千锤万凿出深山，烈火焚烧若等闲。粉身碎骨全不怕，要留清白在人间。3年的知青生活，磨炼了刘晓程的心志，坚韧了他的性格，增长了他的才能，扩展了他的目光，使他成为一个自愿与人民同呼吸共命运的有志青年。正如孟子所云：天将降大任于斯人也，必先苦其心志，劳其筋骨，饿其体肤，空乏其身，行拂乱其所为也，所以动心忍性，曾益其所不能。

考研进京，圆梦初始

1977年10月恢复了全国统一高校考试制度。由于12年高校停招，所以恢复高考后的前20年中，头3年是全国参加高考人数最多的，同时也是录取率最低的3年。其参加考生人数分别为570万、610万和468万，而其录取率分别为5%、7%和6%。1979年恢复了硕士研究生考试制度，其录取率之低同样可想而知。刘晓程，这个中国东北山沟里成长的青年，做梦都想成为一名心外科医生。为了这一天的到来，已经苦苦"面壁十年"潜心钻研医学基础理论，刻苦攻读英文。他同全国各地数百万有志青年一起，为了中华民族的伟大复兴及其自己的前途大业，参加了这场全国统一"科举"考试。1979年秋，刘晓程以傲人的优秀成绩，考进中国协和医科大学心血管病研究所，成为一名心血管外科硕士研究生。从这一天起，刘晓程发誓：一定要成为一名优秀的心外科医生，为民解忧。

东方之子，澳洲主刀

1984年刘晓程赴澳大利亚查理王子医院进修心外科。第一天上手术台就发现了中澳两国心外科的巨大差别。外科主任奥布莱恩（Mark F. O'Brien）是一位非常傲慢，并讲究完美、追求效率的心外科专家。他要求刘晓程每天要分别为4个主刀医生做助手。下了手术台，导师们去喝咖啡，他要写手术记录、填卡片，每天从早上7点忙到晚上8、9点钟。回到宿舍后，他把4位主刀医生的各自操作程序全部记录下来，然后再边思索、边画图。数个月之后，他不仅对4位导师不同的操作方式烂熟于心，且对4位的手术方案采长补短，形成一套自己的独特手术方法。精诚所至，金石为开。由于刘晓程的出色表现，一天奥布莱恩对他说："晓程，今天你来主刀，我来给你当助手！"从此，一个东方人，可以在这里切开洋人的胸膛进行心脏修补。当刘晓程轻快而严密地做完心脏搭桥术，在场所有的人都惊呆了。一年内，晓程参加了640多例手术，主刀50多例，仅冠状动脉搭桥就做了30多例。患者最高年龄84岁，无1例死亡或发生并发症。1985年，国际心脏外科会议在澳大利亚召开。刘晓程走上讲台，代表澳大利亚查理王子医院做学术报告，成为第一个享此殊荣的中国人。

一年多的留学期限到了，奥布莱恩让晓程把家属接来，并要求他留下来继续在这里工作。当时阜外医院院长的年收入也不过几千元人民币，而查理王子医院的一个普通外科医生的年薪则是几十万澳元。况且，20世纪80年代中期，中国刚刚兴起出国热，留学生家属陪读正方兴未艾，多少人都梦寐以求地想借此机会出国定居。但刘晓程却回答："谢谢导师的好意，中国的患者太多，太苦了，那里非常需要医生。中国有句俗话，子不嫌母丑，狗不嫌家贫。"晓程婉言谢绝了导师的挽留。奥布莱恩说："我非常理解你的决定，回去后有困难尽管和我讲，我一定帮忙。"

风萧水寒，壮士不还

1987年春节期间，阜外医院派刘晓程带领医疗队到黑龙江牡丹江市开展心脏手术。他看到这里有几十万心血管患者处在投医无路、求医无门的水深火热之中，感到非常痛心。经过多少不眠之夜的苦苦思索，这位海外归来的学子不禁向自己提出一个天大的难题：我为什么不能到缺医少药的地区，为备受病痛折磨的穷苦人民建一所心血管病专科医院？可他又想：和妻子洪依舒结婚8年分居6年，现在一家三口终于在北京落户了，阜外医院刚分配给他两室一厅的住房。动荡的生活总算安稳下来，难道我又要亲手砸碎它？又是数个无眠之夜。常言道：每一个成功男人的背后，都有一个伟大的女人。经过一番苦思冥想和痛苦挣扎，一颗崇高的心灵终于得到了解脱。妻子洪依舒决定带着7岁大的儿子同晓程一起去实现他那伟大的理想。他在给医院领导的"请调报告"里写下了："心底无私天地宽。人为了自己活着，就会永远感到空虚和不满，而为了人民去工作和奋斗，就会感到充实。站在人生的十字路口，我的心境从未像现在这样开朗，头脑从未像现在这样清楚，决心从未像现在这样坚定。为中国的心血管外科事业开辟一条新路，我情愿做铺路石。风萧萧兮易水寒，壮士一去兮不复还。"这不是一份普通的"请调报告"，而是一个爱国知识分子对自我心灵的剖白，是一张人生价值的答卷，是一份向旧医疗体制宣战的檄文。

因陋就简，填补空白

黑龙江省佳木斯市东安医院是一个大集体医院，总共仅有2 000平方米房舍，70张床位，200多名职工。这里没有训练有素的麻醉医生和心内科医生，更没有良好的医疗器械和设备，却有几十万元的负债。1987年6月14日，刘晓程医生离开了繁华的首都北京，辞去了中国医科院心研所阜外医院心外科主治医生的位置，带着妻子和儿子来到这个穷乡僻壤的北国边陲小城医院，创办中国第二所心血管病专科医院。第二天他就上了手术台，就在这间靠4根竹竿支起的塑料布用来接住屋顶剥落的白灰及滴水的手术室里，刘晓程一台接一台做起了中国最高难度的心脏手术。一年下来做了400多台,这包括法洛四联症、瓣膜置换、冠脉搭桥等。1992年连续成功完成2例心脏移植手术,同年12月26日,刘晓程又成功完成了中国第一例心肺联体移植术。这不仅填补了中国胸心外科史的空白,还使得小小的牡丹江医院成为全世界能开展此项手术的50家医院之一。同时国际心肺移植协会邀请牡丹江医院加入世界心肺移植协会组织。

感动上帝,八方支援

刘晓程深知,即使他有三头六臂,日夜不停地手术,也远不能解决医患之间严重的供需矛盾,必须尽快培训出一支高水平的心血管病医疗团队。可是医院即缺资金,又无人才。但晓程一心一意为患者的精神感动了上帝,小小的牡丹江能做大手术的消息不胫而走。《人民日报》报道了刘晓程的事迹,国务院、财政部、卫生部、物资部等各级部门的领导都给予大力支持,并筹集2 000万资金及中央外汇。黑龙江省政府拨款1 000万,德国某厂家赠给牡丹江医院200根体外循环插管,加拿大政府为牡丹江医院提供了价值240万人民币的设备。10位美国朋友在1989年,顶着美国政府的压力,带着20万美元的捐赠和设备专程来到牡丹江医院。美国慈善机构总裁麦根先生在5年内,4次援助总价值十几万美元的药品及器材。澳大利亚的导师及朋友自费飞到牡丹江医院,举办讲座并与刘晓程同台进行手术。离别前夜,导师及澳大利亚的朋友一定要去看看晓程的妻子和儿子。当看到著名心血管外科医生一家三口住在简陋的办公室里,眼泪顿时夺眶而出并激动地说:"你需要什么? 我们一定会帮助而且还会再来。"1991年当中国第二大心血管病专科医院在牡丹江市隆重开幕时,刘晓程的导师,奥布莱恩博士和查理王子医院院长斯太堡先生,带着刻有中澳两国地图及用红线连接两座城市以表示姊妹医院的牌匾,以及15箱医疗器材,专程来参加新医院的开业典礼。

做官辞官,但求无憾

1994年5月,中央组织部发来了一纸调令,刘晓程被提拔为中国医学科学院副院长、中国协和医科大学副校长。在任副院/校长之职的6年里,他担起了繁忙的管理工作,为推进院校事业费尽心血,同时还在北京协和医院创建了心脏外科,在全国率先开展了全动脉化冠状动脉搭桥术。由于他表现突出,组织上送他到中央党校学习一年,又提拔为医科院党委书记,把他列入晋升梯队。在为事业奋力工作的同时,站在更宏观位置上的他发现了改革中的中国医疗卫生事业进入了怪圈。为什么经济搞上去了,民生事业搞下来了? 为什么百姓看病难、看病贵? 这些令他痛苦难言。晓程最终领悟到,医改的走偏、滞后、计划经济的桎梏是卫生事业改革不成功的根源。纵使他在院校范围内左冲右突,终感精疲力竭、隔靴搔痒。他悟出,与其累死、急死、气死,何不再次下去,亲手建个医改实验田?为中国的卫生事业创出一条新路,为饱受病痛折磨的患者带来一点福音。

2000年夏,刘晓程向卫生部递交了辞职书,并把全国劳模、国家级突出贡献专家等所有奖状、证书全部付之一炬。2001年元旦,一个挣脱了体制束缚、摆脱了功名利禄、打碎了世俗桎梏的人,迎着新千年的曙光,气宇轩昂地走出办公室,目送他的是一片惋惜而又充满敬佩的目光。2001年3月,刘晓程来到天津塘沽大地,在一块荒无人烟的盐碱滩上一锹铲开了自己的多年梦想:就在这里建一个除了所有制不变、其他管理体制都变的公有制心血管病医院。

图14-40 2001年3月,刘晓程站在天津塘沽地区的一块盐碱荒滩上(泰心医院基地原址)
(照片摄影者:专程赶来的导师奥布莱恩,照片由刘晓程教授提供)

拓创新路,作天下先

泰达国际心血管病医院是一所世界一流的医院,投资7.2亿人民币,占地11万平方米,建筑面积7.6万平方米,设有病床600张,集医疗、教学、科研与康复四位一体的心血管病医学中心。医院配有世界最先进的各种检测,治疗心血管病的高科技仪器:双梯度磁共振成像、多排高速CT、发射型计算机断层扫描仪(ECT)、平板式数字减影心导管机、三维实时成像彩色B超等。住院处设有患者休息的阳光室,宽敞、舒适的患者家属等候区,摆有沙发、茶几、大型薄屏彩电等。所有病房都配有日本原装多功能床、电话、小型薄屏彩电、卫生间、热水、纯净水、中央空调等,这是刘晓程的思想、意志与追求的完美体现。自2003年9月26日开院以来,这个当年刘晓程亲手设计、亲自规划、建设并且引领的医院已走过了整整15个年头。这是一所什么样的医院? 又做了哪些事?

精兵简政,低本高效:取消行政级别,这里没有级别,没有编制,全员社会聘任,全员社会保险,所有后勤都社会化,连总机、呼叫中心全都外包,所以永远没有养老退休。因此该院只有814人,2016年做了1.3万个介入,做了2 200个心脏手术。看比例,小脑袋大身子,医生占将近30%,护士将近44%,这是74%。3/4是医护人员,此外医技人员10%,还有其他专技人员将近14%,剩下的行政管理人员只有27人,占3.4%。而一般的公有制医院行管人员应该占8%～9%。政府没有多给钱,他们靠的是鲜活的管理体制,低成本、高效率。

奖效挂钩,社会利益:奖金不和收入挂钩,而和干多少活、难度系数、满意度、周转率及成本挂钩。拿这个来衡量,所以他们是医院、医生、社会利益一致,而不通过转嫁危机让医院生存和发展下去。因此他们的平均住院日是5.5天,心血管专科医院平均住院日是11天,正好减掉一半。他们做一个冠状动脉搭桥术,去掉医保的钱,患者自己只花了几百块钱。

博爱济世,两面大旗:人道主义首先是医疗的属性,同时医疗又有市场属性。现在是穷人看不起,富人看不好。于是泰心秉承博爱济世两面大旗,首先是让穷人看得起,高举人道主义大旗。其次是让富人看得好,高举市场经济大旗。但是,人道主义在先、市场经济在后。泰心医院住院费每天82元钱,这样优化的病房,就82元钱(含23元成本),且免费吃饭,免费用护工。泰心只有3%的陪护率,每个病区设置6～8个护工,由医院付钱。患者也可以享受每晚30 000元的"总统"级高级病房,从而实现"以丰补歉"。

四次献血,扶弱救孤:泰心从建院开始就和天津市儿保所(妇女儿童保健中心)合作,进行天津市零网眼筛查。1万平方公里,1 500万人,4辆汽车,装上B超到处跑。他们已经筛查省内、省外一共110万个儿童,为27个省和18个民族的11 000个孩子免费做了慈善手术。民政部的善款远远不足以支付手术费,医护人员和义工纷纷解囊捐助。实施手术的过程中,血站缺血,医护人员和义工抢着献血,刘晓程一年之内就献了4次……他们跟民政部的"明天计划"、跟社会工作协会"爱心 希望"、跟民间慈善团体"爱佑童心"一起合作进行义捐、义卖、义演。美国的黑人钢琴手带着小提琴队专程飞到泰达来义演,然后大伙儿捐款,那一个晚宴就捐助500万。康菲石油年年给泰心捐款,中国移动现在是最大的捐款户,荷福基金个体户每年捐好几百万。另外，每年都有来自十几个国家和地区的人们争当义工。刘晓程和他的同事们每年做1 000个慈善手术。从2004年起，泰心医院成为执行民政部"明天计划"项目两个全国定点医院之一。刘晓程带队远赴青藏，辗转6 000千米，足迹遍布青藏高原近10个市、县，为大量孤儿和高原先天性心脏病术后孤儿进行了先天性心脏病筛查、术后复查并在当地医院进行了3例重症先天性心脏病示范手术，被当地居民称为"真正的活菩萨"。2017年8月2日，刘晓程再次启程，10年之后再赴高原。他感慨万千，写下一首出征词：再赴高原思绪万千/拯救贫孤不畏艰难/匡扶民生我之天职/博爱济世携手向前。这也成为泰心医疗筛查队的一首士气歌，让战斗其中的人备受鼓舞。截至2018年6月底，泰心筛查队总计筛查人数接近120万人，总行程达到100万千米。

公开透明，四个杜绝：刘晓程以院长身份公开向社会承诺"泰心医院将实现公开、透明的每一种疾病的收费现价，保证收费低于医保部门核定的单病平均收费标准，保证以优质的服务为广大群众解除疾苦。坚决杜绝吃回扣，杜绝收红包，杜绝大检查，杜绝开大方的各种不正之风"。因此，在泰心，患者不用给医生送红包。刘晓程不仅率先垂范，而且公开宣布："那些被红包喂肥了的'专家'技术再好也不能登上我们搭的舞台！因为我们的薪水填不满他们的欲望！救死扶伤的事业是有灵魂的人从事的事业。如果发现哪个医生收红包，将立刻开除！"

国际医院，世界闻名：泰达国际心血管病医院不仅是一座技术现代化、管理现

图14-41　天津泰达国际心血管病医院外景（2003年9月26日建成开诊）
（照片由泰达国际心血管病医院院办公室提供）

代化的世界一流医院,而且人员素质也高能化。医院拥有一个卓越的专家群体和一批优秀的管理人才。刘晓程不仅在医术上带领着同事跨上世界前沿,在医德上更是引领着同事迈向高峰。

刘晓程以自己独特的人格魅力,吸引了国内外大批致力于救死扶伤事业的有识之士及医学界精英。还有一些"海归"骄子及学界专家纷纷舍弃高额的薪水,投奔到刘晓程的麾下。十几年到泰心的患者也同样来自世界各地。美国有名的加州西达斯-西奈(Cedars-Sinai)医院的院长、俄罗斯州立医院的院长宁可自费也要到泰心接受手术。卡塔尔飞行员,心肾联合移植,活得非常好。好莱坞功夫明星,6次世界空手道冠军,在美国德州看病不满意,带着夫人来泰心住院27天,最后满意出院。这是好莱坞明星到中国来治疗的第一例。柬埔寨元首2次来看病,回去给西哈莫尼国王报告,西哈莫尼国王给刘晓程亲自颁发证书及柬埔寨王国特级大护卫勋章。中国驻柬埔寨大使潘广学夫妇在场见证了这个授勋和发证章的历史,刘晓程是第二个得此殊荣的中国人。他谦虚地说:"这不是我的荣誉,也不是泰心的荣誉,是中国卫生界的荣誉,是中柬友谊的荣誉。"

刘晓程敢为天下先,不走寻常路,对中国医疗体制的改革,煞费苦心,调研探索,励精图治,全身投入,终于实现了他梦想建一座中国人理想的医院,并且得到了国内外的广泛重视。《华尔街日报》2007年1月4日派记者来采访,起先怎么说都不信,最后来了不肯走,回去登报说:"中国医院,贫富同仁。"(《求是》杂志,2011年第23期,报道的题目是《公立医院改革的先行者》)。新华社2016年,一篇内参四篇报道来介绍泰心医院。《人民日报》文章《新体制创造"心"奇迹——记天津泰达国际心血管病医院》(2011年1月10日),中央电视台《新闻联播》头条报道泰心医院的改革之路(2010年11月16日),《光明日报》文章《公立医院改革的破冰之举》(2011年2月10日)。全国人大常委会副委员长韩启德两次视察(2004年4月9日和2010年3月23日)泰心医院,国务院总理李克强于2010年11月16日到访泰心医院。2011年6月,"国务院医深化医药卫生体制改革领导小组"特聘刘晓程为"国务院医改专家咨询委员会委员"。但刘晓程深知,中国医改的路还很艰难并且漫长,他会继续为中国医疗卫生制度的改革努力奋斗。

刘晓程是一名医术精湛的外科医生和优秀的管理者。他高瞻远瞩,脚踏实地,为民为国,舍去名利。他是一条铁骨铮铮的医改英雄,是浓缩人类精华的东方之子,是泰山顶上的一棵青松。2014年,刘晓程获中国医院院长最具领导力卓越贡献奖。大会的颁奖词是:这是一位医疗界堂吉诃德式的人物,一位坐而论道、起而行事的知识分子[48]。

高长青教授

1960年1月1日—2019年1月8日

解放军总医院副院长，全军心脏外科研究所所长，中国工程院院士

高长青于1984年毕业于包头医学院，1991—1995年留学于墨西哥国立自治大学国立心脏病研究所。他又先后受训于美国克利夫兰医疗中心的心脏中心、华盛顿心脏中心、加州大学洛杉矶分校（UCLA）心脏中心及澳大利亚的艾尔弗雷德（Alfred）皇家医院。他担任国务院学位委员会学科评议组成员、中华医学会理事会理事、中国人民解放军胸心血管专业委员会主任委员、中国医师协会心血管分会副会长、北京胸心血管外科学会副主任委员、中华医学会胸心血管外科学分会常委、中央保健委员会会诊专家、《中国体外循环杂志》执行总编、《中国胸心血管外科临床杂志》副总编、《解放军医学杂志》副总编。2012年7月任解放军总医院副院长。2014年1月当选为法国科学院外籍院士，2015年12月当选为中国工程院院士，2015年12月当选法国医学科学院外籍院士。

高长青教授主刀完成各类心脏外科手术4 000余例。对冠心病的诊治，尤其是老年高龄患者外科治疗方面具有较丰富的临床经验和造诣。在国内较早开展了冠心病的微创外科治疗，已完成1 000余例，手术死亡率低于0.5%，手术技术同步于国际先进水平。对冠心病室壁瘤的外科治疗有较深入的基础研究及各种术式的探讨，主刀完成60余例，无1例手术死亡。他还主刀成功完成200多例高龄高级干部心脏手术（最高年龄86岁），无1例明显并发症，为我国高级干部的保健工作做出了较大的贡献。另外，对大血管疾病、老年瓣膜病和先天性心脏病的外科治疗亦具有较丰富的临床经验和独到见解。例如，采用自制人造血管行改良全主动脉弓置换术、自制带生物瓣复合管道行本特尔（Bentall）手术。1997年在国内提出"三度左冠脉前降支的肌桥并非良性病变，应积极治疗"的观点，文章发表在国内外杂志上。他在国内率先应用da Vinci S全机器人手术系统，完成中国首例不开胸心脏手术。截至目前，已完成全机器人不开胸心脏手术400余例。在国际上首次报道了机器人心脏不停跳搭桥术和支架置入的冠心病杂交手术，拓宽了冠心病的治疗理念［《胸外科年鉴》(*The Annals of Thoracic Surgery*)，2009］；在国际上首次提出黏液瘤全机器人手术的左房入路手术方法，并完成了国际上最大一组机器人黏液瘤手术［《胸心血管外科杂志》(*The Journal of Thoracic and Cardiovascular Surgery*)，2010］；国际上首次报道机器人心脏不停跳下房间隔缺损修补术［《心脏手术论坛》(*Heart Surgery Forum*)，2010］，为我国全机器人心脏外科微创技术的发展开创先

河。作为首席科学家，他主持国家高新技术研究发展计划（863计划）重大项目课题"冠状动脉旁路移植术（CABG）联合骨髓单个核细胞移植治疗重症冠心病心肌梗死的临床研究"。作为首席科学家他还承担军队"十一五"科技攻关项目、军队临床高新技术重大项目。他以第一完成人获军队和北京市医疗科学成果奖多项，培养研究生20余名，发表论文200余篇，主编著作4部，主译专著1部。他被解放军总后勤部评为"科技新星""科技银星"，荣立"二等功"3次、"三等功"1次。2004年获"求是杰出青年实用工程奖"，同年入选"中国十大科技英才""中国十大创新英才"，并获"求是奖"。2019年1月8日，高长青教授在北京逝世，享年59岁。

高润霖教授
1941年5月—
中国医学科学院阜外医院院长（1996—2002）
中国医学科学院心血管病研究所所长，中国工程院院士

图14-42　高润霖
（照片由高润霖院士提供）

高润霖1941年5月生于河北唐山。1965年毕业于北京医科大学，1981年在中国协和医科大学获硕士学位，1985—1986年在美国罗马琳达大学医学院进修心血管病介入治疗。曾任中国医学科学院、心血管病研究所、阜外心血管病医院院（所）长、心内科主任，院学术委员会主任、心内科首席专家、研究员、博士生导师，中国医生协会副会长，中华医学会心血管病分会主任委员，亚太介入心脏病学会主席，美国心脏病学院专家会员（FACC），美国心导管及介入治疗学会专家会员（FSCAI）和理事会成员，《中华心血管病杂志》总编辑、名誉总编辑，《中华医学杂志》总编辑，《英国医学杂志》（中文版）和《中国循环杂志》副总编辑，《中华医学杂志》（英文版）顾问，全国政协委员，1999年当选为中国工程院院士。

高润霖教授是我国冠心病介入治疗的先驱者之一，对我国介入性心脏病学的建立和发展做出突出贡献。他于1986年起在国内独立开展经皮冠状动脉腔内成形术（PTCA），在国内首先开展急性心肌梗死（1989年）和并发心源性休克的急诊介入治疗（1990年），使心源性休克病死率降至50%以下，达到国际先进水平。并在国内首先报道冠状动脉支架置入术、血管内放射治疗预防支架内再狭窄及药物洗脱支架置入术。2011年他获得欧洲介入心脏病大会（Euro-PCR）颁发的埃塞卡奖（Ethica Award）。近年来，他努力投入新型药物洗脱支架（DES）、全降解DES、改良的球囊膨胀性经导管主动脉瓣植入装置及经导管肾动脉神经消融设备的研发和转化医学研究，完成从动物实验到临床研究到产品上市的转化。他的研究兴趣还包括心内科疾病特别是冠心病诊断和治疗，急性心肌梗死再灌注治疗，血流动力学研究，心血管病危重症抢救及新药的实验研究、临床研究及多中心临床试验。他作为主要研究者完成了十余项国内多中心临床试验，包括国产Ⅰ类新药重组葡激酶（一种新溶栓制剂）和重组纽兰格林（新型抗心衰药）的Ⅱ期和Ⅲ期临床试验，为国家新药的研制做出了努力。他作为国家主要研究者、指导委员会或顾问委员会成员参与了十余项具有重要价值的国际多中心临床试验，如TIMI 25、TIMI 46、TIMI 52、REACH、PLATO、del OUTCOME等。近年来他还致力于心血管病的预防和缩小临床实践与指南的差距。他作为主要研究者正在牵头进行一项全国性高血压及重要心血管病患病调查。他作为主要研究者之一完成的"临床路径在急性冠状动脉综合征应用的Ⅰ期和Ⅱ期研究（CPACS-phase Ⅰ，Ⅱ）"找出了我国急性冠状动脉综合征（ACS）临床实践与指南的差距。他发表论文400余篇，其中第一作者或通讯作者140余篇，培养博士生17名，获得科学技术奖励9项，其中包括国家科技进步二等奖3项。

葛均波教授

1962年11月—

复旦大学生物医学研究院院长，上海市心血管病研究所所长，中山医院心内科主任，九三学社中央常委，中国科学院院士，中华医学会心血管病学分会主任委员

图14-43　葛均波
（照片由葛均波本人提供）

葛均波，心脏病学专家。1962年出生于山东省五莲县。1984年7月获青岛医学院学士学位，1987年8月获山东医科大学硕士学位，1990年被公派德国美因兹大

学医学院联合培养,1993年获医学博士学位。1999年辞去德国艾森大学心内科血管内超声室主任工作回国。现任复旦大学附属中山医院心内科主任、上海市心血管病研究所所长、复旦大学生物医学研究院院长,兼任中华医学会心血管病分会主任委员、中国医师协会心血管内科医师分会候任会长、美国心脏病学会国际顾问、世界心脏联盟常务理事。全国政协委员、九三学社中央常委。2011年当选中国科学院院士,是我国心血管领域技术开拓者之一。

葛均波院士是国际知名心脏病学专家,在国际上率先提出易损斑块的定量指标,从而早期识别易损斑块并筛选心肌梗死高危患者;发现心肌桥特有的"半月现象"和"指尖现象",被录入国内外权威心血管病教科书;独创"逆行导引钢丝对吻技术"技术,成功救治慢性闭塞病变等高危复杂冠心病患者;主持创制新型可降解涂层冠状动脉支架,打破国外产品长期垄断国内市场的格局;成功创制国内首枚生物完全可降解冠脉支架;成功实施国内首例经皮肺动脉瓣置入术、世界首例经心尖二尖瓣夹合术等,极大地提高了我国心血管疾病的综合诊治水平和国际学术声誉。

1999年被聘为"长江计划特聘教授",2004年被评为"卫生部有突出贡献中青年专家",2007年入选"新世纪百千万人才工程",2008年获国家杰出青年基金,2011年获谈家桢生命科学奖,2012年获"全国五一劳动奖章",2013年被评为"中国侨界杰出人物",2017年获白求恩奖章,2018年获"树兰医学奖"及"中国医师奖"。培养博士后、博士和硕士研究生150名,2014年获国家级教学成果奖特等奖。发表SCI论文392篇,主编英文专著1部、中文专著21部。担任《内科学》(第8版)、《实用内科学》(第15版)教材的主编工作。研究成果得到国际同行认可,为心血管疾病临床诊疗工作做出巨大贡献。

顾东风教授

1958年11月—

中国医学科学院阜外医院副院长,国家心血管病中心副主任

中国医学科学院心血管病研究所副所长,中国科学院院士

图14-44　顾东风
(照片由顾东风院士本人提供)

顾东风1958年11月出生于江苏启东,籍贯江苏南通。1983年南京医科大学毕业,1986年中国协和医科大学研究生毕业。1990—1992年在美国明尼苏达大学、1997年在加拿大多伦多大学心脏分子遗传实验室、1999—2000年在英国南安普敦大学人类遗传学系研究,英国皇家学会访问教授。1994—1998年任中国医学科学院阜外心血管病医院流行病学研究室主任,现任该所群体遗传学及人群防治研究室主任。中国协和医科大学教授、博士生导师,美国杜兰大学医学中心流行病学兼职教授,英国南安普敦大学人类遗传系客座教授。科技部人类遗传资源管理专家委员会成员,中华预防医学会全国理事,青海省人民政府医学科技顾问。国际冠心病预防专题委员会成员,国际遗传流行病学学会会员。2017年11月,当选中国科学院院士。

顾东风教授是国家"九五"攻关课题"心脑血管病社区人群综合性防治研究"主要负责人之一,同时承担中美和亚太国际合作研究项目"中国冠心病、脑卒中发病和死亡影响因素的前瞻性研究""中国心脏健康多中心合作研究""高血压干预的遗传学和遗传流行病学研究"、国家科技部"十五"项目"心血管相关基因功能研究"及北京市卫生局首都医药发展基金"降低北京城乡居民脑卒中、冠心病发病和死亡率的推广应用研究"等十多个科研项目。

顾东风教授主要从事心血管等慢性病的流行病学研究,其中主要包括高血压和冠心病等疾病易感基因定位、基因和环境交互影响的致病作用研究;开展群体遗传学和遗传流行病学研究;在掌握我国高血压、冠心病、脑卒中的发病率、地区及人群发布和流行规律的基础上,进一步开展社区人群心血管病防治的应用推广研究。通过长期前瞻性队列等研究,揭示我国心血管病发病和流行趋势及重要发病因素,创建国人心脑血管病风险预测模型,提出适宜的防治策略和措施,应用于高血压早期预防和心血管疾病防治。构建了国人冠心病、高脂血症和高血压遗传特征谱,发现了系列影响血脂、血压和冠心病发病的易感基因,推进了冠心病遗传病因研究。获得国家15项发明专利授权,曾获得两项国家科技进步奖二等奖,北京市科技进步二等奖、卫生部科技进步三等奖各一项。研制的高血压降压大豆饼干获得2000年国家发明专利1项。此外他还与吴锡桂教授共同主编《预防心脏病学》,参与8部专著的编写,在国内外重要杂志上发表100多篇学术论文。

韩雅玲教授

1953年6月—

全军心血管病研究所所长、沈阳军区总医院副院长

中国工程院院士,中华医学会心血管病学分会主任委员

韩雅玲1953年6月生于辽宁沈阳,祖籍山东省淄博市,1969年12月参加中国

人民解放军，1978年哈尔滨医科大学毕业。1991—1994年第二军医大学长征医院心内科博士研究生，获博士学位，1992年晋升副主任医生，1994—1997年沈阳军区总医院心血管内科主任，1996年晋升主任医生，1997年起任沈阳军区总医院副院长兼心血管内科主任，1998—1999年新加坡国家心脏中心研修冠心病介入诊断及治疗技术，2000年起任沈阳军区总医院全军心血管病研究所所长，2013年12月当选中国工程院院士。中国人民解放军专业技术少将军衔。2012年"中国名医百强榜"上榜名医。美国心脏病学院专家会员（FACC），欧洲心脏协会会员（FESC），中华心血管病学会主任委员，中国医师协会心内科医师分会候任会长，全军心血管内科专业委员会主任委员，中华医学会理事，全军医学科技委员会常委和内科学领域委员会副主任委员，《中华心血管病杂志》《解放军医学杂志》《中国介入心脏病学杂志》《中华保健医学杂志》和《中国实用内科杂志》副主编及美国《心血管治疗》（Cardiovascular Therapeutics）国际杂志副主编。以第一完成人承担国家自然科学重点基金、国家"十二五"科技支撑计划项目、军队"十五""十一五"重点攻关课题、军事医学专项攻关课题等30余项科研课题。以第一作者获得国家科技进步二等奖2项（2008、2013），军队医疗成果一等奖2项（2002、2012），辽宁省科技进步一等奖2项（1995、2007），以及军队医疗成果二等奖（2007）、辽宁省科技进步二等奖（2011）和中华医学科技进步二等奖（2007）各1项。以第一或通讯作者发表论文300余篇，其中SCI论文90余篇，主编出版专著10部。主要学术贡献和技术专长为复杂危重缺血性心脏病的介入治疗和抗血栓治疗。1997年享受政府特殊津贴，曾被评为国家卫生部"中青年医学科技之星"、全国优秀科技工作者、全国"三八"红旗手，荣立一等功、二等功各1次，三等功7次。她是中共十六大代表和第十一届、十二届全国政协委员。2016年8月，中央军委授予记三等功。

胡盛寿教授

1957年—
国家心血管病中心主任，中国医学科学院阜外医院院长
中国医学科学院心血管病研究所所长，中国工程院院士

中国工程院院士，国家"973项目"首席科学家，主任医生，教授，博士生导师。现任国家心血管病中心主任，中国医学科学院阜外医院院长，心血管疾病国家重点实验室主任，国家心血管疾病临床医学研究中心主任，《中国循环杂志》主编，法国医学科学院外籍院士，第十三届全国政协委员。

胡盛寿教授1982年毕业于武汉同济医科大学后任北京阜外医院外科医生。

1986年中国协和医科大学心血管病研究所硕士学位研究生。1994年赴澳大利亚悉尼圣文森医院进修心脏外科。1995年回国后破格晋升为阜外心血管病医院外科主任医生及副主任。1999年获得教育部"跨世纪人才"称号，2001年获得国家杰出青年科学基金。2006年获"卫生部有突出贡献中青年专家"称号，2007年获得教育部"长江学者和创新团队"称号。2009年国家重点基础研究发展计划（973）项目首席科学家。2009年被选为《美国胸心血管外科杂志》（JTCVS）唯一一位华人编委。主编专著《冠心病外科治疗学》《临床微创心脏外科技术》《心脏外科手术集》和《今日心脏血管外科学》。培养18名博士研究生。

胡盛寿在国内首先开展了正中切口非体外循环下冠状动脉搭桥手术，胸腔镜辅助下冠状动脉搭桥手术，世界上首例胸腔镜辅助下冠状动脉搭桥手术联合冠状动脉介入治疗冠状动脉多支病变，"一站式"复合技术治疗冠状动脉多支病变。建成我国第一个多中心心血管外科的数据库系统，并提出中国人冠心病外科急重症患者危险因素评分系统（sinoscore），比较研究了冠状动脉搭桥手术与支架植入术治疗冠状动脉多支病变，以及体外和非体外搭桥的远期疗效。其研究论文连续发表在《循环》及《美国心脏病学会杂志》等心血管领域国际主流杂志上。他连续完成60例晚期冠心病患者心脏移植手术，无围术期死亡。其领导制定的抗免疫排异方案使得我国心脏移植患者五年存活率高于国际先进水平。率先在国内开展了并体心脏移植，提出了"生物辅助泵"治疗终末期冠心病的概念。进行了国际上首个冠状动脉搭桥联合细胞移植治疗陈旧心肌梗死合并心功能不全的随机双盲研究。其研究成果被列入美国心脏病学院基金会（ACCF）/美国心脏学会（AHA）心力衰竭治疗指南。在国际上首次开展了冠状动脉搭桥联合心耳、心肌块移植、大网膜包裹技术治疗心功能不全的冠心病患者。在国际上首创"一站式"复合技术治疗肺动脉闭锁、房间隔缺损合并动静脉畸形的新技术及"双流出道重建"治疗复杂大动脉转位的新术式。

张运教授

1952年9月—

山东大学副校长，山东大学医学院院长，齐鲁医院心内科主任，中国工程院院士

图14-45　张运
（照片由张运院士本人提供）

张运山东阳谷人，1973年山东医学院医疗系，1978年山东医学院攻读硕士学位，1983年挪威奥斯陆大学国家医院攻读博士学位，1986年山东医大附属医院心内科副教授，1991年山大附院心内科主任、教授，2004年山东大学医学院院长，2005年山东大学副校长，2001年11月当选为中国工程院院士。现为美国心脏病学院会员（FACC）、美国超声心动图学会外籍荣誉会员（HFASE）、欧洲心脏病学会会员（FESC）。香港中文大学、北京安贞医院、解放军总医院、华中科技大学等10余家大学或医院的荣誉教授。教育部和卫生部心血管重构与功能研究重点实验室主任、山东省心血管病临床医学中心主任、山东大学齐鲁医院心内科主任，兼任亚太超声心动图学会副主席、中国工程院医药卫生学部常委、国家心血管病专家委员会副主任、教育部科学技术委员会和生物与医学学部委员、教育部科技奖励委员会委员、中华医学会超声医学分会前任主任委员、中华医学会心血管病学分会副主任委员、国际动脉粥样硬化学会中国分会副主席、中国心脏学会名誉会长、中国心脏联盟副主席等学术团体职务。担任《自然综述·心脏病学》（*Nat Rev Cardiol*）、《美国心脏病学会杂志》、《美国心脏病学会杂志·心血管图像》（*JACC Cardiovasc Imag*）等5种SCI收录杂志的国际编委，《中华超声影像学杂志》总编辑、《中华心血管病杂志》《中国循环杂志》副总编辑等国内20多种杂志的编委工作。主要研究方向是动脉粥样硬化，承担国家"863"重大项目课题、国家"973"项目课题、国家"十一五""十二五"科技支撑计划、国家自然科学基金创新研究群体科学基金、国家自然科学基金重点项目等30余项国家和省部级科研课题，迄今发表SCI收录论文400余篇，部分论文发表在《新英格兰医学杂志》（*N Engl J Med*）、《柳叶刀》（*Lancet*）、《美国医学会杂志》（*JAMA*）、《自然·医学》（*Nat Med*）、《药理学评论》（*Pharmacol Rev*）、《细胞代谢》（*Cell Metab*）、《美国心脏病学会杂志》、《欧洲心脏杂志》（*Eur Heart J*）、《美国国家科学院院刊》（*PNAS*）、《胃肠病学》（*Gastroenterol*）、《自然综述·心脏病学》等国际高水平的杂志。主编专著13部，参编专著33部。发表论著被国内外文献引用6 000余次。获国家自然科学二等奖1项，国家级科技进步二等奖1项，何梁何利基金科学与技术进步奖1项，山东省科学技术最高奖1项，省部级自然科学和科技进步一等奖7项，山东省十大成果奖1项，省部级科技进步二等奖25项。他多次代表中国赴欧美诸多国家主持国际会议并发表演讲，在国际学术界具有重要影响。获得美国心脏病学院"国际交流奖"、亚太心脏协会"学术领袖奖"、中华医学会"终身成就奖"、首届中国医师奖、全国首届中青年医学科技之星等荣誉奖励20余项。

朱晓东教授

1932年9月—

中国医学科学院心血管病研究所所长，阜外心血管病医院院长，中国工程院院士

图14-46　朱晓东

（照片由朱晓东院士提供）

　　朱晓东1932年9月21日生于河南南阳的一个书香之家，1956年毕业于哈尔滨医科大学医疗科。1956年北京协和医院实习医生，1958年以后在中国医学科学院阜外医院从事胸、心外科工作。1962年参与心导管室的建设，开展各项心导管检查和造影及左心房穿刺术，研究左心血流动力学并取得成功。1975年被组织选派到英国留学一年，并先后在伦敦儿童医院和里兹医院进修。回国后着重开展小儿先天性心脏病手术及研制人工心脏瓣膜。1976年研制成功牛心包生物瓣，于当年7月在中国首先为一位左心衰竭的患者施行了心脏主动脉瓣替换术取得成功（该生物瓣正常工作长达21年）。1980年赴澳大利亚悉尼圣文森医院进修一年，专攻冠状动脉外科。1983年8月开展首例采用"主动脉-左心房联合切口"施行双瓣置换术成功，为瓣环很小又需要双瓣替换的疑难手术提供了新的途径。1985年1月研制主动脉无缝线金属吻合环并成功用于临床，为夹层动脉瘤手术提供较安全的吻合方法。当时人工血管质量较差而夹层动脉瘤壁又非常脆弱，手术缝合经常发生致命性大出血，采用吻合环以后免除了缝合出血的危险。随后又开展了同种主动脉根部替换术。1989年2月对先天性主动脉弓中断畸形（A型）创新使用新法一次性矫治术。

　　20世纪80年代初朱晓东负责的心脏瓣膜研究组与北京航天部某研究所合作研制成功GK式机械瓣，并采用国产热解碳作为新材料，结构设计也有创新，1986年以后大量用于临床，挽救了成千上万的生命。20世纪90年代以后还少量出口。1992年他出任阜外医院院长及中国医学科学院心血管病研究所所长。1996年6月对冠状动脉搭桥术后不能脱机的患者用离心泵行长时间左心辅助达72小时以上抢救成功，为进一步使用心室辅助装置打下基础。1996年底当选为中国工程院院士。同年当选为中华医学会胸心血管外科分会主任委员。2004年与2005年任世界胸心外科医生协会第14届与15届国际会议主席。主编专著3部，获国家及部级奖6项。为了普及心外科手术技术，他的足迹遍布全国29个省市。1990年他带医疗小分队赴西藏拉萨开展了世界高原首例体外循环心脏直视手术。中国内蒙古自治区和青海高原是朱晓东协助开展工作次数最多、时间最长的地区，他希望心脏手术能在全国普及，使更多心脏病患者得到及时和方便的治疗。

吴清玉教授

1952年2月—

清华大学第一附属医院院长，心脏中心主任，中央保健会诊专家

国务院学位委员会学科评议组成员，国际欧亚科学院院士

图14-47　吴清玉

（照片由吴清玉提供）

　　吴清玉教授1952年2月出生，1976年毕业于广州中山医学院，1982年获中国协和医科大学硕士学位。1986—1987年澳大利亚布里斯班市查理王子医院心外科进修，1995年11月至2004年2月，任中国医科院阜外心血管病医院副院长、心血管外科主任、中国协和医科大学教授、博士生导师。2004年调入清华大学第一附属医院，创建心脏中心。2006年至2017年任清华大学第一附属医院院长。现任心脏中心主任、清华大学学术委员会副主任。美国胸外科学会（AATS）会员、美国胸外科医生学会（STS）会员、欧洲胸心外科学会（EACTS）会员、亚洲胸心血管外科学会（ASCVTS）荣誉会员。国务院学位委员会学科评议组成员、国际欧亚科学院院士。2014至2018年连续入选爱思唯尔高被引学者榜单，在心外科领域排名第一。完成心外科手术10 000余例，其中大部分为复杂疑难危重病例，创新了很多手术方法，使很多濒危患者重获新生。

　　吴清玉从事心血管外科临床和有关基础研究工作40余年，在先天性心脏病、冠心病、心脏瓣膜病、大血管疾病、人工左心辅助等领域皆有突出建树和创新成果，特别是冠心病、瓣膜病及疑难复杂先天性心脏病手术疗效达世界水平。其中埃布斯坦(Ebstein)畸形解剖矫治术曾被国际上最负盛名的治疗小儿先天性心脏病的专家克利夫兰医学中心小儿心脏外科主任罗杰·密(Roger B. Mee)教授认为是治疗埃布斯坦畸形的重大进展。美国梅奥心脏中心著名心脏外科专家约瑟夫·迪拉尼(Joseph A. Dearani)教授率领的手术小组于2004年专程来中国观摩吴清玉的此项技术。迄今吴清玉是世界上治疗埃布斯坦畸形患者数量最多、疗效最好的心血管外科专家。他曾6次应邀赴国外进行手术示范。他的法洛四联症根治术的手术成功率为99%以上,达国际水平。相关论文发表于美国《胸外科年鉴》,世界心外科创始人之一利乐海(Lillehei)教授在特邀评论中正式评价:"所得出的结论正确,手术结果可能是英文文献中最好的。"他在国内率先解决了冠状动脉搭桥术的关键技术问题,使冠状动脉搭桥手术成功率达99.5%以上。作为第一完成人,他负责的"提高冠心病外科治疗效果的临床与基础研究"获得国务院颁发的2002年国家科学技术进步二等奖。2001年,他率先在国内成功开展了心房动脉双转换手术、罗斯(Ross)手术、为晚期冠心病患者植入左心辅助装置2年后又成功进行心脏移植等26种高难度手术,全部获得成功,为救治广大患者做出了突出的贡献。他共发表论文284篇,主编及参编专著14部,包括主编《心外科学》(2003年山东科学技术出版社)、《冠状动脉外科学》(2004年人民卫生出版社)[49]。

孙立忠教授

1960年8月—

首都医科大学教授,北京安贞医院心脏外科中心主任

中华医学会胸心血管外科学分会副主任委员

中国医师协会全国大血管外科委员会主任委员

图14-48 孙立忠
(照片由孙立忠提供)

孙立忠,1960年8月出生在吉林省四平市。1983年毕业于白求恩医科大学,1983—1988年北京阜外医院心外科住院医生,主治医生。1994—1995年土耳其国安卡拉进修。2005年北京协和医学院博士学位。现任首都医科大学附属北京安贞医院心脏外科中心主任,教授,博士研究生导师,首都医科大学心脏外科学系主

任及主动脉疾病研究中心主任。中华医学会胸心血管外科学分会副主任委员,中国医药生物技术协会心血管外科技术与工程分会主任委员,中国医师协会心血管外科医师分会副会长,全国大血管外科专业委员会主任委员,美国AATS会员,STS会员,北京医学会心脏外科学分会主任委员,中国医药教育协会心脏外科专业委员会主任委员。2008年被评为卫生部有突出贡献的中青年专家,2009年获中国医师协会心血管外科医师奖(金刀奖),2011年被评为北京市卫生系统领军人才,2011年获吴阶平-保罗·杨森医学药学奖,2013年获"吴阶平医药创新奖",2015年获北京市高层次创新创业人才支持计划杰出人才,2017年获荣耀医者金柳叶刀奖,2017年获上海市第二届青浦领军人才。

孙立忠是我国著名心血管外科专家之一,他承担主动脉方面课题21项(其中国家级课题10项,省部级课题11项),获专利14项,发表论文300余篇(其中SCI论文70余篇),参编著作10部,主编《主动脉外科学》,主译《血管外科解剖图谱》等2部。获国家科技进步二等奖4项,中华医学科技奖一等奖2项,中华医学科技奖二等奖1项,北京市科学技术进步二等奖1项,国家教育部科学技术进步一等奖1项,上海市科学技术奖一等奖1项。任《主动脉》(Aorta)(耶鲁大学医学院主动脉研究所)编委,《亚洲胸心血管外科学》编委,《欧洲胸心血管外科学会》编委,《血管外科年鉴》编委,《中华胸心血管外科杂志》总编辑,《心肺血管病杂志》副主编等。

2003年孙立忠首创的主动脉夹层细化分型和主动脉弓替换加支架象鼻手术等技术,已被业内广泛认可推广应用,并被称为"孙氏手术"(Sun's Procedure)[50, 51]。他积极进行主动脉外科的学术交流和技术推广工作,主办了7届国际性盘古大血管疾病论坛、14次主动脉外科继续教育学习班、6届主动脉外科国际交流学习班,为我国主动脉外科事业做出了巨大贡献。2018年荣获"中国名医百强榜"上榜名医,且大血管外科名列榜首。

中国心脏界大事年表

年 份	人 物	成　　就
1931	董承琅	创建中国首个心内科并在中国首先应用心电图(北京协和医院)
1940	吴英恺	中国首例食管癌切除术(北京协和医院)
1944	吴英恺	中国第一例动脉导管结扎术(重庆中央医院)
1948	吴英恺	中国第一例缩窄性心包炎手术(天津中央医院)

（续表）

年 份	人 物	成 就
1952	黄 宛	中国首例右心导管检查（北京协和医院）
1953	石美鑫	中国首例锁骨下动脉–肺动脉端侧吻合术（上海中山医院）
1954	兰锡纯	中国首例二尖瓣狭窄闭式交界分离术（上海宏仁医院）
1954	陶寿淇	国际上首先提出抗心律失常药物可导致严重心律失常的论点
1956	傅培彬	狭窄段切除和端端吻合术治疗主动脉缩窄（上海第二医学院）
1957	梁其琛	低温麻醉下施行肺动脉瓣狭窄直视切开术（上海仁济医院）
1957	顾恺时	应用人工血管修补主动脉瘤（上海市胸科医院）
1958	石美鑫	低温麻醉下房间隔缺损直视缝合术（上海中山医院）
1958	苏鸿熙	中国首次应用体外循环行室间隔缺损直视修补术（第四军医大学）
1960	李迎汉	国内首例成功施行全主动脉弓切除及人造血管术（广东中山医院）
1961	于维汉	发现克山病导致心肌病的机制和防控（哈尔滨医科大学）
1965	蔡用之	中国首例应用国产人造球型瓣膜行二尖瓣置换术（上海长海医院）
1972	郭加强	心肌梗死后室壁瘤切除（北京阜外医院）
1973（4/23）	陈灏珠	中国首例成功行选择性冠状动脉造影术（上海市第六人民医院）
1974	郭加强	中国首例用大隐静脉行冠状动脉架桥术（北京阜外医院）
1974	丁文祥	中国率先开展婴幼儿(2岁以下)先天性心脏病手术（上海新华医院）
1976	朱晓东	应用国产牛心包瓣膜行主动脉瓣置换术（北京阜外医院）
1977	罗征祥	应用国产猪主动脉瓣膜行主动脉瓣置换术（广东省人民医院）
1977	罗征祥	研制了左心室辅助循环器——"罗叶泵"（广东省人民医院）
1978（4/21）	张世泽	中国首例施行原位心脏移植，患者存活109天（上海瑞金医院）
1978	汪曾炜	开展各类复杂先心手术（沈阳军区总医院）
1985	孙衍庆	开展本特尔（Bentall）术治疗升主动脉夹层动脉瘤（北京友谊医院）
1986	丁文祥	为大动脉转位患者行森宁（Senning），马斯塔德（Mustard）手术（上海新华医院）

（续表）

年 份	人 物	成 就
1987	郭加强	成功实施了国内首例大动脉转位行Switch手术（阜外医院）
1989	郭加强	国内首次将同种带瓣血管片应用于法洛四联症根治术（阜外医院）
1992	刘晓程	中国首例成功施行心肺联体移植术（牡丹江心血管病医院）
2001	吴清玉	国内首次为矫正性大动脉转位成功行Double Switch术（阜外医院）
2003	孙立忠	首创主动脉弓替换加支架象鼻技术治疗A型主动脉夹层（阜外医院）
2006	刘力生	世界高血压联盟主席（2006—2013年）（阜外医院）

参考文献

［1］ 郭继鸿.中国心电学发展史［M］.北京：北京医科大学出版,2002年.

［2］ SONG Wan. Cardiothoracic Surgery in China Past, Present and Future［M］. Hongkong: The Chinese University of Hong Kong Press, 2007: 211.

［3］ TUNG CL. The status of the heart in myxedema［J］. American Heart Journal, 1931,6(6): 734-742.

［4］ TUNG CL, HSIEH CK, BIEN CW, et al. The hearts of rickshaw pullers A study of the effect of chronic exertion on the cardiovascular system［J］. Peiping, China: American Heart Journal, 1934, 10(1): 79-100.

［5］ TUNG CL. Transient auricular fibrillation as a toxic manifestation of digitalis［J］. Peiping, China: American Heart Journal, 1936, (12)3: 272-284.

［6］ TUNG CL, BIEN WN, CHU YC. The heart in severe anemia［J］. Chinese Medical Journal, 1937, 52: 479.

［7］ TUNG CL. The duration of electrical systole (Q-T interval) in cases of massive pericardial effusion［J］. American Heart Journal, 1941, 22(1): 35-46.

［8］ 章华明,［美］黄美树.档案春秋——清末秀才董景安的教育人生［M］.

［9］ TUNG CL. Relative Hypotension of foreigners in China Archives of Internal Medicine［J］. JAMA, 1927, 40: 153-158.

［10］ TUNG Chen-lang. Functional bundle-branch block［J］. American Heart Journal, 1936, 11(1): 89-98.

［11］ 黄家驷,石美鑫.Tuberculosis of the chest wall［J］. Chinese Med, 1948, 66: 125-129.

［12］ HUANG Chai-ssu, JU Ming-Chyang. Indications for lobectomy and pneumonectomy in pulmonary tuberculosis［J］. Chinese Med, 1948, 66(10): 527-535.

［13］黄家驷.食管截除与颈部食管胃吻合术［J］.中华医学杂志,1951,37(3):207—210.

［14］HUANG CS, LIANG QC, SHI MH, et al. Lung resection for 1376 patients with pulmonary tuberculosis: Shanghai experience［J］. Chin J Surg, 1956, 4: 781—785.

［15］刘德培,刘谦.外科医生黄家驷［M］.北京:中国协和医科大学出版社,2006:9.

［16］陈敏.纯朴清廉的黄家驷［N］.上饶日,2010年10月11日.

［17］WAN Song. Cardiothoracic Surgery in China Past, Present and Future［M］. Hongkong: The Chinese University of Hong Kong Press, 2007: 211.

［18］黄文美.悼父亲黄家驷［N］.科技导报,1985,Vol.3(8505):62.

［19］方国栋.纪念黄家驷老师逝世三十周年［J］.MedSci,2014—5—1.

［20］WU YK, LOUCKS HH. Surgical treatment of carcinoma of the esophagus［J］. Chin Med J, 1941, 60: 1—33.

［21］WU YK. Ligation of patent ductus arteriosus［J］. Chin Med J, 1947, 65: 71—76.

［22］WU YK, HUANG KC. Surgical treatment of constrictive pericarditis［J］. Chin Med J, 1953, 71: 247—286.

［23］吴英恺.学医,行医,传医70年.北京:中国科学技术出版社,1997.

［24］WU YK, MILTNER LJ. The operative treatment of tuberculosis of the knee joint［J］. Chin Med J, 1936, 50: 253—258.

［25］WU YK, MILTNER LJ. A procedure for stimulation of longitudinal growth of bone, an experimental study［J］. Bone & Joint Surg, 1937, 19: 909—921.

［26］WU YK, PIANETTO ME. The problem of wound infection in thoracoplasty［J］. Thoracic Surg, 1943, 12: 648—652.

［27］兰锡纯,姚川汶,钱肇鄂,等.门静脉高压症［J］.中华外科杂志,1953,1(6):399.

［28］兰锡纯,黄铭新,冯卓荣,等.二尖瓣狭窄症的外科治疗(文献综述及五病例报告)［J］.中华外科杂志,1955.

［29］黄宛,方圻,邵孝鋐,等.心脏导管检查术对于诊断先天性心脏病的贡献［J］.中华心内科杂志,1953,3:161—174.

［30］HWANG Wan, LIU Li-shen. Constrictive Arteritis of the Aorta and Its MainBranches［J］.中华医学会杂志英文版,1962.

［31］苏鸿熙,蔺崇甲,刘维水.应用体外循环直视修补室间隔缺损［J］.中华外科杂志,1958,5:557.

［32］黑飞龙,朱德明,侯晓彤,等.2016年中国心脏外科手术和体外循环数据白皮书［J］.中国体外循环杂志,2017年6月15日第15卷第2期.

［33］陶寿淇,汪师贞.用酒石酸锑钾治疗日本血吸虫病过程中之心脏变化［J］.中华医学杂志,1952,38:661.

［34］诸俊仁,陶寿淇.缺钾所致之严重心率紊乱及其静脉滴注氯化钾治疗［J］.中华内科杂志,1962,10:575.

［35］陶寿淇,廖履坦.不用血管收缩药治疗16例肺炎休克的体会,第一届全国内科学术会议资料汇编［M］.中华医学会上海分会,1966:5.

［36］LIU YQ, XU JB, GUO DW, et al. Development and achievement of ccntrast study of cardiovascular system, during the latest 10 years in China—a review［J］. Chin J Radiol, 1959, 7: 341—344.

［37］郭加强,朱晓东,乐效羣,等.主动脉–冠状动脉搭桥术15例报告［J］.中华外科杂志,1983,21（11）: 686–689.

［38］黄志雄.郭加强教授画册.北京: 新华出版社,2003.

［39］中国循环杂志2017年6月第32卷第6期（总第228期）.

［40］陈灏珠,叶根耀,陶寿淇.心肌梗死［J］.中华内科杂志,1954,2: 172–178.

［41］陈灏珠.选择性冠状动脉造影I,造影方法初步报告［J］.中华医学杂志,1973（12）: 718–723.

［42］Tsung O CHENG,徐静.吴英恺: 一位有影响力的中国胸心外科专家当代中国心血管病领域逝去的巨星［J］.中华心血管病杂志,2004,11.

［43］Wan Song. Cardiothoracic Surgery in China Past, Present and Future［M］. Hongkong: The Chinese University of Hong Kong Press, 2007: 243.

［44］陈灏珠.充血型原发心肌病［J］.中华内科杂志,1977,2: 213–217.

［45］陈灏珠.梗阻型和限制型原发心肌病［J］.中华内科杂志,1977,2: 340–346.

［46］陈灏珠,沈学东,等.血管腔内超声切面显像的实验研究［J］.上海医学影像杂志,1992.

［47］刘轶.刘丽笙传.北京: 北京出版社,2009.

［48］张雅文.刘晓程牵挂400万人的"心"［J］.作家文摘,第110期,第5页.

［49］吴清玉.奉献者的丰碑——"聚焦百年"系列［J］.中华心血管病杂志,2015,2.

［50］孙立忠.主动脉夹层诊断和治疗相关问题探讨［J］.中华外科杂志,2005,43（8）.

［51］孙立忠,刘宁宁,常谦.主动脉夹层的细化分型及其应用［J］.中华外科杂志,2005,42（18）.

第十五章

海外华裔心脏界的佼佼者

Masters of Overseas Chinese in Cardiology & Cardiac Surgery

一、华人留学简史
Ⅰ. A Brief History of Chinese Studying Abroad

中国古代留学第一人——玄奘

唐太宗贞观元年（即公元627年）八月，高僧玄奘（602—664年）西行赴天竺诸国（今印度）巡礼求法。他经过千难万险，九死一生，历时19年，跋涉5万余公里的行程，终于在贞观十九年正月二十四日携657部梵文佛典回到了长安。玄奘应该是中国历史上第一个留学生。

中国近代留学先行者——容闳，黄宽

1846年冬，美国传教士布朗博士在澳门主办马礼逊学校，在他准备回美国时，想带几名学生一同返美。经过一番动员，当时仅有容闳、黄宽、黄胜3名学生愿意前往。经过98天漫长的海上行程，他们到达美国纽约。容闳等3人于1847年进入马萨诸塞州的孟松学校（Monson Academy）就读。1848年秋，一同赴美的黄胜因病回国。容闳（1828年—1912年），1850年进入耶鲁大学学习，并于1854年毕业获学士学位。他于1854年11月13日乘船从纽约回国。容闳是第一个毕业于美国大学的中国人，同时也是第一个学成回国的"海归"。因此，常被人们公认为"近代中国留学生之父"和"海归第一人"。

黄宽（1829年—1878年），于1850年得到英国商人的资助，从美国转去英国专攻医学，他于1857年毕业于爱丁堡大学并获医学博士学位。黄宽是我国留欧学医

的第一人,1857年回国行医,名声很大。

容闳回国后,说服曾国藩和李鸿章向美国派送留学生并使得二人联名上奏清廷,最终被清廷批准。从1872年到1875年,清政府先后派四批共120名幼童到美国学习。他们之中年龄最大的16岁,最小的仅10岁。代表人物詹天佑(1861年—1919年),1873年12岁的詹天佑留学美国,1878年考入耶鲁大学土木工程系,主修铁路工程。1881年毕业回国,任京张铁路总办兼总工程师,被誉为"中国铁路之父"。

从1875年起,清政府开始派学生到法国、德国、英国学习军事技术。这是中国学生到法、德、英等欧洲国家学习的开端。代表人物严复(1854年—1921年),1877年严复来到英国格林威治皇家海军学院后,除了学习必修的海军战略战术等课程外,还关心西方的哲学和社会学说,到1879年6月归回国后曾任北洋水师学堂校长。他所翻译及出版的英国生物学家赫胥黎的《天演论》一书,震动了全国,其中"物竞天择,适者生存"一词就是出自该书严复之笔译。

甲午战败,留日成风

甲午战争失败后,向日本学习逐渐成了社会上许多人的共识。自1902年到1906年的短短时间内,中国在日留学生达到12 000人,其中80%为自费生,以后又逐年增加。其中鲁迅、郭沫若、田汉等都是留日学生。他们在新文化运动中做出了巨大的贡献。

庚子赔款,留美高潮

1900年为中国农历的庚子年,义和团运动引致八国联军武力干涉。1901年9月7日,清廷全权代表奕劻和李鸿章与八国代表签订了丧权辱国的《辛丑条约》(Boxer Protocol),规定向奥匈、法、德、意、日、俄、英、美八国及比、西、荷、葡、瑞典和挪威六诸国赔款白银4.5亿两,分39年还清。1908年5月25日美国国会出于其在华长远利益的考虑,通过了把赔款的半数退还中国的议案。中美双方拟定了一项协议办法,利用这笔赔款遣派中国学生赴美国各大专院校深造。这就是历史上的庚子赔款奖学金(Boxer Indemnity Scholarship)[1]。

---

1 美国的庚子退款对各国均发生启示作用,各国竞相效仿。1924年苏俄政府表示放弃部分庚子赔款。同年法国退还庚款。1925年比利时退还庚款。1926年英国开始退还更款。同年荷兰将庚款全部还给中国。1933年意大利退还庚款。以上诸国退款协议多规定用于留学教育。从此,许许多多有志青年通过上述诸国庚款考试前往英、法、德、比等国留学。1914年第一次世界大战爆发,北京政府于1917年8月开始加入协约国并对德奥宣战,同时停付德奥庚款。1937年日本发动全面侵华战争,中国开始停付对日本之庚款,进而废除对日庚款。

1909年8月,清政府内务处在北京史家胡同招考了第一批学生,所考科目有:中文论说、英文论说、历史、地理、算学等,而且规定上述科目除中文论说外,一律采用英文考试。共有630名考生,47人被录取,之中包括后来的清华大学校长梅贻琦,并于同年10月赴美。1910年8月举行了第二次招考,400多人应考,最后录取了70人,其中包括胡适、赵元任及竺可桢等。从1911年4月29日清华学堂正式招考,到1929年改为清华大学,派往美国的留学生共1 279人。其中包括梁思成、周培源等,从而形成了清末民初赴美留学的高潮。

留学苏联,东欧诸国

20世纪50年代,中国人留学区域局限于苏联,兼及东欧等少数社会主义国家,与西方资本主义国家之间的留学交流完全中断。另外,这个时期自费留学中断,留学生全部由国家统一派遣。

"文革"期间,少年留学

"文化革命"期间是最为闭关锁国的年代,中国也派过留学生去美国及英国等西方国家学习。特别是1971年10月25日中国恢复了在联合国的合法席位,中美关系得到改善。毛泽东考虑到,他要为未来跟国际社会打交道准备人才。1974年春我国派出一批少年赴美留学,其中最小的12岁,是时任外交部部长乔冠华的继女洪晃,而最大的14岁,是当时中国常驻联合国参赞章曙之女,后来成为外交部新闻发言人的章启月。

至此,自1872年到1978年这漫长的一个世纪中,中国出国留学总人数约为15万人。

改革开放,留学大潮

1978年邓小平对出国留学做出具有划时代意义的指示,中国的留学教育随着改革开放的时代大潮,迎来一个崭新的发展阶段。根据2016年10月21日发布的《国际人才蓝皮书:中国留学发展报告(2016)》,从1978年中国改革开放至2015年年底,我国各类出国留学人员累计达404.21万人。留学地域遍及一百多个国家和地区,其中赴美国/加拿大(25%)、英国(17%)留学的学生占总留学生人数的42%以上。留学专业几乎涵盖所有自然科学和社会科学的学科门类。其中大约有221万人学成后归国,并在中国的各个领域发挥着积极作用。中国留学生在美国、英国和加拿大的专业分布统计结果显示,各专业比例为:工商管理22.19%、工程技术15.66%、数学与计算机科学8.57%、社会科学8.04%、医学7.6%、生命科学6.66%、艺术与应用艺术5.66%[1,2,3,4,5]。

二、美医概况，华医简况
II. Overview of American Medicine and
Chinese American Doctors

　　美国的医学生属于中国的研究生水平，在进入医学院校之前，需要经过4年的医学预科或相关学科的本科学习，在取得学士学位后，才有资格参加医学院入学考试，申请医学院。医学院学制4年，毕业后可获得医学博士学位（Doctor of Medicine, M.D.）或骨科医学博士学位（Doctor of Osteopathic Medicine, D.O.），在校期间需要通过美国执业医师资格考试（United States Medical License Examination, USMLE）。毕业后，通过全美统一的住院医生遴选系统匹配（match）到教学医院开始做住院医生。

　　根据美国国家医疗委员会联合会（Federation of State Medical Boards）2016年至2017年的资料，全美国有953 695出勤执照医生（不含牙科医生及退休医生）和310万名注册护士，服务于全美3.23亿人口。相当于全美国每10万人中约有295名医生及960名护士。美国有171所医学院（包括30所骨科医学院），5 534所医院（90万张注册病床）及数万个私人医生诊所。在2017年毕业的医学生中，有19 252人通过美国执业医师资格考试（USMLE）进入了住院医生训练课程。这个数字低于美国住院医生需要的人数[6]，因此，美国每年还要录取大约3 500多名外国医学院毕业的外籍医学生。其中每年约有1 500名印度医学院毕业的学生在印度直接通过美国的USMLE考试，然后进入美国住院医生训练课程。剩下的约2 000个配额则由全世界在美国进修、访问、学习、探亲等的外国医学院毕业的外国医生通过USMLE的资格考试后，进入美国住院医生训练课程。所有在美国的住院医生根据所选修的不同专业，还需要做3～7年不等的实习医生，然后通过层层考试，最后才能成为一名有资格给患者医病的合格医生，即主治医生（Attending Doctor）[6]。

　　按照上述统计数字及从事医学专业的比例，截至2016年底大约有35 000多名中国医学院毕业的医生（Chinese Medical Graduate, CMG）在美国/加拿大居住。其中约有近6 000名佼佼者，通过了美国执业医师资格考试（USMLE）并完成所有住院医生所需的训练课程，在美国从事合法医生工作。从科别分布来看，在美的这6 000名CMGs的佼佼者跨越了53个临床专科和亚专科。其中执业最多的科别为：病理科（21%），普通内科（18%），麻醉（9%），家庭科（7%）和神经内科（5%），而从事临床心脏专科者不足80人（1.3%）。

美国约有亚裔医生6万多名，其中印度裔医生占5.2万名以上。美国约有心脏专科医生14 000名（1.47%），其中亚裔心脏专科医生为2 350名（印度裔占1 480名）。而华裔心脏病专科医生（包括所有美国医学院及非美国医学院毕业）约占全美心脏医生的（1.9%），即不足270人。中国医学院毕业者不到80人[7,8]。

上述6 000名在美国行医的华人执业医师，是留美精英中的精英。同理，在全世界各国行医的华人执业医师都是中华民族在海外的佼佼者。如果说"侨胞就是所在国的民间大使，是中国人在海外的名片"，那么在海外合法行医的所有华裔医生则是"中国人在海外的徽章"。他们是500万美国华裔的骄傲，是6 000万海外侨胞的骄傲，也是14亿中华民族的骄傲。本书仅介绍海外华裔心脏界的数位佼佼者。因资料及时间有限，肯定会疏漏一些有作为的华裔心脏病专家。在此深表歉意。

三、海外华裔，心界佼者
Ⅲ. Outstanding Overseas Chinese Cardiologises and Cardiac Surgeons

学医行医，治病救人，这是一个伟大而又崇高的行业。在西方，医生的社会地位高，收入丰厚，受人尊重，是一个高尚而又神圣的职业，因此，从学医到行医需经历漫长而又艰苦的道路。首先，医学院入学的门槛高，加之层层考试，不断淘汰，成功者可谓同辈中的佼佼者。作为中国人，能够跻身到西方医院里行医看病，特别是做心脏专科医生，可谓凤毛麟角。下面简介几位在西方心脏病学界地位显赫、声望卓著、功成名就的已故华裔心脏专家。他们是美籍华裔心内科医生余南庚教授（Paul N. Yu），澳大利亚籍华裔心外科医生张任谦教授（Victor P. Chang），美籍华裔心内科医生郑宗锷教授（Tsung O. Cheng），德国华裔心外科医生翁渝国教授（Yuguo Weng），美籍华裔心内科医生谢公元教授。还有许多现活跃在心脏病学界的成功学者们：澳大利亚籍的吴调和教授（Tiow-Hoe Goh），中国香港的何国伟教授，美国的葛舒平教授、奚皓教授、姜楞教授、黎惠民（Wyman Lai）教授、廖康雄教授、刘正国教授、赵小明教授、赵琼教授、范大力教授、叶青教授等，由于篇幅和时间有限不能逐一详述。上述豪杰们的成功不仅得到了西方主流社会的承认和崇敬，同时还彰显了伟大中华民族的聪明和智慧，以及在世界民族之林中的闪耀位置。

余南庚教授（Paul N. Yu）
医学博士，哲学博士
1915年11月7日—1991年10月8日
美国纽约罗切斯特大学医学中心
美国纽约斯特朗纪念医院（Strong Memorial Hospital）心内科主任
美国心脏学会主席
台湾中研院院士
图15-1 余南庚
［照片由余南庚的长女波林（Pauline Yu）提供］

履 历

1933—1939年国立上海医学院医学博士

1939—1945年重庆中央医院住院医生，主治医生

1945—1947年英国伦敦皇家医学院进修

1947—1949年纽约罗切斯特大学医学院住院医生

1949—1957年斯特朗纪念医院心肺科主治医生

1957—1968年斯特朗纪念医院心肺科主任

1968—1982年斯特朗纪念医院心内科主任

1969—1982年罗切斯特大学医学院终身教授

1982年后退休

贡 献

1972年任美国心脏学会（AHA）主席，为华人在美国主流社团争得荣誉和地位，在心脏病学领域里彰显了中华民族的聪明和才智，这是至今为止唯一的一位亚裔人当选该协会主席

发 表

　　共发表英文学术论文181篇,其中74篇为第一作者。著作有《健康人及患者的肺血流量》(*Pulmonary Blood Volume in Health and Disease*)。1972年起任美国《心脏年鉴》(*Progress in Cardiology*)一书的首任主编并连任16届

荣 誉

　　1972年美国心脏学会主席(1972—1973)

　　1975年美国心脏学会金质心脏奖(Gold Heart Award of AHA)

　　1996年余南庚冠名教授(Paul N. Yu Professorship)

　　1996年余南庚心脏中心(Paul N. Yu Heart Center)

　　1996年余南庚心血管科研奖(Paul N. Yu Cardiovascular Research Fellowship)

少年得志,英美留学

　　1915年11月7日,余南庚生于江西南昌。父亲是珠宝商,母亲在家照看他和3个弟弟。1939年毕业于国立上海医学院,在校期间结识同学唐爱玲女士。两人于1944年结为伉俪并于1945年双双通过庚子留学基金考试,唐爱玲到美国杜克大学(Duke University)医学中心实习儿科,后到纽约罗切斯特大学斯特朗纪念医院做儿科住院医生。余南庚则到英国伦敦热带医学院及皇家医学研究院学习,1947年到美国斯特朗纪念医院做住院医生并与妻子唐爱玲团聚。1949年毕业并留在该院任心肺科主治医生。

成就斐然,掌门心协

　　1957年余南庚被晋升为心肺科主任,1960年他成功申请到美国国家卫生研究院(NIH)科研基金并建立心肌生化及电生理(动物)实验室,从而开展对心肌缺血的基础研究。同时还建立了心内科研究生课程(Cardiology Fellowship Program)。1968年建立心导管室并任心内科及心导管室双料主任,从而开展冠状动脉造影及心肌梗死的临床研究。1969年成为罗切斯特大学医学院终身教授。1972年出任美国心脏学会主席,领导着具有5万名正式会员、6万名志愿者的全世界最大的心

血管病学会。余南庚是至今为止85个AHA主席中唯一的一位中国人，也是唯一的一位亚洲人。他为华人在美国主流社团争得了荣誉和地位，在心脏病学领域里彰显了中华民族的聪明和才智。

累累硕果，满满荣誉

余南庚教授在科研上治学严谨，在临床上医术高明。一生治学勤勤恳恳，发表英文版学术论文181篇（74篇为第一作者），并著有《健康人及患者的肺血流量》一书，1972年起任美国《心脏年鉴》一书的首任主编并连任16届。为表彰他的出色成就，1975年美国心脏学会授予余南庚教授金质心脏奖。1996年，纽约罗切斯特大学医院心脏科被命名为"余南庚心脏中心"，并设立了余南庚冠名教授及余南庚心血管科研奖。

淡出学界，回归自然

1982年起，余南庚逐渐减少医院的工作。1989年后他的帕金森病明显加重，并出现轻度认识功能障碍。因此，他放弃一切临床及教学工作，同年应邀到中国台北疗养。1991年10月8日病逝台北，享年75岁。数周后，美国纽约罗切斯特大学医学中心为余南庚教授举行了纪念活动。余的骨灰从台北运回美国，并洒在他所热爱的湖岸住所旁的卡南代瓜湖（Canandaigua Lake）上[9]。

本文撰写时得到了余南庚教授的长女波林（Pauline Yu）的帮助，其中包括提供余南庚教授的头像照片及余教授的传记《永远铭记，余南庚》（*Paul Yu, Remembered*），作者在此表示感谢。

张任谦教授（Victor P. Chang）
医学博士
1936年11月21日—1991年7月4日
澳大利亚悉尼圣文森特（St. Vincent's）医院
澳洲华裔心血管外科医生
现代心脏移植技术的先驱和圣手

图 15-2　张任谦
（照片由朱晓东院士提供）

履　历

1962年毕业于澳大利亚悉尼大学[1]医疗系,外科专业

1963年悉尼圣文森特医院实习医生

1965—1969年英国伦敦皇家布朗普顿(Royal Brompton)医院心血管外科训练

1970—1972年美国梅奥医学中心训练

1972年悉尼圣文森特医院心外科医生

贡　献

1968年成功行澳大利亚第二例心脏移植(在圣文森特医院)

1984—1991年间共行266例心脏移植术及22例心肺联体移植术,第一年存活率90%,5年达85%,冠状动脉搭桥手术的成功率高达99%

研发人工心脏瓣膜及人工心脏等

中澳心血管界学术交流通道的伟大建设者

荣　誉

1980年中国医学科学院心血管病研究所,北京阜外医院授予张任谦荣誉教授证书

1983年上海第二医学院、北京心肺血管研究所、西安大学、广东省人民医院先后授予张任谦荣誉教授证书

1985年被授予澳大利亚年度先进奖(Advance Australia Award Australian of the year)

1986年由女王颁发澳大利亚最高市民荣誉奖同伴勋章(Companion of the Order of Australia)

1994年"张仁谦心脏研究院"(Victor Chang Cardiac Research Institute)大楼落成,总理保罗·基廷(Paul Keating)

---

1 悉尼大学(University of Sydney)建于1850年,是澳大利亚顶级大学,2018年世界排名第25位。该校共出过5位诺贝尔奖得主,7位澳洲总理,2位总督,9位州长和24位澳洲最高法院大法官,110位罗兹学者奖(Rhodes Scholar)。

荣　誉

出席剪彩

1999年澳大利亚总理约翰·霍华德（John Howard）宣布张仁谦是"世纪澳洲人"（Australian of the Century）

童年经历，颠沛流离

1936年11月21日，张任谦出生于中国上海，祖籍广东东莞。父母都是在澳洲出生的华裔，20世纪30年代回祖国做生意，并在上海开了家商店。不料，1937年后日本军队对华进行了全面进攻。战争爆发后，1岁的张任谦便随全家开始了颠沛流离的生活。最先举家从上海搬到香港，后又迁移到缅甸的仰光，2年后，又转到重庆，1945年起再定居香港。因此，张任谦少年时期的大部分时间是在香港度过的，他曾在香港九龙塘的小学和圣保罗书院读书。12岁时母亲因乳腺癌逝世，使他立下学医的志向。1951年移居澳大利亚，先在悉尼市的基督教兄弟高中读书，2年后以优异的成绩考取世界著名大学悉尼大学（University of Sydney）医学院学习医学。1962年以一级荣誉学位获得悉尼大学医学和外科学双学士学位。

外科生涯，成就辉煌

1963年张任谦被选入悉尼圣文森特医院，在心脏外科医生马克·沙纳汉（Mark Shanahan）的指导下做了2年外科实习医生。1965年前往英国伦敦的皇家布朗普顿胸科医院（Royal Brompton Hospital of Chest Diseases）进修心外科，1970年又到美国梅奥医学中心（Mayo Clinic）进修。1972年回到悉尼圣文森特医院成为心外科主治医生，并与前辈著名医生亨利·温莎（Henry Windsor）及马克·沙纳汉共同开展心外科工作。亨利·温莎（1914—1987年）曾于1968年10月20日成功行澳大利亚首例心脏移植术，患者存活6个星期。在温莎医生的影响下，张任谦开始致力于对心脏移植的研发工作，并游说澳洲的政府要员及富商们，为圣文森特医院的心脏移植研究筹集资金。1984年，他在圣文森特医院主持成立了"澳洲国家心脏移植中心"（Australia's National Heart Transplant Program）并任中心主任。1984年2月24日，张医生在圣文森特医院为一名中年男子成功行澳洲第二例心脏移植手术。自那时起到1991年逝世的7年间，他为澳洲及东南亚各国共做过266例心脏移植术、22例难度极高的心肺联体移植术及6例肺移植术，其成功率居世界顶尖水平（存活率第一年92%，5年达85%）。除了心脏移植术，张任谦还擅长冠状动脉搭桥手术,成功率高达99%,这在20世纪80年代,可谓奇迹。此外,他所研究的人工心脏瓣膜,圣文森特心脏瓣（St Vincent's Heart Valve）被广泛用于澳大利亚及东南亚各国。著名心外科医生,原北京阜外医院院长兼外科主任郭加强教授是这样评介张任谦的手术技巧:"我观摩过世界上10位顶尖心外科医生的手术操作,我认为张任谦的手术技巧是最好的。"

身在异邦,心系祖国

成功后的张任谦不忘自己的华人血统,一心要为祖国的人民及东南亚华人、华侨解除心脏病之痛苦。自1977年起,他曾先后14次离开澳洲到北京、上海、广州、西安、香港等地,及新加坡、马来西亚、印度尼西亚等国家做手术及学术交流,并先后接受近百名中国的医生和护士到悉尼圣文森特医院进行培训和提高,为祖国培养出众多医术高超的心外科医生及护士。他的爱国精神得到了中国政府及有关学术部门的尊重和表彰,中国医学科学院心血管病研究所、北京阜外医院授予张任谦"荣誉教授"证书。

图15-3　澳大利亚心脏专家张任谦（前排左7）、温莎（前排左9）在北京阜外医院讲学留影（1980年4月15日摄）
前排左3苏鸿熙,左4郭加强,左6蔡如升,右1朱晓东,右2刘玉青,右3尚德延
（照片由郭小平提供）

光辉荣誉,华人骄傲

由于他的超卓医术和他所推广的"普及/提高亚太地区心外科发展水准"的理念,以及他所取得的卓越成就,张任谦被《澳洲人日报》评选为"1985年度最伟大的澳大利亚人"。1986年,张任谦被澳大利亚女王亲自授予澳大利亚同伴勋章,

这是澳洲公民最高荣誉奖，张任谦是荣获此奖的第一位，也是唯一的一位华人。1999年被授予20世纪最杰出澳大利亚人荣衔。

惨遭厄运，四海悲痛

1991年7月4日，星期四上午7时30分，张任谦像往常一样，驾车离开位于北悉尼克朗塔夫区（Clontarf）的住所前往圣文森特医院上班。当车经过斯皮特大桥，进入莫斯曼区（Mosman）郊外的米利特里大道（Military Road）时，两名驱车尾随的马来西亚华裔刘秋生（Chew Seng Liew）和林春治（Choon Tee Lim）故意将其所驾车的右前端与张任谦的汽车左侧尾部相擦撞，迫使张将车子停在岔路（Lang Street）街道路边。然后刘、林两人下车向张勒索金钱，张掏出钱包，问要多少。刘说，我不要你这个（钱），我要你进车里谈，并掏出手枪进行威胁，但遭到张的拒绝。于是刘、林两人又企图绑架张强入他们的车子里，张强烈挣脱反抗，然后双方撕扯达12分钟。张的衣扣都被扯掉，在一边厮打的同时，张边向路人高呼报警。刘、林两人见事不好，又怕事后被张认出，于是，刘举起手中0.32口径的左轮手枪向张任谦扣动了扳机，子弹从张的右脸颊处进入并从张的右耳下方射出，张的身子转了一圈后应声倒下。接着，刘弯下腰，再向张的头部开了第二枪，这颗致命的子弹从张的右侧太阳穴射入，穿过他的头颅，随后两人逃去。不久警方赶到，发现倒在血泊中的张任谦已经死亡，身旁是他的那辆深蓝色双门奔驰牌500 SL款式的跑车。

7月13日，在张遇害的第九天，警方在墨尔本机场将打算逃离澳大利亚的刘秋生抓获。同一日，警方还将在最后一刻退出勒索计划的吴章夏（Stanley Ng）捕获。而刘的同伙林春治早已乘飞机逃往吉隆坡。7月20日，澳洲警方发布拘捕令，通过国际刑警，要求马来西亚、新加坡、中国大陆及港澳地区的警方缉捕林归案。11月12日，马来西亚警方终于在吉隆坡将林春治捕获，并于12月12日将林引渡回悉尼受审。审判时，刘、林2人均认罪，分别被判26年和24年。

事后的警方调查表明，刘和林由于经济拮据，便产生勒索富人钱财的念头。一天他们在杂志上看到一篇关于张医生的文章后，便决定了绑架和勒索计划。刘、林、吴3人曾计划在1991年5月底到张任谦的住所绑架张，勒索张300万澳元，但在到达悉尼后才发现张已出国，因此只得返回墨尔本。6月，3人再次前往悉尼，但再次不能下手，于是3人产生矛盾，特别是吴反对使用暴力，从而退出，返回墨尔本，只剩刘和林两人。此后才在7月发生震惊澳洲的枪杀张任谦医生事件。另一名未作案的吴转为控方证人，获豁免起诉。

张任谦的死不仅震惊了全世界所有心外科界的同仁，还有曾经接受过他医治的患者。人们对张任谦医生的突如其来的不幸遭遇，悲痛万分。

纪念英雄,寄托哀思

1994年2月15日为了纪念张任谦对医学所做的杰出贡献,一个致力于研究心肌病的预防、诊断和治疗的"张任谦心脏研究所",在当时澳洲总理保罗·基廷的主持下成立。曾由张任谦生前做心脏搭桥手术的澳洲首富凯利·派克作为赞助人向该研究所捐赠300万澳元。此外,澳洲公众亦向研究所捐款200万澳元。

1995年11月1日英国戴安娜王妃曾赴澳大利亚举行一系列慈善活动为该中心募集资金并为其分馆(Garvan馆,现叫Lowy Packer馆)进行奠基剪彩。张任谦心脏研究所外还竖立了一尊由著名雕塑家琳达·克拉菲尔德(Linda Klarfeld)雕塑的真人大小的张任谦铜像。

图15-4 印有张任谦肖像的60分澳洲邮票

1999年,时任澳洲总理约翰·霍华德在澳大利亚人民选择奖的颁奖典礼上宣布张任谦为"世纪澳洲人"。

2008年,悉尼圣文森特医院的张任谦-洛伊·帕克建筑完工,并由丹麦王储妃玛丽正式剪彩并致辞。悉尼圣文森特医院对面的公园内建立了张任谦的纪念碑,上面镌刻着张任谦的事迹介绍及其女儿瓦内萨(Vanessa Chang)怀念父亲的文章。张任谦的骨灰就埋在纪念碑下面。

2012年4月10日,澳洲政府决定,在60分的澳洲邮票上印上张任谦的肖像,以示纪念张任谦为澳洲人民所做出的贡献。

家庭背景,个人生活

张任谦的父母都是在澳洲出生的华裔,父亲叫奥布里·张(Aubrey Chang),母亲为梅·李(May Lee)。张任谦与妻子安·西蒙斯(Ann Simmons)1966年相识在英国伦敦的圣安东尼医院(St. Anthony's Hospital)。一天晚上安在派对上感到不适,被送到医院急诊室看病,张当时正在值班。从此两人相识,后相爱并结婚。两人共育有1个女孩和2个男孩。此外张还有1个妹妹及1个兄弟[11,12]。

下面是张任谦教授生前好友,著名心血管病放射学专家,原北京阜外医院放射科及天津泰达国际心血管病医院放射科主任朱杰敏教授回忆有关张任谦的一篇文章。

忆 故 人

朱杰敏教授

弹指间，Victor街头遇害离世已二十八载。多年来，他的音容笑貌，常常萦绕在我的思绪之中，恍如昨日。张任谦（Victor Chang）是澳大利亚悉尼圣文森特医院著名的华裔心外科专家。因在冠状动脉搭桥、心脏移植和人工心脏方面的杰出成就，1985年，曾荣获"最伟大的澳大利亚人"称号（全澳每年仅有一人能获此殊荣）。

Victor，香港成长，学医澳洲，在英国完成了他的心脏外科训练，娶了英国夫人，已经完全融入了西方上层社会。但"洋装虽然穿在身，我心依旧是中国心"，张明敏的歌词，不但是广大海外华人，更是张任谦医生的真实情感写照。

我国改革开放初期，由于十年动乱，百废待兴，冠心病的诊治水平，远远落后于西方同行。在张任谦的推动下，圣文森特医院与我国北京阜外医院、上海胸科医院、广东省人民医院建立了合作关系。多批心外科、心内科、麻醉科、放射科医生和ICU、冠心病监护病房（CCU）的护士，陆续来到悉尼，由澳方出资，接受专业培训。1983年1月，本人有幸，被派赴澳，接受冠状动脉造影、儿童心血管造影诊断和放射介入治疗的培训，让我有幸认识了张任谦医生。

张是全澳以及整个东南亚非常有名的心脏外科权威，我是中国来的"小大夫"（十年动乱，不评职称，1966年毕业，到1983年还是住院医生）。我在中国的月薪，只合30美元。他是澳洲高收入的富人，有人算过，他一天最多做6台手术，所得收入（税前）能让我们在中国干一辈子。他的专业是心外科，我的专业是心血管放射诊断，我们完全不在同一数量级上。更何况我的英语不好，不免心中有一种自卑感，出乎意料，Victor非常热情地接待了我。

到院进修第一周，Victor听说阜外医院来了新的访问医生，他就打电话，让我去他办公室见面，并说有事可以找他帮忙。此后他对我们非常照顾，经常带我们出游观光，去唐人街改善生活，并请我们去他家做客（外国规矩，这是把你当"自己人"的礼遇）。究其原因只有一个，我们来自中国，我们是中国人。

20世纪80年代以前，英语是Victor在家、在医院和在社交上应用的第一语言。他能和一些海外华裔患者说广东话，但不能听说普通话，为了加强与国内的交流，他努力学习普通话。1983年他第三次访问阜外医院前，特意让我替他拟了一个中文的发言稿，并让我用磁带录了标准的普通话语音，每天开车上班路上，他就放这盘录音，学习发音和语调。一个多月过去，功夫不负苦心人，在访问中，他成功地用中文做了演讲，他与中国的亲近又近了一步。

一次私下谈话，他诉说了他的苦恼，很多港台或东南亚的华人患者，因仰慕他的大名，愿意来悉尼，请他做搭桥手术。他是澳籍，在澳洲工作，不能华人优先，必须首先满足澳人的愿望，每周只能做1～2例华人，不然会影响今后事业的发展。事出无奈，只得如此，反映他对同胞的一片诚心。

　　一次，星期天，手术室瑞典籍护士长乌拉组织澳大利亚、中国、爱尔兰、英国、新加坡等在圣文森特医院工作的"国际团队"，去悉尼的著名景点"蓝山"游览，费用施行AA制，每人20多澳元（当时货币没贬值，比现在值钱）。第二天张任谦遇到乌拉，问："昨天和中国人去蓝山啦，谁付的钱？"

　　乌拉："我们AA制，每人20多澳元。"

　　张："我带你们去中国，长城你们去了吗？"

　　乌拉："去了。"

　　张："颐和园你们去了吗？"

　　乌拉："去了。"

　　张："中国人收过你们的钱吗？"

　　乌拉："没有。"

　　张："那你为什么收中国人的钱！"

　　乌拉："不收钱？700多元的费用怎么办？"

　　张："这钱你明天全部退回去，一共多少全部由我出。"

　　这颗热烈的中国心，一片深深的中国情，令人难忘。

　　张任谦热情帮助一切来访的中国学者，但他非常坚定地表示，你们学成之后一定要回去，因为国家需要你们。对于少数人，有留滞不归的想法，他坚决反对，他帮的是中国，是中国的老百姓，而不能挖走中国的建设人才。

　　在澳进修11个月，虽然我俩的地位和社会价值完全不同，但并不妨碍我们成为朋友，他通过华人旅行社的关系，让我用经济舱的价格，拿到了一张公务舱的返程机票（这是我此生中唯一的公务舱机票），并亲自开车，送我去机场。这不仅是我们之间的私交情谊，更是因为我们背后都有一个难分难舍的中国。

郑宗锷教授（Tsung O. Cheng）
医学博士
1925年3月30日—2015年12月24日
美国乔治华盛顿大学医学院教授

图15-5　郑宗锷
（照片由郑宗锷本人提供）

履　历

1945—1950 年上海圣约翰大学

1950—1951 年美国新泽西圣巴纳巴斯（St. Barnabas）医院实习

1951—1952 年宾夕法尼亚大学医学院研究生

1952—1955 年芝加哥库克郡医院住院医生

1954—1955 年芝加哥西北大学医学院心脏研究生

1955—1956 年乔治华盛顿大学医学院和哥伦比亚特区总院心脏研究生

1956—1957 年哈佛大学医学院研究生

1957—1959 年约翰霍普金斯大学医学院心肺生理研究生

1959—1970 年纽约州立大学下州医学院（State University of New York Downstate Medical School）助理教授

1970—1972 年乔治华盛顿大学医学院副教授

1973—1983 年乔治华盛顿大学医学院教授

贡　献

中美心脏界学术交流通道的重要建设者，1974 年组建"美中医师友好协会"（US-China Physicians Friendship Association, SCPFA）

发　表

发表 1 000 多篇文章和 25 本著作或书籍的节选文章

荣　誉

《中国心血管科学研究与国际心血管病杂志》中国顾问编辑及巡回大使

曾被 25 个国家的大学聘为客座教授及 15 个大学的荣誉教授

被乔治华盛顿大学授予终身成就及杰出研究奖（2007 年）

郑宗锷，1925 年 3 月 30 日出生于上海，1950 年毕业于上海圣约翰大学医学院，同年前往美国新泽西圣巴纳巴斯医院实习。生前为乔治华盛顿大学医学中心教授及心血管病临床医生,并拥有内科和心血管科执业资格。他擅长心导管检查和对冠状血管疾病及二尖瓣脱垂综合征的治疗。郑宗锷一生勤奋,笔耕不辍,先后撰写了超过1 000篇有关心血管病及其相关的文章和25本著作或书籍的节选文章。郑宗锷在中美心脏界乃至世界心血管领域内,都可谓尽人皆知。

　　1973年,郑宗锷是第一位访问中国的美籍华人医生。同年6月7日他将冠状动脉造影术引入北京阜外医院,那是中国第二例冠状动脉造影术(但他多次宣称自己是中国第一例冠造实施者,见图15—6)[13,14]。1973年4月23日,陈灏珠教授在上海中山医院实施了中国第一例冠状动脉造影术[15](参阅第十四章中陈灏珠的介绍)。之后,郑宗锷来到上海中山医院,与陈灏珠一起交流切磋,并相互演示了冠状动脉造影手术,后又到广州等地进行讲学及学术交流。1973年6月12日,时任人大常委会副委员长兼中国科学院院长的郭沫若,在北京人民大会堂接见了郑宗锷夫妇及在京的一些心脏病专家。

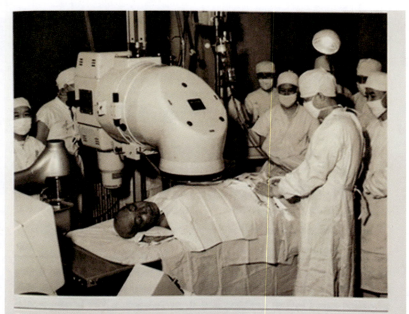

Fig. 40. Performance of China's first selective cine coronary arteriogram by me at Fuwai Hospital on June 7, 1973 with the assistance of Rui-Long Sun (standing beside and slightly behind me).

图15—6　郑宗锷教授在阜外医院行冠状动脉造影术的照片

图中文字"我于1973年6月7日在阜外医院行中国第一例选择性冠状动脉造影术,站在我身后的助手是孙瑞龙。"[摘自万松所编著的《中国心血管外科的过去,现在和未来》(*Cardiothoracic Surgery in China Past, Present and Future*)(香港中文大学2007年出版)一书中第243页"中国心脏病学的进程(The Evolution of Cardiology in China)",作者Tsung O.Cheng]

此后，郑教授又多次来中国并到各地进行学术交流。1974年，他与美国著名心脏病专家伯纳德·劳恩（Bernard Lown）医生、格雷·戴蒙德（E. Grey Dimond）医生、杰克·盖革（Jack Geiger）医生，以及其他几位美国医生一起成立了"美中医师友好协会"（USCPFA），以促进中国与美国医生间的医学知识与信息交流。劳恩医生任协会主席，郑宗锷医生任协会财务秘书，杰克·盖革医生任协会秘书，临时委员会的其他成员包括格雷·戴蒙德医生、塞缪尔·罗斯（Samuel Rosen）医生、亚伯拉罕·鲁道夫（Abraham Rudolph）医生、维克托·赛德尔（Victor Sidel）医生和卡尔文·辛尼特（Calvin Sinnette）医生。

该协会发起了若干次中国医生访问美国和美国医生教学代表团访问中国的行程，均具有历史性意义。包括两个主要事件，分别是1978年中国心血管专家代表团访问美国和1979年美国心内科医生代表团访问中国。前者在访问美国期间，美国心脏协会在年度大会上为此举行了一个特殊新闻发布会，同时国务卿亨利·基辛格（Henry Kissinger）博士会见了中国代表团。在这次重要的访问结束后，中国医师协会在《中华内科杂志》上公开报道了这一具有历史意义的会面。1979年，美国内科医师协会在郑医生、塞缪尔·阿斯佩尔（Samuel Asper）医生（美国内科医师协会执行副总裁）的领导下，组织第一批教学代表团访问中国。此次访问非常成功，美国时任驻中国大使伦纳德·伍德科克（Leonard Woodcock）热情接待了该代表团。

郑教授曾担任包括牛津、汉堡、汉诺威、杜塞尔多夫、巴黎、日内瓦、伯尔尼、苏黎世、麦克马斯特、开罗、马德里、科尔多瓦（Cordorba）、拉斯帕尔马斯（Las Palmas）、罗马、米兰、比萨、雅典、伊斯坦布尔、墨尔本、悉尼、约翰内斯堡、开普敦、北京协和医科大学、中国首都医科大学的客座教授。同时，他还担任中国中山医科大学、同济医科大学、上海第二军医大学、青岛医学院、纳塔尔大学（南非德班）、布宜诺斯艾利斯大学（阿根廷）、科尔多瓦大学（西班牙）、北京大学的名誉教授及美国乔治华盛顿大学授予的终身成就奖和杰出研究奖。

郑宗锷是海内外知名教授。他与海外名人贝聿铭（I. M. Pei）和赵小兰（Elaine L. Chao）一样被收录于美国名人录、世界名人录和中国上海名人录。

郑宗锷教授酷爱心血管病学专业，穷极一生学而不厌，刻骨钻研，孜孜不倦。古稀之年，诲人不倦，授业解惑，如醉如痴。耄耋之年，笔耕不辍，自强不息，永无止境。每年临近年终时，院领导艾伦·瓦瑟曼（Alan Wasseman）教授总要问他，是否奖他一个荣誉教授（Emeritus Professor，只有杰出教授退休时才可荣获此头衔）。郑宗锷每年都给出同样答复："不需要，因为那个头衔代表退休之意。我对事业鞠躬尽瘁，死而后已。（No, I do not need it. Because it sounded too much like retiring, I would die with my boots on.)"90 岁高龄的郑宗锷仍然坚持上班，2015 年 12 月 24 日清晨，他在上班的路上，一跤倒下，再也没起来，实现了他的诺言。

翁渝国教授(Yuguo Weng)

医学博士,哲学博士

1946 年 9 月 6 日—2017 年 6 月 26 日

德国心脏中心(柏林)副院长兼外科主任

德国洪堡(Humbolot)大学教授

图 15-7   翁渝国

(照片由翁渝国本人提供)

履 历

1964—1970 年北京中国协和医科大学医疗系

1970—1976 年陕西省医院普通外科,神经外科,骨科,泌尿外科轮训

1976—1979 年陕西省医院胸心血管外科主治医生

1979—1981 年中国医学科学院北京阜外医院硕士研究生(导师郭加强)

1981—1985 年慕尼黑德国心脏中心,胸心血管外科医生

1985 年慕尼黑路德维希–马克斯米兰大学(Munich Ludwig Maxmilian University)获医学博士学位

1985—1987 年奥格斯堡(Augusburg)心脏外科医院胸心血管外科主治医生

1987—2011 年德国心脏中心(柏林)胸心血管外科副院长(1999 年正教授)

2012—2017 年德国心脏中心(柏林)资深胸心血管外科学顾问

贡 献

创建"中德心脏中心""中德心血管外科技术协作中心"

1982年森宁手术治疗新生儿大动脉转位

1984年Switch手术治疗新生儿大动脉转位

1985年开展不停跳搭桥治疗冠心病

1986年同种主动脉移植物临床使用

1986年微创手术治疗房缺、二尖瓣、三尖瓣病变及主动脉换瓣

1987年开展心脏移植,至2017年达到1 000余例

1988年开展主动脉弓部及胸腹主动脉瘤手术

1989年开展肺、心肺联合移植,至2017年超过300余例

1989年心脏辅助装置及人工心脏临床使用,柏林人工心脏,体外型

1990年背阔肌动力性心肌成形手术

1991年改良诺伍德手术治疗新生儿左心发育不全综合征

1992年体内植入型心脏辅助装置(Novacor),4个患者带泵成活4年以上

1993年体内植入型心脏辅助装置(TCI, Novacor)

1993年成功一次植入4个心脏瓣膜

1994年世界上首次采用心脏辅助装置减低左心负荷治疗终末期扩张性心肌病成功

1994年微创搭桥手术

1995年为体重仅1 600克的早产儿成功进行完全肺静脉畸形引流(心下型根治手术)

1996年开展微创外科进行二尖瓣、主动脉瓣置换,冠心病搭桥和某些先天性心脏病手术

1998年世界上首次体内植入型轴流心脏辅助装置(DeBakey-VAD)

1999年机器人在心外科上的应用

1999年主动脉内支架治疗主动脉瘤,开展Hybrid手术

贡　献

　　1999年体内全植入型人工心脏（Arrow LionHeart-LVAS），患者成活3.5年

　　2001年开发新型微型轴流泵（Incor Ⅰ）的动物和临床试验成功，获得欧洲共同体CE证书

　　2002年Incor Ⅰ在临床上成功使用

　　2003年开始第三代心脏辅助装置（Dura Heart）的临床试验

　　2004年全人工心脏（Cardio West）临床应用

　　2004年开始干细胞临床使用治疗终末期心力衰竭

　　2006年左心室辅助装置（HeartMate Ⅱ）临床使用

　　2007年心脏辅助器（Jarvik 2000）临床使用

　　2008年植入型双心辅助装置研究

　　2009年左心辅助装置（Hardware）临床使用

发　表

　　发表200多篇学术文章及著作《主动脉根手术》（*Aortic Root Surgery*，2010年）

荣　誉

　　2009年获中华医学会胸心血管外科学分会颁发"中国胸心血管外科特别贡献奖"

　　2011年获上海市人民政府颁发"白玉兰奖"

　　他还是第二军医大学、第三军医大学、第四军医大学、上海第二医科大学、上海同济大学东方医院、北京医科大学北京医院、北京首都医科大学附属安贞医院、广东省心血管研究所、福建医科大学、江苏理工大学、镇江医学院、宁波大学医学院、中山医科大学、兰州医学院、青岛医学院的名誉教授，阳军区总院北方医院心脏外科顾问，暨南大学名誉教授，江苏大学兼职教授，宁夏医学院客座教授，兰州大学荣誉教授，吉林大学客座教授

　　翁渝国,祖籍浙江宁波,1946年9月6日出生于重庆市。1958—1964年就读于上海市虹口中学,1964—1970年就读于中国协和医科大学医疗系。1970—1979年先后任陕西省人民医院普外科及胸心血管外科任主治医生。1979年考入中国医学科学院心血管研究所,中国协和医科大学研究生。1981年获医学硕士学位,同年赴德国心脏中心(慕尼黑)任胸心血管外科医生并攻读博士学位。1985年获慕尼黑路德维希-马克斯米兰大学医学博士学位。同年任德国奥格斯堡心血管外科副主任医生。1987年任德国心脏中心(柏林)副院长,德国洪堡大学教授。在德国,他有着"金手医生"的美誉。他是目前世界上做心脏辅助装置最多的心外科专家,也是世界上第一个成功使用小儿心脏辅助装置的医生。世界上携带人工心脏时间最长(4年多)的患者就是他在1997年7月进行的手术。2001年1月19日,他在上海做了亚洲第一例人工心脏。他还曾成功地一次植入4个心脏瓣膜。自1977年从事心外科到2017年去世,整整耕耘四十载,他做过的手术过万例,其中包括心脏移植千余例,肺移植和心肺联体移植500多例,以及新生儿复杂先心术,如森宁术(1982年)、Switch术(1984年)、诺伍德术(1991年)等。另外,他在微创心脏外科、机器人技术、介入技术和Hybrid技术等方面也有深入的探索。他还先后在世界各专业期刊上发表论文200余篇。上海东方医院院长,心外科专家刘中民教授在看了翁渝国的手术后说:"原来手术还可以这样做! 他那化复杂为简单的手术方案,手术中精准的判断,出神入化的操作,化腐朽为神奇,不知挽救了多少已被阎王爷判了死亡的生命。一个5岁患有严重心肌病的女孩,反复心搏骤停,在直升机上靠心脏按压从荷兰送到柏林,翁教授立即给她安装了"柏林心脏",3个月后痊愈出院。"天津泰达国际心血管医院院长刘晓程教授说:"翁渝国从一个无名的留学生,走上了国际心外科的宝塔尖。自改革开放以来,没有一个中国心外科医生能在海外做得如此辉煌,如此让人心服口服。从中我读懂了什么叫自强不息,什么叫自立于世界民族之林。"

孜孜不倦,辛苦成才

　　业精于勤,翁渝国的成功不仅来自他的先天聪颖,更多的是靠他后天的勤奋。早在做研究生期间,他的用功是常人莫及的。与他同住一个宿舍的师兄弟刘晓程教授回忆说:"我挨过饿,度过荒,上过山,下过乡,当过兵,做过工,却从来没见过翁师兄这样忙于读书,顾不上生活细节,竟睡在既没里、又没面的棉花套中。"著名心外科专家朱晓东院士说:"翁大夫事业心很强,对技术精益求精。因此,在他出国不久就掌握了各类心脏外科的前沿技术,特别是在心脏移植、心室辅助装置应用以及冠心外科和复杂先天性心脏病等方面多有建树,成为在国际上有影响的心脏外科医生。[16]"

笔者有幸和翁大夫相识30余载,并曾亲眼看到他在出国前就能用熟练的英文向到访的外宾介绍恢复室内患者的情况。他去德国前并不会德语,而数年后,翁大夫不仅拿到德国大学博士学位,还坐上了心外科主任的位置。他每天用德文查房、看病,还要负责与同道、下属进行交流开会等管理工作。常人都知道,掌握一门外语是要下数年的苦功夫,没有半点捷径。翁渝国能够精通两门外语,足见他的用功非同一般!正可谓"宝剑锋从磨砺出,梅花香自苦寒来"。

实效创新,博采众长

翁渝国曾说:"别人能做的手术我要做,别人不能做的、新的、难的手术我也要做。有些甚至是根本治不了的,我也要尝试去做。就是要做前人没有做过的事情。"如何看待创新手术时的风险? 如何保证手术高成功率? 他的见解是:"手术需要实践经验,如果患者手术后不好,我就要检查自己什么地方有缺陷,正视问题,进行改进,在创新中不断进步。任何一个新技术无非大同小异,实践多了就可以掌握新的技术。但是我也不盲目接受新技术,更没有人云亦云。比如德国心脏中心1993年开始激光打孔治疗冠心病,1997年基本上否定了,因为从病理解剖和尸体检查没有证明它有效。1997年我最早发表论文谈了我们的看法——激光不是根本治疗冠心病的方法。1998年以后,整个欧洲接受了我们的观点,证明我是对的。类似这样的事情还有很多。再比如小切口手术,1997年中国开始做小切口搭桥手术和换瓣手术,我来中国参加会议时现场给大家表演了小切口主动脉换瓣手术,做完后我谈了它的很多弊病,建议大家不要采用。还有国内最近风行的不停跳搭桥手术,其实10多年前我们就开始尝试了。到了20世纪90年代中期,心脏不停跳搭桥已经做得十全十美。但它是不是适合每一个冠心病患者? 我个人认为,从去年德国的统计来看,不停跳搭桥只占整个搭桥手术的5%左右。我想将来中国也会接受这个观点。所以我说,要创新,但不是所有创新都接受。再说人工心脏,一代一代新的产品出来也不都好。我想,十全十美的人工心脏可能需要更多的时间才能出来。"翁渝国总是关注国际最前沿的科技进展,然后通过实践有分析有选择地尝试。行的,接受;不行的,放弃。他认为,心脏外科也好,科技也好,发展是没有止境的,还要经常浏览世界上先进的医学杂志,不一定篇篇都看,要有选择地看。要涉猎得多一点,拓宽自己的知识面,争取参加每年世界各地一些大的心脏会议和综合会议。

中德交流,满腔热情

成名后的翁渝国完全可以享受一下安闲的生活,但他却始终没有忘记生养他的祖国。他利用自己在德国的地位和影响力,积极为培养中国医生创造条件。30多年间,他致力于加强中国和德国之间的学术交流、技术推广和医生培训事业,无偿担任中国20多家医学院校和医院的客座教授,指导开展各种高难度手术,足迹踏遍祖国大江南北。在他的努力下,德国心脏中心与除西藏外的全国各省,包括港澳台地区近60家医院建立了业务联系。并接受将近600名以上来自全国各省的心血管外科医生、护士及医院管理人员进行短(1～3个月)、中(3～6个月)、长(6个月以上)期在德国心脏中心参观、交流和进修。翁渝国在传道授业时,总是公开技术,决不保留,可谓大家风范。他常说,我一个人的能力有限,我做一次手术只能解决一个患者的问题,如果把中国的医生培养起来,与中国的医院合作,就可以提高中国心脏外科的整体水平,从而能使更多的患者受益。

美德近佛,才华比仙

明朝医生裴一中在《言医·序》一书中说:"学不贯今古,识不通天人,才不近仙,心不近佛者,宁耕田织布取衣食耳,断不可作医以误世!医,故神圣之业。"之后人们将其简译为"德不近佛者无以为医,才不近仙者无以为医"。翁教授教授既有"金手医生"的美誉,又有"美德近佛"的口碑。凡是与翁教授接触过的人,无不赞美他的高尚品格,朱晓东院士称他是"为人谦和,医德高尚,治学严谨,堪为人表"。下面略举几个例子说明他厚道的为人。

例1,1997年在翁医生的安排下,我前往德国心脏中心(柏林)进修学习,当飞机降落在柏林泰格尔机场的时候,才知道我比签证批准的入境时间提前了4个小时。正是因为提前入境,所以被海关拦在了关外,那时候已经是半夜时分。翁医生在外面焦急地等待当中得知这个消息,通过和海关、移民局的交涉,他们同意交纳200马克的罚金,可以提前入境。这时翁医生毫不犹豫从身上掏出200马克的现金,帮助我提前踏上了德国的领土。当时正值柏林寒冬腊月,大雪纷飞,从上海过来的我,带的衣服根本无法抵御当时的严寒。翁医生看在眼里,让陈大姐买了崭新的皮衣服,我穿在身上的那种感觉,让我终于懂得了什么叫雪中送炭,在异国他乡,感到了亲人的温暖(上海刘中民院长)。

例2,2010年10月,在翁教授的热情相邀下,我有幸到德国心脏中心学习。之前与翁教授联系,说机场离医院不远,不用接了,可他执意要接我,并说6号站口不见不散。我在机场6号站口一出来果然看到了他,一路上,他热情地给我做着介绍。到达旅店后他帮我安顿好房间,说天晚了,明天再带我去医院。正当我打了几个电话报平安,准备整理行李时,他又急匆匆拎着刚买的热乎乎的汤面送到我手上,让我快点吃了好休息。我端着面,望着他下楼的背影,心里一热眼眶也湿润了(济南吴莉莉教授)。

　　例3,27年前,我还是一名稚嫩的学子,从上海出发,前去德国学习心脏病学。那时,就知道在德国乃至世界心血管病学界,有一位了不起的华裔医生——翁渝国。他做手术技艺精湛,没有开不来的刀;他搞学术开拓创新,创造了数个心脏病诊治的"世界首例";他是我们中国医生的骄傲。慕名与他相识后,更是对他平添了敬重。翁先生为人热情、礼数周到,以平等和蔼之心待人。他主持的德国心脏中心常有中国进修医生,他们谈起翁先生都赞不绝口。我们都能感觉到翁先生的赤子之心、对同胞的照顾和发自内心的关怀(上海葛均波院士)。

　　笔者有幸和翁大夫相识30余载,深深了解他高尚的人品、谦恭的美德、渊博的知识及厚道的为人。正可谓:德才兼备,平易近人。翁大夫总是举止文雅,面带笑容,语气平和,不紧不慢。他为人处世厚道善良,先人后己,无论何时、何处、何人、何事,只要他能办到的,都有求必应,真是让人敬仰,令人折服。他是一个非常实实在在的人,就像他的手术,不是为了表演,而是为了救人。他真不愧为是一个"美德近佛,才华比仙"的心外科医生,是一个伟大的人道主义者,是心血管外科界的大师!

　　2017年6月26日13时48分,翁渝国教授在上海市东方医院病逝,享年71岁。他把自己的一生,毫无保留地贡献给了世界心脏外科事业,贡献给了全球心脏病患者。翁渝国教授高风亮节,医界楷模,是所有海外华人的骄傲。

吴调和教授(Tiow-Hoe Goh)

澳大利亚墨尔本大学教授
墨尔本皇家儿童医院心内科副主任
皇家儿童医院影响中心主任

　　吴调和1969年毕业于马来西亚大学医学院,同年到澳大利亚墨尔本皇家儿童医院心脏科及儿童心脏科受训,后聘为皇家儿童医院心脏科主治医生。吴调和于1975年创建了该院的超声心动图科,并应用M型及二维超声心动图诊断各种先天性心脏病。吴调和医生还是澳大利亚最早实施心脏介入性治疗的先行者之一,如行肺动脉瓣狭窄、主动脉瓣狭窄及降主动脉缩窄的球囊扩张术,并于1998年开展经皮导管封堵未闭动脉导管、心室间隔缺损。吴调和教授在澳大利亚及东南亚诸多国家都享有盛名,他还在20世纪80年代中期到中国医学科学院心血管病研究所、北京阜外医院进行讲学及示范。

黎惠民教授（Wyman Lai）
哥伦比亚大学医疗中心教授
纽约长老会摩根士丹利儿童医院无创心脏科主任
加州大学欧文（Irvine）分校教授
加州奥兰治儿童医院心内科主任

黎惠民，出生中国香港，毕业于布朗（Brown）大学医学院医学博士及哈佛大学公共卫生硕士。1985—1991年加州大学洛杉矶分院完成儿内住院医生及小儿心脏科专科医生训练，波士顿儿童医院完成磁共振成像训练。1992年纽约西奈山（Mount Sinai）医院儿童心脏科主治医生。2008年哥伦比亚大学医疗中心，摩根士丹利儿童医院无创心脏科主任。作为首席研究课题负责人（PI），他还承担了多项美国国家卫生研究总院（NIH）及国家心肺血液研究院（NHLBI）的科研基金项目。出版专著 *Echocardiography in Pediatric and Congenital Heart Disease: From Fetus to Adult*（《儿童及先天性心脏病：从胎儿到成人的超声心动图诊断学》）。黎惠民还是美国超声心动图学会理事会理事及儿童和先天性心脏病委员会主任。黎惠民现任加州大学欧文（Irvine）分校教授，加州奥兰治儿童医院心内科主任。

姜楞教授
塔夫茨（Tufts）大学医学院
贝斯泰（Baystate）医学中心无创心脏科主任

姜楞，1963年上海医学院毕业。1963—1982年上海中山医院心内科住院医生及主治医生，1982—1984年哈佛大学麻省总医院心脏科进修超声心动图学。1987年杜克大学学习经食管超声心动图（TEE），并在国内率先引进该项技术，开创了心脏外科手术和心导管术中的TEE监测。其后，她和她的团队又引进了血管腔内超声和三维超声心动图新技术，从而解决了很多临床诊断难题。1989年被破格晋升为正教授并荣升为上海中山医院副院长，上海市心血管病研究所副所长。1991年姜教授再次来到哈佛大学麻省总医院心脏科进修，期间她又完成了6篇学术论文并发表在美国一流的心脏病杂志上。同时她利用业余时间潜心复习30多年前所学的各门医学基础和临床学科知识，并顺利地通过了美国医生必需的三步资格考试，最后通过了内科专业和心脏病专科临床医生的执照考试。在回国留任高职和留美尽我天职中，姜楞教授选择了后者。当时已是一个50多岁的人，在美国从头学起，从头做起，多么大的决心和毅力！幸亏她的才华被亚瑟·韦曼（Arthur Weyman）教授慧眼识珠，并破例豁免了她全部住院医生和心脏专科共6年的临床训练。而姜教授也没有辜负韦曼教授的期望，在当上塔夫茨大学医学院，贝斯泰医学中心心内科主治医生后，她如鱼得水，尽显才华，很快就被人们所承认。不久姜楞教授就被升为无创心脏科主任，前一段时间她又获得优秀教师奖。姜楞教授同上述诸多优秀华裔心脏专家一样，不愧为留学生的楷模，美国华裔医生的骄傲。

廖康雄教授

明尼苏达大学外科终身教授、心脏移植外科主任、心脏微创外科主任、瓣膜门诊共同主任

得克萨斯心脏研究所，胸心外科及移植与循环辅助科主任

　　廖康雄1984年毕业于武汉大学医学院，1989年在北京医科大学获得博士学位，1989—1994年在纽约爱因斯坦医学院从事博士后研究。他于1994—1999年在布鲁克戴尔大学医学中心（Brookdale University Hospital Medical Center）完成住院医生培训，1999—2002年在明尼苏达大学完成心血管和胸外科专科医生培训，并于2002年和2003年分别获得美国外科医生和美国胸外科医生执照。

　　廖医生是美国顶级心脏外科医生之一。他在美从事心脏外科临床20多年，完成上万例心脏手术。他是机器人手术、心脏微创外科、瓣膜修补/置换、主动脉瘤、复杂心脏外科手术、心脏辅助装置及心脏移植等多种手术的专家。他被明尼苏达和中西部地区诸多心血管同仁赞为"家喻户晓的心脏外科医生"。

　　廖医生目前是《心血管移植研究杂志》（Journal of Cardiovascular Translational Research）编委会成员，同时还是多本杂志的评阅或特邀评阅人，包括《循环》、《心肺移植杂志》（Journal of Heart and Lung Transplantation）、《心脏瓣膜病杂志》（Journal of Heart Valve Disease）、《临床移植》（Clinical Transplantation）、《应用生理学杂志》（Journal of Applied Physiology）、《革新》（Innovation）、《国际计算机辅助放射学与外科杂志》（International Journal of Computer Assisted Radiology and Surgery）以及《亚洲心血管与胸科年鉴》（Asian Cardiovascular and Thoracic Annals）。其研究目前受美国国家卫生研究总院（NIH）及其他科研机构的资助。

谢公元教授

1947年—2014年4月16日

美国密苏里大学医学院教授,超声心动图室主任及心脏影像中心副主任

谢公元,一个从中国的乡村医生奋斗成美国医学教授的人。1970年上海第二医学院毕业,他被分配到宁夏山区的一个小乡村。那时在那里没有电,也没有自来水,温饱尚未解决,严重缺医少药。诊所没有一台X线机和基本的化验室,他和赤脚医生一样,仅靠一支体温表和一副听诊器为乡民们看病。当时在校的教学大都是走过场,所学到的知识很少。他晚上一有空就坐在煤油灯下自学。他幽默地说:"那盏煤油灯是我当时唯一的老朋友,它每晚都陪伴着我。"1978年被废弃的"研究生制"得以恢复,公元以高分被上海二医仁济医院录取为心脏科研究生。这对他来说是如鱼得水,他如饥如渴地学习心脏专业知识和技能。1981年毕业,公元被重新分配到宁夏医学院一所新建的附属医院。在那里,他带头引进了心电图等技术,与同事合作开创了心导管室并建立了心脏科。同时他开始孜孜不倦地自学英语,经常废寝忘食。1986年宁夏举行出国英语选拔赛,公元一举夺冠。次年他赴美国肯塔基大学医院深造。公元以他在蹉跎岁月中磨炼出的睿智、勤奋、包容和幽默,使当时在那里的美国同行对中国学者刮目相见。他主动提出并完成了一个又一个的临床研究,特别是在左心室的舒张功能方面有其独特的建树。在留学即将到期时,他的老板,当时的心脏科主任德马里亚(Dr. DeMaria)决定把他留下。在以后的十多年里,公元以超人的毅力边研究边复习,通过了所有的医学基础和临床考试,获得了内科、心血管、心超、核心脏病学和心脏CT的证书,从助教晋升到副教授,再晋升到正教授。2007年,公元的事业又达到了一个新的高度,他受聘于哥伦比亚的密苏里大学(University of Missouri in Columbia),出任心超室主任和心脏影像中心副主任。在那里,他完成了心脏超声科室的认证,开展了心脏CT的临床应用,积极筹备临床心脏影像研究生制度(Fellowship)。但就在这时,病魔与他遭遇并死死地缠住了他。他在与癌症作了13个月顽强乐观的抗争后,不幸于2014年4月16日离开了我们(终年67岁),但他的坚韧不拔和敬业奉献的精神永远会留在我们的心中。(此篇作者姜楞,阎鹏)

赵小明教授

美国北卡罗来纳州,温斯顿—塞勒姆(Winston-Salem)的维克森林(Wake Forest)医学中心教授,心脏及血管中心主任及血管外科教授

赵小明1985年毕业于上海医学院,1992年澳大利亚查理王子医院心外科进修,同时获昆士兰大学哲学博士。1994—1997年美国范德比尔特(Vanderbilt)大学医学院做住院医生及胸心外科专科训练。2000—2001年哈佛大学医学院学习。赵小明教授的专长是心血管介入治疗,他的主要研究兴趣包括混合血运重建、心脏干细胞治疗和结构心脏干预。自2005年以来,赵小明一直被列入美国顶级医生,2007年列入《美国新闻与世界报道》评选的"美国最佳医生"之一。赵教授共发表学术论文75篇。

北美中华心脏学会(简介)
Chinese American Academy of Cardiology(CAAC)
萧镭,阎鹏

注册于美国伊利诺伊州芝加哥市的"北美中华心脏学会"(Chinese American Academy of Cardiology, CAAC)创建于2013年,是由6位在美国大学从事一线教学、科研和临床医疗工作的华裔心脏科临床医生与心血管疾病科学家共同发起创建的一个非盈利[501(c)(3)]的心脏学专业学术组织。主要发起人及首批学会创建人包括:伊利诺伊州大学芝加哥分校医学院萧镭教授,宾夕法尼亚州德雷克塞尔大学医学院小儿心内科主任葛舒平教授,纽约哥伦比亚大学医学院心内科主任奚皓教授,宾州天普大学医学院副院长王虹教授,西北大学医学院心内科医生赵琼教授及西北大学芝加哥儿童医院超声诊断师阎鹏。

北美中华心脏学会是一个以美国为主的北美华人心血管医学高端专业学术组织。现有学会会员近百人,其中多数为终身会员。入会标准:要求申请人是在美国大学医院从事心血管临床及科研工作、拥有美国临床医师执业执照的临床医师/诊断师;基础方面要求申请人为在美国大学或专业科研机构从事科研教学工作、作为项目负责人(PI)拥有过美国国家卫生研究总院(NIH)R01科研基金或同等水平科研基金的心血管科学家。

学会首任临床主席为奚皓教授,现任临床主席为赵琼教授,科研主席为王虹教授。学会理事会共同主席为萧镭和葛舒平教授,学会首任副主席为阎鹏、陈育庆教授、马新亮教授及秘书长陈雄文教授和会员长唐莉雯教授。学会理事会(Board of Trustees)由上述前六位创始会员共同组成,负责学会的总体发展方向及会员入会资格审查等事宜。

学会成立以来,每年都要举办及参与多次大型学术活动,包括美国心脏学会（AHA）年会、美国心脏病学院（ACC）年会、美国超声心动学会（ASE）年会、美国心脏学会：动脉硬化、血栓形成与血管生物学（Arteriosclerosis, Thrombosis, and Vascular Biology, ATVB）年会，以及在北京的长城国际心血管病大会、中国心脏大会、上海的东方心脏病学会议、广州的中国南方国际心血管病学术大会等多个国际专业学术年会上举办专业学术活动，其中包括专业学术讲座、青年科学家/临床医生专业学术大赛、学术互访及学会会员与国内外专业人士联谊等多种形式的学术活动。

　　北美中华心脏学会定位于以美国为主的心血管医学方面的临床医生及科学家，学会的宗旨是致力于将从事临床和基础研究的北美华人心血管专业学术人才整合起来，加强会员间的团队合作与学术交流，努力拓展北美华人心血管专业人士在北美及全球心血管学术界的影响力而努力。学会的使命是建立一个美国华裔心血管医生与科学家的专业学术平台，促进交流与合作，支持美国华裔心血管专业人士的职业发展，同时也为普通心血管疾病患者提供更多的专业知识普及、医疗资源信息及相关医疗帮助。学会鼓励并倡导心血管医学领域临床新技术与科研新方向的探索与实践，支持年轻一代及各职业阶段的华人心血管科学家和医生的事业发展。我们欢迎与全世界各地的业界同仁紧密合作，推进高水平的心血管研究和临床医学的发展，探索及扩展与国际心血管专业人士的交流，构建学会特有的专业学术群体与社区。为创造一个世界高水平的华人专业心血管医学学术团体而共同努力！

葛舒平教授
北美中华心脏学会首任共同理事长
德雷克塞尔（Drexel）大学医学院教授
圣克里斯托弗（St.Christopher）儿童医院心内科主任
黛博拉（Deborah）心肺中心儿科主任

　　葛舒平，1986年毕业于山东大学医学院，曾先后在山东大学、俄勒冈健康科学大学和维克森林大学从事临床和实验室研究。在圣文森特医院医学中心完成儿科住院医生培训，在科罗拉多大学及丹佛儿童医院完成儿科心脏病学专科医生培训。并先后在爱荷华大学、贝勒医学院、得克萨斯儿童医院和得克萨斯心脏研究所/卢克主教医院任小儿心内科教授和医生。葛教授是《美国新闻与世界报道》评选的"美国最佳医生"之一。他还是诸多心血管医学专业杂志的编辑和审稿专家。他曾获美国NIH、AHA等研究基金机构的资助,曾经担任AHA等研究基金评审专家。在《循环》、《美国心脏病学杂志》(JACC)、《美国超声心动图学会杂志》(JASE)、《美国心脏杂志》(AHJ)、《超声心动图学》(*Echocardiography*)等学术期刊上发表论文、综述、摘要百余篇。2013年主编出版《先天性心脏病实时三维超声心动图学》(*Real-Time 3D Echocardiography for Congenital Heart Disease*)一书。

奚晗教授

北美中华心脏学会首任临床主席
哥伦比亚大学医学院临床医学教授
康涅狄格州昆尼皮亚克大学弗兰克·内特(Frank H. Netter)医学院教授
斯坦福医院心脏中心主任

奚晗,1986年毕业于上海医科大学,同年到美国学习。先后在美国塔夫茨医院做内科住院医生,哈佛医学院心血管专业临床研究生毕业。长期从事心血管专业的临床、科研和教学工作。现为哥伦比亚大学医学院临床医学教授及斯坦福医院心脏中心主任。他在《循环》、《心脏》(*Heart*)、《超声心动图学》、《梅奥诊所学报》(*Mayo Clinical Proceedings*)、《得克萨斯心脏研究所杂志》(*Texas Heart Institute Journal*)、《核心脏病学杂志》(*Journal of Nuclear Cardiology*)、《美国心脏病学杂志》、《新英格兰医学杂志》(*New England Journal of Medicine*)等世界一流学术期刊上发表论文/综述近百篇。获得美国内科医学、心血管疾病、核心脏病学、美国超声心动图、美国血管医学、美国心血管计算机断层成像委员会等权威学术组织的资格认证。是美国超声心动学会的章程和伦理委员会委员。他还是诸多心脏医学专业杂志的审稿专家。

王虹教授

北美中华心脏学会首任科研主席
美国天普(Temple)大学医学院副院长
天普大学医学代谢病研究中心主任

王虹,1979年毕业于江西医学院,1984年北京协和医科大学硕士学位,1996年加拿大蒙特利尔大学生物化学博士学位,2007年美国天普大学商学院高级工商管理硕士。1996—1999年哈佛公共卫生学院从事博士后研究并成为助理研究员，2007年升任天普大学医学院终身教授。王虹教授现任天普大学医学院科研副院长、药理学教授、代谢病研究中心主任。王教授是《临床研究杂志》(*Journal of Clinical Investigation*, JCI)、《循环》、《循环研究》(*Circulation Research*)、《动脉硬化，血栓形成和血管生物学》(*Arteriosclerosis, Thrombosis and Vascular Biology*, ATVB)等杂志的编委，《生物标记研究》(*Biomarker Research*)杂志的主编。她是多项研究课题负责人(PI)，现已承担了数项美国国家卫生研究总院(NIH)及美国心脏学会(AHA)的科研基金项目(R01's & NSDG)，并发表学术论文百余篇。

萧镭教授
北美中华心脏学会首任共同理事长
伊州大学芝加哥分校医学院心脏科副教授及教研主任
美国国家卫生研究总院(NIH)资深医学官员
国家心肺血液研究院(NHLBI)肺血管及右心疾病项目主任

　　萧镭，1993年毕业于北京大学医学部，1998年获得美国克瑞顿(Creighton)大学药理学博士学位。后任美国芝加哥伊利诺伊大学医学系副教授(呼吸、心脏内科及心血管疾病研究中心)、科研教育部主任。担任17种美国及国际学术期刊(包括《循环》和《循环研究》)的编辑或评审工作，同时也是多家研究机构科研基金评审委员。2002年起作为首席研究课题负责人(PI)已承担了多项美国国家卫生研究总院(NIH)及美国心脏学会(AHA)的科研基金项目(R01's & NSDG)。曾多次获得美国药理学会(ASPET)青年科学家奖，美国心脏学会(AHA)心血管基础科学奖，美国心脏衰竭协会(HFSA)杰伊·科恩(Jay N. Cohn)杰出青年科学家奖。自2014年2月起至今担任美国国家卫生研究总院(NIH)国家心肺血液研究院(NHLBI)肺血管及右心疾病项目主任及资深医学官员一职。2017年获NIH/NHLBI院长"杰出转化医学奖"，并发表学术论文数十篇。

赵琼教授
北美中华心脏学会临床主席
西北大学医学院心内科医生
弗吉尼亚联邦(Commonwealth)大学医学副教授
爱诺瓦费尔法克斯(Inova Fairfax)医院心内科医生兼超声心动室主任

赵琼,1993年毕业于北京医科大学。1998年内布拉斯加克瑞顿大学医学院获生物学博士学位,同年在哈佛大学医学院从事博士后研究,2003年在马萨诸塞大学医学院完成内科住院医生培训,2006年芝加哥伊利诺伊大学医学院完成心脏专科医生培训。随后在芝加哥西北大学医学院心脏科从事1年超声心动图亚专科培训。2007年起,先后担任美国西北大学医学院讲师、副教授、心内科专科医生兼芝加哥慈济医院心脏超声科主任等职。她曾获多项国家医学协会的校外研究奖助金(Travel grant)。2006年和2007年两获西北大学"青年研究者奖"。2008年获得美国心力衰竭协会"杰伊·科恩新研究者奖",发表学术论文数十篇。2014年起担任弗吉尼亚联邦大学医学院心内科副教授,费尔法克斯医院心内科主治医生兼超声心动科主任。现任北美中华心脏学会主席。

图15-8　北美中华心脏学会(CAAC)核心成员
左起:阎鹏,萧镭,唐莉雯,奚晧,王虹,葛舒平,赵琼,陈育庆

参考文献

[1] 郑师渠,史革新.中国文化通史(晚清卷)[M].北京:北京师范大学出版集团,北京师范大学出版社,2009.

[2] 国际人才蓝皮书:中国留学发展报告(2016).北京:社科文献出版社,2017.

[3] 吴霓.中国人留学史话[M].北京:中国国际广播出版社,2009.

[4] 刘志强,张学继.百年中国史话留学史话[M].北京:社会科学文献出版社,2011.

［5］ 谢长法.中国留学教育史［N］.徐州师范大学学报哲学社会科学版,2015.

［6］ Aaron YOUNG, HUMAYUN J Chaudhry, Xiaomei PEI, et al. A Census of Actively Licensed Physicians in the United States［J］. Journal of Medical Regulation, 2016, 103(2).

［7］ 2017 State physician workforce data Book, Association of American Medical colleges.

［8］ American Association of Physicians of Indian Origin 2017.

［9］ JULES Cohen, STEPHANE Brown Clark. Paul Yu, Remembered［M］. Meliora Press, U of Rochester Press, 2003.

［10］ 姜必宁.扁鹊再世救总统,身在异域心存汉.荣总人,1991年10月9日,第19卷第5期.

［11］ STEPHENSON Ron. Victor Chang: Murder of a Hero New Holland New Holland. South Australia: Fiona Schultz, Griffin Press, 2005.

［12］ Deseret News, July 4, 1991.

［13］ Tsung O CHENG. The Evolution of Cardiology in China, at Cardiothoracic Surgery in China Past, Present and Future Edited by Song Wan. Hongkong: The Chinese University of Hong Kong Press, 2007: 243.

［14］ Tsung O CHENG, 徐静.吴英恺: 一位有影响力的中国胸心外科专家当代中国心血管病领域逝去的巨星［J］.中华心血管病杂志,2004年第11期.

［15］ 陈灏珠.选择性冠状动脉造影I,造影方法初步报告［J］.中华医学杂志,1973(12): 718–723.

［16］ 胡胜寿,王巍,熊辉,孙宏涛.《翁渝国——中德心外科技术交流30周年》.

世界心脏病学界主要大事年表

Major Milestones in Cardiac Surgery and Cardiology

年份	人　物	国家	成　　就
1507 年	列奥纳多·达芬奇 Leonardo da Vinci	意大利	解剖描述心脏瓣膜及冠状动脉
1733 年	斯蒂芬·黑尔斯 Stephen Hales	英　国	首次测量血压
1801 年	弗朗西斯科·罗梅罗 Francisco Romero	西班牙	心包切开术
1816 年	雷内·雷奈克 Rene Laennec	法　国	发明心脏听诊器
1896 年	路德维格·雷恩 Ludwig Rehn	德　国	首次缝合右心室壁刀伤
1903 年	威廉·爱因托芬 Willem Einthoven	荷　兰	发明心电图记录仪
1926 年	马克·利德威尔 Mark C. Lidwell	澳大利亚	首次使用心脏起搏装置
1928 年	爱德华·丘吉尔 Edward D. Churchill	美　国	缩窄性心包炎剥开术
1929 年	沃纳·福斯曼 Werner Forssmann	德　国	首次将导尿管从手臂送入右心房
1932 年	艾伯特·海曼 Albert S. Hyman	美　国	制作及应用心脏起搏,并命名心脏起搏器

（续表）

年份	人　　物	国家	成　　　　就
1938年	罗伯特·格罗斯 Robert Gross	美　国	首次结扎动脉导管
1944年	克拉伦斯·克拉福德 Clarence Crafoord	瑞　典	首例主动脉缩窄修补术
1944年	布莱洛克和陶西 Blalock 和 Taussig	美　国	锁骨下动脉–肺动脉吻合术
1945年	罗伯特·格罗斯 Robert Gross	美　国	首位离断双主动脉弓畸形
1946年	克拉伦斯·克拉福德 Clarence Crafoord	瑞　典	首例结扎左冠状动脉至肺动脉瘘
1946年	威利斯·波茨 Willis J. Potts	美　国	左肺动脉与降主动脉吻合，姑息法氏四联症
1947年	托马斯·福尔摩斯 Thomas Holmes	英　国	肺动脉瓣（狭窄）闭视扩张术
1948年	布莱洛克和翰隆 Blalock 和 Hanlon	美　国	心房间隔造孔术姑息大动脉转位
1948年	罗伯特·格罗斯 Robert Gross	美　国	首位修补主–肺动脉间隔缺损
1948年	拉塞尔·布罗克 Russell Brock	英　国	疏通右室漏斗部姑息法洛四联症
1948年	查尔斯·贝利 Charles Bailey	美　国	二尖瓣（狭窄）闭视扩张术
1950年	威廉·穆勒 William H. Muller	美　国	首例矫正全肺静脉异常回流术
1950年	亚瑟·瓦因伯格 Arthur M. Vineberg	加拿大	应用乳内动脉吻合心肌表面，改善心肌供血
1951年	威廉·穆勒 William H. Muller	美　国	首例肺动脉环带术
1951年	登顿·库利 Denton Cooley	美　国	大面积主动脉弓及颈动脉瘤切除

（续表）

年份	人　物	国家	成　　就
1952年	罗伯特·格罗斯 Robert Gross	美　国	用橡胶井修补心房间隔缺损
1952年	约翰·刘易斯 F. John Lewis	美　国	首次开胸行心房间隔缺损修补术
1953年	约翰·吉本 John Gibbon	美　国	发明首台体外循环机（成功修补房间隔缺损）
1953年	英格·埃德勒和赫兹 Inge Edler 和 Hertz	瑞　典	临床应用超声心动图技术
1954年	沃尔顿·利乐海 C. Walton Lillehei	美　国	应用交叉循环,成功修补心室间隔缺损
1954年	沃尔顿·利乐海 C. Walton Lillehei	美　国	应用交叉循环,修补法洛四联症
1954年	沃尔顿·利乐海 C. Walton Lillehei	美　国	应用交叉循环,修补心内膜垫缺损
1954年	诺曼·霍尔特 Norman Holter	美　国	发明移动心电监测系统
1955年	约翰·柯克林 John Kirklin	美　国	应用心肺机修补心室间隔缺损
1955年	约翰·柯克林 John Kirklin	美　国	应用心肺机修补完全型房室通道缺损
1956年	约翰·柯克林 John Kirklin	美　国	应用心肺机矫正全肺静脉异常回流
1956年	叶夫根尼·梅沙尔金 Evgenii Meshalkin	俄　国	腔-肺分流术
1958年	威廉·格伦 William Glenn	美　国	腔-肺分流术
1958年	阿克·森宁 Ake Senning	瑞　典	心房水平矫正法治疗完全性大动脉转位
1958年	埃里姆奎斯特和森宁 Elmqvist 和 Senning	瑞　典	首次应用植入型心脏起搏器

（续表）

年份	人　　物	国家	成　　就
1958年	弗兰克·索尼斯 Frank Sones	美　国	冠状动脉造影
1961年	阿基利·多廖蒂 Achille Dogliotti	意大利	腔—肺双向分流术
1961年	尼娜·布朗沃尔 Nina Braunwald	美　国	置换人工心脏二尖瓣
1961年	艾伯特·斯塔尔 Albert Starr	美　国	置换人工心脏二尖瓣
1962年	今野宗司 Souji Konno	日　本	经皮导管行心内膜心肌活检术
1962年	戴维·沃特斯顿 David J. Waterston	英　国	右肺动脉与升主动脉吻合，姑息法洛四联症
1963年	威廉·马斯塔德 William T. Mustard	加拿大	改良心房水平矫正法治疗完全性大动脉转位
1963年	多明戈·黎澳塔 Domingo Liotta	阿根廷	首次成功应用左心辅助泵（LVAD）
1966年	威廉·拉什金德 William J. Rashkind	美　国	心房间隔球囊扩张术姑息大动脉转位
1966年	唐纳德·罗斯 Donald Ross	英　国	同种主动脉瓣外通道矫正肺动脉闭锁
1966年	沃纳·波斯特曼 Werner Porstmann	德　国	经皮导管封堵未闭动脉导管术
1966年	黎澳塔—迪贝科 Liotta-DeBakey	美　国	应用左心辅助泵（LVAD）患者存活10天后出院
1967年	唐纳德·罗斯 Donald Ross	英　国	移植肺动脉瓣替换受损的主动脉瓣
1967年	詹卡洛·拉斯泰利 Giancarlo Rastelli	美　国	右室—肺动脉外同道矫正共同动脉干
1967年	雷内·法沃洛荣 Rene G. Favaloro	阿根廷	应用大隐静脉行冠状动脉架桥术

（续表）

年份	人　物	国家	成　　就
1967年	克里斯蒂安·巴纳德 Christiaan Barnard	南　非	世界首例成功心脏移植（患者存活18天）
1968年	登顿·库利 Denton Cooley	美　国	心肺联合移植
1968年	詹卡洛·拉斯泰利 Giancarlo Rastelli	美　国	室缺补片加右室/肺动脉通道矫正大动脉转位
1968年	威尔·西利[1] Will C. Sealy	美　国	首次成功消融预激症候群（W–P–W综合征）
1969年	登顿·库利 Denton Cooley	美　国	世界上第一颗人工心脏（Liotta研制）植入到人身上
1969年	川岛康生 Yasunaru Kawashima	日　本	矫正右室双出口并大动脉转位（陶西–平）
1970年	斯旺和甘兹 Swan 和 Ganz	美　国	右心漂浮导管测量右心及肺毛嵌入压
1971年	弗朗西斯·方坦 Francois Fontan	法　国	矫正三尖瓣闭锁（1968年实施，1971年报道）
1972年	诺曼·沙姆韦 Norman Shumway	美　国	经皮导管心肌活检术诊断心脏移植后的排异反应
1974年	特里·金 Terry D. King	美　国	经静脉实施盘伞封堵房间隔缺损
1975年	阿迪布·柬廷 Adib Jatene	巴　西	大动脉转换术矫正完全性大动脉转位
1975年	今野宗司 Souji Konno	日　本	主动脉瓣下加宽并主动脉瓣置换术
1976年	艾伦·加扎尼加 Alan Gazzaniga	美　国	升主动脉与主肺动脉吻合姑息法洛四联症
1976年	朴尚钟 Sang C. Park	韩　国	房间隔导管叶刀造孔术姑息大动脉转位

1　威尔·西利，1968年5月2日出生，在美国杜克大学（Duke University）成功消融一预激症候群（W–P–W综合征）的患者。（出处：Chitwood WR Jr, Will C Sealy. The father of arrhythmia surgery—the story of the fisherman with a fast pulse［J］. Ann Thorac Surg, 1994, 58(4): 1228–1239）

（续表）

年份	人　物	国家	成　　就
1977年	安德烈·格伦兹格 Andrea Gruentzig	德　国	冠状动经皮球囊导管扩张术（PTCA）
1979年	竹内茂之 Shigeyuki Takeuchi	日　本	矫正左主冠状动脉起源肺动脉
1980年	米歇尔·米卢斯基 Michel Mirowski	波　兰	植入性自动心脏除颤器
1981年	威廉·诺伍德 William I. Norwood	美　国	成功矫正左心发育不全综合征一期手术
1981年	伊夫·勒孔特 Yves LeCompte	美　国	改良大动脉转换术
1982年	达姆斯-凯-斯坦赛尔 D–K–S	美　国	矫正复杂型大动脉转位
1982年	约翰·加拉格尔 John J. Gallagher	美　国	首次应用导管消融术医治室上性心动过速
1982年	威廉·德弗里斯 William C. DeVries	美　国	植入人工心脏（Jarvik–7型）长期存活112天
1984年	滑川 Namekawa	日　本	发明彩色多普勒血流显像技术
1984年	伦纳德·贝利 Leonard Bailey	美　国	将狒狒心脏移植到人身上
1984年	二阶堂久志 Hisashi Nikaidoh	日　本	双动脉根移位法矫正大动脉转位/流出道窄
1986年	乌尔里奇·希格瓦特 Ulrich Sigwart	瑞　士	经皮导管植入冠状血管内支架医治冠脉狭窄
1986年	阿兰·克里比耶 Alain Cribier	法　国	经皮导管主动脉瓣球囊括张术
1987年	詹姆斯·考克斯 James Cox	美　国	外科治疗心房纤颤
1988年	詹姆斯·洛克 James E. Lock	美　国	经心导管封堵心室间隔缺损术

（续表）

年份	人　物	国家	成　　就
1990年	奥尔多·卡斯塔涅达 Aldo Castaneda	危地马拉	孔型仿探术治疗单心室
1995年	阿兰·克里比耶 Alain Cribier	法　国	经皮导管二尖瓣成形术
2002年	阿兰·克里比耶 Alain Cribier	法　国	经皮导管植入人工主动脉瓣
2003年	佐野俊二 Shunji Sano	日　本	诺伍德改良术矫正左心发育不全综合征

附录 2 人名索引

Appendix 2 Index

后 记
Epilogue

　　耗时10年之久的书稿终于就要搁笔了，似乎有些如释重负的感觉。在编写本书期间我前后共采访了42位仍健在（有些现已故）的心血管病学界传奇人物，并对11位已故人物的亲友进行了面访和/或信访，阅读了19部个人传记、1 191篇医学文献，并从中引用508篇及210幅插图/照片。然而还有许多大家、名人、专家、学者，他们贡献非凡，如加拿大的罗伯特·弗里德姆（Robert M. Freedom）、日本的川崎富作（Tomisak Kawasaki）、美国的亚历山大·纳达（Alexander S. Nadas）、杰奎琳·努南（Jacqueline Noonan）、尤金·布朗沃尔德（Eugene Braunwald）、威尔·西利（Will Sealy）等，本应也该纳入此书，但因时间及篇幅有限不能一一详尽，留下些许遗憾。另外，书中有些照片是摄于70多年前，因此其质量不可与今日相比，望读者多多谅解。再有，书中未曾提及的两位在美国相识的老师对我也是有着感遇之恩。一位是特里·雷诺兹先生（Terry Reynolds），他是我来美国后遇到的第一位老师。此人过目不忘，勤奋努力，惜时如金，无师自通，一生中共出版9部超声心动图书籍及30多篇有关心脏超声论文。在全美的每一个超声科室都可以找到他的书籍，几乎所有美国心脏超声诊断师人手一册，无人不知他的大名。我非常有幸受他的帮助来到美国成为他的学生和朋友，并同他合作共同出版 The Pediatric Echocardiographer's Pocket Reference（《小儿超声心动图学参考》）一书，并再版3次。再一位是亚历山大·马斯特教授（Dr.Alexander Muster），他可以说是我在美国所受影响最深的老师。此人对心血管病的胚胎学、解剖学、病生理学、电生理学及血流动力学的整合认识和理解可谓天下第一。此外，他还画一手好画，弹一手好钢琴，更让人惊讶的是，他竟能自己制作钢琴，同时他还发表120多篇论文。而最让他自豪的是，他一生中（从50岁开始）跑了20个马拉松比赛。在他61岁时，他是伊利诺伊州同龄组马拉松赛第二名。我和他相识、相处近30年，一心想将他的所有知识化为己有，由于天分有限，未全吸收。

重温书稿，发现书中几乎所有人物的成功都有着相似的三要素：非凡的才华、不懈的进取和天赐的机遇。"只缘身在最高层，常叫浮云遮望眼"，在成名成家之后，还能做到荣辱不惊、得失无意、宽容忍让、一视同仁者，才真正让人高山仰止。

本书是一部以不同心血管病种而分类章节，以时间为切入点，以人为载体的心血管病学科的学术史书。古人说：以人为鉴，可以明得失；以史为鉴，可以知兴替。历史是镜子，也是艺术，它能够为鉴，还可以欣赏。通过对历史的借鉴和欣赏从而受益，希望本书能对心血管界同仁有所益处。

满纸都真言，三千不眠夜。
只为填心史，无畏他人怨。

鸣 谢

Acknowledgement

在《世界心脏大师百年通览》一书的准备、研究、写作及出版过程中,得到诸多专家、学者、朋友们的关心、指导、鼓励和支持,本人在此向他们致以诚挚的敬谢。

首先要最真诚地感谢两位德高望重的中国工程院院士——协和医大阜外医院/心血管病研究所原副院长刘玉清教授和上海市心血管病研究所名誉所长陈灏珠教授为本书选写序言,及他们对我的关心、鼓励和支持。

此外,还要感谢一些大师及他们的亲友和弟子为本书提供照片及史料,如朱晓东院士、高润霖院士、李平教授、孙瑞龙教授、戴汝平教授、朱杰敏教授、郑宗锷教授、翁玉国教授、刘晓程教授、姜楞教授、萧镭教授、冯大力教授、郭鸿生教授、徐南图教授、王新房教授、杨浣宜教授、智光教授、亚历山大·马斯特教授、米尔顿·保罗教授、露西亚娜·扬(Luciana Young)教授、维拉·克洛诺瓦(Vera Khlonova)医生、丹尼斯·兰德尔(Dennis Randall),以及董承琅之子董天润、吴英恺夫人李式琰、吴英恺之女吴尚群、陶寿淇之子陶丕章、苏鸿熙夫人苏锦、郭加强之子郭小平、郭小威、刘丽笙之女徐捷、余南庚之女波林(Pauline Yu)、沃纳·福斯曼(Werner Forssmann)之女雷纳特(Renate Forssmann)、约翰·柯克林(John Kirklin)之子詹姆斯(James Kirklin)、詹卡洛·拉斯泰利(Giancarlo Rastelli)之女安东内拉(Antonella Rastelli)、阿迪布·柬廷(Adib Jatene)之子法比奥(Fabio Jatene)、德怀特·麦克龚(Dwight McGoon)之子迈克尔(Michael McGroon)、斯蒂芬妮·法埃(Stephanie Fae)的母亲特蕾莎(Teresa)等。再要感谢芝加哥卢瑞儿童医院帕特里克·马古恩(Patrick Magoon)院长、心脏中心主任斯图尔特·伯杰(Stuart Berger)教授、心外科主任约瑟夫·福布斯(Joseph Forbess)教授、卡尔·巴克尔(Carl Backer)教授、心内科主任芭芭拉·迪尔(Barbara Deal)教授、托马斯·韦格尔(Thomas Weigel)教授、亚伦·怀尔斯(Aaron Wiles)和卡丽·麦考(Carrie McCaw)

等领导在工作中对我的理解、帮助与支持。

同时感谢下列朋友对本书所列人物提供参考,对部分章节进行文字斟酌、修饰,以及英文人名的汉译:韩一江、阎明、葛舒平、奚晗、赵琼、宁卿、席小和、周瑞海等。另外,感谢张治猷、李立辉、孙钢、谢小园、杨宁、王莘、熊丁丁、曹期龄、杨小平、刘韵和、迟雷、萧宏、王浩、何怡华、金潇潇、唐莉雯、刘杰、张力、郑晓天、陈熙、施燕、陈宝生、王茵涛、吕行、李静、曲肖武等诸多老友多年的鼓励和支持。

还要感谢中国出版集团公司董事长、党组书记,中国出版传媒股份有限公司董事长谭跃,中国出版集团公司党组成员,中国出版传媒股份有限公司董事、副总经理李岩,世界图书出版公司总经理张作珍,世界图书出版上海有限公司总经理陆琦,世界图书出版上海有限公司副总编兼本书责任编辑施维和本书责任编辑孙妍捷为本书的出版所做的努力和贡献。

最后不能忘记感谢夫人王丽雅和女儿阎沩对我的理解、关照和支持。在我为本书研读、写作过程中牺牲了大量的与她们相处的时间。

阎鹏

2019年6月 于美国芝加哥

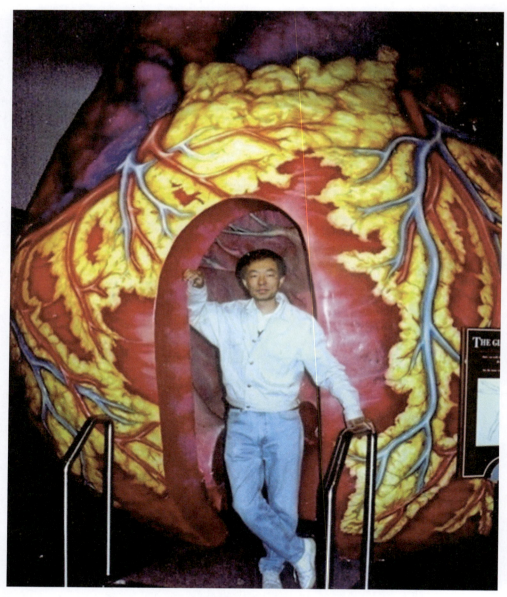

心脏中有个我，我心中有个心脏。
心脏是我体内最重要的器官，心脏病学是我人生中最重要的部分。